Frieden für Südwest?

Experiment Namibia

Zum Verfasser:

Martin Pabst, geb. 1959 in München, Studium der Geschichtswissenschaft, Politischen Wissenschaft und Anglistik in München und Würzburg, 1987 Promotion in Neuer Geschichte über das Verhältnis von Mission und Kolonialpolitik an der Goldküste und in Togo, zahlreiche Studienreisen nach Afrika, Verfasser von fünf Fachbüchern, Mitarbeiter verschiedener Zeitschriften, Vortragstätigkeit.

Martin Pabst

Frieden für Südwest?

Experiment Namibia

Bildnachweis:

Mit 34 Fotografien des Verfassers, aufgenommen mit Pentax MX bzw. ME super auf Kodachrome 64.

Sonstige Bilder:
S. 10, 13, 31, 74, 86, 143 (oben), 232 Aus: Archiv
S. 56 Aus: UN Photo 173891/M. Grant
S. 57 Aus: Südafrikanische Botschaft, Bonn (Nr. 90.972)
S. 236 Aus: The New Nation, Windhoek (1990) 1

Die Zeichnungen wurden zeitgenössischen Informationsschriften und Veröffentlichungen entnommen.

CIP-Titelaufnahme der Deutschen Bibliothek

Pabst, Martin
Frieden für Südwest?
Experiment Namibia
Wesseling: Gesamtdeutscher Verlag
Inh.: Anneliese Thomas
ISBN 3-928415-01-8
NE: Pabst, Martin

1. Auflage 1991

Satz und Umschlaggestaltung: Satzbüro Thomas, Wesseling bei Bonn
Druck: Druckerei Lokay, Reinheim/Odw.
Printed in Germany
ISBN 3-928415-01-8

Inhaltsverzeichnis

Vorwort des Verfassers	7
1. Ein historischer Rückblick	9
2. Die Völker Namibias	19
3. Südwestafrika/Namibia - ein völkerrechtlicher Dauerkonflikt	29
Südafrikas Griff nach Südwestafrika	29
Südafrikas schrittweiser Rückzug	40
Innenpolitische Hintergründe der südafrikanischen Außenpolitik	58
4. Zentralstaat, Volksgruppenstaat oder Landteilung?	65
5. Die Entwicklung nationalistischer Bewegungen	75
Südwestafrika - ein afrikanisches Nordirland	75
Schwarzer und farbiger Nationalismus	76
Weißer Nationalismus	94
6. Kirchen und Politik	101
Zunehmende Politisierung der Kirchen	101
Kirchliche Unterstützung der SWAPO	112
Die Stellung der Kirchen zu Menschenrechtsverletzungen und Gewalt	121
7. Fünfundzwanzig Jahre Buschkrieg	129
8. Zwischenspiel unter Aufsicht der Vereinten Nationen (1.4.1989 -21.3.1990)	158
Blutiger Auftakt	158
Wahlkampf und Wahlen	170
Entspannung vor der Unabhängigkeit	186
9. Die Zukunft Namibias	195
Politische Zukunftsaussichten von Namibia	195
Wirtschaftliche Perspektiven	206
10. Deutschland und Namibia	225
Dokumente	237
15 ausgewählte Kurzbiographien	265
Anmerkungen	274
Literaturverzeichnis	291
Abkürzungen	300
Personenverzeichnis	303

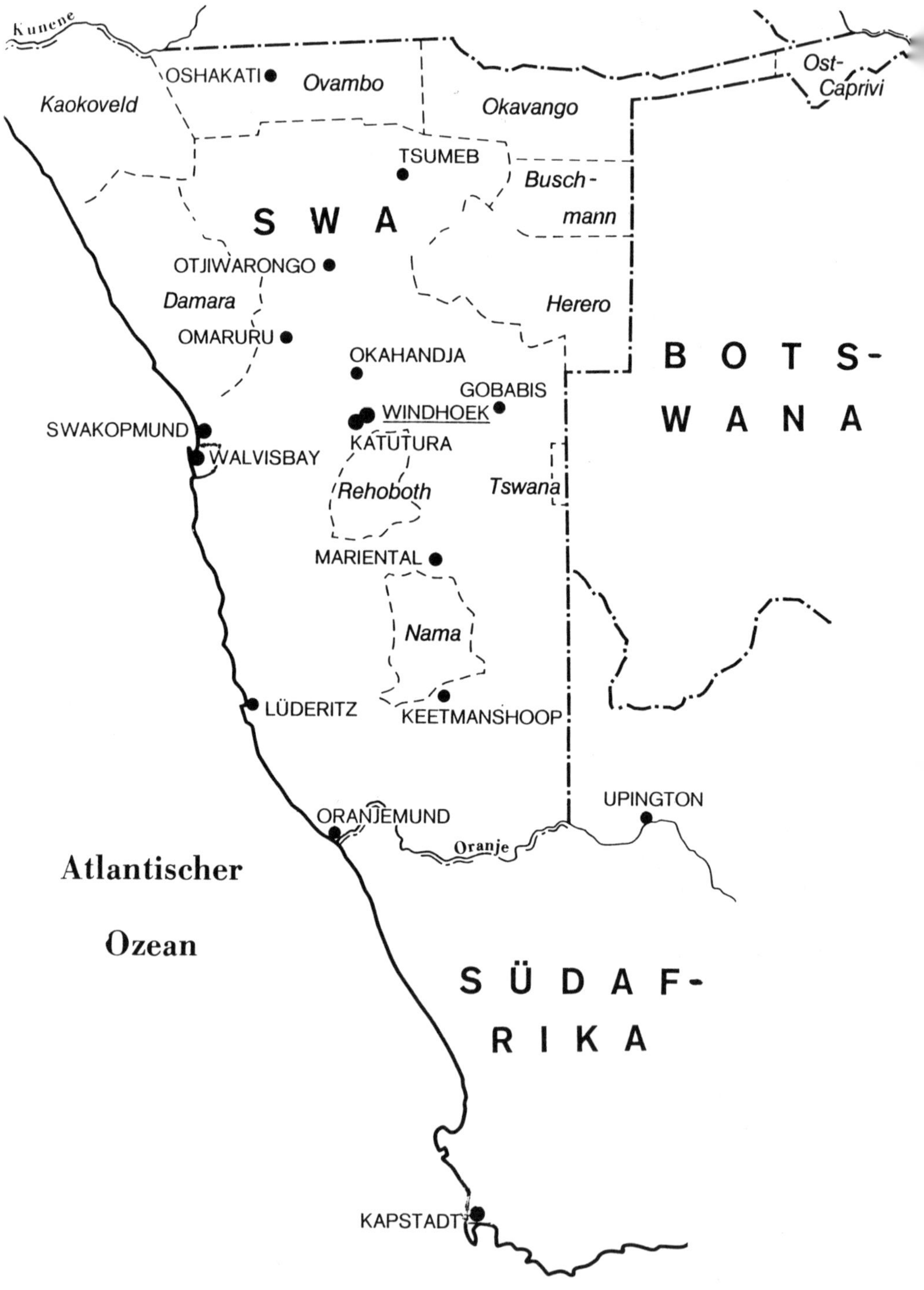

Kunene
OSHAKATI
Ovambo
Kaokoveld
Okavango
Ost-
Caprivi
TSUMEB
Busch-
mann
S W A
OTJIWARONGO
Damara
Herero
OMARURU
OKAHANDJA
B O T S-
W A N A
GOBABIS
WINDHOEK
SWAKOPMUND
KATUTURA
WALVISBAY
Rehoboth
Tswana
MARIENTAL
Nama
LÜDERITZ
KEETMANSHOOP
UPINGTON
ORANJEMUND
Oranje
Atlantischer
Ozean
S Ü D A F-
R I K A
KAPSTADT

Vorwort des Verfassers

Neben einer Auswertung der umfangreichen Sekundärliteratur liegen diesem Buch fünf Reisen nach Südwestafrika/Namibia im Zeitraum von 1978 bis 1989 zugrunde. Dabei konnte ich, angefangen bei den „internen Wahlen", die entscheidende Phase in der jüngsten politischen Entwicklung aus unabhängiger Warte miterleben. Im Laufe der Zeit habe ich alle Teile des Landes mit Ausnahme des Ost-Caprivi besucht, auch die „operational area" im Norden. Während der Interimsperiode vor der Unabhängigkeit unter Aufsicht der Vereinten Nationen führte ich als akkreditierter Beobachter Gespräche mit den Repräsentanten aller bedeutenden Organisationen und erlebte den Wahlkampf hautnah mit.

Über Südwestafrika/Namibia sind in der Vergangenheit zahlreiche Veröffentlichungen erschienen, insbesondere während der deutschen Kolonialzeit, im Zuge des Kolonialrevisionismus der zwanziger und dreißiger Jahre, aber auch zwischen 1975 und 1985, als das Land in die internationalen Schlagzeilen gekommen war. Das vorliegende Buch möchte nicht wiederholen und behandelt daher verschiedene Aspekte wie die geschichtliche Entwicklung, die Bevölkerungsstruktur, die Wirtschaft des Landes nur in geraffter Form. Der Schwerpunkt der Darstellung liegt auf der politischen Entwicklung von 1945 bis heute und dabei insbesondere auf der vergangenen Dekade bis hin zur Unabhängigkeit am 21. März 1990, zumal es in den letzten Jahren wieder erstaunlich still um dieses Thema wurde und nur einige Veröffentlichungen zu Einzelaspekten erschienen. Vielleicht ist dies ein Ausfluß der aufsehenerregenden Umwälzungen im östlichen Teil Europas, in deren Gefolge ja überhaupt das Interesse an den Problemen Afrikas nachzulassen scheint.

Die Arbeit an diesem Buch wurde zum Jahresende 1990 abgeschlossen und bezieht ein Dreivierteljahr Unabhängigkeit ein. Ich versuche daher - bei aller gebotenen Vorsicht des Urteils -, einige Entwicklungstendenzen des unabhängigen Staates Namibia aufzuzeigen.

Wie in vielen Fällen der Dekolonisierung ist auch hier die Namensfrage diffizil. Die Vereinten Nationen tauften das Land bekanntlich 1968 in „Namibia" um, während die südafrikanische Verwaltung noch bis zur Unabhängigkeit am alten Namen „Südwestafrika" festhielt, so z. B. auf den Briefmarken. Seit Ende der siebziger Jahre bürgerte sich aber daneben im Lande, auch auf offiziellen Dokumenten, zunehmend die Hybridbezeichnung „Südwestafrika/Namibia" bzw. „SWA/Namibia" ein, Ende der achtziger Jahre schließlich auch „Namibia" allein. Sprachwissenschaftler kritisieren wiederum diese Bezeichnung als im Deutschen eigentlich ungebräuchlich und setzen „Namibien" analog zu Tunesien, Rhodesien etc. dagegen, was bisher allerdings kaum Nachahmung fand. In diesem Buch wird im Kontext vor dem 21. März 1990 die Bezeichnung „Südwestafrika", im Kontext nach der Unabhängigkeit die Bezeichnung „Namibia" verwendet, ohne daß mit dieser rein praktischen Festlegung irgendwelche ideologischen Konnotationen verbunden sein sollen.

Weder dieses Buch noch sein Verfasser sind einer bestimmten Partei oder Organisation verpflichtet. Ich habe mich bemüht, ein kritisches und zugleich konstruktives Bild dieses faszinierenden Landes und verwickelten Konfliktes zu zeichnen. Wenngleich ich in den vielfach verbreiteten unreflektierten Optimismus nicht einstimmen kann, so liegt es mir genauso fern, eine grelle Schreckensvision zu erzeugen. Ich wünsche dem „Experiment Namibia" im Interesse aller Bewohner, daß daraus ein „Modell Namibia" wird.

Dr. Martin Pabst

Kapitel 1

Ein historischer Rückblick

Einhundertfünfzig Jahre nahm kaum jemand Notiz von dem unwirtlichen Land zwischen Oranje und Cunene. Jäger und Abenteurer durchstreiften den wildreichen Busch, Kaufleute knüpften Handelsbeziehungen mit den Völkern im Landesinneren an. Von Kapstadt aus hatte Anfang des 19. Jh. die „London Missionary Society" mit deutschem Personal eine Missionierung begonnen, die ab 1842 von der „Rheinischen Mission" fortgeführt wurde.[1]

Die lebensfeindliche Namibwüste, die die Küste auf einer Breite von 50 km abschirmt, war dafür verantwortlich, daß das Gebiet nicht so schnell unter die Flagge einer europäischen Großmacht kam. Es galt als Einflußzone der benachbarten britischen Kapkolonie, die denn auch 1867 zwölf Inseln vor der Küste (die Penguin- oder Guano-Inseln) und 1878 den Hafen Walfischbucht in Besitz nahm.

Die sozioökonomisch führenden Völker, Herero und Nama, beide nomadisierende Viehzüchter, befanden sich in einer Dauerfehde um die Vorherrschaft und um die Erweiterung ihrer Weidegebiete. Die Rheinische Mission, die in diese Auseinandersetzung als Vermittlerin, häufig aber auch als Leidtragende hineingezogen wurde, hatte schon 1868 vergeblich um preußischen Schutz nachgesucht. Danach wandte sie sich in den siebziger Jahren an die britische Kapregierung. Auch die Herero setzten auf die Engländer und hatten ihnen - ebenso vergeblich - 1874 ein Protektorat angetragen.

Nach dem Erstarken des wiederbegründeten Deutschen Reiches öffnete sich Reichskanzler Bismarck in begrenztem Maß kolonialpolitischen Wünschen. In einer außen- wie innenpolitisch günstigen Situation stellte er am 24. April 1884 durch ein Telegramm an den deutschen Konsul in Kapstadt die Bucht von Angra Pequena (das spätere Lüderitzbucht) mit Hinterland unter Reichsschutz. Dieses Gebiet hatte der Bremer Kaufmann Adolf Lüderitz am 1. Mai 1883 von dem Nama-Kapitän Joseph Fredericks erworben. Die Rheinische Mission, geleitet von dem kolonialfreundlichen Missionsinspektor Friedrich Fabri, hatte dazu beigetragen, diese Entwicklung voranzutreiben, und ihre Missionare leisteten beim Abschluß von Verträgen Mittlerdienste. Kurz darauf wurde der Reichskommissar Gustav Nachtigal auf einem Kanonenboot nach Westafrika entsandt und stellte dort die von deutschen Kaufleuten

Im Jahre 1884 wurde Lüderitzbucht unter deutschen Schutz gestellt.

erworbenen Gebiete an der Togo- und Kamerunküste ebenfalls unter Reichsschutz. Im Jahre 1885 kam Deutsch-Ostafrika hinzu, schließlich auch ein Streubesitz im Pazifik.

Eigentlich sollte Südwestafrika von der „Deutschen Kolonial-Gesellschaft für Südwestafrika" verwaltet werden. Sie versagte jedoch, und ab 1885 wurde deshalb eine Reichsverwaltung aufgebaut, 1889 eine zunächst aus lediglich 21 Mann bestehende weiße „Schutztruppe" aufgestellt. Im Jahre 1891 verlegte man die Hauptstadt von Otjimbingue in das zentrale Windhoek.

Weitere Schutzverträge wurden 1885 mit einzelnen Nama-Stämmen, den Rehoboth-Baster und Herero geschlossen, und das Gebiet bis 1890 durch Proklamation wie durch Abkommen mit den benachbarten Kolonialmächten auf seine heutige Ausdehnung erweitert.

Südwestafrika war das einzige deutsche Schutzgebiet, dessen klimatische Bedingungen eine Ansiedlung von Europäern in größerem Maßstab ermöglichten. Im Jahre 1892 trafen die ersten deutschen Siedler ein. Auch zahlreiche Schutztruppensoldaten blieben nach Ableistung ihres Dienstes im Lande. Den Auswandererstrom nach Amerika konnte die neue Siedlungskolonie allerdings nicht wesentlich bremsen. Im Jahre 1912 lebten gerade 12 135 Deutsche im Lande, viele davon als Rinderfarmer im Norden oder als Schafzüchter im Süden. (Die Deutschen hatten erfolgreich das persische Karakul-Pelzschaf nach Südwest importiert.)

Herero und Nama gaben sich nicht so schnell mit dem Rückgang ihrer Macht zufrieden: 1893 erhoben sich verschiedene Namastämme unter Hendrik Witbooi, der jeglichen Schutzvertrag abgelehnt hatte und einen solchen erst widerstrebend nach seiner Niederlage unterzeichnete; 1903/04 folgte ein Aufstand der Bondelswart-Nama.

Von Januar 1904 bis November 1904 erlebte das Schutzgebiet dann seine dramatischste Auseinandersetzung: den Krieg der Herero gegen die Deutschen. Zunehmende Konkurrenz in der Land- und Viehfrage mit den deutschen Siedlern und Verschuldung bei europäischen Händlern hatte die ursprünglich deutschfreundlichen Herero unter Samuel Maharero (sie hatten von den Deutschen eine Stärkung ihrer Positition gegen die aggressiven Nama erwartet) zu dieser Tat bewegt. In einer offenen Feldschlacht am Waterbergplateau im Norden wurden die gut bewaffneten Herero schließlich vom 10. - 12. August 1904 entscheidend geschlagen, bei ihrer Flucht und gnadenlosen Verfolgung durch die wasserlose „Omaheke" (das östliche Sandveld) stark dezimiert und ihrer Viehherden beraubt. Erst Jahre später durften sie diese in bescheidenerem

Maßstab wieder aufbauen, und auch als Volk konnten sie sich wieder konsolidieren.[2] In dieser größten militärischen Auseinandersetzung des Kaiserreiches vor 1914 wurden an die 15 000 deutsche Soldaten eingesetzt, wovon 1659 fielen.

Im Oktober 1904 erhob sich zudem die Mehrzahl der Namastämme. Auch nach dem Tode Hendrik Witboois auf dem Schlachtfeld setzten einzelne Namaführer wie Jakob Morenga oder Simon Kopper noch bis 1907/08 unter geschickter Anwendung der Guerillataktik den Widerstand fort.

Zu einem großen Teil hatte die Uneinigkeit der nichtweißen Völker den deutschen Sieg ermöglicht. So war Hendrik Witbooi Anfang 1904 nicht auf die Bitte Samuel Mahareros eingegangen, sich am Aufstand zu beteiligen, sondern hatte im Gegenteil den Deutschen ein Nama-Kontingent zu Hilfe geschickt.

Schon vor der Jahrhundertwende konnte die deutsche Kolonialverwaltung beträchtliche Entwicklungsmaßnahmen einleiten. So wurde von 1897-1902 unter erheblichen Schwierigkeiten die schmalspurige Eisenbahnlinie (610-mm-Spur) vom Hafen Swakopmund nach Windhuk gebaut. Die „Südbahn" von Lüderitzbucht nach Keetmanshoop wurde dann bereits in der richtungsweisenden „Kapspur" (1067 mm) ausgelegt.

Am Vorabend des Ersten Weltkrieges waren die Grundlagen für die Infrastruktur des heutigen Namibia bereits gelegt: Städte mit Handel und Gewerbe, die wichtigsten Straßen und Eisenbahnlinien, Wasserleitungen, Telegraphenleitungen, Krankenhäuser, Regierungsschulen für Weiße und Missionsschulen für Eingeborene. Hauptstadt war das 1890 begründete und zentral gelegene Windhuk; zu Häfen wurden Lüderitzbucht und Swakopmund ausgebaut, in Konkurrenz zu Walfischbucht, der britisch-südafrikanischen Exklave.

Erst ab 1906, als die Sicherheit im Schutzgebiet wieder weitgehend hergestellt war und im Deutschen Reich der Bankdirektor Bernhard Dernburg zum Kolonial-Direktor, 1907 zum Staatssekretär des neugeschaffenen Kolonialamtes, ernannt worden war, war die Industrie zu vermehrten Investitionen bereit. Bis zum Ausbruch des Weltkrieges blieb Südwestafrika aber ein ausgesprochenes Zuschußgebiet, und mehrfach wurde eine Abgabe an Großbritannien erwogen.

Die Erschließung reicher Minenvorkommen durch die „Otavi-Minen- und Eisenbahn-Gesellschaft" im Dreieck von Tsumeb/Grootfontein/ Otavi ab 1900 sowie die Entdeckung großer Diamantenvorkommen in der Namibwüste im Jahre 1908 eröffneten jedoch für die Zukunft günstige Perspektiven.

Im Ersten Weltkrieg konnte sich die kleine Schutztruppe nicht auf eine offene Feldschlacht mit den weit überlegenen britisch-südafrikanischen Truppen (30 000 gegenüber 1870 deutschen Soldaten) einlassen. Man versuchte einen Durchbruch nach Deutsch-Ostafrika, doch die motorisierten südafrikanischen Kräfte schnitten den Weg ab. Am 9. Juli 1915 ergab sich die Schutztruppe in Khorab bei Otavi, und die Verwaltung wurde während des Krieges von südafrikanischen Militärs und Beamten ausgeübt.

Gemäß den Bestimmungen des Versailler Vertrages wurde Südwestafrika ab 1.1.1921 von der Südafrikanischen Union im Auftrag Großbritanniens als Völkerbundsmandat wie ein integraler Teil seines Territoriums verwaltet. Das Deutsche Reich hielt bis 1945 seinen Protest gegen den Verlust der Schutzgebiete aufrecht und strebte eine Rückgabe an.

Durch zielstrebige Ansiedlung von Buren brachte die Südafrikanische Union die Deutschen in Südwestafrika in die Minderzahl. Das „Londoner Abkommen" vom 23. Oktober 1923 bescherte den deutschen Südwestern eine völkerrechtlich einmalige Doppelstaatsbürgerschaft: Sie wurden auf Wunsch als britische Staatsbürger naturalisiert und erhielten damit die vollen Bürgerrechte; ihre deutsche Staatsbürgerschaft lebte jedoch beim Betreten deutschen Hoheitsgebietes wieder auf. Auch wurden nun in den Regierungsschulen deutsche Abteilungen eingerichtet, und deutsche Privatschulen konnten betrieben werden.[3] Diese Zugeständnisse wurden im Zweiten Weltkrieg wieder rückgängig gemacht und die meisten männlichen Deutschen interniert, ja sogar eine völlige Aussiedlung wurde erwogen.

Nach der neuen Verfassung von 1925 stand an der Spitze der Regierung

Übergabeverhandlungen zwischen Gouverneur Dr. Seitz und dem südafrikanischen General Louis Botha bei Khorab am 9. Juli 1915

Südwestafrikas ein von der Mandatsregierung ernannter Administrator, daneben ein von diesem berufener Rat; die Legislative, der „Landesrat", wurde zu zwei Dritteln gewählt, zu 1/3 vom Administrator ernannt.

Eine Reihe von Aufständen nichtweißer Völker wegen Beschneidung angestammter Rechte durch die Mandatsmacht wurde in den zwanziger Jahren unter massivem Militäreinsatz, darunter Bombenflugzeuge, niedergeschlagen: 1922 bei den Bondelswart-Nama, 1922 und 1932 bei den Owambo, 1925 bei den Rehoboth-Baster.

Nach dem Zweiten Weltkrieg kündigte die Südafrikanische Union die Angliederung Südwestafrikas als fünfte Provinz an und ließ sich dieses Vorhaben durch ein unter Weißen wie Nichtweißen durchgeführtes Referendum mehrheitlich bestätigen.

Die Generalversammlung der UN verweigerte sich diesem Ansinnen, und ein Gutachten des Internationalen Gerichtshofes (IGH) von 1950 stützte diese Haltung. Südafrika versicherte schließlich, den Status Südwestafrika nicht einseitig zu ändern und das Gebiet weiterhin nach den Mandatsbestimmungen zu verwalten. Südafrika erkannte jedoch weiterhin die Zuständigkeit der Vereinten Nationen nicht an, was einen jahrzehntelangen Rechtsstreit hervorrief. Als äußeres Zeichen der Sonderstellung Südwestafrikas blieben die eigenen Briefmarken.

Den weißen Einwohnern Südwestafrikas wurde nun größere Eigenständigkeit zugestanden: Alle Mitglieder des Landesrates wurden nun gewählt, der Rat des Administrators abgeschafft; sie erhielten das aktive und das passive Wahlrecht für das Kapstädter Parlament, wo sie, weit über ihre Volkszahl hinausgehend, sechs Abgeordnete und zwei Senatoren stellen durften.

Nichtweiße blieben davon ausgeschlossen, und in den fünfziger Jahren wurden die Apartheidgesetze gegen den Protest der Vereinten Nationen in Südwestafrika eingeführt, wenngleich sie hier in der Praxis nie konsequent befolgt wurden. Entsprechend der Konzeption für Südafrika sollten die nichtweißen Völker stufenweise zur Selbstverwaltung herangeführt werden. Im Zuge der Verwirklichung des „Odendaal-Planes" von 1964 wurden Heimatländer geschaffen, deren Fläche heute 40% des Territoriums (neben einem Anteil weißen Farmgebietes von 47%) ausmacht.

Die mit einer Stimme Mehrheit erfolgte Abweisung der Klage Äthiopiens und Liberias, Südafrika verstoße gegen die Mandatsbestimmungen, durch den Internationalen Haager Gerichtshof im Jahre 1966 schien den Status Quo zu bestätigen, und das wirtschaftlich prosperierende Territorium einer hoffnungsvollen Zukunft entgegenzusehen.

Der internationale Druck verschärfte sich jedoch: Im Jahre 1967 erklärte die Generalversammlung der Vereinten Nationen die südafrikanische Präsenz für illegal und setzte eine - de facto allerdings machtlose - Gegenregierung, den „UN-Rat für Namibia", wie das Land ab 1968 genannt wurde, ein. Die vor allem von Owambo getragene Befreiungsbewegung SWAPO begann 1966 den bewaffneten Kampf und konnte mit Hilfe der Staaten der Dritten Welt und des Ostblocks immer mehr an Einfluß gewinnen, bis hin zur folgenschweren Anerkennung als „alleinige" Vertreterin des „namibischen Volkes" durch die Vereinten Nationen im Jahre 1976.

Als allerdings auch der neu besetzte Internationale Haager Gerichtshof 1971 die südafrikanische Präsenz in Südwestafrika für illegal erklärte, war die Frage nicht mehr, *ob*, sondern *wie* Südwestafrika unabhängig werden würde. Der südafrikanische Premierminister Vorster verpflichtete sich 1973, das Gebiet ungeteilt in die Unabhängigkeit zu entlassen, und 1977 wurde es zu diesem Zweck direkt einem südafrikanischen „Generaladministrator" unterstellt. Gleich nach seinem Amtsantritt verfügte er verschiedene Reformen wie z.B. eine Abschaffung der vielkritisierten „Paßgesetze" für Nichtweiße, der Rassentrennung im öffentlichen Leben. Die Unterstellung der eingeborenen Bevölkerung unter die Zentralgewalt Pretorias wurde beendet und durch das System der Häuptlingsverwaltungen auf unterer und mittlerer Ebene ersetzt.

In Konkurrenz zur SWAPO, die auf ihr Alleinvertretungsrecht pochte, unterstützte Vorster die Einberufung einer „Verfassungsgebenden Versammlung" interner Gruppierungen aller Volksgruppen, der „Turnhallenkonferenz" in Windhuk.

Ihr 1977 vorgelegter Verfassungsentwurf auf der Basis ethnischer Repräsentation wurde jedoch nicht einem Plebiszit unterworfen, und man verzichtete auf die Bildung einer Übergangsregierung. Unter Vermittlung der fünf Westmächte (USA, Kanada, Großbritannien, Frankreich, Bundesrepublik Deutschland) einigten sich 1978 alle Beteiligten auf Wahlen nach dem Prinzip „Ein Mensch, eine Stimme" unter Aufsicht einer neutralen UN-Friedenstruppe und auf die darauffolgende Ausarbeitung einer neuen Verfassung. Dieser Rahmen wurde schließlich im September 1978 in der berühmten UN-Resolution 435 festgelegt, die daraufhin zur „Magna Charta" für die Unabhängigkeit Namibias erklärt wurde.

An den Ausführungsbestimmungen scheiterte jedoch die Umsetzung dieses Planes. Südafrika hielt daran fest, noch 1978 wählen zu lassen, und veranstaltete „interne Wahlen" ohne Anerkennung durch die Vereinten Nationen zur Bestimmung von verantwortlichen politischen

Führern. Eine zweite Wahl unter internationaler Aufsicht sollte jedoch so bald als möglich folgen, möglichst noch 1979, und dann zur Unabhängigkeit führen.

Die Dezemberwahlen wurden von der aus der Turnhallenkonferenz hervorgegangenen liberalkonservativen DTA klar mit 82% der Stimmen bei einer Wahlbeteiligung von 80,3% gewonnen, wobei die SWAPO nicht teilgenommen hatte. Die ursprüngliche „Verfassungsgebende Versammlung" wurde 1979 zur Nationalversammlung befördert, und aus ihr gingen zwei interne Regierungen, der Ministerrat (1980-83) und die „Übergangsregierung der Nationalen Einheit" (1985-89), unter Beteiligung weiterer interner Parteien hervor, die, von den Ressorts Außenpolitik, Verteidigung, Staatsrechtliche Veränderungen und dem Vetorecht des Generaladministrators abgesehen, weitgehende innere Autonomie besaßen. Nur noch 10 von 50 Abgeordneten waren Weiße. Seit Ende der siebziger Jahre wurden in Südwestafrika wesentliche Reformen durchgeführt, so eine Arbeitsgesetzgebung nach dem Prinzip gleicher Lohn für gleiche Arbeit (1978), die offizielle Abschaffung der Apartheid, das Verbot rassischer Diskriminierung und die Öffnung der Wohngebiete für Angehörige aller Rassen (1979).

Seit Ende der siebziger Jahre hatte sich das Südwestafrika-Problem verkompliziert. Zu der Auseinandersetzung zwischen UNO und Südafrika kam die Auseinandersetzung zwischen SWAPO und den internen Parteien hinzu: Die SWAPO berief sich auf den Alleinvertretungsanspruch, weigerte sich mit den „Marionetten Pretorias" zu sprechen und war bestrebt, deren internationale Isolierung mit Hilfe der Vereinten Nationen durchzusetzen. Andererseits lehnte Südafrika jeglichen direkten Kontakt mit der „Terroristenorganisation" SWAPO ab.
Zudem spielte der Buschkrieg als zusätzlicher blockierender Faktor eine Rolle und zeigte nur zu oft eine Eigengesetzlichkeit. Seitdem ab 1976 der SWAPO Angola als Sprungbrett zur Verfügung stand, hatte sich der Krieg im Norden des Landes verschärft. Beide Konfliktpartner wurden in ihren Entscheidungen nun zunehmend auch von militärischen Interessen und Optionen geleitet. Eine Entscheidung führte der Krieg jedoch nicht herbei.

Je mehr Südafrika die interne politische Entwicklung vorantrieb, desto mehr entfernte es sich von dem 1978 gesteckten Unabhängigkeitsplan. Pretoria schien sich die Möglichkeit eines Alleinganges offenhalten oder zumindest damit drohen zu wollen. Andererseits ließ man die Kontakte zur UNO und den Westmächten nicht abbrechen. Die Konferenzen von Genf (1981) und Lusaka (1984), an denen auch Vertreter der internen Parteien hatten teilnehmen können, waren Höhepunkte dieser Konsultationsbemühungen, zeigten aber auch die Verfahrenheit der Situation auf.

Die erste interne Regierung, der Ministerrat unter Vorsitz von Dirk Mudge, trat Anfang 1983 zurück, da ihrer Ansicht nach Pretoria mit der Proklamation des Generaladministrators „AG 8" den Volksgruppenregierungen der Zweiten Ebene, insbesondere derjenigen der Weißen, materiell wie politisch zu weit entgegengekommen sei und schließlich sogar den Vorschlag gemacht hatte, eine Regierung nicht von der Nationalversammlung, sondern durch die Volksgruppenregierungen zu bestimmen. Von 1983-85 wurde das Land daher wieder direkt von einem Generaladministrator und einem ihm zur Seite stehenden Rat regiert.

Eine neuerliche Initiative ging Ende 1983 wiederum von den internen Parteien aus, nachdem ein vom Generaladministrator initiierter „Staatsrat" auf einhellige Ablehnung gestoßen war. Auch Parteien, die bisher nicht in das politische Geschehen aktiv eingegriffen hatten, beteiligten sich nun an der wieder ins Leben gerufenen Nationalversammlung, deren Sitze nun nicht aufgrund einer neuerlichen Wahl, sondern gemäß einem festen Schlüssel vergeben wurden. Am 17. Juni 1985 wurde eine Vielparteien-„Übergangsregierung der nationalen Einheit" gebildet. Trotz der damit verbundenen internationalen Widerstände meinten die Beteiligten, die Chance für eine innenpolitische Weiterentwicklung nutzen zu müssen. Da sie auf breiterer Grundlage stand, konnte sie auch vermehrte internationale Beachtung finden, jedoch keine Gleichbehandlung mit der SWAPO, geschweige denn eine formelle Anerkennung. Von Pretoria erhielt sie den Auftrag, eine Verfassung auszuarbeiten; die damit betraute Kommission stand unter dem Vorsitz des angesehenen Richters Hiemstra.

Genau wie zehn Jahre zuvor spielte Pretoria jedoch den im Juli 1987 der Öffentlichkeit vorgestellten Verfassungsentwurf schließlich wieder herunter und nannte ihn lediglich eine Grundlage für weitere Beratungen. Er wurde nicht, wie vorgesehen, dem Volk zur Abstimmung vorgelegt.
Gegen den Willen der Mehrheit der Übergangsregierung bestätigte der Generaladministrator die „Volksgruppenregierungen" der Zweiten Ebene, die in dem Verfassungsentwurf nicht mehr vorgekommen waren, und ordnete hierfür Neuwahlen auf ethnischer Basis an, während er sich allgemeinen Wahlen für die Nationalversammlung verschloß. Auch brüskierte er die Übergangsregierung durch den Plan einer Neubesetzung der Regierung mit Vertretern von Parteien, die nicht in der Nationalversammlung vertreten waren. Auch durch den Gebrauch seines Vetorechtes, z.B. bei der Frage der Verfolgung von Menschenrechtsverletzungen südafrikanischer Soldaten im Buschkrieg, stieß er auf heftige Kritik. Die Haushaltszuschüsse Pretorias wurden drastisch verringert.

Parallel zu dieser Entwicklung hatte Südafrika informelle Kontakte mit der SWAPO auf den Kapverdischen Inseln aufgenommen. Ende der achtziger Jahre gab Südafrika direkten Verhandlungen mit den Hauptkontrahenden den Vorzug und war nun auch an einer schnellen und endgültigen Lösung des Problems interessiert. Nach einer Intensivierung des lange Zeit auf Sparflamme geführten Krieges und einem damit erneut verbundenen massiven südafrikanischen Engagement in Angola kam es zu Waffenstillstandsverhandlungen. Der Weg zur Lösung der Namibia-Frage führte weder über die UN oder die Westmächte noch über die internen Parteien und auch nicht primär über die eher schwache SWAPO, sondern zunächst über eine Bereinigung des militärischen Konfliktes mit den Hauptgegnern Angola und Kuba. Diesem Prozeß mußten sich die anderen Beteiligten notgedrungen anschließen.

Die weitere Entwicklung ging nun Schlag auf Schlag: 1988 Waffenstillstand und Abzug der südafrikanischen Truppen aus Angola, Friedensverhandlungen zwischen Angola, Kuba und Südafrika, Annahme eines Terminplanes zum schrittweisen Abzug der Kubaner aus Angola und zur Umsetzung der Resolution 435 in Südwestafrika, 1. April 1989 Beginn der Interimsperiode unter UN-Aufsicht, 7.-11. November 1989 Wahlen zu einer Verfassungsgebenden Versammlung, 21. März 1990 Geburtsstunde des unabhängigen Staates Namibia. Afrikas „letzte Kolonie" war damit in die Selbständigkeit entlassen.

Noch heute prägen deutsche Häuser und Geschäfte Windhuk.

Kapitel 2

Die Völker Namibias

Namibia weist eine ähnliche ethnische Struktur wie das benachbarte Südafrika auf, nämlich eine grundlegende Dreiteilung in Menschen brauner (14 %), schwarzer (78,5 %) und weißer Hautfarbe (7,5 %).

Erstere stellen die Urbevölkerung dar; seit dem 16. Jh. wanderten schwarze Völker von Norden her zu, seit dem letzten Jahrhundert schließlich die Weißen aus Europa und Südafrika.[4]

Ein wesentlicher Unterschied zu Südafrika besteht darin, daß der Anteil der Weißen geringer ist (7,5 % gegenüber 24,5 % im Jahre 1989). Außerdem haben in Namibia die braunen Völker ein größeres Gewicht, und sie sind nicht vollständig europäisiert und vermischt wie in Südafrika, sondern Buschmänner und Nama leben in Namibia in größerer Zahl noch reinblütig unter Bewahrung ihrer Sprache und Traditionen im Sippen- und Stammesverband.
Auch fehlt das indisch-asiatische Element völlig in Namibia.

Die Einwohner teilen sich in folgende elf Völker auf (wobei die Weißen eigentlich mehrere Völker wie Deutsche, Buren, Portugiesen repräsentieren)[5]:

Ethnische Gruppe	**1965**	**Volkszählung 1981**	**Geschätzte Zahl für 1990**
Ovambo	262 300	506 100	587 000
Kavango	30 420	95 000	110 000
Weiße	87 620	76 400	78 000
Herero	47 940	76 300	89 000
Damara	48 290	76 200	89 000
Nama	36 910	48 500	57 000
Farbige	15 020	42 300	48 000
Caprivianer	16 880	38 600	44 000
Buschmänner	13 170	29 400	34 000
Baster	12 430	25 200	29 000
Tswana	12 130	6 700	7 000
Andere	-	12 400	12 000
Insgesamt	583 110	1 033 200	1 184 000

Beginnen wir die Bestandsaufnahme mit den Völkern brauner Hautfarbe, die die Forschung nach sprachlichen Kriterien unter der gemeinsamen Bezeichnung „Khoisanide" zusammenfaßt.

Die san-sprachigen *Buschmänner* sind die ältesten Einwohner des Landes. Ihr angestammter Lebensraum ist die Halbwüste Kalahari im Osten des Landes, die sich im benachbarten Botswana fortsetzt. In den Vorstellungen der nomadisierenden Buschleute stellt sie jedoch keine Grenze dar. In den sechziger Jahren wurde ein Homeland „Buschmannland" mit der Hauptstadt Tsumkwe abgegrenzt, wo die noch auf der Steinzeitstufe als Jäger und Sammler lebenden Buschmänner als Viehzüchter eine neue Lebensgrundlage erhalten sollten. Als einzige erhiel-

Ein demobilisierter Buschmann

ten die Buschmänner in den siebziger Jahren noch keine Volksgruppenregierung, sondern wurden weiterhin zentral aus Windhuk regiert. Neben den !Kung in der Kalahari finden sich weitere Buschmanngruppen noch im Kavango und West-Caprivi (die Mbarakwengo) sowie um Tsumeb/Grootfontein.

Nur noch etwa 2000 von 34 000 gehen ihrer ursprünglichen Lebensweise nach. Zunehmende Landeserschließung sowie Alkohol und Krankheiten bedrohen ihre Existenz. Zu den Schwarzen, die ihnen körperlich und entwicklungsmäßig überlegen sind, besteht vielfach kein gutes Verhältnis; häufig werden Buschmänner als eine Art Sklaven gehalten. Bereitwillig stellten sie sich im Kampf gegen die SWAPO dem Militär als Kundschafter zur Verfügung, und im Camp Omega (West-Caprivi) wurde ein Buschmannbataillon nebst Frauen und Kindern angesiedelt. Sie sehen daher im unabhängigen Namibia einer unsicheren Zukunft entgegen. In Angola hatte die MPLA-Regierung nach ihrer Machtübernahme ein Blutbad unter den Buschmännern angerichtet; sie hatten dort ebenfalls militärische Dienste in der portugiesischen Armee geleistet. Einige hundert Buschmänner wurden bereits auf eigenen Wunsch in die Kapprovinz umgesiedelt. Mit Präsident Nujoma laufen Verhandlungen über das zukünftige Schicksal der Buschmänner.

Die *Nama* (früher Hottentotten genannt) im Süden gehören zu den einflußreichen und weit fortgeschrittenen Völkern des Landes. Sie bestehen aus den neun Nama-Stämmen im engeren Sinne (darunter die Rote Nation von Hoachanas, die Bondelswart von Karasburg, die Swartbooi von Fransfontein und die Keetmanshooper) und den fünf im 19. Jh. aus der Kapprovinz zugewanderten Orlam-Stämmen (Bethanier, Afrikaner, Gobabisstamm, Bersebaner und Witboois). Letztere hatten sich im 19. Jh. eine dominierende Stellung in Südwestafrika erkämpft. Die gelblich-braunen Nama sprechen das der Buschmannsprache verwandte Khoi-Khoi mit charakteristischen Schnalz- und Klicklauten; das Afrikaans ist bei ihnen jedoch auf dem Vormarsch.

Im 19. Jh. waren sie mit den nach Süden vorgestoßenen Herero in heftige Konkurrenz um Wasserstellen und Weidegründe getreten. Sie sind wie diese Viehzüchter, üben heute vielfach aber auch städtische Berufe aus. Als erstes Volk in Südwestafrika wurden die Nama seit Beginn des 19. Jh. missioniert. Die einstige Autorität eines mächtigen Oberhäuptlings wie Hendrik Witbooi ist heute abgelöst von zersplitterten regionalen Herrschaftsformen. Aus verschiedenen Reservaten entstand im Jahre 1966 das Homeland Namaland.

Die Farbigen sind größtenteils im 20. Jh. aus der Kapprovinz zugewandert; teilweise gingen sie jedoch auch durch Vermischung von Nama, seltener Herero, und Weißen im Lande hervor. Sie sind vor allem in den Städten als Lehrer, Handwerker oder im Dienstleistungsbereich tätig, an der Küste auch im Fischfang. Ihre Muttersprache ist das Afrikaans.

Eine Sondergruppe stellen die *Rehobother Baster* dar. Sie wanderten 1868 unter Führung ihres „Kapteins" Hermanus van Wyk und eines deutschen Missionars aus der Kapprovinz ein und ließen sich 1870 im Gebiet von Rehoboth nieder. Die führenden Basterfamilien gingen aus Ehen von Namafrauen mit weißen Vätern hervor, und auch in den ersten Jahrzehnten der deutschen Kolonialzeit verheirateten sich nicht selten deutsche Einwanderer mit Basterfrauen, bis nach der Jahrhundertwende Mischehen untersagt wurden. Etwa ein Drittel der Stammväter sind Deutsche. Sie nennen sich selbst mit Stolz „Baster" und bezeichnen sich als eigenes Volk, dessen Reinerhaltung die „väterlichen Gesetze" (vaderlike wette) von 1872 gewährleisten. Zwischen der höheren Schicht, die einen größeren weißen Blutsanteil aufweist, und der niederen Schicht besteht ein deutlicher Unterschied.

Im „Schutz- und Freundschaftsvertrag" von 1885 gewährte das Deutsche Reich ihnen die Selbstverwaltung. Traditionelle Organe sind als Exekutive der „Basterraad", geführt von dem „Kaptein", als Parlament der „Volksraad" sowie eine eigenständige Judikative. Im Gegenzug verpflichteten sich die Baster 1895 zum militärischen Beistand und blieben auch während der Herero- und Hottentottenaufstände den Deutschen treu. Im Ersten Weltkrieg wechselte ein Teil aus Furcht vor einem Verlust der Autonomie zu den Südafrikanern über. Nach dem Ersten Weltkrieg forderten sie die Unabhängigkeit unter britischer Flagge, was die Südafrikaner verweigerten. Nach einem Aufstand der Rehobother Baster wurden wesentliche Teile ihrer Autonomie beschnitten; sie wurde erst im Jahre 1976 in vollem Umfang wiederhergestellt und wieder ein verantwortlicher Kaptein eingesetzt. Noch Anfang der sechziger Jahre galten die Baster als ausgesprochen oppositionelles Volk, und es bestanden Verbindungen zur SWAPO (Hans Beukes).

Die große Mehrzahl der Baster spricht Afrikaans als Muttersprache und ist in Rehoboth vor allem als Farmer, daneben in den Städten als Arbeiter oder Handwerker tätig. Mit Berufung auf den Vertrag von 1885 fordern die Baster auch im unabhängigen Namibia die Anerkennung ihrer Autonomie.

Gehen wir nun in unserer Betrachtung zu den schwarzen Völkern über.

Völlig aus dem Rahmen fallen die tiefschwarzen *Damara* (früher „Klippkaffern" genannt), die als einzige nicht zur Obergruppe der Bantu-Völker zählen. Ihre Herkunft ist ungeklärt; man vermutet, daß sie aus dem Sudan stammen. Ihre ursprüngliche Sprache haben sie verloren und das Nama, die Sprache ihrer langjährigen Herren angenommen. Auch die in den Bergen lebenden „Bergdamara", die dem Sklavendasein entfliehen konnten, sprechen Nama. Die deutsche Kolonialverwaltung förderte die Emanzipation der Damara und stellten ihnen bereits 1907 als Belohnung für ihre Treue während der Aufstände ein Reservat zur Verfügung; das von den Deutschen geschaffene Amt eines „Kapitäns" fand jedoch keine allgemeine Anerkennung. Im Zuge des „Odendaal-Planes" in den sechziger Jahren wurde das 6263 qkm große Reservat auf Kosten weißer Farmen zu dem 48 000 qkm großen Homeland Damaraland vergrößert. Hier leben die Damara von Viehzucht und Ackerbau; die Mehrzahl ist jedoch außerhalb als Farm- oder Minenarbeiter bzw. in den großen Städten beschäftigt.

Seit ihrem Eintreffen im späteren Südwestafrika ab dem 16. Jh. spielten die aus Nordostafrika stammenden *Herero* eine dominante Rolle. Der größte Teil zog im 18. Jh. aus dem Kaokoveld weiter bis in den Süden des Landes und kämpfte dort jahrzehntelang mit den Nama um die Vorherrschaft. Die Herero sind nomadisierende, inzwischen seßhafte Viehzüchter, und das Rind spielt in ihrer Vorstellungswelt eine herausragende Rolle. Nach Einsetzen der deutschen Kolonialherrschaft verloren sie zunächst durch Viehkrankheiten und Verschuldung, schließlich infolge des verlorenen Krieges gegen die Deutschen ihre Viehherden, konnten sie aber, schon in den Jahren vor dem Ersten Weltkrieg beginnend, wieder aufbauen, ohne allerdings das einstige Ausmaß zu erreichen. Von den weißen Siedlern wurden sie aus dem Zentralgebiet in den Osten abgedrängt, wo sich östlich von Okahandja das in den sechziger Jahren arrondierte Homeland Hereroland, aufgeteilt in einen westlichen und einen östlichen Teil, befindet. Nach der Niederlage gegen die Deutschen flüchtete 1904 ein Teil der Herero nach Bechuanaland (heute Botswana) und siedelten sich dort an. Sie gelobten damals, solange zu bleiben, bis Südwestafrika wieder frei sei.

Wenngleich sich die Herero weitgehend zum Christentum bekennen und engen Kontakt zur städtischen Zivilisation haben, so haben alte Traditionen doch noch einen bedeutenden Stellenwert. Die Frauen tragen die von den Missionaren im 19. Jh. übernommene viktorianische Tracht. Größter Festtag ist der alljährliche Hererotag Ende August in Okahandja zum Gedenken an den 1923 verstorbenen Oberhäuptling Samuel Maharero. Dort tritt die „Rotflaggenvereinigung" in den Uniformen der deutschen Kolonialherren, ihrer einstigen Gegner, zur Erinnerung an den Widerstand der Herero und zur Demonstration ihres Machtanspruches auf.

Die *Mbanderu* im östlichen Hereroland erkennen den Herero-Häuptlingsrat und den Oberhäuptling nicht an und gelten politisch als progressiver.

Zwei Herero-Stämme, die *Himba* und *Tjimba*, blieben im 18. Jh. im unwirtlichen Kaokoveld im äußersten Nordwesten hängen. Sie leben noch nach alter Herero-Art, bekleidet mit Lendenschurz, und wurden noch kaum christianisiert.

Im Jahre 1989 forderte Oberhäuptling Riruako die Vereinten Nationen auf, den in Botswana lebenden Herero vor den Wahlen die Rückkehr als politische Flüchtlinge zu gestatten. Sowohl die Regierung Botswanas wie auch die SWAPO, wohl aus wahltaktischen Gründen, protestierten dagegen. Die UNO verschob das Problem bis nach der Unabhängigkeit mit dem formalen Argument, daß die Betreffenden bereits vor Beginn der Mandatszeit außer Landes gegangen seien.

Man spricht davon, daß von ca. 40000 Botswana-Herero etwa 30000 zurückkehren wollen, bereits 1984 ließen sich 1000 zu diesem Zweck registrieren.[6] Zur Jahreswende 1988/89 überschritten einige bereits illegal die Grenze. Oberhäuptling Riruako unterstützt die Rückwanderungsbestrebungen wohl auch zur Stärkung der Position der Herero im unabhängigen Namibia.

Auf einem Fünfzehntel der Fläche im Norden lebt etwa die Hälfte der Bevölkerung, die *Owambo*. Sie wanderten im 16. Jh. von den Großen Seen Ostafrikas nach Südwestafrika und sind mit den Herero verwandt.

Eine Hererofrau in der üblichen viktorianischen Tracht

Zwischen beiden Völkern bestanden meist gute Beziehungen, wenngleich sich die Herero vielfach als überlegen empfinden.

Während der deutschen Schutzherrschaft befand sich Owamboland, wie die benachbarten schwarzen Gebiete, außerhalb der Polizeizone und wurde weitgehend sich selbst überlassen. Lediglich König Nehale griff 1904 den deutschen Grenzposten Namutoni an und gewährte Herero-Flüchtlingen Zuflucht, was mit einer Strafexpedition beantwortet wurde.

Ein Kummer der Owambo ist die Zerteilung des Volkes durch die koloniale Grenzziehung zwischen Angola und Südwestafrika. Im Ersten Weltkrieg nutzte Kwanyama-König Mandume den Rückzug der Portugiesen und zerstörte deren Befestigungen im Grenzgebiet, um die einzelnen Owambo-Königreiche zu vereinen. Südafrika und Portugal beseitigten ihn schließlich gemeinsam im Jahre 1917. Die südafrikanische Mandatsmacht war in den folgenden Jahren bestrebt, die traditionellen Könige durch neuernannte Häuptlinge zu ersetzen.

Von insgesamt sieben Owambostämmen sind die *Kwanyama* (37 %) und *Ndonga* (28 %) am bedeutendsten; ihre Sprachen gelten auch als Verkehrssprachen. Die Owambo leben von Ackerbau, Viehzucht und Fischfang sowie vom Handel. Entwicklungsmäßig blieb Owamboland bis in die sechziger Jahre zurück. Dann setzte in dem Homeland, das die Selbstverwaltung erhielt, infolge des Krieges wie zur Zurückdrängung des Einflusses der SWAPO ein deutlicher Entwicklungsschub ein.

Seit den vierziger Jahren gingen zahlreiche Owambo als Kontraktarbeiter nach Süden in die Städte und sind daher heute in allen Landesteilen ganz oder teilweise ansässig geworden. Dadurch wurden sie politisiert, was auch auf das Owamboland zurückstrahlte. Die Befreiungsbewegung SWAPO rekrutierte sich fast vornehmlich aus Owambo.

Die *Kavango* im Nordosten gelten als friedlicher im Vergleich zu den mit ihnen eng verwandten Owambo. Auch sie stammen wohl von den Großen Seen Ostafrikas und siedelten sich beiderseits der fruchtbaren Ufer des Kavangoflusses im späteren Angola und Südwestafrika an. Während die Owambo überwiegend protestantisch missioniert wurden, sind die meisten Kavango heute Katholiken. Traditionelle Strukturen spielen jedoch eine bedeutende Rolle, und die Häuptlinge genießen noch eine kaum in Frage gestellte Autorität. Die Kavango gliedern sich in fünf Stämme (Kwangali, Sambyu, Mbukushu, Mbunza und Gciriku) und leben vom Fischfang, vom Getreide- und Gemüseanbau. Bekannt sind sie für ihre hervorragenden Schnitzarbeiten. Entwicklungsmäßig ist Kavangoland, das Anfang der siebziger Jahre die Selbstverwaltung erhielt, gegenüber Owamboland zurückgeblieben. Infolge des angolanischen Bürgerkrieges flüchteten nach 1975 30000 Kavango vom südlichen Angola nach Kavangoland und wurden dort problemlos integriert.

Der 450 km lange und streckenweise nur 50 km breite „Caprivizipfel" kam 1890 durch das deutsch-englische Kolonialabkommen zu Südwestafrika. Der westliche Teil ist weitgehend unbewohnt, im fruchtbaren Osten leben schwarze Bantustämme, die auch im benachbarten Sambia seßhaft sind. Von insgesamt fünf Stämmen sind mit einem Anteil von 90 % die Masubia und die Mafwe die größten. Stolz nennen sie sich *„Caprivianer"* nach dem damals vertragsschließenden deutschen Reichskanzler Leo Graf von Caprivi. Sie leben insbesondere vom Ackerbau und werden jeweils von Oberhäuptlingen mit weitgehenden Befugnissen, denen die Kuta, ein großer Rat, zur Seite steht, regiert. Verkehrssprache ist interessanterweise das Lozi, die Sprache der in Sambia lebenden Barotse. In den sechziger und siebziger Jahren propagierte die „Caprivi African National Union" (CANU) sezessionistische Ideen und liebäugelte mit einem Anschluß an Sambia. Inzwischen akzeptieren jedoch die meisten Caprivianer die Zugehörigkeit zu Südwestafrika.

Kleinstes Volk im Lande sind die *Tswana*, die zu den Sotho sprechenden Bantuvölkern gehören. Bereits im 15. Jh. wanderten sie vom Sambesi her kommend in das Gebiet des heutigen Südwestafrika ein. Die Mehrzahl der Tswana wurde jedoch später von Nama und Herero nach

Kavangofrauen

Osten (heutige Staaten Botswana, Bophuthatswana) vertrieben. Die große Mehrzahl der Südwester Tswana lebt im eigenen Gebiet als Viehbauern. Sowohl die Deutschen wie später die Südafrikaner respektierten ihre Selbstverwaltung. Es gibt kaum Anschlußwünsche an Botswana.

Schließlich lebt in Namibia zum Teil seit mehreren Generationen eine nicht unbedeutende Anzahl weißer Menschen, vor allem Deutsche und Buren.

Die *Deutschen* wanderten ab 1892 während der deutschen Kolonialzeit, aber aus den verschiedensten Motiven auch in der Zwischenkriegs- und Nachkriegszeit ein. Bis heute konnten sie sich trotz der verstreuten Siedlung als geschlossene Volksgruppe mit eigener Kultur und Sprache halten, sind jedoch recht inhomogen, z. B. was die politische Ausrichtung anbetrifft. Sie gelten als Individualisten. Neben einer Gruppe von knapp 2000 Farmern sind die Deutschen vor allem in den Städten im mittelständischen Gewerbe wie im Dienstleistungsbereich tätig. Heute machen sie nurmehr ein knappes Drittel der weißen Bevölkerung aus; in Städten wie Swakopmund oder Karibib ist der deutsche Einfluß jedoch unübersehbar.

Schon vor und auch während der deutschen Kolonialzeit waren *Buren* aus Südafrika nach Südwestafrika eingewandert. Die ersten „Trekburen" kamen 1874 in das Land. Im Jahre 1895 wurde eine Burensiedlung in Grootfontein im Norden gegründet, weitere 600 Buren ließen sich nach der Niederlage im Krieg gegen Großbritannien in Gibeon im Süden nieder, und ein Vertrag sicherte ihnen eigene Schulen zu. Die südafrikanische Mandatsmacht siedelte dann in den zwanziger Jahren die in Angola lebenden Buren sowie zahlreiche „arme blanke" (arme Weiße) aus den Städten Südafrikas nach Südwestafrika um. Nach dem Krieg ließen sich viele afrikaanse entlassene südafrikanische Soldaten in Südwestafrika nieder, und auch der wirtschaftliche Aufschwung förderte eine verstärkte Zuwanderung von Süden. Sie sind als Farmer wie auch in den Städten ansässig. Ein großer Teil der aus Südafrika in die Verwaltung entsandten Buren kehrte bereits heim, andere werden folgen; einige nahmen jedoch die namibische Staatsangehörigkeit an und wollen im Staatsdienst bleiben. Die Buren gelten im Vergleich zu den Deutschen als homogenere Gruppe mit überwiegend konservativer politischer Ausrichtung.

Afrikaans, das neben den Buren auch von den Farbigen, Bastern und einem Teil der Nama als Muttersprache gesprochen wird, ist bisher unangefochten lingua franca in Namibia, wenngleich es jetzt aus politischen Gründen mehr und mehr durch Englisch ersetzt werden soll.

Das *englische Bevölkerungselement* ist in Namibia nur schwach vertreten und prägt allenfalls Minenstädte wie Tsumeb, Oranjemund, wo englischsprachige Ausländer beschäftigt sind und Englisch betriebliches Kommunikationsmittel darstellt.

Viertgrößte Volksgruppe unter den Weißen sind die *Portugiesen*, die in einer letzten großen Einwanderungswelle des Landes 1975/76 nach der Machtübernahme der MPLA aus Angola einwanderten. Sie beherrschen inzwischen den Lebensmittel-Kleinhandel.

Ein Portugiese in Windhuk vor seinem Gemischtwarenladen und Schnellimbiß mit dem doppelsinnigen Namen „Angola Take Aways"

Kapitel 3

Südwestafrika/Namibia - ein völkerrechtlicher Dauerkonflikt

Südafrikas Griff nach Südwestafrika

Südafrika, sprich die britische Kapkolonie, hatte auf das benachbarte Südwestafrika bereits vor der deutschen Inbesitznahme ein Auge geworfen.

Bismarck ließ bekanntlich vor der Erklärung des Reichsschutzes am 24. April 1884 mehrere Male in London anfragen, ob Großbritannien das Gebiet zwischen Oranjefluß und Portugiesisch-Angola für sich geltend mache, wo es bereits seit 1878 den Hafen Walfischbucht sein eigen nannte. Das Colonial Office antwortete ausweichend, wohl aufgrund finanzieller Schwierigkeiten und in Verkennung der deutschen Handlungsbereitschaft. Im Jahre 1884 erging eine Direktive zur Annexion Südwestafrikas an die Kapkolonie, die aber zu spät in die Tat umgesetzt wurde. Das Parlament der Kapkolonie beschloß noch am 16. Juli 1884 die Annexion Südwestafrikas, nachdem die britische Regierung bereits die deutsche Schutzherrschaft anerkannt hatte! Die Kapregierung unternahm daraufhin Schritte, wenigsten diejenigen Gebiete in Besitz zu nehmen, über die noch nicht der Reichsschutz erklärt worden war. Bismarck ließ daraufhin die deutsche Herrschaft vom Kunene bis zum Oranje proklamieren, was am 22. September 1884 von London auch anerkannt wurde.[7]

Es waren im Kapgebiet, wie in anderen weißen Siedlungsgebieten, gerade die britischen Siedler, die „men on the spot", die das Mutterland zur Expansion drängten, während die britische Regierung sich damals einer Verständigung mit dem Deutschen Reich noch nicht verschließen wollte. Einer deutschen Ausdehnung zum Indischen Ozean (mögliche Stützpunkte St. Lucia Bay, Delagoa Bay) unter evtl. Einschluß der Burenrepubliken kam, unter Einfluß der Kapregierung, die Erklärung der britischen Souveränität über Bechuanaland (1885), Rhodesien (1890) und Njassaland (1891) zuvor. Lediglich in Form des absonderlichen 450 km langen, teilweise nur 50 km breiten „Caprivizipfels" erhielt das Deutsche Reich 1890 einen „Zugang" von Südwestafrika zum Sambesi, von wo man sich - vergeblich - die Ausweitung zu einer geschlossenen Landbrücke nach Deutsch-Ostafrika erhofft hatte. Zur deutschen Kolonialzeit blieb der Caprivizipfel völlig wertlos, entwickelte sich jedoch neunzig Jahre später im Anti-Guerilla-Krieg der Südafrikaner zu einem wertvollen strategischen Trennstreifen zwischen Weiß- und Schwarzafrika wie zu einer militärischen Nachrichtenbasis.

Insbesondere der britische Premierminister der Kapkolonie Cecil Rhodes verkörperte wie kein zweiter das Programm der Expansion Britisch-Südafrikas. So war er wesentlich verantwortlich für den sich verschärfenden britisch-burischen Gegensatz und hatte 1896 ein mißglücktes Freischärlerunternehmen gegen die Südafrikanische Republik (Transvaal) initiiert, den „Jameson Raid", der fast das Ende seiner politischen Karriere bedeutet hätte. Schon drei Jahre später befand sich Großbritannien endgültig im Kriegszustand mit den Burenrepubliken, die 1902 unter die britische Flagge gezwungen wurden, und 1910 erhielt die neugeschaffene „Südafrikanische Union" den autonomen Dominion-Status.

Es waren nun gerade die „bekehrten" empirefreundlichen Burenpolitiker wie Louis Botha und Jan Smuts, die die Ideologie von Rhodes fortsetzten. In einem bis zum Sambesi reichenden „Greater South Africa" unter britischer Flagge versprachen sie sich einen ungeahnten wirtschaftlichen Aufschwung und Machtzuwachs, der auch dem burischen Bevölkerungsteil zugute kommen sollte. Bis Anfang der sechziger Jahre war dieses Expansionsprogramm eine Konstante südafrikanischer Außenpolitik, gleich welcher Partei.

So erstrebte man den Anschluß Südrhodesiens, doch hier sprachen sich die britischen Siedler 1922 mit knapper Mehrheit gegen den Anschluß aus, da man eine zukünftige burische Dominanz fürchtete. Ein halbes Jahrhundert später hätten sie wahrscheinlich liebend gerne die Herrschaft der Buren gegen die Schona-Diktatur unter Robert Mugabe eingetauscht...

Ebenso erstrebte die Südafrikanische Union die staatsrechtliche Angliederung der britischen Eingeborenen-Protektorate Bechuanaland, Swasiland und Basutoland, deren Existenz man als „Stachel im Fleisch" Südafrikas empfand. Doch in dieser Frage blieb London kompromißlos, insbesondere je mehr die Rassentrennungspolitik in Südafrika ausgedehnt wurde. Und schließlich stand Südwestafrika auf der Liste der Forderungen. Die Tatsache, daß Buren, die sogenannten „Dorstlandtrekker", Mitte des 19. Jahrhunderts die ersten Weißen waren, die sich in diesem unwirtlichen Gebiet aufgehalten hatten, verlieh der Forderung eine historische Legitimation.

Südwestafrika wurde als „Erbe des Afrikanertums" bezeichnet, wobei man aber nicht vergessen darf, daß es vor allem das anglosüdafrikanische Großkapital war, das auf Annexion drängte: Im Jahre 1908 waren bekanntlich im bis dahin wirtschaftlich enttäuschenden Südwestafrika reiche Diamantenvorkommen entdeckt worden, die dann ja nach dem Ersten Weltkrieg dem Monopol der „Consolidated Diamond Mines" (CDM) einverleibt wurden. Im Ersten Weltkrieg war die Südafrikanische Union verpflichtet, an der Seite des Mutterlandes in den Krieg einzutreten. Das benachbarte Südwestafrika stellte zudem eine verlokkende Beute dar.

Allerdings brach auch eine offene Rebellion aus, da ein Teil der Buren den Sinn dieses Krieges nicht einsah und die Situation zudem zu einer Wiederherstellung der unabhängigen Burenstaaten nutzen wollte. Einige Burengeneräle wie de la Rey und de Wet gaben das Fanal zum Aufstand. Die benachbarten Deutschen sah man dabei, je nach Standpunkt, als Freunde oder als Mittel zum Zweck.

General de Wet erklärte: „Ein Einfall in Deutsch-Südwest ist in der Tat ein Verbrechen gegen ein Volk, das uns nie etwas zuleide getan hat."[8] Der Kommandeur der bei Upington an der Grenze stationierten südafri-

Der südafrikanische Premierminister Jan Smuts (1919-24, 1939-48), einer der Väter der Annexion Südwestafrikas, im Zweiten Weltkrieg als Field-Marshal neben Winston Churchill

kanischen Truppen, S. G. Maritz, setzte sogar auf deutsches Gebiet über und schloß einen offiziellen Bündnisvertrag. Die begrenzte Rebellion wurde jedoch Anfang 1915 niedergeschlagen und hatte für die deutsche Seite nur einen zeitlichen Aufschub erbracht.

Die Vorfälle verdeutlichen die Ambivalenz des burischen Verhältnisses zu den Deutschen: Man zeigte Sympathie und Bewunderung für das stammverwandte Volk, man nutzte sie als Verbündete gegen die britische Vorherrschaft, gleichzeitig befand man sich jedoch durch Südwestafrika in einem vorgegebenen Konkurrenzverhältnis. So ist denn auch bis heute das burisch-deutsche Verhältnis in der Republik Südafrika wesentlich freundlicher und entspannter als im benachbarten Namibia, wobei hinzukommt, daß nach Südwestafrika in den zwanziger bis fünfziger Jahren viel burisches Proletariat („arme blanke") abgeschoben wurde.

Am 9. Juli 1915 kapitulierte die deutsche Schutztruppe Südwestafrikas vor den weit überlegenen britisch-südafrikanischen Kräften, und das Gebiet wurde besetzt.

Insbesondere die Dominions Australien, Neuseeland und Südafrikanische Union drängten während der Kriegsjahre die britische Regierung, ihnen die besetzten deutschen Kolonialgebiete zu übereignen. Polemische „Blue Books" über die vorgeblichen deutschen „Kolonialgreuel", so auch eine berüchtigte Ausgabe von 1918 über Deutsch-Südwestafrika, sollten die Annexion propagandistisch vorbereiten, ähnlich den Erzeugnissen einer makabren Phantasie über deutsche Schreckenstaten in Frankreich und Belgien.

Insbesondere von Seiten des US-amerikanischen Präsidenten Woodrow Wilson kam während des Krieges immer mehr der Gedanke der Selbstbestimmung der Völker sowie der Schaffung eines Völkerbundes, der über den Staaten stehen sollte, in die Diskussion. Diese Ideen standen natürlich auch im Zusammenhang mit Machtambitionen der aufsteigenden Weltmacht USA auf Kosten aller bestehenden Großmächte, auch Großbritanniens, Frankreichs und Rußlands.

Bezüglich Europa wurden diese Ideen vom südafrikanischen Ministerpräsidenten Smuts unterstützt, der für die slawischen Gebiete der Donaumonarchie und den Nahen Osten den Mandatsgedanken konzipierte, d.h. statt Annexion oder verfrühter Selbständigkeit eine internationale Treuhandverwaltung.

Den Mandatsgedanken für farbige Völker in überseeischen Gebieten anzuwenden, erschien ihm jedoch undenkbar. Weder wollte er Südwestafrika der Kontrolle des Völkerbundes unterstellen noch eine Verpflichtung für eine zukünftige Selbständigkeit der Eingeborenen anerkennen.

Ein einschneidendes Ereignis war die explizite Verkündigung des Selbstbestimmungsrechtes der Völker durch die russischen Bolschewiki im Dezember 1917 (wenngleich sie es wenig später in ihrem eigenen Imperium zu vergewaltigen begannen). Sie erklärten ausdrücklich, daß es auch auf die Kolonialvölker, und auch auf jene der Alliierten, Anwendung finden müsse. Sie setzten damit eine Forderung von ungeheurer Sprengkraft in die Welt, und bis in die Gegenwart haben farbige Völker voll Bewunderung und Hoffnung nach Moskau geblickt, wo sie, mehr oder weniger uneigennützig, Unterstützung fanden.

Die berühmten „14 Punkte" Wilsons vom 8. Januar 1918 sind als direkte Antwort auf die bolschewistische Herausforderung zu verstehen. Bezeichnenderweise wurde das Wort „Selbstbestimmung" explizit nicht ausgesprochen, und in Punkt 5 wird bezüglich der kolonialen Angelegenheiten vorsichtig formuliert:

„eine freie, weitherzige und unbedingt unparteiische Schlichtung aller kolonialen Ansprüche, die auf einer genauen Beobachtung des Grundsatzes fußt, daß bei der Entscheidung aller derartiger Souveränitätsfragen die Interessen der Bevölkerung ein ebensolches Gewicht haben müssen wie die berechtigten Forderungen der Regierung, deren Rechtsanspruch bestimmt werden soll".[9]

Hier zeigt sich deutlich der sich anbahnende Kompromiß zwischen moralischen Prinzipien und Großmachtinteressen, wie er auch den Versailler Vertrag, mit noch deutlicherem Übergewicht auf letzteren, bestimmte. So waren die neugeschaffenen Mandate - das Deutsche Reich hatte 1919 auf seine Kolonien verzichten müssen - de facto den alliierten Kolonialmächten übereignet worden. Eine Mandatskommission des Völkerbundes hatte zwar die Oberaufsicht, ihr mußten jährlich Berichte erstattet werden. Allerdings konnte sie nur Rügen, keine Weisungen aussprechen, und in der Kommission waren zuvorderst die Kolonialmächte vertreten, kontrollierten sich also z. T. selbst!

Der für Südwestafrika beschlossene Status eines „C-Mandates" bedeutete praktisch den Anschluß: Zwar waren dem Mandatar gewisse Pflichten hinsichtlich des Wohles der Eingeborenen auferlegt; es war aber nicht, wie bei den A-Mandaten (z. B. Irak, Syrien), explizit die Pflicht der Heranführung zur Unabhängigkeit ausgedrückt. Südwestafrika durfte wie ein integraler Bestandteil des Staatsgebietes des Mandatars unter Anwendung seiner Gesetze verwaltet werden. Wie der südafrikanische Premierminister Smuts sich ausdrückte, war es „annexation in all but name"[10]. Der britische Premierminister Lloyd George meinte damals: „There ist no doubt at all that South West Africa will become an integral part of the Federation of South Africa."[11]

Wie in den anderen früheren deutschen Schutzgebieten wurde auch in Südwestafrika damit begonnen, die deutschen Siedler zu vertreiben. Man nahm davon jedoch wieder Abstand, sei es wegen der deutschfreundlichen Haltung vieler Buren oder mit Rücksicht auf das Wohl der Farmwirtschaft, und ein Teil der 6000 inzwischen ausgesiedelten Deutschen konnte wieder zurückkehren.

Im 1923 zwischen Großbritannien und dem Deutschen Reich abgeschlossenen „Londoner Abkommen" wurde das Heimatrecht der deutschen Siedler garantiert. Ein völkerrechtlich einmaliges Doppelstaatsbürgerschaftsrecht wurde geschaffen: In Südwestafrika besaßen die Deutschen die südafrikanische Staatsbürgerschaft („automatische Naturalisation"); beim Betreten deutschen Hoheitsgebietes lebte die deutsche wieder auf.[12]

Das Deutsche Reich verfolgte in der Weimarer Republik ausdrücklich das Ziel der Rückgewinnung der Kolonien. So sandte die deutsche Verhandlungsdelegation am 23. Oktober 1923 an den südafrikanischen Verhandlungsführer Smuts ein Schreiben mit dem relativierenden Satz: „Die deutsche Regierung erkennt an, daß die Zukunft von Südwestafrika gegenwärtig mit der Südafrikanischen Union verknüpft ist."[13]

Durch eine massive Einwanderungspolitik brachte die Südafrikanische Union die deutschen Siedler bald in die Rolle einer Minderheit. Hatte sich der Anteil der Deutschen bei den Weißen 1913 noch auf 83 Prozent belaufen, so betrug er 1936 nur noch 31,5 %.[14] (Heute beträgt er etwa 20 %.) Trotz offizieller Garantien war das deutsch-südwestafrikanische Verhältnis in Südwestafrika daher gespannt.

In den dreißiger Jahren steuerte Pretoria offen auf die endgültige Angliederung als „Fünfte Provinz" hin und stützte sich dabei auf eine mit Zwei-Drittel-Mehrheit beschlossene Resolution der Windhuker Landesversammlung von 1934. Die Mandatskommission des Völkerbundes hatte dies jedoch bereits 1933 abgelehnt, worauf der südafrikanische Ministerpräsident Hertzog 1937 versprach, keine einseitigen Schritte zur Statusänderung unternehmen zu wollen.

Die Beziehungen zwischen deutschen und südafrikanischen Siedlern verschlechterten sich in der Folgezeit weiter. Viele vor allem junge deutsche Siedler, die mit dem Nationalsozialismus sympathisierten, hofften auf eine Rückgewinnung der Kolonien durch das Deutsche Reich, was immerhin im Programmpunkt Nr. 3 der NSDAP anklang. Dieses Ziel wurde jedoch von Adolf Hitler nur sehr zögernd, mit größerem Ernst erst ab 1941 verfolgt.

Südwestafrika blieb denn auch in den dreißiger Jahren ein Stolperstein für eine deutsch-südafrikanische Annäherung, selbst bei deutschfreundlichen burischen Nationalisten. So war beispielsweise der deutschfreundliche gemäßigte burische Nationalist Hertzog bereit, das Deutsche Reich in der Frage der Rückgabe seiner Kolonien zu unterstützen, wovon Südwestafrika aber ausgenommen sein sollte; hierfür wollte er eine Entschädigung von £ 50 Mio. zahlen.[15]

Während des Zweiten Weltkrieges wurden zahlreiche männliche deutsche Südwester interniert, und sie verloren ihre Minderheitenrechte. Eine wohl einmalige Besonderheit stellte die zusätzliche Einkommensteuer von 25 % für alle „feindlichen Ausländer", sprich Deutsche dar.[16]

Unter Premierminister Smuts sollen sogar Pläne einer endgültigen Vertreibung ausgearbeitet worden sein; sie wurden aber nach Kriegsende nicht in die Tat umgesetzt.[17] Zu groß waren doch die Sympathien der Buren für die Deutschen, und die Südafrikanische Union gehörte zu den ersten Ländern, die dem besiegten Deutschland humanitäre Hilfe leisteten. Im Jahre 1946 wurden die Internierten freigelassen, ein Jahr später durften sie in ihre Heimat zurückkehren.

Der staatsrechtlich freiwillige Kriegseintritt der Südafrikanischen Union auf Seite Großbritanniens soll sogar durch einen Geheimvertrag über die endgültige Angliederung Südwestafrikas zustande gekommen sein.[18] Premierminister Smuts hatte für seine Kriegspolitik denn auch den drohenden Griff Hitlers nach Südwestafrika beschworen. Er versäumte es, schon während des Krieges vollendete Tatsachen zu schaffen.

Nach Kriegsende ging die südafrikanische Regierung daran, ihren Lohn einzufordern. Selbstbewußt schrieb 1945 ein Smuts-freundlicher Verfasser: „There is only one future for South-West Africa, and that is as a province for the Union. The Germans must be made to understand that the country will never be a German colony again; the South African population must be given the confidence, and the native population, which now numbers 283 000, must be given the security of that knowledge."[19] Schwierigkeiten von dritter, auswärtiger Seite schien man damals nicht zu erwarten!

Auch der neue britische Labour-Premierminister Attlee schien diesem Vorhaben gegenüber aufgeschlossen. Mit Verweis auf ein Referendum unter den Einwohnern aller Rassen, das eine Mehrheit von 86,6 % für den Anschluß ergeben hatte, stellte Jan Smuts 1946 bei den neugegründeten Vereinten Nationen einen diesbezüglichen Antrag. Die Generalversammlung lehnte den Anschluß ab, „da die nichtweiße Bevölkerung (...) noch nicht so weit entwickelt sei, eine Meinung über eine so wichtige Frage wie die Einverleibung des Territoriums in Südafrika zu äußern."[20] So hätten viele Nichtweiße in der Meinung mit Ja gestimmt, durch die Angliederung an Südafrika direkt der Regierungsgewalt des geachteten britischen Königs Georg VI. unterstellt zu werden.[21]

Südafrika sprach daraufhin den Vereinten Nationen die Zuständigkeit ab, da sie bereits im Oktober 1945 begründet worden waren, der alte Völkerbund jedoch erst am 19. April 1946 aufgelöst wurde. Auch hatte der Völkerbund keine Verfügung mehr über seine Mandate getroffen. In der Gründungsurkunde der Vereinten Nationen war über eine Rechtsnachfolgeschaft explizit nichts ausgesagt worden, und die Sowjetunion war nur unter genau dieser Voraussetzung zu einem Beitritt bereit gewesen. Die Südafrikanische Union weigerte sich damit als einzige Mandatsmacht des Versailler Vertrages, ein Mandat dem neugeschaffenen Treuhandsystem der Vereinten Nationen (das weitergehende Pflichten beinhaltete) zu unterstellen.

Verneinung der prinzipiellen Zuständigkeit, jedoch freiwillige Zusammenarbeit, das war die durchgehende Verhandlungsposition Südafrikas gegenüber den Vereinten Nationen während der nächsten 25 Jahre.

Die 1948 in Südafrika an die Regierung gekommende burische „Nationale Partei" (NP) setzte die bisherige Außenpolitik fort. Alle Bezüge auf den Mandatsstatus wurden in der Südwester Verfassung getilgt, und die weißen Einwohner erhielten 1949 das aktive und passive Wahlrecht für das Kapstädter Parlament. Auch die NP erhob für Südwestafrika das Schlagwort „Fünfte Provinz" zum Programm. Allerdings sah sie ein „Groß-Südafrika" nun bescheidener und schloß nicht mehr Gebiete wie Rhodesien oder Nyassaland ein, die sich auch zunehmend vom burisch regierten Südafrika abkapselten (Gründung der „Zentralafrikanischen Föderation von Rhodesien und Nyassaland"). Pretoria suchte nun, die deutschen Südwester für sich zu gewinnen, nicht zuletzt zum Ausbau der parlamentarischen Mehrheit der Nationalen Partei, gewährte ihnen Minderheitenrechte und machte sogar das Deutsche zur dritten offiziellen Landessprache, womit sie sich treue Wähler schuf. Eine Wiederbegründung deutscher Kolonialherrschaft in Südwestafrika war nach 1945 ohnehin nicht mehr zu befürchten.

Nachdem der Internationale Gerichtshof im Haag, allerdings nur in einer „advisory opinion" ohne Rechtskraft, 1950 entschieden hatte, daß Südwestafrika weiterhin unter einem internationalen Mandat stehe, daß die Kontrollaufgaben auf die Generalversammlung der Vereinten Nationen übergegangen seien und daß die Südafrikanische Union den internationalen Status nicht einseitig verändern dürfe, zögerte Südafrika, den Anschluß offiziell zu proklamieren. Faktisch wurde er jedoch durchgeführt.

Im Jahre 1951 schlug Südafrika vor, zukünftig mit Großbritannien, Frankreich und den USA anstelle der Vereinten Nationen über das Schicksal des Territoriums zu verhandeln. Diese beabsichtigte Loslösung von der UNO glückte jedoch nicht.

Die Nationale Partei ging wohl davon aus, daß die Zeit in der Südwestafrikafrage für Südafrika arbeiten würde. Die Vereinten Nationen, die 1954 selbst die Einführung der Hundesteuer in Südwestafrika zu einem Politikum machten, nahm man nicht besonders ernst.

Diese Einschätzung erwies sich jedoch als Irrtum, insbesondere da die Generalversammlung zunehmend ein „farbiges" Gesicht erhielt. Durch den Ausbau der Apartheid, die nun vor allem auf die von der bisherigen „segregation" nicht betroffenen Inder und Mischlinge ausgedehnt wurde, verärgerte Südafrika das 1947 selbständig gewordene Indien. Dies hatte fatale Folgen, denn Indien nutzte mit dem Vehikel Südwestafrika die Bühne der Vereinten Nationen zur Agitation gegen die Südafrikanische Union und trug damit entscheidend zur Verhinderung des Anschlusses Südwestafrikas bei. Mehr und mehr wandelte sich die Südwestafrikafrage zur Achillesferse Pretorias, womit die Dritte Welt Front gegen die Herrschaft am Kap machen konnte, und sie wurde instrumentalisiert.

Abträglich für die südafrikanischen Pläne war auch die bedeutungsschwere Resolution 1514 (XV) der Generalversammlung der Vereinten Nationen vom 14. Dezember 1960, die alle Kolonialmächte dazu aufforderte, die abhängigen Länder zur Unabhängigkeit zu führen. Der Artikel 73 der UN-Satzung war 1946, mit Rücksicht auf die Kolonialmächte, noch sehr moderat abgefaßt worden, hatte nicht die Unabhängigkeit explizit als Ziel proklamiert und im Gegenteil von der „heiligen Mission" gesprochen, ein Gebiet, das keine Selbstregierung besitze, zu verwalten.[22]

Zunehmend wurde Südwestafrika zur internationalen Belastung Südafrikas, dessen Reputation seit den blutigen Ereignissen von Sharpeville ohnehin im Abnehmen begriffen war.

Als Südafrika 1961 aus dem Commonwealth ausschied und sich zur Republik erklärte, beließ Großbritannien die Verantwortung für Südwestafrika in dessen Händen. London betrachtete sich nicht mehr als zuständig für das 1920 der britischen Krone übertragene und an Südafrika delegierte Mandat. Genauso war jede britische Regierung zwischen 1960 und 1980 nur allzu bestrebt, sich des leidigen Rhodesien-Problems möglichst rasch zu entledigen. Als schwarze südafrikanische Nationalisten in den fünfziger und frühen sechziger Jahren London zur

Übernahme von Verantwortung drängten, wurde ihnen die kalte Schulter gezeigt.[23]

Berühmt wurde die 1960 angestrengte Klage der ehemaligen Völkerbundsmitglieder Äthiopien und Liberia mit dem Ziel einer höchstrichterlichen Feststellung, daß Südafrika gegen Geist und Wortlaut der Mandatsbestimmungen verstoße. Mit der entscheidenden Stimme des Vorsitzenden Richters wies der Internationale Haager Gerichtshof schließlich am 18. Juli 1966 die Klage mit der formalen Begründung ab, daß den Klägern die notwendige Legitimation fehle.

Südafrika wertete diese Entscheidung als propagandistischen Erfolg, wenngleich sie an der an sich für Südafrika ungünstigen Lage nicht viel änderte. Als im südafrikanischen Parlament am 6. September 1966 die neue Sitzungsperiode eröffnet wurde, hatte Premierminister Verwoerd angekündigt, etwas wichtiges zu Gehör bringen zu wollen. Verschiedentlich wurde spekuliert, daß er damit die endgültige Annexion der weißen Gebiete Südwestafrikas meinte. Doch er kam nicht mehr dazu, sein Vorhaben zu enthüllen. Der angeblich geisteskranke Parlamentsdiener Demetero Tsafendas, ein früherer Mitarbeiter des portugiesischen Geheimdienstes, erstach ihn mit einem Dolch.

Viele schwarze Nationalisten hatten auf die Entscheidung des Haager Gerichtshofes mit Enttäuschung reagiert, und die SWAPO nahm sie zum Anlaß, den bewaffneten Kampf zu intensivieren.

Die Generalversammlung der Vereinten Nationen beschloß als Reaktion auf die Haager Entscheidung am 27. Oktober 1966 in ihrer Resolution 2145 (XXI), Südafrika das Mandat für Südwestafrika wegen Verletzung seiner Pflichten und der Einführung der Apartheidpolitik abzuerkennen. Dieser Entscheidung schloß sich 1969 der UN-Sicherheitsrat an; Großbritannien und Frankreich machten jedoch von vorneherein deutlich, daß sie keine internationalen Gewaltmaßnahmen gegen Südafrika billigen würden, wohl um keinen Präzedenzfall zu schaffen und mit Rücksicht auf ihre Interessen in Südafrika.[24] Vergeblich bot Südafrika ein international überwachtes Referendum unter der Bevölkerung Südwestafrikas an.

Im Jahre 1967 trat - auf dem Papier - ein „Rat der Vereinten Nationen für Südwestafrika" an die Stelle der südafrikanischen Verwaltung; 1968 sollte das Land unabhängig werden. De facto änderte sich jedoch nicht viel; lediglich in einigen internationalen Gremien gelang es, diesem UN-Rat das Vertretungsrecht zu verschaffen. Als Abgesandte des Rates mit dem Flugzeug in Windhuk eintrafen, wurden sie umgehend wieder zurückgeschickt.

Den von der SWAPO propagierten Namen „Namibia" erhoben die Vereinten Nationen 1968 zur offiziellen Bezeichnung, ohne jemals die Bevölkerung Südwestafrikas darüber befragt zu haben.

Diese Maßnahmen waren rechtlich umstritten. Die große Mehrheit der Völkerrechtler stimmte zwar mit der Ansicht überein, daß Südwestafrika weiterhin unter einem internationalen Mandat stehe und die Kontrolle an die Vereinten Nationen übergegangen sei. Südafrikas Position war dadurch erschüttert, daß es sich ja 1946 zwecks Angliederung Südwestafrikas an die Vereinten Nationen gewandt und noch bis 1947 Berichte über das Mandatsgebiet nach Genf entsandt hatte, also die Zuständigkeit der Vereinten Nationen anfangs implizit anerkannt hatte. Die Berechtigung zu derart weitgehenden Maßnahmen wie dem Entzug des Mandats und der Übernahme der Verwaltung in eigene Hand wurde jedoch bezweifelt, nachdem auch der frühere Völkerbund nicht über derartige Kompetenzen verfügt hatte.[25]

Seit Ende der sechziger Jahre radikalisierte sich die Haltung der Vereinten Nationen, vor allem aufgrund des steigenden Einflusses von Dritt-Welt-Staaten. So erkannte am 12. Juni 1968 die Generalversammlung die „Rechtmäßigkeit ihres (d. h. der namibischen Bevölkerung, Anm.d.Verf.) Kampfes gegen die ausländische Besetzung" ausdrücklich an. Folgenschwer wurde dann im Dezember 1973 die Anerkennung der Befreiungsbewegung SWAPO als „authentische Repräsentantin des namibischen Volkes", 1976 sogar um den Zusatz „alleinige" erweitert.[26]

Eine derartige Vorzugsstellung einer Partei war bislang beispiellos; so hatte etwa die mosambikanische Widerstandsbewegung FRELIMO nie als alleinige Repräsentantin des „mosambikanischen Volkes" gegolten. Die Vereinten Nationen präjudizierten mit diesem bis zum 1. April 1989 gültigen Beschluß eine zukünftige freie Wahlentscheidung der Bevölkerung und gefährdeten damit ihre eigene Neutralität.

SWAPO interpretierte diese Entscheidung als Freibrief zum Einparteienstaat. Alle anderen politischen Bewegungen Südwestafrikas wurden damit quasi zu Handlangern Pretorias abqualifiziert. Insbesondere erschwerte man durch eine derartige Aufwertung der SWAPO auch eine Verhandlungslösung und trug damit zur Verschleppung des Namibia-Problems bei.

Die SWAPO erhielt eine monopolartige Stellung in allen UN-Einrichtungen, so z. B. im 1976 gegründeten UN-Bildungszentrum „United Nations Institute for Namibia" (UNIN) in Lusaka/Sambia, und wurde von den Vereinten Nationen mit erheblichen finanziellen Mitteln unterstützt.

Zur Jahreswende 1970 schien eine Lösung der Südwestafrika noch in weiter Ferne. Südafrika saß fest im Sattel und hatte ostentativ 1967/68 den „Terrorismus-Prozeß" gegen 35 gefangengenommene SWAPO-Aktivisten nicht in Windhuk, sondern in Pretoria geführt. Die De-facto-Angliederung Südwestafrikas war 1969 durch die Übertragung aller bedeutenden legislativen und administrativen Befugnisse an die Republik Südafrika (ein Bestandteil des „Odendaal-Plans") noch ausgebaut worden, und ebenso wurde die wirtschaftliche Verflechtung vorangetrieben.

Südafrikas schrittweiser Rückzug

Eine Wende bedeutete das Gutachten des Internationalen Haager Gerichtshofes vom 21. Juni 1971. Eingedenk des „Fehlurteils" von 1966 war der Gerichtshof vor der Entscheidung umgebildet worden. Im „Daily Telegraph" war damals zu lesen: „Es schien mir, daß das Nürnberger Gericht fairer zu Göring war als der Haager Gerichtshof zu Südafrika."[27]

Auf eine Anfrage des UN-Generalsekretärs vertrat er folgende Ansicht:

„1) Da die weitere Präsenz Südafrikas in Namibia rechtswidrig ist, ist Südafrika verpflichtet, seine Verwaltung aus Namibia unverzüglich abzuziehen und damit die Besetzung dieses Gebietes zu beenden.

2) Die Mitgliedsstaaten der Vereinten Nationen sind verpflichtet, die Rechtswidrigkeit der Präsenz Südafrikas in Namibia und die Ungültigkeit seiner Rechtshandlungen im Namen von oder mit Wirkung für Namibia anzuerkennen und sich aller Rechtshandlungen und vor allem des Geschäftsverkehrs mit der Regierung Südafrikas zu enthalten, die eine Anerkennung der Rechtmäßigkeit der Präsenz und Verwaltung implizieren oder ihr Vorschub leisten."[28]

Die Entscheidung war mit 13:2 [bei 1] bzw. 11:4 [bei 2] Stimmen gefaßt worden. Der englische und der französische Richter hatten in einem Minderheitsvotum die Entscheidung vor allem mit der Begründung abgelehnt, daß der Entzug des Mandats durch die UN-Generalversammlung umstritten sei.

Es war nur ein unverbindliches Gutachten ohne Rechtskraft. Dennoch bedeutete es einen deutlichen Rückschlag für die Position Südafrikas und wog schwerer als die zahlreichen Resolutionen der UN-Generalversammlung, handelte es sich doch um den Spruch einer völkerrechtlich anerkannten Instanz.

Südwestafrika hatte sich von der einst willkommenen Kriegsbeute zum Mühlstein für Südafrika entwickelt. Premierminister Vorster meinte

1974 zu Liberias Staatschef Tolbert: „Ich wäre froh, wenn ich das Südwestafrika-Problem los würde."[29]

Obwohl Pretoria 1971 den Spruch des Haager Gerichtshofes nicht anerkannt hatte, begann es, sich seit 1972 aus Südwestafrika zurückzuziehen und kündigte dies auch offiziell an. Zwei Besuche von UN-Generalsekretär Kurt Waldheim und danach von seinem persönlichen Vertreter Dr. Alfred Escher im Jahre 1972 in Südwestafrika leiteten das Tauwetter ein.

Diese Kehrtwendung wurde auch von einer Reihe anderer Faktoren beeinfluß: In der zweiten Hälfte der sechziger Jahre hatte sich Südafrika von seiner „Greater South Africa"-Politik getrennt. Man erstrebte nun nicht mehr eine Ausdehnung des Staatsgebietes, sondern plante im Gegenteil die allmähliche Entlassung der eigenen schwarzen Gebiete in die Unabhängigkeit (zuerst 1976 im Falle der Transkei verwirklicht).

Premierminister Vorster versuchte zudem in den frühen siebziger Jahren, eine Politik der „Entspannung", der friedlichen Koexistenz, im Südlichen Afrika einzuleiten. Im Jahre 1974 traf er in Liberia, im Senegal und der Elfenbeinküste mit hochrangigen schwarzafrikanischen Politikern zusammen. Auch hierfür war ein Wohlverhalten in der Südwestafrikafrage notwendig. Erst 15 Jahre später gelang seinen Nachfolgern P.W. Botha und de Klerk dann ein wirklicher Durchbruch gegenüber Schwarzafrika, und wiederum sollten dabei Konzessionen in Südwestafrika wesentlichen Anteil haben!

Nicht zu vergessen ist die unter Vorster eingeleitete zunehmende Kooperation zwischen den USA und der Republik Südafrika. Nach einer noch Ende 1974 verkündeten Politik der Nichteinmischung hatte Premierminister Vorster im Oktober 1975 auf amerikanisches Drängen im angolanischen Bürgerkrieg eingegriffen, mußte aber 1976 den Befehl zum Rückzug geben, nachdem die USA anscheinend eine offene Rückendeckung verweigert hatten.[30]

Auch in Rhodesien hatte Vorster auf Betreiben der USA auf eine gemäßigte schwarze Mehrheitsregierung hingearbeitet, 1974 das südafrikanische Polizeikontingent abgezogen und die Regierung Smith in der Folgezeit entsprechend unter Druck gesetzt.

Sicherheitspolitische Erwägungen spielten in der veränderten Südwestafrikapolitik Pretorias ebenfalls eine Rolle: Der portugiesische Damm in Angola schien brüchig zu werden und brach 1974 unerwartet schnell zusammen. Südafrika sah sich von Norden her plötzlich bedroht von einer der beiden Supermächte, dem Ostblock, was das südafrikanische Militär alarmierte. Gerade von Seiten des Militärs wurde ein weiterhin umstrittenes Südwestafrika als Sicherheitsrisiko erachtet, und man befürwortete eine stabile politische Lösung. Zunehmend meldeten sich Vertreter einer „splendid isolation" zu Wort, die Südafrika nicht an Cunene und Sambesi, sondern an Oranje und Limpopo verteidigen wollten.

Allerdings beherbergte Südwestafrika eine starke Gemeinschaft von inzwischen etwa 65 000 Buren. Es wurde deutlich, daß Südafrika bei der Verwirklichung der Unabhängigkeit Südwestafrikas ein Wort mitzureden wünschte.

Südafrika verfolgte daher in den siebziger Jahren im wesentlichen zwei Ziele: erstens die Bedingungen und Umstände einer zur Unabhängigkeit führenden Wahl mitzugestalten, zweitens möglichst noch vor der Unabhängigkeit eine Verfassung, mit Garantien und besonderen Rechten für die Weißen, zu verabschieden oder zu präjudizieren. Die SWAPO hingegen plädierte stets zunächst für eine Wahl, dann für die Ausarbeitung einer Verfassung, ohne vorherige Garantien.

Im Jahre 1973 faßte Premierminister Vorster die neue Linie Pretorias in fünf Punkten zusammen:

„ 1) Südwestafrika ist ein internationales Territorium.

2) Südafrika hat keine Gebietsansprüche gegen Südwestafrika.

3) Es wird nicht beabsichtigt, einzelne Bevölkerungsgruppen als separates Gebilde plötzlich unabhängig werden zu lassen.

4) Die Vorbereitung der Bevölkerung auf die Ausübung des Selbstbestimmungsrechtes werde spätestens in zehn Jahren abgeschlossen sein.

5) Nicht Südafrika oder die Vereinten Nationen, sondern die südwestafrikanische Bevölkerung selbst werde über ihre Unabhängigkeit entscheiden."[31]

Ein vielrassiger „Rat für Südwestafrika" unter Vorsitz von Billy Marais wurde in Windhuk ins Leben gerufen, um es der Bevölkerung im Lande zu ermöglichen, selbst über ihre Zukunft zu entscheiden.

Daß die Einwohner Südwestafrikas am Unabhängigkeitsprozeß beteiligt werden sollten, war ein durchaus vernünftiger Gedanke. Vielfach waren bei der Unabhängigkeit von Kolonialgebieten lediglich einer einzigen politischen Gruppierung die Macht überlassen und damit Spannungsherde geschaffen worden. Daß die Einwohner Südwestafrikas allerdings überhaupt unabhängig werden wollten, wurde einfach von den Vereinten Nationen und nun auch der Republik Südafrika vorausgesetzt. Befragt wurden sie darüber nicht.

Mitte der siebziger Jahre versuchte Südafrika das zustandezubringen, was in Angola und Moçambique versäumt und in Rhodesien zu spät und unter Zeitdruck durchgeführt wurde: ein gemischtrassiges, gemäßigtes Gegengewicht zu den radikalen Kräften. Eine international akzeptierte Unabhängigkeit, jedoch unter Führung oder Mitbestimmung der gemäßigten internen Kräfte, dies war die durchgehende Politik Pretorias bis Mitte der achtziger Jahre.

Es unterstützte 1975 die Initiative weißer Politiker der Nationalen Partei Südwestafrikas (Dirk Mudge, Jannie de Wet, Eben van Zijl), eine die Unabhängigkeit vorbereitende Verfassungskonferenz mit den politischen Repräsentanten aller elf Völker in der alten deutschen Turnhalle Windhuks einzuberufen. Zum ersten Mal in der Geschichte des Landes kamen Vertreter aller Völker gleichberechtigt zusammen, um über die Zukunft des Landes zu verhandeln. Angehörige der südafrikanischen Verwaltung waren an den Beratungen selbst nicht beteiligt. Die „Turnhalle" war das erste „partnerschaftliche Modell" in Afrika, das erfolgreich anlief, wenngleich es schließlich keine Chance für eine langfristige Verwirklichung seiner Ziele erhielt.

Trotz aller ehrlichen Bemühungen trug die „Turnhalle" aber den Schönheitsfehler, erst als Reaktion auf die Herausforderung durch die Vereinten Nationen und Kubaner einberufen worden zu sein. Auch hatte man nur Vertreter auf ethnischer Basis zugelassen und politische Parteien als solche von der Teilnahme ausgeschlossen.

Die alte deutsche Turnhalle in Windhuk beherbergte von 1975-77 die nach ihr benannte „Turnhallenkonferenz".

Am 18. August 1976 verabschiedete das Verfassungskomitee der Turnhallenkonferenz Grundprinzipien für die Verwirklichung der Unabhängigkeit. Pretoria übermittelte diese Ergebnisse an die Vereinten Nationen, enthielt sich jedoch eines Kommentars. Der „Testcharakter" für Pretoria war offenkundig.[32] Am 18. März 1977 nahm die Turnhallenkonferenz einen Verfassungsentwurf auf ethnischer Grundlage an und erstrebte eine Unabhängigkeit bis zum 31. Dezember 1978. Bis dahin sollte eine Übergangsregierung amtieren.

Die Vereinten Nationen hatten diese Bemühungen strikt abgelehnt, nicht zuletzt aufgrund ihrer inzwischen alleinigen Anerkennung der SWAPO. Diese hatte jegliche Teilnahme verweigert und alle internen Politiker als „Turnhalle-Marionetten" Pretorias bezeichnet.[33]

In zunehmendem Maß wurde der Südwestafrika-Konflikt mit dem Rhodesiens verwoben. Erfolge bzw. Mißerfolge beeinflußten sich gegenseitig. Der Fall Südwestafrika war allerdings wesentlich komplizierter, kam hier doch die Republik Südafrika als eigenständige (und bestimmende) Partei hinzu, während sich die ehemalige Kolonialmacht Großbritannien am liebsten jeglicher Verantwortung in Rhodesien schnell entledigt hätte. Ein wesentlicher Unterschied war auch, daß in Südwestafrika über einen langen Zeitraum versucht wurde, interne gemischtrassige Parteien als Alternative aufzubauen, während in Rhodesien die Weißen auf eine Garantieerklärung bestimmter Rechte durch eine schwarze „Mehrheitsregierung" hinsteuerten.

Nach 1972 verhärteten sich wieder die Fronten zwischen Südafrika und den Vereinten Nationen. Meinungsunterschiede bestanden zum einen über die von Südafrika gewünschte Einbeziehung der internen Kräfte, zum anderen über den Termin der Unabhängigkeit: Die Vereinten Nationen drängten auf eine schnelle Verwirklichung, Südafrika hielt zunächst eine Übergangsfrist von zehn Jahren für die Vorbereitung der Unabhängigkeit für notwendig.

Die gemäßigte Resolution 366 des UN-Sicherheitsrates vom Dezember 1974 forderte Südafrika auf, bis zum 31. Mai 1975 offiziell und konkret die Beendigung seiner Verwaltung Namibias anzukündigen. Als eine derartige Erklärung ausblieb, signalisierten auch Frankreich, Großbritannien und die USA, zukünftig vermehrtem Druck auf Pretoria zuzustimmen. Die Resolution 385 des UN-Sicherheitsrates vom Januar 1976 gewährte schließlich Südafrika kaum Bewegungsfreiheit und forderte ultimativ den Rückzug bis zum August 1976. Die SWAPO wurde Ende 1976 als „alleinige und authentische Vertreterin des namibischen Volkes" anerkannt.[34]

Im Jahre 1977 schaltete sich die neugebildete „Kontaktgruppe" der westlichen Staaten, mit den USA an der Spitze sowie Kanada, Frankreich, Großbritannien und der Bundesrepublik Deutschland, als „ehrlicher Makler" zwischen den Vereinten Nationen und SWAPO einerseits sowie Südafrika andererseits ein, um eine Radikalisierung und Ausweitung des Konfliktes zu verhindern. Sie signalisierte Pretoria, daß das „Turnhallenmodell" nicht akzeptabel sei.

Zentrale Bedeutung kam auch dem Treffen zwischen Premierminister Vorster und dem US-Vizepräsidenten Walter Mondale im Mai 1977 in Wien zu. Mondale machte deutlich, daß für Südwestafrika nur eine Lösung gemäß den Vorstellungen der Vereinten Nationen nach dem Prinzip „Ein Mensch, eine Stimme" in Frage komme.[35]

Pretoria löste sich daraufhin vom „Turnhallenkonzept", unterstellte das Gebiet am 1. September 1977 direkt einem Generaladministrator, der die Unabhängigkeit in Zusammenarbeit mit den Vereinten Nationen vorbereiten sollte, und bewog die Turnhallenkonferenz mit dem Argument der zu erwartenden internationalen Anerkennung, auf die Umsetzung ihrer Pläne zu verzichten. Der neue Generaladministrator Steyn machte durch Umsetzung einer Reihe von Reformen guten Willen deutlich. Von den Vereinten Nationen wurde der Finne Martti Ahtisaari als Sonderbeauftragter für Namibia ernannt, und er bereiste zur Vorbereitung international überwachter Wahlen vom 6. - 22. August 1978 das Land.

Wie im Juni 1978 die SWAPO akzeptierte Pretoria am 25. April 1978 den von den Westmächten vorgelegten Kompromiß. Er wurde am 29. September 1978 in der berühmten Resolution 435 (siehe Dokumente) des UN-Sicherheitsrates verabschiedet und enthielt gegenüber der Resolution 385 vom Januar 1976 zwei wesentliche Zugeständnisse an Pretoria:

- Die Vereinten Nationen würden während der Übergangsperiode bis zur Unabhängigkeit nicht selbst die Kontrolle ausüben, sondern lediglich die weiterbestehende südafrikanische Verwaltung überwachen und
- eine Eingliederung Walfischbuchts vor der Unabhängigkeit wurde nicht mehr zur Bedingung gemacht.

Über die Gewährung von Militärbasen, weder im Bezug auf Südafrika noch auf die SWAPO, sagte die Resolution 435 nichts aus.
Pretoria akzeptierte das Prinzip „Ein Mensch - eine Stimme" für die Wahl einer Verfassunggebenden Versammlung, das die Turnhallenkonferenz zuvor als unzureichend abgelehnt hatte.

An den Ausführungsbestimmungen scheiterte jedoch das Vorhaben: Südafrika erachtete die Zahl von 7500 UN-Soldaten (neben 360

Polizeibeobachtern und 1500 Zivilisten), die man als potentielle SWAPO-Sympathisanten einschätzte, für zu hoch, und es lehnte einen Wahltermin im Frühjahr 1979 während der Regenzeit, der Guerillakämpfern das Eindringen erleichterte, ab.[36]

Eine Wende hatte sich jedoch bereits im Mai 1978 angedeutet: Südafrikanische Einheiten stießen während der laufenden Verhandlungen in der Operation „Reindeer" bis 250 km tief auf angolanischem Gebiet gegen PLAN-Stützpunkte vor. Man kann wohl davon ausgehen, daß schon um die Jahresmitte Südafrika wieder zunehmend mit einer „internen" Lösung liebäugelte und die UN-Vorschläge nur halbherzig angenommen hatte. Südafrika hielt daraufhin in eigener Verantwortung im Dezember 1978 Wahlen ab, an denen sich die SWAPO (wie auch einige interne Parteien) nicht beteiligte. Die Vereinten Nationen erklärten sie für „null und nichtig". Bei einer Wahlbeteiligung von 80,3 % gewann die „Demokratische Turnhallen-Allianz" (DTA) 82,18 % der abgegebenen Stimmen und stellte ab 1980 die interne Regierung („Ministerrat").

Sicherlich hatte die Ablösung des durch Soweto-Unruhen, Biko-Affaire und Informationsskandal angeschlagenen Premierministers Vorster durch P.W. Botha am 20. September 1978 einen Kurswechsel in der südafrikanischen Politik eingeleitet. Der neue Premierminister setzte nun auf eine außenpolitisch harte Linie unter Einsatz der Armee. Bereits für die großangelegte Operation „Reindeer" gegen SWAPO-Basen in Angola im Mai 1978 dürfte er als damaliger Verteidigungsminister die Hauptverantwortung getragen haben.[37]

Die internen Wahlen waren eine umstrittene Entscheidung, verhärteten sie doch die Fronten. Manchen erschienen sie wie ein erster Schritt zu einer Art einseitiger Unabhängigkeit nach dem Vorbild Rhodesiens. Pretoria kündigte unüberhörbar an, die gewählten Führer hätten das alleinige Recht, über die Zukunft des Landes zu bestimmen. Man ging aber nicht so weit, behielt das Heft fest in der Hand und gab auch die Fühlungnahme mit den Vereinten Nationen nie auf.

Unter P.W. Botha fuhr Pretoria in SWA augenscheinlich mehrgleisig: einerseits interne Wahlen (1978), Umwandlung der Verfassunggebenden in eine legislative Nationalversammlung (1979), Einsetzung einer internen Regierung (1980) mit der Möglichkeit und stillschweigenden Drohung einer einseitigen Unabhängigkeit, andererseits weiterhin Kooperation mit den Vereinten Nationen zur Vorbereitung international anerkannter Wahlen. So sollten Ende 1979 - wenig logisch - zweite Wahlen unter SWAPO-Beteiligung und UN-Aufsicht stattfinden, und man verhandelte über eine demilitarisierte Zone in jeweils 50 km Tiefe

AKSIEFRONT VIR DIE BEHOUD VAN DIE TURNHALLE-BEGINSELS	AKTUR	11,9 %	38 716 Stimmen
DEMOKRATIESE TURNHALLE-ALLIANSIE	DTA	82,1 %	268 130 Stimmen
HERSTIGTE NASIONALE PARTY	HNP	1,8 %	5 781 Stimmen
LIBERATION FRONT	LF	1,4 %	4 564 Stimmen
NAMIBIA CHRISTELIKE DEMOKRATIESE PARTY	NCDP	2,8 %	9 073 Stimmen

Das Ergebnis der „internen Wahl" vom 4. - 8. Dezember 1978

beiderseits der Nordgrenze. Südafrika war aber auch offen gegenüber alternativen Modellen internationaler Anerkennung, z. B. einem Arrangement mit den Frontstaaten oder den Westmächten bei Überwachung durch eine anders zusammengesetzte internationale Friedenstruppe. Als der „Waldheim-Report" 1979 PLAN-Basen in Südwestafrika zugestehen wollte, andererseits keine wirksame Überwachung der PLAN-Basen in Angola erfolgen sollte, schaltete Pretoria wieder auf stur.

Etwas paradox war es, daß die DTA 1978 im Wahlkampf von Südafrika massiv unterstützt worden war, später jedoch nur begrenzt Gelegenheit erhielt, sich als starke Regierungspartei zu beweisen. So dauerte es bis zum 13. Juni 1980, daß ein mit exekutiven Kompetenzen ausgestatteter „Ministerrat" eingesetzt wurde, und um manche Befugnisse wurde in der Folgezeit noch hart gerungen. Insbesondere wurden dem Ministerrat die finanziellen Mittel beschnitten, die weitgehend bei den 1980 ins Leben gerufenen Volksgruppenregierungen der zweiten Ebene (Proklamation AG 8) belassen wurden, nebst wichtigen Zuständigkeiten wie Erziehungs- und Gesundheitswesen und Pensionen. Versprechungen Pretorias wie erneute interne Wahlen vor einer Gewährung des vollen Selbstbestimmungsrechtes wurden nicht eingehalten.

Aus Protest gegen eine zu geringe Unterstützung durch Südafrika trat denn auch die Regierung Mudge im Januar 1983 zurück, und Südwestafrika wurde wieder direkt vom Generaladministrator regiert. Der äußere Anlaß des Rücktritts war eine Bagatelle: Der Generaladministrator hatte sich geweigert, ein Gesetz zur Abschaffung südafrikanischer Feiertage zu unterzeichnen.

Es hatte sich gezeigt, daß die interne Regierung kaum Spielraum besaß: Sie hatte international kaum Beachtung gefunden, wurde zunehmend von Pretoria konterkariert, ohne daß dies ihr internationales Prestige vermehrt hätte, und besaß zudem keinen Spielraum für Alleingänge. Innenpolitisch stand sie in dem Dilemma, daß wegen der politischen Instabilität nur begrenzt Investitionen getätigt wurden, daß ohne Investitionen aber auch die hohen wirtschaftlichen Erwartungen der nichtweissen Einwohner nicht erfüllt werden konnten und damit die SWAPO an Boden gewann.

Dirk Mudge fürchtete wohl, daß ein weiterer Verbleib in der Regierung der DTA mehr schaden würde, als sie durch Verwirklichung von Reformen gewinnen könnte.

Sicherlich hatte Südafrika Ende der siebziger Jahre - entsprechend der Konzeption in Rhodesien - auf eine interne politische Alternative zur SWAPO gesetzt. Aus den Reihen der alten Südwester NP wurde Dirk Mudge als dynamischer Reformer aufgebaut. Daß ausgerechnet ein Weißer, dazu ein Bure, und nicht ein Schwarzer zum Führer in die Unabhängigkeit auserwählt wurde, verwundert. Ursprünglich soll dem unauffälligeren Jannie de Wet die Rolle des Kronprinzen zugedacht gewesen sein.[38] Natürlich sollte eine solche Wahl auch einer Beruhigung der konservativen Weißen dienen. Aber Dirk Mudge in seiner Mischung aus Sturheit und politischer Verschlagenheit erinnerte ein wenig an Ian Smith, und Pretoria kokettierte wohl mit der Drohung einer südwestafrikanischen UDI (Unilateral Declaration of Independence), ohne diese jemals ernsthaft anzusteuern.

Man darf annehmen, daß ein unabhängiges Namibia unter einer gemäßigten DTA-Regierung für Pretoria nicht unwillkommen war: als „sanction buster" und Tor nach Schwarzafrika. Sicherlich spielte das Exempel Rhodesien eine wichtige Rolle: P. W. Botha suchte dort, anders als sein Amtsvorgänger Vorster, mit allen Mitteln eine Machtübernahme der radikalen Patriotischen Front zu verhindern und unterstützte massiv Muzorewas UANC. Vielleicht wartete Pretoria Ende der siebziger Jahre vor entscheidenden Veränderungen in Windhuk erst einmal das Schicksal des 'ungefährlicheren' Experimentierfeldes Rhodesien ab.

Nach dem Wahldebakel Muzorewas - trotz oder wegen der massiven Unterstützung Pretorias - im Februar 1980 änderte sich die Lagebeurteilung grundlegend: Wahlen unter UN-Aufsicht waren in Südwestafrika vorerst kein Thema mehr, da sie aller Voraussicht nach die radikale SWAPO an die Macht zu bringen schienen. Pretoria etablierte daher erst einmal unter dem Schutzschild des Militärs im Juni 1980 eine verantwortliche interne Regierung und suchte für spätere international kontrollierte Wahlen die Ausgangslage so zu bestimmen, daß die SWAPO angeschlagen und geschwächt in diese Wahlen gehen würde. Einige Jahre Zeitgewinn konnten genutzt werden, um eine gemäßigte schwarze Mittel- und Oberschicht in Wirtschaft, Politik, Handel und Territorialarmee entstehen zu lassen.

Um der internen Regierung eine verstärkte internationale Anerkennung zu verschaffen, begründete der Generaladministrator 1980 in Washington, London, Paris und Bonn „Namibia Information Offices" als Ersatz-Botschaften und organisierte Reisen von DTA-Vertretern nach Übersee.

Auch das 1979 mit viel Enthusiasmus von Südafrika vorgestellte Konzept einer „Constellation of Southern African States" (CONSAS), einer Wirtschaftsgemeinschaft der Staaten im Südlichen Afrika einschließlich der selbständig gewordenen Homelands auf der Basis der gegenseitigen politischen und militärischen Nichteinmischung, war durch den Wahlsieg Mugabes zunichte gemacht worden. Wie einst De Gaulles Konzeption einer „Communauté Française" verblieb auch dieser Plan in der Schublade. Just im April 1980, dem Unabhängigkeitsmonat Simbabwes, wurde in deutlicher Frontstellung zu Südafrika die „Southern African Development Coordination Conference" (SADCC) gegründet, und Simbabwes Premierminister Robert Mugabe wurde zum Wortführer der Isolation Pretorias.[39]

Die von den USA und Südafrika ab 1981 gemeinsam propagierte Idee eines Junktims („linkage") zwischen den Konflikten in Angola und Südwestafrika, eines Abzuges der kubanischen Truppen aus Angola als Bedingung für die Verwirklichung der UN-Resolution 435, bedeutete eine willkommene Atempause für Pretoria. Man konnte sich darauf konzentrieren, die SWAPO militärisch zu zerschlagen und die „Herzen der Bevölkerung" zu gewinnen. Das Junktim bot zudem die Chance eines erweiterten Verhandlungsspielraumes durch die Verknüpfung zahlreicher Einzelfaktoren.

Daß die Konflikte in Angola und Südwestafrika inzwischen unentwirrbar miteinander verflochten waren und nur eine globale Lösung wirklichen Frieden bringen konnte, war sicherlich richtig. Andererseits trug das konsequente Beharren auf einem vollständigen Abzug der Kubaner *vor* Umsetzung der Resolution 435 als *conditio sine qua non* zweifellos zu einer Blockierung der Namibia-Lösung bei, und im Lauf der achtziger Jahre nahm die Zahl der Kubaner in Angola nicht ab, sondern zu.

Die Wahl einer Margaret Thatcher (1979) bzw. eines Ronald Reagan (1981) schien Südafrika Gewähr für eine gemäßigt freundliche Haltung dieser Mächte zu bieten, und zudem engagierten sich die USA ab 1981 zugunsten der angolanischen Widerstandsbewegung UNITA, die ja auch von Südafrika unterstützt wurde.

In den folgenden Jahren dürfte Pretoria indes das Zutrauen in die DTA verloren haben, die ja auch intern verschiedene Wahlen der Zweiten Ebene, darunter unter den Weißen, verloren hatte, bzw. es setzten sich diejenigen Kräfte („Pik" Botha) im südafrikanischen Kabinett durch, die auf direkte Verhandlungen mit der SWAPO setzten. Nach Angaben des gutinformierten ehemaligen Chefredakteurs der „Allgemeinen" Kurt Dahlmann trug sich Pretoria bereits ab 1981 mit dem Gedanken, direkte Gespräche mit der SWAPO aufzunehmen, was Südafrikas Geheimdienst-Chef van den Bergh schon 1978 empfohlen hatte.[40] Vorübergehend verfolgte Pretoria allerdings noch den Plan, mit der CDA Kalangulas eine schwarzafrikanische Alternative zur SWAPO aufzubauen.[41]

Vielfach erschien Pretorias Politik in Südwestafrika in den achtziger Jahren auch als widersprüchliches Experimentieren, das sich teilweise selbst blockierte. Zuweilen hatte es den Anschein, Südafrika spiele in der bewährten Tradition eines Ian Smith lediglich auf Zeitgewinn und Beibehaltung des Status Quo. Insbesondere das Militär schien Gefallen an der kaum begrenzten Machtausübung zu finden, die sich ihm in Südwestafrika bot, und betrieb teilweise seine eigene Politik.

Außer Frage steht, daß Südafrika in begrenztem Maß Reformen in Südwestafrika unterstützte, dieses Territorium quasi als Experimentierfeld und Modell für die eigene Innenpolitik benutzte. Der Einfluß der neuen Militärstrategie („total strategy"), die die Einbeziehung politischer, diplomatischer, wirtschaftlicher und psychologischer Initiativen in das Verteidigungskonzept forderte, war offenkundig.

So fiel in Südwestafrika bereits 1977 das Verbot gemischtrassiger Ehen und Intimbeziehungen, in der Republik Südafrikas dann 1983. In Südwestafrika vollzog sich 1977 eine Entwicklung, die sich 1983 in der Republik wiederholte: Das weiße Lager spaltete sich in einen liberalen Flügel (Dirk Mudges neue „Republikanische Partei" als Teil der DTA) und einen konservativen (die alte NP von Südwestafrika). In der Republik Südafrika war es jedoch nicht die Minderheit, sondern die

Mehrheit der NP, die nach links wanderte, während der konservative Flüge die Partei verließ und eine neue Partei, die „Konservative Partei", begründete. Der eigentlich naheliegende Gedanke der Gründung einer gemischtrassigen Parteienallianz nach dem Vorbild der DTA wurde in Südafrika übrigens bis heute nicht aufgegriffen.

Eine Lehre hatte Pretoria für seine Innenpolitik aus Südwestafrika gezogen: Reformen durften nicht überstürzt vollzogen werden, sonst würde die weiße Rechte erheblich Widerstand leisten: 1979 war es fast zu einem Umsturzversuch rechter Buren in Südwestafrika gekommen (siehe Kap. 5). Pretoria war daher in den achtziger Jahren durchaus an einer mittelfristigen Aufrechterhaltung des Status Quo in SWA interessiert, um mit allen Mitteln eine radikale weiße Rechtsopposition, mit Rückwirkungen auf Südafrika selbst, zu verhindern. (Zehn Jahre später wurde eine solche allerdings mit der AWB Terre' Blanches und anderen Gruppierungen in Südafrika Wirklichkeit.) Es suchte die konservativen weißen und braunen Südwester nicht zu verprellen und beließ den „Zweite-Ebene-Regierungen" beträchtliche Kompetenzen.

Man hatte fast den Eindruck, unter P. W. Botha wollte die Südwestafrikapolitik gleichzeitig den Forderungen der heimischen Rechten wie der internationalen Linken gerecht werden. In das gleiche Dilemma geriet zunehmend auch seine Innenpolitik.

Die Resolution 435 vom September 1978, die fortan zur Bibel für die Lösung des Namibia-Problems erhoben wurde, war am 12. Juli 1982 vom UN-Sicherheitsrat um acht Verfassungsgarantien erweitert worden. Diese sahen unter anderem die Festschreibung eines Kataloges der Grund- und Menschenrechte, des Mehrparteiensystems, der Unabhängigkeit richterlicher Gewalt in einer zukünftigen Verfassung und deren Verabschiedung mit Zwei-Drittel-Mehrheit vor. Sie waren eine Konzession an Südafrika und die internen Parteien, die stets die Verabschiedung einer Verfassung vor einer Wahl gefordert hatten.[42] In Zusammenhang mit dieser Frage war die „Kontaktgruppe" letztmals tätig geworden: Im Jahre 1983 löste sie sich stillschweigend auf.[43]

Auf Druck der Frontstaaten akzeptierte die SWAPO schließlich diese Verfassungsprinzipien, distanzierte sich jedoch später wiederholt davon und bezeichnete sie als dem namibischen Volk von außen aufgezwungen.[44]

Auch der Plan der Gewährung von PLAN-Basen innerhalb Südwestafrikas war mit dem Brief Kurt Waldheims an den südafrikanischen Außenminister vom 20. Juni 1980 ad acta gelegt worden.[45] Die Resolution 435 war damit aus südafrikanischer Sicht zwar kein Wunschtraum, aber doch zumindest ein akzeptabler Kompromiß.

Eine deutliche außenpolitische Wende markiert das Jahr 1984, als Außenminister „Pik" Botha das „Nkomati-Abkommen" mit Moçambique unter Dach und Fach brachte. Nicht mehr die „Destabilisierung" der Frontstaaten und Zusammenarbeit mit dortigen Rebellengruppen, sondern Koexistenz auf der Basis wirtschaftlicher Stärke stand nun im Vordergrund. Militärische Verwicklungen konnten im Falle einer Eskalierung durchaus gefährliche Rückwirkungen auf Südafrika haben, wie das Beispiel Angola demonstrierte. Auch für Südwestafrika, ja schließlich für die Republik Südafrika selbst, arbeitete „Pik" Botha nun an einer „Nkomati-Lösung".

Diese Linie spiegelte auch den zunehmenden US-amerikanischen Einfluß wieder. Im Jahre 1981 war Chester Crocker zum US-Sonderbotschafter für das Südliche Afrika ernannt worden, 1982 hatte der Großbanker und Vorsitzende des „U.S.-Council for Foreign Relations" David Rockefeller eine großangelegte Reise durch zehn afrikanische Staaten unternommen. Auch der ehemalige US-Außenminister Henry Kissinger war 1982 im Südlichen Afrika, darunter in Südwestafrika, unterwegs.[46]

In Südwestafrika setzte Pretoria auf eine Allparteienkonferenz unter Beteiligung der SWAPO, die 1984 in Lusaka stattfand, allerdings noch ohne konkrete Ergebnisse.

Bereits ab Dezember 1982 hatte Südafrika direkte Gespräche mit Angola auf den Kapverdischen Inseln aufgenommen. Nach einem von Sambias Staatspräsident Kaunda vermittelten Treffen zwischen einer Abordnung des militärischen Geheimdienstes unter Führung von Generalmajor Piet van der Westhuizen mit SWAPO-Führern am 30. Januar 1984 in Lusaka begann der südafrikanische Rückzug aus Angola.[47] Und am 25. Juli 1984 sprach Generaladministrator Dr. van Niekerk auf den Kapverden persönlich mit Sam Nujoma.[48]

Die Freilassung des SWAPO-Führers Toivo ja Toivo im März 1984 war sicherlich eine Folge dieser Gespräche, aber auch ein wichtiges Element in Pretorias Strategie: Man beabsichtigte wohl, Toivo ja Toivo als Führer einer gemäßigten SWAPO-Fraktion für eine Zusammenarbeit zu gewinnen (Shipanga besuchte ihn vor dessen Freilassung im Gefängnis), wie einst Ian Smith den Rebellenführer Joshua Nkomo; zumindest sollte Unruhe in die SWAPO hineingetragen werden. Doch die Rechnung ging nicht auf.[49]

Die Absprachen zwischen Südafrika und Angola schienen bereits weit gediehen zu sein: Rückzug der südafrikanischen Truppen aus Angola gegen eine stufenweise Verlegung der Kubaner nach Norden und deren Reduzierung sowie Überwachung der PLAN-Einheiten. Am 16. Februar

1984 schlossen Südafrika und Angola in Lusaka ein Abkommen zur Einstellung der Feindseligkeiten. MPLA-Einheiten sollen bereits PLAN-Guerilleros arrestiert und in Einzelfällen sogar getötet haben![50] Dies verdeutlicht die Brüchigkeit ideologischer Allianzen in Schwarzafrika.

Bis zum April 1985 zog Südafrika seine noch im südlichen Angola stehenden Truppen zurück. Die Gespräche blieben jedoch stecken. Sicherlich waren dafür auch die in den südafrikanischen Townships einsetzenden Unruhen verantwortlich, wodurch Südwestafrika wieder vorübergehend aus dem Blickwinkel geriet und Südafrikas Verhandlungsposition geschwächt wurde. Ursache oder Folge der sich wieder verschlechternden südafrikanischen-angolanischen Beziehungen war auch ein undurchsichtiges, gescheitertes südafrikanisches Kommandounternehmen in der angolanischen Exklave Cabinda.[51]

Außenminister „Pik" Botha leitete ab Mitte der achtziger Jahre eine diplomatische Neuorientierung Südafrikas gegenüber Schwarzafrika ein, die ihren ersten Höhepunkt 1988 mit den „Safaris" P. W. Bothas in eine Reihe schwarzafrikanischer Hauptstädte fand. Eine Tatsache hatte er klar erkannt: Die politische Unabhängigkeit der schwarzafrikanischen Staaten hatte fast unisono zu wirtschaftlicher Abhängigkeit geführt (wozu südafrikanische „Destabilisierung" allenfalls einen kleinen Teil beigetragen hatte, und dies auch nur in den Nachbarstaaten). Das ungeliebte Südafrika erhielt dadurch paradoxerweise eine wirtschaftliche Vormachtstellung, wie es sie im kolonialen Afrika nie besessen hatte! Die 1980 als Alternative zu Südafrika, vor allem im Bezug auf Transportwege, gegründete SADCC hatte ihr Ziel verfehlt. Daneben sprachen auch die Wirtschaftsinteressen Südafrikas für eine stärkere Orientierung auf den afrikanischen Absatzmarkt.

„Pik" Botha steuerte daher eine Außenpolitik, die mit jedem schwarzafrikanischen Regime leben konnte, insbesondere auch mit einer SWAPO-Regierung im wirtschaftlich besonders abhängigen Namibia.

Wahrscheinlich setzte Pretoria in die ab 1985 in Windhuk amtierende zweite „Übergangsregierung" von vorneherein keine großen Hoffnungen. Ihr Zustandekommen war zwar durchaus erwünscht, nachdem eine Lösung unter Einschluß der SWAPO vorerst nicht zustande gekommen war: Die internen politischen Kräfte wurden dadurch kanalisiert, die Kabinettsminister übernahmen Verantwortung, und Pretoria hielt bei Verhandlungen ein zusätzliches Faustpfand in der Hand.

Bereits kurz nach ihrer Einsetzung bezeichnete Pretoria sie als „nicht repräsentativ".[52] Ihr Verfassungsentwurf wurde vom Generaladministrator mit einem Federstrich zur bloßen Beratungsgrundlage degradiert, die Forderung nach Neuwahlen auf nationaler Ebene verworfen. Ihr am 13. Februar 1987 vorgelegtes „Aktionsprogramm", das Kompetenzen in der Pretoria vorbehaltenen Außen- und Sicherheitspolitik forderte, wurde vom Generaladministrator schroff abgelehnt.[53] Ende der achtziger Jahre verringerte Pretoria stetig seine Budgetzuschüsse.

Indes steuerte Südafrika durch informelle Kontakte auf ein Arrangement mit den bisherigen Gegnern Angola, Kuba und SWAPO hin, das schließlich - gemäß dem 1984 aufgezeigten Weg - 1989 Wirklichkeit wurde. Die internen Parteien wurden erst im nachhinein von den Verhandlungsergebnissen informiert und erhielten keine Gelegenheit, die Bedingungen mitzubestimmen.

Eine eigene Konzeption für Südwestafrika verfolgte Pretoria in den achtziger Jahren ohnehin nicht mehr, sondern beschränkte sich auf die Wahrung von Sicherheitsinteressen. Man arbeitete auf ein Abkommen in strategisch vorteilhafter Position und die Sicherung der ökonomischen Anlagen in Namibia hin. An einem Sieg der SWAPO schien man nicht mehr zu zweifeln, was 1989 aus Regierungskreisen auch offen zu hören war. Vielleicht hatte die zehnjährige Periode zwischen der Machtergreifung Mugabes in Simbabwe 1980 und Nujomas in Namibia 1990 primär den Charakter einer Schonfrist für die südafrikanischen Weißen.

Der Durchbruch in der Südwestafrika-Frage im Jahre 1988 kam dann eher überraschend. Dabei war letztlich entscheidend, daß inzwischen alle Konfliktparteien akzeptiert hatten, was Südafrika und die USA seit Anfang der achtziger Jahre postuliert hatten: Daß die Spannungsherde Südwestafrika und Angola nicht voneinander zu trennen waren. Die angolanische Regierungspartei MPLA unterstützte politisch und militärisch die SWAPO und gewährte ihr Basen in Südangola; andererseits arbeitete Südafrika mit der angolanischen Widerstandsbewegung UNITA zusammen, die ihr im Kampf gegen SWAPO behilflich sein mußte, und man war verschiedentlich zu einem direkten Eingreifen auf angolanischem Boden gezwungen. Die Präsenz kubanischer Truppen auf Seiten der MPLA verlieh dem Konflikt eine weltpolitische Dimension und bedrohte auch Südwestafrika.

Die militärischen Auseinandersetzungen in Angola hatten 1987/88 einen blutigen Höhepunkt erreicht und gleichzeitig die ausweglose Pattsituation verdeutlicht. Die militärischen Verwicklungen wurden für Südafrika zunehmend kostspielig, opferreich und innenpolitisch problematisch. Der Anti-Guerillakrieg gegen die SWAPO im Norden Südwestafrikas war zwar wesentlich erfolgreicher als etwa in Rhodesien und Moçambique verlaufen, konnte aber nicht endgültig von einer Seite „gewonnen" werden.

Kriegsmüde waren aber auch die „Frontstaaten" aufgrund ihrer wirtschaftlichen Zerrüttung, und konservative schwarzafrikanische Politiker waren ebenfalls an einer Beilegung der militärischen Konflikte interessiert. Für Südafrika konnte ein diplomatischer Erfolg in der Angola- und Südwestafrikafrage zudem einen internationalen Prestigegewinn bringen, den man aufgrund der weltweiten politischen und wirtschaftlichen Isolationsbestrebungen dringend benötigte. Das Einlenken Pretorias erleichterte die Kontaktaufnahme zu schwarzafrikanischen Staaten und ermöglichte Premierminister P.W. Botha Besuche im Kongo und Zaire. Ein Motiv für Pretoria war aber auch die Furcht vor härteren Sanktionen und verstärktem Druck von Seiten der USA nach dem Ende der Ära Reagan.

Hinzu kam der Einfluß der Supermächte, die auf eine Beilegung regionaler Konflikte wie z. B. in Afghanistan hinarbeiteten. Das angolanische Abenteuer hatte die Russen beispielsweise 10 Mrd. $ gekostet.[54] Von amerikanischer Seite hatte Chester Crocker eine wesentliche Rolle beim Zustandekommen des Abkommens gespielt.

Sicherlich war der Zeitpunkt zum Einlenken für Südafrika nicht ungünstig: Die Supermächte verloren ihr Interesse am Südlichen Afrika, ebenso Westeuropa, das wirtschaftlich das Zutrauen zu Schwarzafrika verloren hatte und nun mit sich selbst beschäftigt war. Dadurch wurden die „Frontstaaten" noch mehr in Abhängigkeit von Pretoria getrieben.

Am 13. Dezember 1988 unterzeichneten Angola, Kuba und Südafrika das „Protokoll von Brazzaville", nachdem zuvor bereits ein Waffenstillstand geschlossen worden war. Es beinhaltete den stufenweisen Abzug der südafrikanischen und kubanischen Truppen aus Angola bzw. Südwestafrika, die Verwirklichung der Unabhängigkeit Namibias gemäß der UN-Resolution 435 zwischen dem 1. April 1989 und dem 1. April 1990, währenddessen die südafrikanische Verwaltung intakt bleiben sollte, allerdings unter Aufsicht eines UN-Kontingentes aus Soldaten, Polizisten und Zivilisten (United Nations Transitional Assistance Group/UNTAG). Die SWAPO erklärte später ihre Zustimmung; unberücksichtigt blieb allerdings - wohl ein entscheidender Mangel - die UNITA in Angola. Am 22. Dezember 1988 wurde in New York ein förmlicher Friedensvertrag zwischen Angola, Kuba und der Republik Südafrika unterzeichnet. Fast zeitgleich stürzte der „Finger Gottes" (Mukurob), ein bizarr geformter Felsen, im Süden Südwestafrikas ein, was manche Stimmen als böses Omen werteten.

Für Südafrika hatte dieses Abkommen eine Reihe von Vorteilen. Seine Präsenz in Südwestafrika wurde nun von den Vereinten Nationen mehr oder weniger indirekt sanktioniert. Angola hatte sich nicht nur, wie 1984, auf eine Nordverschiebung der kubanischen Truppen, sondern auf einen endgültigen Abzug festgelegt. Es entzog dem ANC die Gewährung von Stützpunkten, die für Südafrika allerdings nicht besonders bedrohlich gewesen waren. Die SWAPO war bei den Verhandlungen selbst nicht beteiligt, sondern nur informiert worden. Ihre alleinige Anerkennung durch die Vereinten Nationen mußte, zumindest theoretisch, ab 1. April 1989 aufgegeben werden. Es wurden ihr, entgegen langjährigen Forderungen, keinerlei militärische Basen innerhalb Südwestafrikas zugestanden, und sie mußte ihre Guerillakämpfer aus dem Süden Angolas bis nördlich des 16. Breitengrades zurückziehen. Von Walfischbucht war überhaupt nicht mehr die Rede; 1978 hatte der UN-Sicherheitsrat in seiner Resolution 432 noch zumindest vage von der „Rückgliederung" Walfischbuchts gesprochen. Südafrika durfte bis zum November 1989 weiterhin 1500 eigene Soldaten, beschränkt auf Basen, quasi als „Faustpfand" in Südwestafrika stationieren, wenngleich die von Südafrika initiierte südwestafrikanische Territorialarmee demobilisiert werden mußte. Und die Zahl der „Blauhelme" wurde auf Wunsch Südafrikas von 7500 auf 4650 vermindert (zuzüglich Polizeibeobachter und Zivilisten).

Die Unterzeichnung des Abkommens zwischen Südafrika, Angola und Kuba am 22. Dezember 1988 in New York. Vorne von links: der südafrikanische Verteidigungsminister General Magnus Malan, der südafrikanische Außenminister „Pik" Botha, UN-Generalsekretär Perez de Cuellar, US-Außenminister George Shultz, Angolas Außenminister Alfonso van Dunem (Mbinda) und General Antonio dos Santos Franca, Kubas Außenminister Isidoro Malmierca Peoli und General Abelardo Colomé Ibarra.

Dem standen aus südafrikanischer Sicht aber auch Nachteile entgegen. Beim Truppenabzug war keine Gleichzeitigkeit gegeben: Südafrika rief seine Einheiten aus Angola noch 1988, aus Südwestafrika bis November 1989 zurück. Den Kubanern wurde für ihren Abzug jedoch eine Frist bis Mitte 1991 zugestanden. Vor allem wurde die Verwirklichung der Abmachungen in Südwestafrika von einem mehrere tausend Mann starken UN-Kontingent und zahlreichen privaten Beobachtern kontrolliert, in Angola jedoch nur von einer symbolischen UN-Gruppe von 70 Beobachtern, und für private Reisende oder Journalisten ist dieses Land kaum zugänglich. Dieser Mangel zeigte sich vor allem in der Überwachung der SWAPO, die ihre Truppen im Frühjahr und auch Sommer 1989 nachweislich nicht vollständig nach Zentralangola verlegt hatte. Im Jahre 1978 hatte Pretoria noch auf einer hinreichenden Überwachung der PLAN-Basen in Angola beharrt. Außerdem wurde die UNITA nicht in das Abkommen miteinbezogen, und wie die schweren Gefechte zur Jahreswende 1989/90 zeigten, will die angolanische Regierung anscheinend noch vor dem endgültigen Abzug der Kubaner die UNITA, die nunmehr ohne südafrikanische Unterstützung ist, endgültig niederkämpfen.

Überhaupt wurde in Südwestafrika und Angola mit zweierlei Maß gemessen: Freie Wahlen stehen in letzterem Land noch in weiter Ferne.

Namibias erster Staatspräsident Sam Nujoma neben seinem südafrikanischen Amtskollegen de Klerk während der Unabhängigkeitsfeier am 20./21. März 1990

Damit bleibt an der Nordgrenze ein Faktor der Instabilität erhalten, der Namibia noch Probleme bereiten wird.

Innenpolitische Hintergründe der südafrikanischen Außenpolitik

Um die Südwestafrika-Politik Pretorias während der letzten zwanzig Jahren zu verstehen, ist ein Blick auf die konkurrierenden Flügel innerhalb der regierenden Nationalen Partei vonnöten.[55]

Zunächst sind die Anhänger des früheren Premierministers Hendrik Frensch Verwoerd zu nennen. Sie wollten das Grundkonzept Verwoerds, die „Große Apartheid", bewahren, wenngleich sie zu Modifikationen bereit waren, und setzten auf ethnopluralistische und förderative Strukturen, so auch in Südwestafrika. Auch Premierminister Vorster entstammte dieser Denkrichtung, wenngleich er in der Außenpolitik liberale Experimente versuchte: Seine 1974 eingeleitete „Entspannungspolitik" wurde wesentlich von den großen Konzernen wie Anglo-American und Lonrho unterstützt, die in den Frontstaaten Mittlerdienste leisteten. Vorster war denn auch der erste südafrikanische Premierminister seit Jan Smuts, der in den „Rand Club", den exklusiven und einflußreichen Treffpunkt der liberalen Hochfinanz, eingeladen wurde.[56]

Offenkundige Strategie Vorsters war es, Südafrika als Bollwerk gegen den Kommunismus darzustellen und den Westen, insbesondere die USA, zu einem Engagement im Südlichen Afrika und einer Allianz mit Pretoria, vielleicht sogar zu einer Sicherheitsgarantie wie gegenüber Israel, zu bewegen. Dies gelang ihm nur ansatzweise und mit Enttäuschungen, man denke an das Angola-Abenteuer. Umgekehrt führte diese Politik Pretoria mehr und mehr in Abhängigkeit von Washington.

Nach seinem Sturz bedauerte es Vorster, sich liberalen Ideen aus den USA geöffnet zu haben und kündigte eine Unterstützung der Konservativen Partei im bevorstehenden Wahlkampf an; sein überraschender Tod reduzierte die Erfolgschancen der neuformierten KP dann beträchtlich.

Die innerparteilichen Gegenkräfte schwächten Ende der siebziger Jahre die Position der „Konservativen" durch geschickte Ausnutzung des „Informationsskandals" und die damit verbundene Demontierung von Vorsters designiertem Nachfolger Dr. Connie Mulder. Dadurch konnte der vielleicht leichter zu beeinflussende P. W. Botha zum Premierminister gekürt werden. Nach 1983 wechselten die „Konservativen" unter Führung von Dr. Andries Treurnicht zumeist zur neugegründeten

„Konservativen Partei" (KP) über und fordern seit Ende der achtziger Jahre „Landteilung statt Machtteilung" als ihrer Ansicht nach einzig denkbares Zukunftsmodell für Südafrika, nun allerdings radikaler und großzügiger, als es in der früheren Homeland-Konzeption vorgesehen war. Den „Ausverkauf" Südwestafrikas mußten sie, behindert durch das südafrikanische Mehrheitswahlrecht und die Gegnerschaft der Medien, mehr oder weniger ohnmächtig hinnehmen, zumal auch die konservativen weißen Südwester kaum Widerstand leisteten und bis zuletzt Hoffnungen in die regierende Nationale Partei Südafrikas setzten.

Zweitens gibt es in der NP die Gruppe der „Falken", z. B. repräsentiert durch den langjährigen Verteidigungsminister General Magnus Malan. Sie gewann in der zweiten Hälfte der siebziger Jahre deutlich an Einfluß. Die „Falken" räumten den Sicherheitsinteressen der Weißen Priorität ein. In erster Linie in militärstrategischen Kategorien denkend, mißtrauten sie bloßen diplomatischen Lösungen. Dabei waren sie nicht notwendigerweise konservativ bzw. reaktionär. Ein Weispapier des Militärs forderte 1975 die Einbeziehung politischer, diplomatischer und wirtschaftlicher Initiativen in die Verteidigungsstrategie.[57] In Südwestafrika setzten die „Falken" schon früh auf eine politische Lösung unter Einbeziehung der schwarzen und braunen Einwohner. Sie förderten zunächst die Idee der „Turnhalle" und drängten 1979 zur Stärkung der gemäßigten Kräfte auf eine schnelle innere Autonomie, die dann bis 1980 verschleppt wurde. Die 1980 aufgestellte „SWA Gebietsmacht" bot Angehörigen aller Rassen gleiche Aufstiegschancen. In den Namibia/Angola-Verhandlungen konnten die „Falken" einige ihrer Forderungen durchsetzen (z. B. Schließung der ANC-Basen in Angola, Verbleib südafrikanischer Truppen in Südwestafrika bis zum November 1989), wenngleich mit Abstrichen (Aufgabe der Unterstützung der UNITA).

Auch Premierminister P. W. Botha, der frühere Verteidigungsminister und persönliche Freund General Malans, galt bei seinem Amtsantritt als „Falke" und demonstrierte dies durch sein Konzept der Vorneverteidigung gegen den „total onslaught" der Nachbarstaaten. Bereits 1974 hatte er den Aufstand der weißen Portugiesen und gemäßigten Schwarzen gegen die radikale FRELIMO in Mosambik durch Waffenlieferungen unterstützen wollen, war jedoch von Vorsters liberalem Geheimdienstchef Hendrik van den Bergh gebremst worden.[58] Sein Spitzname lautete daher nicht unzutreffend „*P*iet *W*apen" (Waffenpeter). Als einflußreiche Institution berief P. W. Botha einen wesentlich von Militärs getragenen „Staatssicherheitsrat". Genau umgekehrt wie sein Vorgänger setzte er auf vorzeigbare Reformen im Inneren verbunden mit einer Politik militärischer und wirtschaftlicher Stärke gegenüber den schwarzafrikanischen Nachbarn, die in eine von Südafrika dominierte „Constellation of Southern African States" (CONSAS) eingebunden werden sollten.

P.W. Botha wurde in den achtziger Jahren jedoch zunehmend von liberalen Kräften beeinflußt. Heute haben die „Falken" wesentlich an Einfluß eingebüßt: Wie einst die „Konservativen" durch den Informationsskandal, wurden nun die „Falken" mit Hilfe des „Geheimdienstskandals" entmachtet, und die Machtstellung von Militär und Polizei im Staat wurde systematisch reduziert. So wurde der Staatssicherheitsrat aufgelöst. Als P.W. Botha nicht mehr genehm war, nutzten seine innerparteilichen Gegner Mitte 1989 seine gesundheitlichen Probleme (Herzinfarkt) zu seinem Sturz.

Den Sieg in dem innerparteilichen Ringen der NP trug die dritte Gruppe der „Liberalen" davon. Sie setzten auf Entspannung im Südlichen Afrika und schwarze „Mehrheitsregierungen" in den Nachbarstaaten, schließlich auch in der Republik Südafrika. Besonderen Rückhalt besitzen sie traditionell in der Kapprovinz. Die „Liberalen" bauen auf die wirtschaftliche Überlegenheit der Burenrepublik, und die herausragende Bedeutung der südafrikanischen Wirtschaft sichert ihrer Ansicht nach auch in einem Südafrika unter schwarzer „Mehrheitsregierung" den Weißen einen hinreichenden Einfluß.

Den „Liberalen" gelang der Marsch durch die Institutionen. In den achtziger Jahren eroberten sie die wichtigsten burischen Machtzentren: Afrikaner-Organisationen wie Broederbond, Federasie van afrikaanse Kulturvereenigings, Rapportryers, afrikaanse Elite-Universitäten wie Stellenbosch und die calvinistische NG Kerk. Unterstützt werden sie von der Wirtschaft, zuvorderst von dem „Anglo-American"-Konzern Harry Oppenheimers und dessen Pressemacht.

Schon in den siebziger Jahren hatte der Multi Lonrho schwarzrhodesische Nationalisten wie Joshua Nkomo finanziell und organisatorisch unterstützt.[59] Anglo-American und Lonrho drängten Vorster, auf die Etablierung anerkannter schwarzer „Mehrheitsregierungen" in Rhodesien und Südwestafrika hinzuwirken, und vermittelten Kontakte. Im Herbst 1985 führte der neue Anglo-American-Chef Gavin Relly eine Delegation südafrikanischer Wirtschaftsleute in Lusaka mit dem in Südafrika verbotenen ANC zusammen.[60] Anglo-American und Lonrho gelten gegenwärtig als Hauptfinanziers des ANC.[61]

Diese multinationalen Gesellschaften mit starken Interessen in Südafrika besitzen enge Verbindungen in die USA. Von dort wurde die südafrikanische Regierungspolitik in den letzten beiden Jahrzehnten wesentlich beeinflußt.

Bereits seit dem Ende des Zweiten Weltkrieges hatten die USA auf eine rasche Entkolonialisierung mit dem Ziel der Schaffung abhängiger neokolonialer Staaten nach lateinamerikanischem Vorbild hingearbeitet. Den Kolonialvölkern wurde dabei zumeist eine echte Selbstbestimmung verweigert und die Bildung stabiler Staaten verhindert. So hatten die USA im Kongo (Zaïre) die Machtergreifung des „prowestlichen" Despoten Mobutu gefördert, der bis heute den widernatürlichen Vielvölkerstaat mit Brachialgewalt regiert. In Nigeria unterstützten die USA massiv die brutale Niederwerfung von Biafra, das die unterdrückten Ibo als eigenen Staat proklamiert hatten. Die vom Kongo aus gegen die portugiesische Herrschaft in Angola kämpfende Untergrundbewegung FNLA wurde vom State Department und vom CIA unterstützt.[62] In Angola hielten die USA bis heute die Destabilisierung nach dem Abzug der Portugiesen aufrecht. Gulf Oil und Texaco machen gute Geschäfte mit dem angeschlagenen und abhängigen MPLA-Regime, und kubanische Soldaten schützen die amerikanischen Ölförderungsanlagen vor ebenfalls mit amerikanischen Waffen operierenden UNITA-Rebellen! UNITA wurde von Washington militärisch nur insoweit unterstützt, daß ihr Überleben nicht bedroht war (so durch defensive Stinger-Flugabwehrraketen), aber nie insoweit, daß eine Möglichkeit der Machtübernahme bestanden hätte.[63]

Bezüglich des Südlichen Afrika hatte bereits das „National Security Council Study Memorandum Number 39" vom 15. August 1969 festgestellt, daß der Weg zu schwarzer „Mehrheitsherrschaft" nicht über Guerillakriege, sondern über die weißen Regierungen führe, und eine Lockerung der bisherigen Konfrontationspolitik gegenüber Portugal, Rhodesien und Südafrika empfohlen.[64]

Als die Portugiesen sich dann nach dem Putsch in der Heimat, dessen Hintergründe bis heute nicht völlig geklärt sind, 1974/75 aus Afrika zurückziehen mußten und der Rhodesien-Konflikt eskalierte, intensivierten die USA ihre Einflußnahme. Dem Engagement der Kubaner und Sowjets traten sie allerdings nicht wirkungsvoll entgegen; bisweilen schien es, daß die Supermächte im Südlichen Afrika allenfalls Konkurrenten waren, keine wirklichen Gegner.

Die USA drängten damals Premierminister Vorster in das riskante Angola-Abenteuer, um vor der Entscheidung Südafrika dann die Rückendeckung zu verweigern.[65] Unter dem Druck Henry Kissingers entzog Vorster Rhodesien seine Unterstützung und zwang Ian Smith zur Anerkennung des Prinzips „One man, one vote". Auch in Südwestafrika wirkten die USA über die von ihnen geführte „Kontaktgruppe" dahingehend, daß das Turnhallenkonzept wieder fallen gelassen wurde.

Die US-amerikanische Politik ging einher mit wirtschaftlichem Druck auf Südafrika: Das Außenministerium veranlaßte die Banken, Südafrika keine Export- und Importkredite zu gewähren. Der von den USA beherrschte Weltwährungsfonds drückte den Goldpreis durch Verkäufe auf dem offenen Markt, und Unternehmen wurden davor gewarnt, in Südafrika zu investieren. Bis zum September 1976 fiel der Rand auf einen ungeahnten Tiefstand.[66]

Endgültig etabliert wurde der US-amerikanische Einfluß in der südafrikanischen Politik dann nach dem Amtsantritt P. W. Bothas (1978). Die USA übten mit ihrer „Zuckerbrot-und-Peitsche-Politik, d. h. Sanktionen und Disinvestitionen neben „constructive engagement", einen wichtigen Einfluß auf die „Liberalen" in der NP aus. Zum wichtigsten Mann Washingtons wurde der Sonderbotschafter Chester Crocker (1981-1987), verheiratet mit einer weißen Rhodesierin aus der Smith-feindlichen und Mugabe-freundlichen Familie Baron.[67] Berater wie Harvard-Professor Sam Huntington hatten wesentlichen Anteil an der Konzeption der „Botha'schen Reformpolitik". Chester Crocker schrieb 1980 recht offen in der einflußreichen Zeitschrift „Foreign Affairs" über die US-amerikanische Südafrika-Politik:
„fundamental goal is the emergence in South Africa of a society with which the United States can pursue its varied interests in a full and friendly relationship, without constraint, embarrassment or political damage."[68] David Rockefeller, der Großbanker und Vorsitzende des „Council of Foreign Relations" (CFR), meinte am 2. März 1982 in Simbabwe, eine Beziehung zu marxistischen oder sozialistischen Staaten „[...] really does not cause us any problem at all, [...] we have found we can deal with just about any kind of government provided they are orderly and responsible."[69]

Das „constructive engagement" der USA wurde wiederum von wirtschaftlichem Druck begleitet: Die 1985 unter Führung von Rockefellers „Chase Manhattan Bank" eingeleitete Disinvestitions-Kampagne traf Südafrika langfristig härter als Boykotte und Sanktionen.

Mitte der siebziger Jahre war Geheimdienstchef Hendrik van den Bergh wichtigster Exponent des liberalen Flügels der NP und hatte wesentlichen Einfluß auf Premierminister Vorster.[70]

Das Jahr 1977 markiert einen Meilenstein auf dem Weg der „Liberalen" zur Macht: Der progressive Denis Worral wurde Vorsitzender des einflußreichen „Constitutional Committee" der NP, das die künftigen Richtlinien der südafrikanischen Politik konzipierte. (Ende der achtziger Jahre wanderte er nach einem Zwischenspiel als Unabhängiger zur linksliberalen Democratic Party ab.) Weitere Liberale hielten zu dieser

Zeit bereits einflußreiche Positionen in der NP inne: F. W. de Klerk, Barend du Plessis, Adrian Vlok, Piet Koornhof, Sam de Beer, Dawie de Villiers und Kent Durr.[71]

Im Jahre 1977 wurde aber auch der heute noch amtierende „Pik" Botha zum Außenminister berufen, der Stratege des „Nkomati-Abkommens" mit Mosambik von 1984. Zunehmend kristallisierte er sich als bestimmende Person hinter den Kulissen heraus. Zuvor war er Leiter der diplomatischen Mission Pretorias in Washington gewesen. Es ist wohl bezeichnend für den US-amerikanischen Einfluß, daß ein Jahr vor dem von „Pik" Botha eingefädelten Nkomati-Abkommen die USA im Juli 1983 diplomatische Beziehungen mit dem FRELIMO-Regime aufgenommen hatten! „Pik" Botha hielt sich geschickt im Hintergrund und zügelte den ihm unterstellten Ehrgeiz, Premierminister zu werden. Man geht wohl nicht fehl in der Annahme, daß nicht P. W. Botha und noch weniger dessen Nachfolger de Klerk, sondern „Pik" Botha die Leitlinien der Politik in der letzten Dekade bestimmte. Systematisch besetzte er auch den diplomatischen Dienst Südafrikas im Ausland mit Gefolgsleuten und stellte dadurch manche Weichen. Rückkehrende Diplomaten wie Neil van Heerden (Namibia-Verhandlungen) wurden mit wichtigen Aufgaben betreut.

Bestimmend bei der Liberalisierung der NP war auch der derzeitige Minister für konstitutionelle Entwicklung, Dr. Gerrit Viljoen, zuvor Generaladministrator für Südwestafrika (1979-80) und Präsident des auf liberalen Kurs getrimmten „Broederbond". Im Jahre 1990 erklärte Dr. Viljoen offen, daß es Wahlen unter den Weißen allein in Südafrika nicht mehr geben werde, und er stellte den Staatsnamen „Südafrika", die Flagge und die Nationalhymne zur Disposition.[72]

Bezeichnenderweise hatte Chester Crocker 1980 anerkennend in der Zeitschrift „Foreign Affairs" des einflußreichen multinationalen „Council of Foreign Relations" (CFR) festgestellt, daß P. W. Botha und seine Gesinnungsfreunde geradezu einen Staatsstreich in der NP durchgeführt hätten.[73] Nach seinem rüde betriebenen Sturz im August 1989 erkannte P. W. Botha zunehmend die Zusammenhänge und bezeichnete die Politik seines Nachfolgers als „Ausverkauf"; 1990 trat er aus der NP aus. Die Nachbarstaaten Rhodesien und Südwestafrika waren in den Augen der „Liberalen" Dominosteine, ja geradezu positive Vorbilder auf dem Weg zum Machtwechsel in Südafrika. Allerdings konnten die traurigen Geschehnisse im Simbabwe Robert Mugabes allenfalls naiven Europäern, jedoch nicht den benachbarten Südafrikanern in einer derartigen Weise präsentiert werden. Diese erlebten den Exodus vieler Rhodesier hautnah mit, hörten die Berichte vom blutigen Straffeldzug gegen die

Matabele, von Folter und Justizterror. Das Beispiel Simbabwe rief im Gegenteil Befürchtungen in Südafrika hervor und trug zum Erstarken der Konservativen Partei bei. Vielleicht mußten deshalb nicht zufällig zehn Jahre verstreichen und Dutzende südafrikanischer Wehrpflichtiger fallen, bis nun auch Südwestafrika unter ähnlichen Vorzeichen unabhängig werden konnte.

Namibias „Muster-Verfassung" wird nun als Vorbild für Südafrika gerühmt. Einige Stimmen munkeln jedoch, Nujoma habe „Stillhalten" verordnet bekommen, bis die Verhandlungen mit dem ANC in Südafrika abgeschlossen sind.

Kapitel 4

Zentralstaat, Volksgruppenstaat oder Landteilung?

Mit elf verschiedenen Völkern und 25-30 unterschiedlichen Sprachen besitzt Namibia eine selbst für afrikanische Verhältnisse außergewöhnlich komplizierte Bevölkerungsstruktur. Hierbei ist eine deutliche Nord-Süd-Scheidung feststellbar: Der südliche Landesteil mit seinen überwiegend weißen und braunen Bewohnern ähnelt in seiner ethnischen Zusammensetzung der benachbarten südafrikanischen Kapprovinz, von wo verschiedene Bevölkerungsgruppen - die Farbigen und Baster - im 19. Jh. denn auch zugewandert waren. Der Norden hingegen wird von schwarzen, aus Zentralafrika stammenden Bantuvölkern dominiert.

Es überrascht daher nicht, daß nach dem Zweiten Weltkrieg, als über eine zukünftige staatsrechtliche Organisation des Landes nachgedacht wurde, eine föderale Einteilung oder gar eine Teilung Südwestafrikas vorgeschlagen wurde, insbesondere auch deshalb, da die Völker an der nördlichen Peripherie, von denen die kleineren Völker nicht dominiert sein wollen, zahlenmäßig stark in der Mehrzahl sind (allein die Owambo stellen über 40 % der Bevölkerung).

Einer der ersten Teilungsvorschläge kam sogar von der Seite der Vereinten Nationen: Der britische Diplomat Arden-Clark hatte 1957 nach einem Studienaufenthalt vor Ort folgenden Plan vorgestellt: Das nördliche Südwestafrika sollte bis zu einer Linie knapp über dem 22. Breitengrad (etwa auf der Höhe von Okahandja) unabhängig und die Owambo, Kavango, Caprivier, Damara und Herero wie auch das reiche Minengebiet um Tsumeb einschließen. Ein derartiger Staat „Owambo-Kavango" wäre durchaus lebensfähig gewesen. Der südliche Teil mit seinen weißen und braunen Bewohnern, daneben damals nur rund 5000 Schwarze, sollte sich an die Südafrikanische Union anschließen können. Leider stimmten die Vereinten Nationen diesem vernünftigen Plan nicht zu.[74]

Der Gedanke einer Neuordnung der kolonialen Grenzen Afrikas im Zuge der Entkolonialisierung wurde in den fünfziger und sechziger Jahren sogar von kommunistischer Seite vertreten,[75] während gerade die früheren Kolonialmächte, z. B. Großbritannien in Nigeria (Biafra-Konflikt), an den bestehenden Grenzen festhalten wollten, um sich ihre bestehenden Einflußmöglichkeiten über beeinflußbare Eliten zu erhalten oder um sich einfach der Verantwortung für eine glücklichere Regelung zu entledigen.

Der Beschluß der neubegründeten „Organisation für afrikanische Einheit" (OAU) über die Unverletzlichkeit der ehemaligen kolonialen Grenzen von 1963 erschwerte eine territoriale Revision. Allerdings gab es durchaus Vorbilder hierfür: In einzelnen Landesteilen der ehemaligen UN-Treuhandgebiete Togo und Kamerun hatten 1956 bzw. 1960 Volksabstimmungen über die zukünftige staatsrechtliche Zugehörigkeit stattgefunden, bedingt allerdings durch vorangegangene Teilungen im Jahre 1919. Und eine friedliche Veränderung der Grenzen wird genausowenig ausgeschlossen wie durch die KSZE-Schlußakte von Helsinki in Europa.

Gerade bezüglich des Owambolandes wurden in Südwestafrika immer wieder eine Revision erwogen. Durch die koloniale Grenzziehung zwischen Deutsch-Südwestafrika und Portugiesisch-Angola im 19. Jh. waren die Owambo, insbesondere ihr größter Stamm, die Kwanyama, zerschnitten worden. Führende Owambo-Häuptlinge forderten in den letzten Jahrzehnten eine Wiedervereinigung im Rahmen eines selbständigen Staates oder durch Angliederung des angolanischen Teiles an Südwestafrika. Der Eingeborenenkommissar Jannie de Wet hatte diese Tendenzen Anfang der siebziger Jahre unterstützt und war bei dem Owamboführer und späteren DTA-Politiker Pastor Ndjoba auf offene Ohren gestoßen.[76] So wurde bei der „Turnhallenkonferenz" die Owambofrage bewußt noch offengelassen. Sicherlich war für die Republik Südafrika das Schlagwort „Groß-Owambo" zuvorderst ein Köder, um die Owambo für ihre Politik zu gewinnen. Auch die kleineren Völker Südwestafrikas (so der Herero-Führer Kapuo) zeigten sich diesen Plänen gegenüber nicht abgeneigt, verbanden damit aber vor allem die Erwartung eines weitgehenden Ausscheidens der Owambo aus dem territorialen Verband Südwestafrikas.

Ab 1964 wurde das südafrikanische Homeland-Konzept gemäß den Empfehlungen des „Odendaal-Planes" auf Südwestafrika übertragen. Der „Native Nations Act" schuf 1968 für zehn Volksgruppen (mit Ausnahme der verstreut siedelnden Farbigen) eigene Gebiete. Konsequent weiterentwickelt, hätte das Homeland-Konzept letztlich die Entlassung dieser Gebiete in die Unabhängigkeit zum Ziel gehabt, wie es ab 1976 in Südafrika verwirklicht wurde (Transkei, Bophuthatswana, Venda und Ciskei wurden - wenngleich international nicht anerkannte - unabhängige Staaten). Ob sie allerdings lebensfähig gewesen wären, sei dahingestellt. Für den verbleibenden „weißen" Teil Südwestafrikas hätte schließlich der Anschluß an die Republik Südafrika auf der Tagesordnung gestanden; legislativ und administrativ wurde er 1969, den Empfehlungen des „Odendaal-Planes" folgend, bereits weitgehend an Pretoria angegliedert.

Das Homeland-Konzept wurde in Südwestafrika mit Verzögerung in die Tat umgesetzt. Erst 1973 erhielten Owambo und Kavango, 1976 Caprivi und Rehoboth die volle innere Autonomie. Zu dieser Zeit war Premierminister Vorster aber bereits auf die Linie der Vereinten Nationen umgeschwenkt, und eine Aufteilung des Landes stand nicht mehr zur Debatte. Die 1972 gegenüber dem UN-Beauftragten Dr. Escher geäußerte Kompromißlösung (Unabhängigkeit Namibias, jedoch separate Unabhängigkeit von Owamboland und Ost-Caprivi) wurde von Vorster nicht weiterbetrieben.[76a]

Daß von bestimmten Kreisen jedoch weiterhin Teilungspläne verfolgt wurden, zeigen die Ausführungen des stets gut informierten Journalisten Hans Germani aus dem Jahre 1982:
„Deutsche Experten in Südafrika haben als Kompromiß (der in Regierungskreisen eine gewisse Sympathie genießt) eine Teilung Angolas nördlich der Eisenbahnlinie, die von Kupfer- und Kobaltminen Zaïres nach den Häfen Benguela und Lobito führt, vorgeschlagen. Nördlich

Übertragung der südafrikanischen Homelandpolitik auf Südwestafrika: Administration für Kavangoland in Rundu mit südafrikanischer Flagge (links) und Nationalflagge (rechts).

davon lebt u. a. der einzige MPLA-treue Stamm, die Imbundo, südlich die Mehrheit der Bevölkerung Angolas, die Ovimbundos, das Volk Savimbis, übrigens mit den Ovambo und Kavango verwandt. Eine Teilung Angolas nördlich der Eisenbahnlinie würde den Sowjets ihren Flottenstützpunkt Luanda, die reichen Öl- und Diamantenreserven Angolas und nicht zuletzt ihr Gesicht bewahren lassen. Südangola unter Savimbi dagegen wäre ein idealer schwarzer nichtkommunistischer Puffer-Staat mit einer Eisenbahnlinie, die derzeit ununterbrochen von Savimbis Guerillas gesprengt wird, im anderen Fall aber die Hauptader des großen zaïirischen Erzexportes nach den USA und Europa darstellen würde. Außerdem liegen in Südangola nur teilweise geschürfte Reserven von Eisenerz und vollkommen ungeschürfte Lager Uran, die mit amerikanischer Hilfe entwickelt werden könnten. Letztlich hätten Ovambo und Kavango die Wahl, sich, wenn sie es wollen, ihren Verwandten im Savimbi-Gebiet anzuschließen und die Angst aller anderen Völker Namibias vor einer Majorisierung durch die Ovambo aufzuheben. Im restlichen Namibia gäbe es eine fruchtbare mehrrassige Verständigung zwischen Weißen (etwas weniger als ein Drittel), Braunen - Mischlinge, Basters, Hottentotten, Buschmänner - (etwas mehr als ein Drittel) und Schwarzen - Herero, Damara, Tswana - (etwas mehr als ein Drittel)."[77]

Im Jahre 1980 erhielten alle südwestafrikanischen Völker, mit Ausnahme der Buschmänner, Regierungen und Verwaltungen der „Zweiten Ebene" (Proklamation AG 8). Sie verfügten über weitgehende Befugnisse (so z. B. das Gesundheits- und Erziehungswesen). An die Stelle der territorialen Verselbständigung gemäß „Odendaal-Plan" war damit die Volksgruppenautonomie getreten. Auf starke Kritik stieß das Prinzip der weitgehenden Eigenfinanzierung gemäß dem Steueraufkommen, wodurch die weiße Administration stark bevorteilt wurde. Auch der Bericht der „Thirion-Kommission", der 1983 bei einigen Volksgruppenregierungen Korruption in hohem Ausmaß feststellte, verringerte deren Ansehen.[78]
Die Vereinten Nationen, die OAU, vor allem aber die SWAPO, die den Owambo erstmals in der Geschichte die Vorherrschaft in ganz Südwestafrika erkämpfen wollte, bestanden jedoch auf der territorialen Integrität und zentralisierten Verwaltung des Landes.

Darüber hinaus forderte die SWAPO die Angliederung von Walfischbucht, des einzigen Tiefseehafens an der südwestafrikanischen Küste. Er ist eine Exklave der südafrikanischen Kapprovinz. Da er schon 1878 britisch geworden war, steht das Völkerrecht in dieser Frage eindeutig auf der Seite Südafrikas. Es kann sich in dieser Frage sogar auf den OAU-Grundsatz der Unverletzlichkeit der ehemaligen kolonialen Grenzen berufen. Einziger Schönheitsfehler in der Argumentation Pretorias ist die Tatsache, daß Walfischbucht von 1922-1977 administrativ und judikativ Südwestafrika unterstellt war, was an der völkerrechtlichen Lage aber nichts ändert.

Von den Vereinten Nationen war diese Forderung der SWAPO nur begrenzt unterstützt worden. Die Resolution 432 des UN-Sicherheitsrates vom Mai 1978 bestimmte zwar, daß Walfischbucht an Namibia zurückgegeben („reintegrated") werden müsse, ohne dies jedoch zu präzisieren. Die Resolution 435 vom September 1978 klammerte das diffizile Problem schließlich aus, und dabei blieb es bis heute.[79]

Bisher war die Republik Südafrika nicht bereit, auf Walfischbucht als wirtschaftliches Druckmittel und militärische Bastion zu verzichten. Im Jahre 1988 fanden hier demonstrativ großangelegte Manöver der See- und Landstreitkräfte statt.[80] Andererseits lud Südafrika das unabhängige Namibia zur Nutzung des Hafens ein, und neuere Aussagen deuten darauf hin, daß Walfischbucht in einigen Jahren vielleicht doch an Namibia übergeben werden könnte.

Eine andere Befreiungsbewegung, die 1963 gegründete „Caprivi African National Union" (CANU), verfolgte separatistische Ziele: Sie wollte die Unabhängigkeit des Ost-Caprivi unter dem Namen „Tenge" erkämpfen. Die dortigen Einwohner sind mit den Barotse im benachbarten Sambia verwandt. Die CANU beteiligte sich am Guerillakrieg und war von 1964-1980 mit der SWAPO liiert, danach trennte sie sich wieder wegen der Owambo-Vorherrschaft innerhalb der SWAPO. Ihr Führer Mishake Muyongo verließ 1985 die CANU und schloß sich mit seinen Anhängern der zentralistischen DTA an. Aber auch die verbliebene Rest-CANU, verbündet mit der „Caprivi Alliance Party" (CAP), tritt heute nicht mehr für eine Loslösung des Caprivi ein.[81]

In jüngster Zeit werden vermehrt von Seiten Botswanas Gebietsansprüche auf den Caprivi erhoben, so von Maitshwarelo Dabutha, einem Abgeordneten der oppositionellen „Botswana National Front".[82] Wenn die SWAPO bezüglich Walfischbucht das Argument der „natürlichen Grenze" anführt, so ist nicht verwunderlich, wenn sich Nachbarstaaten bezüglich des höchst unnatürlichen Gebildes Caprivizipfel der gleichen Argumentation bedienen!

Die 1975 einberufene „Turnhallenkonferenz", in der erstmals verantwortliche Führer aller ethnischen Gruppen miteinander sprachen, hatte in Artikel 6 ihrer „Absichtserklärung" festgelegt, „eine Staatsform zu schaffen, die jeder Bevölkerungsgruppe die größtmögliche Kontrolle über ihre eigenen Angelegenheiten und die Landesangelegenheiten garantiert".[83] Im 1977 vorgestellten Verfassungsentwurf wurde unter der Überschrift „Schutz der Grundrechte" zuvorderst erwähnt: „1. Die Rechte jeder Bevölkerungsgruppe, ohne Rücksicht darauf, ob es sich um eine Minderheits- oder Mehrheitsgruppe handelt, werden voll anerkannt, und der Schutz dieser Rechte wird gewährleistet."[84] In der jetzt gültigen Verfassung von 1990 fehlen entsprechende Bestimmungen. Der Verfassungsentwurf der Turnhallenkonferenz verwarf das Prinzip „Ein Mensch, eine Stimme". In der gesetzgebenden Nationalversammlung (60 Sitze) sollten die elf Bevölkerungsgruppen jeweils vier Abgeordnete entsenden, die restlichen 16 Sitze proportional verteilt werden. Die oberste exekutive Instanz sollten ein Staatspräsident und ein Ministerrat, bestehend aus einem Vorsitzenden und je einem Minister für jede Bevölkerungsgruppe, bilden. Auf dieser zentralen Regierungsebene sollten Beschlüsse einstimmig gefaßt werden (Konsensprinzip). Weitgehende Befugnisse waren für die ethnischen Verwaltungskörperschaften der „Zweiten Ebene" vorgesehen. Hinzu sollten Gemeindebehörden der „Dritten Ebene" treten.

Die SWAPO hatte die Mitwirkung an der Turnhalle verweigert und in einem Diskussionspapier über die Verfassung eines unabhängigen Namibia die Prinzipien „one man one vote", *ein* Grundgesetz, *eine* Verwaltung, *eine* demokratische Beteiligung entgegengestellt.[85]

Die gemischtrassige Parteienallianz (DTA) übernahm den Verfassungsentwurf der „Turnhalle" in ihr Parteiprogramm. Allerdings wollte sie der Zentralregierung zusätzliche Kompetenzen übertragen, weswegen die konservative Nationale Partei für die Dezemberwahlen 1978 die Parteienallianz „Aktionsfront für die Bewahrung der ursprünglichen Turnhallenprinzipien" (AKTUR) ins Leben rief.

Noch 1982 schied Peter Kalangula aus der DTA aus und gründete die CDA, weil die DTA damals an der Volksgruppenautonomie festhielt und seine Forderung nach einem Einheitsstaat, jedoch aufgegliedert in drei rein administrative Provinzen, nicht mittrug.

Die Nationale Partei von Südwestafrika propagierte 1982 erfolglos einen Kompromiß zwischen Ethnopluralismus und Zentralismus: Jedes Volk solle entscheiden können, ob es sich direkt von der Zentralregierung oder von einer föderativ assoziierten eigenen Verwaltungskörperschaft regieren lassen wolle.[86] In den folgenden Jahren versuchte vor allem die NP von Südwestafrika, mit dem Konzept einer Aufteilung in Provinzen die Rechte der Völker in ‚moderner' Form zu wahren, ohne jedoch Gehör zu finden.

Die DTA hatte ihr Programm bis zu den Wahlen von 1989 vollends gewandelt: Sie plädierte nun für den zentralistischen Staat, ohne jegliche

Zwischengliederungen der „Zweiten Ebene", die auch der Verfassungsentwurf der Übergangsregierung von 1987 verworfen hatte. In diesem Punkt unterschied sich die DTA nun kaum mehr von der SWAPO.

Ein wesentliches Motiv für diesen Kurswechsel der DTA war sicherlich das offenkundige Bemühen, durch Übernahme gewisser SWAPO-Programmpunkte Stimmen zu gewinnen. Es muß aber auch ein starker Druck von außen zur Verhinderung jeglicher Lösungen auf ethnischer Grundlage angenommen werden.

Lediglich die Festschreibung einer - allerdings eher machtlosen - Zweiten Kammer, die die DTA in der Verfassungsgebenden Versammlung erreichte, erinnert noch an das ethnopluralistische Prinzip, mit dem die DTA einst angetreten war. Mitte 1990 kündigte die DTA zudem an, ihre Organisationsform als Allianz ethnischer Parteien zugunsten einer Einheitspartei aufgeben zu wollen.

Die Einwohner Südwestafrikas durften im November 1989 zwar eine Verfassungsgebende Versammlung wählen. Beide großen Parteien, DTA wie SWAPO, traten für den zentralistischen Einheitsstaat ein. Über Grundfragen wie den Staatsaufbau oder die territoriale Zugehörigkeit wurden die Einwohner jedoch nicht direkt befragt, genauso wenig wie über den bereits präjudizierten Namen „Namibia".

Selbst von Seiten der Vereinten Nationen war gelegentlich Zweifel geäußert worden, ob der zentralistische Einheitsstaat die richtige Lösung für Südwestafrika darstelle. Als der 1. Vorsitzende des UN-Ausschusses für Südwestafrika V. Carpio und sein Stellvertreter de Alva 1962 Süd- und Südwestafrika besuchten, äußerten sie sich positiv über Südafrikas Politik der getrennten Entwicklung der Völker. Nach ihrer Rückkehr ließ sich V. Carpio zu einem Widerruf bewegen; de Alva hielt jedoch an dem ursprünglichen Communiqué fest.[87] Im Jahre 1972 sprach sich Dr. Escher, der Vertreter des UN-Generalsekretärs, bei einem Besuch in Südwestafrika für „Selbstregierung (...) auf regionaler Ebene" aus. Daraufhin wurde er seines Amtes enthoben.[88]

Die unter Federführung von SWAPO und DTA konzipierte neue Verfassung Namibias ist zentralistisch aufgebaut und orientiert sich an westeuropäischen Vorbildern. Individuelle Rechte stehen im Vordergrund, Volksgruppenrechte sind nicht aufgenommen. In Art. 19 wird lediglich das Recht jedes Bürgers (nicht einer Volksgruppe) bekräftigt, seine Kultur, Sprache, Tradition und Religion zu wahren. Das erinnert fatal an das revolutionäre Frankreich nach 1789, das keinem Bürger verwehrte, in seinem privaten Bereich Bretonisch, Deutsch, Flämisch etc. zu sprechen, in Verwaltung, Schulwesen, Justiz, Zeitungen jedoch nur Französisch zuließ und somit einen erheblichen Assimilationsdruck ausübte!

Die Volksgruppenregierungen wurden aufgelöst; lediglich Gemeinde- und Stadträte werden fortbestehen. Innerhalb einer Frist von neun Monaten nach der Unabhängigkeit soll die lokale Unterteilung Namibias durch eine Kommission abgeschlossen sein, wobei als Kriterium gilt: „without any reference to the race, sex, colour or ethnic origin of the inhabitants of such areas" (Art. 102,2). Jeder dieser Lokalräte soll zwei Vertreter in den „National Council", die vorgesehene Zweite Kammer entsenden. Damit ist ein gewisses Maß an Föderalisierung gegeben, wobei allerdings die lokale Aufteilung noch nicht feststeht und diese nach rein geographischen, nicht nach ethnischen Kriterien erfolgen soll. Auch hat der National Council bei der Gesetzgebung nur beratende und aufschiebende Kompetenzen.

Sicherlich wird es nun nach der Unabhängigkeit notwendig sein, ein gewisses Maß an Staatsnationalismus, an überethnischem Bewußtsein zu schaffen. Daß eine Verfassung jedoch die grundlegende Gegebenheit eines Landes, nämlich die Existenz von elf unterschiedlichen Volksgruppen mit unterschiedlichen Kulturen, Sprachen, Traditionen weitgehend ignoriert, erscheint höchst bedenklich, insbesondere wenn eines der Völker zahlenmäßig stark in der Mehrheit ist.

Daß gerade in Namibia das ethnische Bewußtsein starkt ausgeprägt ist, bestätigt jeder Kenner des Landes. Allein die Tatsache, daß nur zehntausend Einwohner die von der Übergangsregierung eingeräumte Möglichkeit nutzten, sich ohne Zugehörigkeit zu einer der damaligen Volksgruppenverwaltungen als „Namibier" registrieren zu lassen, spricht für sich. Hinzu kommen historisch gewachsene Gegensätze: Nama und Herero führten bereits vor Beginn der Kolonialherrschaft erbitterte Kämpfe um die Vorherrschaft. Die Damara sind beiden Völkern gegenüber mißtrauisch eingestellt, deren Sklaven sie früher waren. Alle Völker des südlichen und zentralen Südwestafrika wiederum fürchten eine Beherrschung durch die an der nördlichen Peripherie beheimateten Owambo. Zwischen den Buschmännern und den schwarzen Völkern, die erstere oft als eine Art Untermenschen ansehen und als unfreie Arbeitskräfte halten, bestehen deutliche Ressentiments. Nach der Unabhängigkeit Angolas hatte die schwarze MPLA-Regierung die Buschmänner gnadenlos verfolgt, einem Teil gelang die Flucht nach Südwestafrika. Hier stellten sich die Buschmänner der Armee zur Verfügung. Inzwischen haben bereits zahlreiche Buschmänner aus Furcht vor der schwarzen SWAPO-Regierung Asyl in der Republik Südafrika gesucht.

Die Wahlen im November illustrierten nur noch einmal die ethnische Spaltung des Landes: Fast alle Owambo und ein Teil der Kavango und Caprivier wählten die SWAPO, die südlichen Völker hingegen die DTA bzw. andere kleinere Parteien.

Den letzten aufsehenerregenden Versuch, die Entwicklung zum Zentralismus aufzuhalten, machten 1989 die Rehoboth-Baster. Ihr Kaptein Hans Diergaardt dachte laut über die Ausrufung eines unabhängigen Basterstaates mit exterritorialer oder angegliederter Landverbindung durch die Namibwüste zum südafrikanischen Hafen Walfischbucht nach. In einem Gespräch mit dem Verfasser versicherte Diergaardt im August 1989, konservative Kreise in den USA, die Philippinen u.a. hätten Interesse an wirtschaftlicher Kooperation bekundet. Vermutete Ölvorkommen bei Rehoboth könnten die Grundlage für eine wirtschaftliche Eigenständigkeit darstellen. Doch bereits der Generaladministrator signalisierte Diergaardt, daß Pretoria sein Vorhaben in keiner Weise unterstützen würde - zwanzig Jahre zuvor wäre es noch südafrikanische Regierungspolitik gewesen!

Diergaardt begründet sein Vorhaben damit, daß die Baster vor hundert Jahren das Rehobother Gebiet ordnungsgemäß gekauft und bereits 1872, vor Beginn der deutschen Kolonialherrschaft, einen selbständigen Staat mit eigener Verfassung begründet hätten. In einem völkerrechtlich gültigen Abkommen hätten die Deutschen zudem 1885 die Selbstverwaltung der Baster anerkannt.[89]

In ähnlicher Weise argumentierten 1989 konservative Owambo-Häuptlinge, ihre Herrschaft sei älter als die koloniale, und die Deutschen hätten seinerzeit die Unabhängigkeit der Owambo respektiert und nicht in deren Angelegenheiten eingegriffen. Owamboland gehöre also prinzipiell nicht zum Staatsgebiet eines unabhängigen Namibia. Diese Diskussion erledigte sich jedoch bald, spätestens nach dem haushohen SWAPO-Wahlsieg im Owamboland. Genauso vergeblich forderten sie unter Führung des Owambo-Häuptlings Gabriel Kautima (DTA) eine Garantieerklärung für die bestehenden Stammesräte.[90]

Doch Diergaardt erwies sich als hartnäckiger Widersacher. Er beharrte zumindest auf einem autonomen Basterland, das als Bundesstaat an die Zentralregierung gekoppelt sei. Der Generaladministrator ließ ihn wissen, daß ein solches Modell allen bisherigen Verhandlungen widerspreche. Diergaardt gab nicht auf. Er weigerte sich, die Rehobother Regierungsgebäude der neuen Zentralregierung zu öffnen. Am 20. März 1990, einem Tag vor der Unabhängigkeit Namibias, rief er den souveränen Basterstaat aus und hißte die „Nationalfahne" mit den Farben, Rot, Weiß und Schwarz. In einem Referendum sprachen sich

Baster-Kaptein Hans Diergaardt kämpft für die Selbstbestimmung seines Volkes.

Anfang Juni 85,1 % der 9280 registrierten Wähler in Rehoboth für das Selbstbestimmungsrecht der Baster aus. Diergaardt kündigte ein Ansuchen um Unabhängigkeit beim Internationalen Gerichtshof in Den Haag und Verhandlungen mit der namibischen Regierung an. Dort könnte allerdings nur ein souveräner Staat als Schutzmacht die Sache der Baster vertreten.[91]

Die Regierung schien bemüht zu sein, das Problem herunterzuspielen. Premierminister Geingob erklärte, „herzlich wenig Verständnis für Diergaardts Starrsinnigkeit" zu haben.[92] Auch international stieß Diergaardts Schritt auf keine Resonanz. Allein die weiße oppositionelle „Konservative Partei" in Südafrika, die ebenfalls ein unabhängiges weißes „Homeland" anstelle eines gemischtrassigen ANC-Südafrika fordert, bekundete ihre Sympathie. Der radikale Führer der südafrikanischen „Afrikaner-Widerstands-Bewegung" (AWB), Eugen Terre' Blanche, versicherte auf einer gemeinsamen Pressekonferenz Diergaardt seine volle Unterstützung. Ende September 1990 schien die Angelegenheit eine dramatische Wendung zu nehmen: Die namibische Armee marschierte im Rehoboth-Gebiet ein und verhaftete 17 Rehobother, darunter Diergaardts Sohn Richard. Der Baster-Kaptein hatte sich mit 100 bewaffneten Anhängern im Regierungsgebäude verschanzt. Doch am 25. September räumte er es schließlich freiwillig. Sein zukünftiges Schicksal ist ungewiß.[93]

Ansonsten scheint der Widerstand gegen die „farbenblinde" De-facto-Vorherrschaft der Owambo - zumindest vorerst - gebrochen. Völker zählen nichts mehr in der Republik Namibia, und man spricht nur noch von „Namibiern". Die Turnhalle steht heute verlassen und unbeachtet in Windhuk, wie die einst mit ihr verbundenen Ideen.

Doch viele Beobachter sehen schon die ethnische Kraftprobe am Horizont heraufziehen: Wie in Simbabwe nicht mehr mit den Weißen, sondern als schwarz-schwarzer Konflikt, in diesem Fall mit dem selbstbewußten schwarzen Volk der Herero. Und diese werden der Regierung wesentlich mehr Schwierigkeiten verursachen, als es das kleine Volk der Baster vermag. Das benachbarte Südafrika nimmt die Entwicklung mit dem mörderischen Kampf zwischen Xhosa und Zulu nun ausnahmsweise einmal vorweg.

Kapitel 5

Die Entwicklung nationalistischer Bewegungen

Südwestafrika - ein afrikanisches Nordirland

Der Konfliktherd Südwestafrika wies starke Ähnlichkeiten mit dem Nordirland-Problem auf: Ein Gebiet wurde von dem mächtigen Nachbarland verwaltet. Eine Bevölkerungsgruppe (die Weißen) stammte z. T. aus diesem Nachbarland und fühlte sich diesem politisch wie kulturell eng verbunden. Eine andere Gruppe (die schwarzafrikanischen Völker) empfanden den Nachbarstaat als Besatzer, erstrebten die Unabhängigkeit und eine andere politische Orientierung (Schwarzafrika). In Südwestafrika wie in Nordirland prallten zwei Nationalismen aufeinander, ein eigentlich unlösbares Problem. Hie Eire versus Ulster, da Namibia versus Suid-Wes/Südwest.

Der Teilungsplan des britischen Diplomaten Sir Arden-Clark von 1957 hätte vielleicht einen gerechten Ausweg aus diesem Dilemma ermöglicht. Im Gegensatz zu Nordirland wohnten, zumindest damals, die beiden Bevölkerungsgruppen einigermaßen getrennt, die Weißen im Süden, die schwarzen Völker im Norden, und es gab wenige Prestigeobjekte, um die zu streiten es sich gelohnt hätte.

In Südwestafrika trat allerdings, anders als in Nordirland, noch eine weitere Bevölkerungsgruppe hinzu, die braunen Südwester (Nama, Buschmänner, Farbige, Baster). Sie befanden sich in einer eigenartigen Zwitterstellung: Ethnisch-kulturell waren sie weit enger mit Südafrika als mit Schwarzafrika verbunden. Politisch gesehen tendierten sie jedoch - vielleicht von den Baster abgesehen - mehrheitlich zum schwarzafrikanischen, „namibischen" Nationalismus. Die Furcht vor einer Dominanz der schwarzen Völker, insbesondere der Owambo, riet wiederum zu einer gewissen Zusammenarbeit mit den Weißen. Im Jahre 1957 wären die braunen Südwester vielleicht noch für den Anschluß an Südafrika zu gewinnen gewesen. Nach 1971 waren sie es nicht mehr.

Die Absage Pretorias an jegliche Anschlußtendenzen bedeutete in den siebziger Jahren das Ende des weißen Südwester Nationalismus in seiner bisherigen Form. Eine „UDI" (Unilateral Declaration of Independence) wäre allenfalls unter südafrikanischem Patronat vorstellbar gewesen, und auch dies war nie wahrscheinlich. Eine UDI der 100 000 weißen Südwester nach rhodesischem Vorbild, sowohl gegen SWAPO wie gegen Südafrika, war aufgrund der Machtverhältnisse völlig ausgeschlossen.

Als Alternative blieb den weißen Südwestern lediglich die Formierung eines multiethnischen Nationalismus in Konkurrenz zu dem von der SWAPO propagierten schwarzafrikanischen. Die „Turnhalle" konzipierte das Modell eines vielrassigen, partnerschaftlichen Südwestafrika/Namibia, und die DTA-Regierung hoffte, anders als der glücklose rhodesische Bischof Muzorewa, genügend Zeit und Spielraum zu seiner Verwirklichung zu erhalten. Trotz anfänglichem Enthusiasmus, gerade auch seitens brauner und schwarzer Einwohner, verminderten die vielen Winkelzüge aller an der Südwestafrikafrage Beteiligten sowie der zermürbende Krieg zunehmend die Attraktivität dieses Modells, vor allem bei den schwarzafrikanischen Völkern im Norden. Nicht zuletzt scheiterte es aber auch an der Passivität vieler Weißer, die den fatalen Fehler begingen, auf eine vermeintlich permanente Schutzherrschaft Pretorias zu vertrauen.

Bei den Wahlen von 1989 stimmten zwar noch immerhin 43 % der Wähler *gegen* die SWAPO, aber nicht mehr *für* eine andere Vision. Ein Gegenbild zum schwarzafrikanischen Nationalismus existierte spätestens seit Mitte der achtziger Jahre nicht mehr, und auch die DTA präsentierte sich 1989 vielfach nur noch als schlechte Kopie der SWAPO („Viva DTA! Viva DTA!"). Namibia ist daher unwiderruflich wie Simbabwe zu einem „schwarzen" Staat geworden, trotz der andersfarbigen Einsprengsel.

Schwarzer und farbiger Nationalismus

Es ist heute weitgehend in Vergessenheit geraten, daß die Wurzeln des schwarzen und farbigen Nationalismus nicht bei den Owambo, sondern bei den Nama (früher Hottentotten genannt) und Herero liegen. Schon zur Kolonialzeit leisteten diese beiden Völker unter Stammesführern wie Hendrik Witbooi, Jakob Morenga und Samuel Maharero Widerstand gegen die deutsche Herrschaft. Je nach politischem Standpunkt mag man diesen Widerstand als Machtkampf oder als nationalen Freiheitskampf klassifizieren. Eine Folge der blutigen Auseinandersetzungen nach der Jahrhundertwende war, daß die Nama und vor allem die Herero stark dezimiert wurden und die friedlicheren Nordvölker dadurch zahlenmäßig wie politisch an Gewicht zunahmen.

Die weitgehend von Owambo getragene SWAPO beruft sich heute ausdrücklich auf den antikolonialen Befreiungskampf der Herero und Nama um die Jahrhundertwende. Ihre erste militärische Konfrontation mit den Südafrikanern begann die SWAPO bewußt am 26. August 1966, dem Todestag Samuel Mahareros. Umgekehrt beanspruchen die Herero diese Tradition für sich. Am 7. Januar 1975 schrieb der Herero-Führer Clemens Kapuo an die Vereinten Nationen, die SWAPO sei für Namibia nicht repräsentativ, da sie fast ausschließlich aus Owambo bestehe und diese sich zudem an den Kriegen gegen die deutsche Kolonialmacht nicht beteiligt hätten.[94] Als Sam Nujoma seine Rückkehr aus dem Exil zum „Hererotag" am 26. August 1989 und die Teilnahme an den Gedenkfeiern in Okahandja ankündigte, drohten die Herero, dies mit Gewalt zu verhindern, und Nujoma verschob seine Heimkehr wegen Sicherheitsbedenken bis in den September 1989.

Auch während der südafrikanischen Mandatszeit galten die Herero als Führer des Widerstandes. Im Jahre 1945 wurde der „Council of Herero Chiefs", der Herero-Häuptlingsrat, ins Leben gerufen, der politische Forderungen aufstellte. Herero-Oberhäuptling Hosea Kutako, der noch am Krieg gegen die Deutschen teilgenommen hatte, sprach sich gegen den Anschluß an Südafrika aus und forderte ein Referendum unter Aufsicht der Vereinten Nationen. In die neubegründete Weltorganisation setzte er große Hoffnungen und blickte hoffnungsvoll auf die unabhängig werdenden asiatischen Kolonien. Die Herero forderten bessere Ausbildungsmöglichkeiten, die Rückgabe von Stammesland und eine Übernahme der Verwaltung durch Ghana, Indien, Großbritannien oder die USA im Auftrag der Vereinten Nationen bis zur Erlangung der Unabhängigkeit. Dabei arbeitete man mit den Nama (Häuptling Samuel Witbooi) zusammen. Mittelsmänner wie der anglikanische Geistliche Michael Scott aus Südafrika oder der in den USA studierende Hereromischling Erik Getzen, der sich später Mburumba Kerina nannte, wurden beauftragt, die Sache der Herero bei den Vereinten Nationen zu vertreten, wobei man zum Anlaß nahm, daß Pretoria die Berichterstattung und die Weiterleitung von Petitionen nach New York eingestellt hatte. Herero-Häuptlinge in Bechuanaland (Botswana) sekundierten dabei, da südwestafrikanischen Eingeborenen die Ausreise in die USA verwehrt worden war.[95]

In Kooperation mit dem Herero-Häuptlingsrat entstanden die ersten politischen Organisationen: 1952 der „South West Africa Student Body" (SWASB) und 1955 die „South West Africa Progressive Association" (SWAPA). Sie wurden von städtischen Schwarzen und Intellektuellen wie Jariretundu Kozonguizi und Mburumba Kerina getragen, unter denen Herero besonders stark vertreten waren.

Aus diesen Vorläuferorganisationen entstand im Mai 1959 die älteste „Befreiungsbewegung" und politische Partei des Landes, die „South West Africa National Union" (SWANU), der der Herero-Häuptlingsrat ausdrücklich sein Vertrauen aussprach. Sie wurde von Jariretundu Kozonguizi geführt, der in Südafrika studiert hatte und dort im ANC tätig gewesen war; weitere führende SWANU-Politiker waren Moses Katjiuonga, Gerson Veii und Katjimuina Veii, alle Herero.

Daneben entwickelte sich auch unter den Owambo ein Nationalismus, allerdings eher langsam. Noch in den sechziger Jahren sahen viele Beobachter die Owambo als Stützen der südafrikanischen Verwaltung, während sie die Herero als primären Unruhefaktor einschätzten. Owambo-Häuptlinge erklärten wiederholt ihre Zustimmung zum „Odendaal-Plan" und der Homeland-Konzeption. Am 21. März 1967 bedankten sich Owambo-Häuptlinge in einem Brief an Premierminister Vorster für die Hilfe der südafrikanischen Regierung: „Wir wünschen auf keinen Fall, von fremden Mächten regiert zu werden. Statt dessen erwarten wir, daß Sie und Ihre Regierung unsere getreue Verbündeten bleiben."[96]

Indem es einseitig die autoritär herrschenden Owambo-Häuptlinge unterstützte, trug Pretoria dazu bei, den Boden für eine revolutionäre Bewegung wie die SWAPO zu bereiten.

Einen Wendepunkt hatte auch bei den Owambo der Zweite Weltkrieg bedeutet. Viele Owambo hatten sich, vor allem aus finanziellen Gründen, zu Hilfsdiensten bei der südafrikanischen Armee gemeldet, so zum Beispiel der spätere SWAPO-Mitgründer Toivo ja Toivo. Sie erwarteten nach Kriegsende eine zunehmende Gleichstellung mit den Weißen, hatten die alliierte Kriegsideologie der „Befreiung" vernommen und waren über sowjetische Kriegsgefangene mit den Ideen des Marxismus und Antiimperialismus in Berührung gekommen. Die Finnische Mission im Owamboland war in den fünfziger Jahren noch ausgesprochen autoritär und antikommunistisch ausgerichtet, was Widerstand bei der Jugend provozierte. Hinzu kam im politischen Bewußtsein der Owambo von Anfang an eine stark sozialrevolutionäre Komponente, verdingten sie sich doch in großer Zahl als ungelernte Kontraktarbeiter im Süden Südwestafrikas und in Südafrika und begannen ihre politische Karriere mit gewerkschaftlichen Forderungen.

Im Jahre 1957 wurde im Hinterzimmer eines Kapstädter Friseurgeschäftes in der Sommerset Rd. Nr. 57 der „Owamboland People's Congress" (OPC) gegründet, eine Art Owamboarbeiter-Gewerkschaft, der gegen das Monopol der „South West Africa National Labour Association" (SWANLA) in Owamboland und die von ihr diktierten Arbeitsbedingungen agitierte. Fast alle Gründungsmitglieder waren Owambo wie

Hermann Toivo ja Toivo, Andreas Shipanga, Solomon Mifima, Paul Helmuth. Der Einfluß oppositioneller südafrikanischer Organisationen (Liberal Party, African National Congress, South African Communist Party) war groß, und prominente weiße südafrikanische Kommunisten wie Denis Goldberg, Brian Bunting, Ben Turok hatten an der Gründung mitgewirkt. Toivo ja Toivo gab später zu, daß alle OPC-Gründer sich zu den Zielen des Kommunismus bekannten.[97]

Im Jahre 1958 schmuggelte Toivo ja Toivo versteckt in dem Buch „Treasure Island" von Robert Louis Stevenson ein Tonband mit Aussagen über die Arbeitsbedingungen der Owambo-Arbeiter zu Mburumba Kerina in New York, der es den Vereinten Nationen vorlegte.

Der OPC nahm 1958 den Namen „Owamboland People's Organisation" (OPO) an, nichtzuletzt deshalb, weil man eine Identifikation mit dem südafrikanischen ANC fürchtete, gegen den die Polizei damals vorging. Er stand nun allen Südwestern jeglicher Hautfarbe und Rasse offen.

Im Jahre 1959 organisierte die OPO Kontraktarbeiterstreiks und den aufsehenerregenden Widerstand gegen die Räumung der „Alten Werft" in Windhuk. Es war eine der wenigen Aktionen, bei denen Owambo und Herero an einem Strang zogen. Dabei tat sich der Owambo Sam Nujoma als Anführer hervor. Ein Zusammenstoß mit der Polizei forderte mindestens 13 Tote und 54 Verletzte (das „südwestafrikanische Sharpeville") und verhalf der Opposition zu erstaunlicher Publizität. Schon in den Jahren zuvor hatte es Auseinandersetzungen bei der zwangsweisen Umsiedlung von Damara und Nama gegeben. Die Alte Werft war das übervölkerte slumartige Schwarzenviertel Windhuks; es sollte zugunsten des freundlicheren und geräumigeren Neubau-Townships Katutura geräumt werden. Allerdings lag letzteres 5 km vom Stadtzentrum entfernt, und bei seiner Anlage hatten polizeistrategische Erwägungen unübersehbar eine Rolle gespielt.

Bald danach sollte die OPO auf eine breitere ethnische und politische Basis gestellt werden, und am 19. April 1960 wurde die „South West Africa People's Organisation" (SWAPO) gegründet. Trotz des Namens blieb sie jedoch bis heute weitgehend eine Owambo-Partei. Sie bezeichnete sich als „Befreiungsbewegung" und forderte die Befreiung des Volkes von Kolonialismus und Ausbeutung, das allgemeine Wahlrecht, die Abschaffung der Bantu-Erziehung und die Verstaatlichung der Schlüsselindustrien. Im Jahre 1960 gingen Nujoma und weitere 600 SWAPO-Anhänger ins Ausland und begründeten die Exil-SWAPO.

Die erstaunliche Tatsache, daß die SWAPO - anders als ANC und PAC in Südafrika - vielleicht mit Rücksicht auf den Mandatsstatus nie verboten wurde, führte zur Aufspaltung in einen internen und einen externen SWAPO-Flügel. Dies ergab eine Konstellation, die wiederum an Nordirland erinnerte (legale Sinn-Fein-Partei und illegale Irish Republican Army). Immer wieder regte diese Zweiteilung Spekulationen an, daß die internen SWAPO-Politiker gemäßigter seien, ja vielleicht sogar für eine „interne Lösung" ohne die Exil-SWAPO Nujomas zu gewinnen seien. In der Tat mochten Exil-Funktionäre wie Sam Nujoma, Hidipo Hamutenya und Lucas Pohamba radikaler sein als die internen SWAPO-Politiker (darunter eine Anzahl Pastoren). Andererseits betonten die internen Funktionäre wie Daniel Tjongarero immer wieder, daß es nur eine SWAPO gebe, und unter den Augen der südafrikanischen Sicherheitskräfte mußten sie sich zwangsläufig einer vorsichtigen Agitation bedienen. Das Autoritätsgefüge der Gesamtpartei wurde von ihnen jedenfalls nie in Frage gestellt.[98]

Auch nach dem Bekanntwerden der SWAPO-Menschenrechtsverletzungen im Exil fand 1989 nicht die erwartete Palastrevolution des internen Flügels statt. Dieser galt stets als relativ schwach; anders als ANC/UDF in Südafrika war es ihm nie gelungen, über einen längeren Zeitraum hinweg das Land mit Streiks zu überziehen und die Townships unregierbar zu machen.

Zunächst hatten SWANU und OPO eng kooperiert. In der SWANU-Führung wurden prominente OPO-Mitglieder wie Sam Nujoma aufgenommen, und die SWANU beteiligte sich an der Organisation des Generalstreiks in Windhuk. Die schließliche Formierung der SWAPO als konkurrierende Befreiungsbewegung war wesentlich auf Mburumba Kerina zurückzuführen, der sich 1960 mit der SWANU überworfen hatte, vor allem aufgrund persönlicher Differenzen mit Jariretundu Kozonguizi. Anfangs galt die Peking-orientierte SWANU sogar als radikaler.

Von 1960-1962 fungierten in der SWAPO Nujoma als Präsident und Kerina als Vorsitzender. Kerina besaß anfänglich starken Einfluß auf Nujoma, und er war es auch, der damals den alternativen Staatsnamen „Namibia" prägte. Auch soll er starken Einfluß auf Liberia und Äthiopien ausgeübt haben, gegen Südafrika zu klagen, und trat im Haag als Mitglied der liberischen Delegation auf.[99] Bereits 1962 drängte ihn Nujoma aber aus der SWAPO heraus.

Die Exil-SWAPO eröffnete Vertretungen in Dar-es-Salaam (1961), Kairo (1962) und Algier (1963). Im Jahre 1963 wurde die „Organisation für afrikanische Einheit" (OAU) begründet. Sie erkannte sowohl die SWANU wie die SWAPO als Befreiungsbewegungen an und stellte finanzielle Mittel für den Aufbau einer Guerillaarmee zur Verfügung.

Im Gegensatz zur SWANU machte die SWAPO hiervon Gebrauch. Kozonguizi forderte zwar auch die militärische Befreiung Südwestafrikas; dies aus eigenen Kräften zu bewerkstelligen, hielt er jedoch für selbstmörderisch, und propagierte eine militärische Aktion der Vereinten Nationen gegen die Republik Südafrika.[100] In der Tat erlaubte der Art. 42 der UN-Satzung die Ergreifung militärischer Maßnahmen, um „internationalen Frieden und Sicherheit wiederherzustellen", und die Generalversammlung hatte wiederholt festgestellt, daß Südafrika den internationalen Frieden bedrohe. Kapitel VII der UN-Charta führte allerdings klar aus, daß diese Zwangsmaßnahmen bei *zwischenstaatlichen* Streitigkeiten ergriffen werden konnten, wie es beispielsweise im Koreakrieg dann geschah.[101]

Das Gewicht der SWAPO vermehrte sich 1964 durch die Aufnahme der ein Jahr zuvor gegründeten Befreiungsbewegung „Caprivi African National Union" (CANU). Im Jahre 1965 begann die SWAPO den bewaffneten Kampf. Nach ersten Scharmützeln verhaftete Südafrika an die einhundert interne SWAPO-Führer und verfügte 1968 für 37 Angeklagte z.T. langjährige Haftstrafen. Diese Verhaftungen lösten erste Unruhen aus. So kam es 1966 in den katholischen Schulen in Döbra und im Kavango zu Schüleraufständen.[102]

Anfänglich war die SWANU im Wettlauf um die internationale Gunst führend und erreichte ihre alleinige Aufnahme in die sozialistische „Afro-Asian Peoples Solidarity Organization" (AAPSO). Verschiedene Versuche einer Wiedervereinigung von SWANU und SWAPO scheiterten in den sechziger Jahren. Eine lose Arbeitsgemeinschaft, die „South West African Liberation Front" (SWANLIF) unter Vorsitz Gerson Veiis, brach bald auseinander. Der Bruderzwist zwischen der Volksrepublik China und der Sowjetunion entzweite die beiden Befreiungsbewegungen weiter: Kozonguizi orientierte sich zunehmend an China, Nujoma hingegen an der Sowjetunion und setzte damit langfristig auf den stärkeren Mentor. Mit Hilfe des südafrikanischen ANC erreichte die SWAPO 1967, daß die AAPSO die SWANU fallen ließ, und 1968 entzog ihr auch die OAU die Anerkennung. Interne Streitigkeiten innerhalb der SWANU, die möglicherweise von der SWAPO stimuliert worden waren, verminderten zusätzlich den Einfluß der SWANU, die schließlich lediglich im sozialdemokratischen Schweden einen gewissen Rückhalt behielt.

Kozonguizis starke Orientierung an Mao Tse-Tung hatte auch unter den Hereroführern im Lande Verstimmung hervorgerufen. Der Herero-Häuptlingsrat zog sich von der SWANU zurück und begründete 1964 die „National Unity Democratic Organisation" (NUDO), in der zunächst wieder einmal Mburumba Kerina, das „politische Chamäleon" Südwestafrikas führend hervortrat. Sein Nachfolger als Präsident wurde der designierte Herero-Oberhäuptling Clemens Kapuo, ein oppositioneller Lehrer mit „Berufsverbot". Sowohl der langjährige Hereroführer Hosea Kutako wie sein Nachfolger Kapuo traten stets für gewaltlosen Widerstand ein und lehnten die Entscheidung der SWAPO für den bewaffneten Kampf strikt ab. NUDO bezeichnete sich ebenfalls als Befreiungsbewegung, forderte ein ungeteiltes Südwestafrika, eine schnelle direkte Kontrolle durch die Vereinten Nationen und richtete Exilvertretungen ein. Kapuo prägte den Namen „Kalanami" für das unabhängige Südwestafrika, der sich aber international nicht durchsetzen konnte.

Der Wendepunkt 1971, das Jahr der Verurteilung Südafrikas durch den Internationalen Gerichtshof im Haag, führte zu Unruhen, einem Generalstreik und einem erfolgreichen Wahlboykott in Owamboland. Die Rekrutierungsorganisation SWANLA wurde aufgelöst.

Die SWAPO agitierte sehr geschickt über ihre nach marxistisch-leninistischem Vorbild geschaffenen Vorfeldorganisationen im Lande: die „SWAPO Youth League" (SYL), die „Namibian National Student Organisation" (NANSO), die „National Union of Namibian Workers" (NUNW), den „SWAPO Women Council" (SWC) und den „SWAPO Elders Council" (SEC). Alle gehörten den jeweiligen kommunistischen Dachorganisatonen an. 1972 verlegte die SWAPO ihr Hauptquartier von Dar-es-Salaam näher an Südwestafrika nach Lusaka/Sambia. Sie erweiterte 1973 ihren Namen offiziell in „SWAPO of Namibia", um der neuen Namensentwicklung Rechnung zu tragen, behielt jedoch den zugkräftigen alten Namen bei. Eine Reihe kleinerer Parteien und Gruppierungen schloß sich 1976 der internen SWAPO an: die Rehobother „Volksparty", die Bondelzwart-Partei „Voice of the People" und einige Nama-Häuptlinge mit ihren Organisationen, darunter Hendrik Witbooi von Gibeon, ein Urenkel des legendären Hendrik Witbooi.[103]

Die rivalisierenden Befreiungsbewegungen fanden zu einer Allianz zusammen, um eine gemeinsame Strategie gegen Südafrika auszuarbeiten: SWAPO, SWANU, NUDO und einige kleinere Parteien formierten die „National Convention of Namibia" (NCN), die sich die unmittelbare Übernahme der Regierungsgewalt durch die Vereinten Nationen und die Ausarbeitung einer Verfassung für die Unabhängigkeit zum Ziel setzte. In den Jahren 1974/75 zeigte sich jedoch, daß alle Versuche einer Einigung gegen den gemeinsamen Feind gescheitert waren, und die NCN brach auseinander. Ein wesentlicher Grund hierfür war der Führungsanspruch der SWAPO.

Die SWAPO verließ sich daraufhin wieder auf sich selbst und ihre führende Rolle, die ihr die willfährigen Vereinten Nationen 1973/76 offiziell bestätigt hatten, sowie auf den bewaffneten Befreiungskampf von Angola aus, das seit 1976 als Sprungbrett zur Verfügung stand.

Die UNO gewährte der SWAPO Vorzugsrechte wie keiner anderen Befreiungsbewegung: Bereits ab 1971 durfte sie an Beratungen des UN-Sicherheitsrates über Namibia teilnehmen, 1976 erhielt sie das Alleinvertretungsrecht und den Beobachterstatus in der Vollversammlung zugebilligt. Die SWAPO durfte das Land in Kooperation mit dem „UN-Rat für Namibia" in zahlreichen internationalen Organisationen wie ILO, UNESCO, FAO, WHO, UNCTAD vertreten, kontrollierte das Bildungszentrum „United Nations Institute for Namibia" (UNIN) in Lusaka und erhielt aus den diversen UN-Fonds für Namibia jährlich über 18 Mio. $.[104]

Diese Strategie verlieh der SWAPO aufgrund der Schwäche der Vereinten Nationen jedoch nur eine scheinbare Macht, und auch militärisch, so sollte es sich bald erweisen, konnte sie die Südafrikaner nicht vertreiben. Der Schlüssel für Veränderungen in Windhuk lag nicht im UN-Gebäude von New York oder im Grenzgebiet von Owamboland, sondern in Pretoria und vielleicht in Washington, und erst die Neuorientierung der südafrikanischen Regierung ermöglichte schließlich die Unabhängigkeit Südwestafrikas und die Machtübernahme durch die SWAPO.

Bewegung in die politische Entwicklung hatte 1974 der endgültige Bruch Clemens Kapuos mit der SWAPO gebracht. Er forcierte nun Verhandlungen unter Einschluß der Republik Südafrika und beteiligte sich als Führer einer von NUDO-Mitgliedern getragenen Herero-Delegation an der Turnhallenkonferenz, beraten von dem weißen amerikanischen Rechtsanwalt Stewart Schwartz. Als prominenten Mitstreiter gewann er Jariretundu Konzonguizi, der die SWANU verlassen hatte und 1976 heimgekehrt war.

Die Entwicklung ähnelte derjenigen von Rhodesien: Kapuo, wie Muzorewa ein zum Realpolitiker geläuterter Radikaler, Kozonguizi, wie Rev. Sithole ein heimgekehrter Exilführer. Die „Turnhalle" erfuhr damit eine deutliche Aufwertung, hätte sie sich doch ansonsten, was die etablierten politischen Kräfte anbelangt, im wesentlichen nur auf die weißen und braunen Südwester stützen können.

Wohl nicht ohne Grund wurde Kapuo daher 1978, wahrscheinlich von SWAPO-Attentätern, in Katutura erschossen. Pretoria präsentierte 1978 einen im zerstörten angolanischen PLAN-Hauptquartier erbeuteten Glückwunschbrief des Kommandeurs Hamaambo an die regionalen Kommandeure zur Ermordung Kapuos.[105] SWAPOs Einlassungen,

Das Grab des 1978 ermordeten Herero-Häuptlings und ersten DTA-Präsidenten Clemens Kapuo in Okahandja.

Kapuo sei als unbequeme „Marionette" wahrscheinlich von den Südafrikanern selbst erschossen worden[106], überzeugten selbst SWAPO-freundliche Autoren nicht.[107] Kapuo war der wichtigste Trumpf der internen Kräfte und ungleich fähiger als der politisch eher naive rhodesische Bischof Muzorewa.

Die Beratungen der „Turnhalle" wurden von einer diplomatischen Offensive Vorsters begleitet. Pretorias Geheimdienstchef Hendrik van den Bergh hatte sich am 8. Oktober 1974 mit dem weißen Berater des sambischen Staatspräsidenten Kaunda, Mark Chona, getroffen. Anwesend war auch ein Repräsentant des einflußreichen multinationalen Konzerns Lonrho, der Bure Marquard de Villiers. Eine wesentliche Rolle bei der Vermittlung dieser Kontakte hatten auch der südafrikanische Bergbaumagnat Harry Oppenheimer (Anglo-American-Konzern) und sein Vertreter in Lusaka, Zac de Beer, gespielt. Consolidated Diamond Mines (CDM) in Südwestafrika ist übrigens eine hundertprozentige Tochter von Anglo American.[108] Ergebnis der Beratungen war die Studie „An Approach to Peaceful Change in Southern Africa". In den „Frontstaaten" sollten gemäßigte schwarze Regierungen mit denen Südafrika leben konnte, an die Macht gebracht werden. Für Südwestafrika wurde beschlossen, die SWAPO zur politischen Partei zu reduzieren und in eine Lösung einzubinden, Kaunda untersagte ihr bald danach jegliche militärische Aktivitäten von Sambia aus. Südwestafrika sollte in Bälde, möglicherweise ohne Aufsicht der Vereinten Nationen, unabhängig werden. Im August 1975 trafen dann Vorster und Kaunda, unter Anwesenheit van den Berghs und Chonas, über den Viktoriafällen persönlich zusammen, und wenngleich offiziell die Lösung des Rhodesien-Problems auf der Tagesordnung stand, so dürfte auch das weitere gemeinsame Vorgehen in Angola und Südwestafrika abgestimmt worden sein. Gerüchte machten die Runde, daß Vorster in einem Geheimabkommen von den USA für schwarze Mehrheitsregierungen in Südwestafrika und Rhodesien Wohlverhalten gegenüber Südafrika zugesichert bekommen habe. Auch Clemens Kapuo wurde stark von den USA umworben: Die bekannte New Yorker Public-Relations-Agentur „Psychographic Communications Inc." von Jack Summers und das Anwaltsbüro Burns & Jacoby arbeiteten für ihn.[109] Die US-amerikanische Politik war nun sichtlich bestrebt, sich im Südlichen Afrika zu engagieren.

Shipanga vermutet in seinen Erinnerungen, daß Nujoma von diesen Entwicklungen unterrichtet war und auch sein Einverständnis erklärt hatte. Für PLAN bestimmte Waffen seien zur UNITA umdirigiert worden, und im Angola-Krieg hätten Ende 1975/Anfang 1976 sogar

MNR. D. F. MUDGE
(Voorsitter)

DR. B. AFRICA
(Baster)

MNR. E. CHRISTY
(Damara)

MNR. T. IMBILI
(Wambo)

MNR. J. JULIUS
(Kleurling)

MNR. P. LIMBO
(Capriviaan)

MNR. D. LUIPERT
(Nama)

H. J. VON HASE
(Blank)

G. SIVHUTE
(Kavango)

MNR. G. KASCHE
(Boesman)

MNR. K. RIRUAKO
(Herero)

MNR. G. TIBINYANE
(Tswana)

Die DTA stellte von 1980-1983 die erste Regierung Südwestafrikas, den „Ministerrat".

PLAN-Einheiten Seite an Seite mit den Südafrikanern gegen die marxistische MPLA gekämpft![110]

Entscheidungen auf einer höheren weltpolitischen Ebene stellten schließlich die Weichen dahingehend, daß sich die Sowjetunion in Angola und Moçambique etablieren durfte. Die Wende in der US-amerikanischen Politik ist auf den Jahreswechsel 1975/76 zu datieren. Ob die üblichen Erklärungsversuche (Vietnam-Trauma, Schwäche Fords, Unterschätzung der kommunistischen Bedrohung, konkurrierende Interessengruppen in den USA) ausreichen oder ob nicht doch eine längerfristige Destabilisierungsstrategie Washingtons, das ursprünglich die gemäßigten Kräfte wie FNLA, UNITA, die „Turnhalle" unterstützt und dann wieder fallen gelassen hatte, verantwortlich war, bedarf wohl noch einer endgültigen Klärung. Das Debakel Südafrikas im Angolafeldzug nahm auch der „Turnhalle" einiges an Gewicht. Südafrika war geschwächt, und wenige Monate später setzten die Soweto-Unruhen ein, die es noch mehr belasteten.

Die SWAPO ging wieder auf Konfrontationskurs und orientierte sich nun immer enger an den Staaten der kommunistischen Welt, was jedoch mit einer verstärkten ideologischen und materiellen Abhängigkeit einherging. Diese neue Ausrichtung wurde bei der Tagung des Zentralkomitees in Lusaka vom 28. Juli - 1. August 1976 festgeschrieben, wo auch ein neues, stark marxistisch-leninistisch gefärbtes Programm beschlossen wurde.

Die Herausforderung der „Turnhalle" beantwortete die SWAPO mit verstärkter Propaganda gegen die „südafrikanischen Marionetten" und verstärkte den bewaffneten Kampf. Damit wurde der Graben zwischen der vor allem aus dem Exil wirkenden SWAPO und den gemäßigten „internen" Parteien immer größer. Letztere hatten es schwer, sich in der Polarisation zwischen SWAPO und Südafrika als unabhängige Kräfte zu profilieren.

Die militärische Unterstützung durch die Vereinten Nationen machte die SWAPO kompromißlos. In einem Fernsehinterview in New York sagte Sam Nujoma am 28. Februar 1978: „The question of black majority rule ist out. We are not fighting even for majority rule. We are fighting to seize power in Namibia, for the benefit of the Namibian people. We are revolutionaries. We are not counter-revolutionaries."[111]

Sowohl Südafrika wie die SWAPO weigerten sich nun hartnäckig, miteinander zu reden, womit immer mehr eine fast aussichtslose Pattsituation begründet wurde. Südafrika legte sich auf die internen Parteien fest, die SWAPO auf den bewaffneten Kampf, und lediglich die

Vereinten Nationen hätten noch eine gewisse Klammer herstellen können, was ihnen aufgrund ihrer dezidiert antisüdafrikanischen Haltung (Ausschluß des Gründungsmitgliedes Südafrika von der Vollversammlung) aber kaum gelang. Nach einer vorübergehenden Phase der Entspannung 1977/78 bestand Südafrika im Dezember 1978 auf „internen" Wahlen ohne UN-Aufsicht und ohne Teilnahme der SWAPO.

Die beiden führenden, aus der „Turnhalle" hervorgegangenen politischen Kräfte nahmen mit Bedenken an diesen Wahlen teil. Sie forderten bis Ende 1979 zweite international anerkannte Wahlen, zu denen es aber nicht kam. Die „internen" Wahlen verstärkten die Pattsituation und den intern/externen Graben. Südafrika schien dieses Patt in den achtziger Jahren weiter zu verstärken, indem es zwar einerseits die Bildung interner Regierungen unterstützte, andererseits nicht auf eine baldige Unabhängigkeit hinsteuerte, indem es den internen Regierungen einerseits begrenzte Kompetenzen übertrug, sie andererseits aber teilweise wieder zurücknahm bzw. die internen Regierungen durch Kompetenzübertragung an die neugebildeten „Volksgruppenregierungen" der Zweiten Ebene nach dem Motto „Divide-et-Impera" konterkarierte. Letztendlich wertete Pretoria damit das Gewicht der Exil-SWAPO auf, die sich nicht in der Regierungsverantwortung verschliß.

Aus der „Turnhalle" war zuvorderst die liberalkonservative „Demokratische Turnhallen-Allianz" (DTA) hervorgegangen. Es war eigentlich eine „Flucht nach vorn", nachdem Mudge und Kapuo bald erkannt hatten, daß Südafrika vom ursprünglichen Turnhallenkonzept zugunsten des UN-Konzeptes abgerückt war. Politisch schwenkte die DTA auf die neue Linie Pretorias (Volksgruppenautonomie neben einer Zentralregierung, Kooperation mit den Vereinten Nationen) ein. Ein gewisses Maß an taktischem Opportunismus war bereits bei der Gründung der DTA beteiligt gewesen und sollte sich in den folgenden Jahren fortsetzen.

Wesentlichen Einfluß in der DTA, einer Allianz elf ethnischer Parteien, hatte die NUDO der Herero und die neue weiße „Republikanische Partei" (RP) unter Führung von Dirk Mudge, die aber nur etwa 40 % der weißen Wähler hinter sich hatte. Daneben stützten die Kavango, Caprivier, Tswana, Farbigen, Buschmänner und ein Teil der Nama und Baster die DTA. Im Jahre 1985 schloß sich ihr Mishake Muyongo, der ehemalige Vizepräsident der SWAPO, mit Teilen der CANU an, die 1980 nach blutigen Scharmützeln mit der SWAPO gebrochen hatte. Er wurde DTA-Vizepräsident.

Die einzige weitere bedeutende Kraft, die an den internen Wahlen von 1978 teilgenommen hatte, war das Parteienbündnis „Aksiefront vir die Behoud van die Turnhalle-Beginsels" (AKTUR), die aus der konservativen weißen NP und verwandten farbigen Parteien bestand. AKTUR suchte möglichst viel vom ursprünglichen Turnhallenkonzept zu retten und so wenig als nötig nachzugeben. Die Allianz fiel bald wieder auseinander.

Eine Mittelgruppe, die politisch zwischen SWAPO und DTA stand, hatte an den internen Wahlen nicht teilgenommen. Sie bestand aus den „SWAPO-Demokraten" Shipangas, der „Labour Party" der Farbigen und der damaligen „Namibian National Front" (NNF), einer wenig beständigen Allianz aus SWANU, dem Damara- und Mbanderu-Rat, der „National Independence Party" der Farbigen und der linksliberalen weißen „Federal Party" des Rechtsanwalts Bryan O'Linn (s. Anm. 411).

Um den ausweglosen Stillstand in der politischen Entwicklung zu überwinden, beschloß ein Teil dieser Mittelgruppe (SWAPO-D, ein Flügel der SWANU, die Labour Party), sich zusammen mit der DTA und den konservativen Parteien 1983 an der „Vielparteienkonferenz" und 1985 an der „Übergangsregierung der Nationalen Einheit" zu beteiligen.

Bei den Owambo gab es keine Partei, die der SWAPO den ersten Rang ernsthaft streitig machen konnte. Letztmals waren hier 1975 ethnische

Andreas Shipanga, SWAPO-Informationssekretär von 1969-1976, als „Dissident" inhaftiert in Sambia und Tansania von 1976-1978, dann Mitbegründer und Präsident der SWAPO-Demokraten, Kabinettsminister der Übergangsregierung von 1985-1989.

Wahlen (ohne Beteiligung der SWAPO) abgehalten worden, und trotz erheblicher Anstrengungen Pretorias war nur eine enttäuschende Wahlbeteiligung von 55 % erreicht worden. Die zur DTA gehörige „National Democratic Party" (NDP) wurde von traditionellen Führern getragen, verfügte aber nur über geringen Rückhalt.

Unter dem wesentlichen Einfluß seines weißen Beraters Werner Neef (ehemals RP/DTA) und südafrikanischer Kreise trat 1982 der angesehene Kirchenführer Peter Kalangula aus der NDP aus und begründete die „Christian Democratic Action for Social Justice" (CDA).[112] Kalangula verwirklichte als Chef der Owambo-Exekutive wesentliche Reformen und forderte einen starken Zentralstaat mit drei nichtethnischen Provinzen, eine schnelle Öffnung der Schulen für alle Rassen und soziale Reformen. Er suchte die CDA in Verbindung mit anderen unabhängigen Gruppierungen als dritte Kraft zu etablieren und beteiligte sich nicht an der Übergangsregierung. Aufgrund fehlender Wahlergebnisse und der besonderen Kriegssituation in Owamboland wurde sein Einfluß von Beobachtern recht unterschiedlich beurteilt. Übereinstimmend schätzte man die CDA jedoch nach der SWAPO und vor der NDP/DTA als zweitstärkste Kraft im Owamboland ein.[112]

Die von der Übergangsregierung verkündete Garantie der Grundrechte ermöglichte 1985 die Gründung der SWAPO-freundlichen Zeitung „The Namibian", und ab 1986 konnte die SWAPO erstmals öffentliche Versammlungen in größerem Rahmen abhalten.

Die Flucht zahlreicher SWAPO-Funktionäre Mitte der siebziger Jahre aus Südwestafrika, die die Behörden unbehelligt über die Grenze ziehen ließen, brachte Unruhe in das Gefüge der Exil-SWAPO. Vielleicht hatten die Südafrikaner darauf auch spekuliert.

Nujomas autoritäre Führungsrolle wurde in Frage gestellt. Eine Gruppe unter Führung des Informationssekretärs Andreas Shipanga drängte ultimativ auf Abhaltung des letztmals 1970 in Tanga abgehaltenen Parteikongresses, der laut Konstitution alle fünf Jahre einzuberufen war. Es gab Unzufriedenheit über den luxuriösen Lebensstil der Führung (Nujoma soll an Nachtklubs in Lusaka und Livingstone finanziell beteiligt gewesen sein), vor allem von Seiten der schlecht versorgten PLAN. Laut Shipanga war ein wesentlicher Grund für die Opposition aber auch die vorübergehende Annäherung Nujomas an Pretoria (siehe oben). Es kam zu blutigen Scharmützeln, die von der sambischen Armee niedergeschlagen wurden.[113]

Die Troika aus Sam Nujoma, dem Sekretär für Verteidigung Peter Nanyemba und Peter Mueshihange setzte sich durch. Unter Beteiligung sambischer Organe wurden im April 1976 über 1000 „Dissidenten", darunter die SWAPO-Mitgründer Andreas Shipanga und Solomon Mifima, festgenommen und in Lager bis nach Tansania verschleppt. Bereits 1972 waren zum ersten Mal 35 „Dissidenten" in Dar-es-Salaam und neun in Lusaka inhaftiert worden.

Weitere großangelegte Verhaftungsaktionen wurden in den Jahren 1980/81 und 1984-86 durchgeführt. Sie richteten sich vor allem gegen Nicht-Owambo sowie gegen „Intellektuelle", die sehr schnell mit dem Etikett „südafrikanischer Spion" versehen wurden, da sie vielfach in Südafrika studiert hatten (alternative Bildungsmöglichkeiten in Südwestafrika hatte es allerdings auch nicht gegeben). Der bis heute verdächtige „Unfalltod" von Peter Nanyemba, eines engen Nujoma-Vertrauten, am 1. April 1983 deutet auf eine konstante Opposition gegen Sam Nujoma hin.[114] Mit der Freilassung von Andimba Toivo ja Toivo im Jahre 1984 suchte Pretoria wahrscheinlich weitere Unruhe in die SWAPO zu tragen und Nujomas Position zu erschüttern. Doch der Versuch mißlang; Toivo ja Toivo trat widerspruchslos ins zweite Glied.

In den SWAPO-Gefangenenlagern in Angola kam es zu Mißhandlungen und Morden. Das Internationale Rote Kreuz hatte keinen Zutritt, das UNHCR nur zu den wenigen von ihm betreuten Lagern.

Der SWAPO gelang es jedoch aufgrund ihres internationalen Prestiges, alle diesbezüglichen Anschuldigungen, von Seiten des 1978 freigekommenen Andreas Shipanga, des „Namibischen Elternkomitees" oder der „Internationalen Gesellschaft für Menschenrechte" (IGFM), als südafrikanische Propaganda zu denunzieren. Später gab man lediglich zu, etwa 100 enttarnte südafrikanische Spione festzuhalten. Auf einer internationalen Pressekonferenz wurde im Februar 1986 ein Videofilm mit „Geständnissen" vorgeführt - wie freigekommene Gefangene später übereinstimmend bezeugten, waren diese „Geständnisse" mit Gewalt und Folter erpreßt worden.[115] Als die Vertreterin des Elternkomitees Talita Schmidt am 13. Mai 1987 Sam Nujoma bei dessen Besuch des Europaparlaments mit peinlichen Fragen nach Verschwundenen konfrontierte, schlug er ihr mit der Hand ins Gesicht und drohte: „Du wirst sterben!" Auch dieser Vorfall wurde aufgrund der internationalen Reputation der SWAPO in den Medien kaum bekannt gemacht.[116]

Nachdem die SWAPO stets als Vorbedingung für eine Verwirklichung der Unabhängigkeit gefordert hatte, daß sämtliche Gefangenen entlassen werden und Flüchtlinge heimkehren müßten, mußte sie sich 1989 selbst beim Wort nehmen lassen. Schließlich konnten im Juli/August 1989 etwa 200 SWAPO-Gefangene nach Südwestafrika heimkehren. Ihre erschütternden Berichte von entsetzlichen Haftbedingungen in unterirdischen Erdlöchern, von Schlägen, Folter (auch am eigenen Körper zur

Schau gestellt), von Vergewaltigung und Mord, riefen eine Sensation hervor und erschütterten das internationale Prestige der SWAPO gewaltig.

Die Freigelassenen sprachen von mindestens sieben noch bestehenden SWAPO-Gefangenenlagern in Angola und 1400 weiteren Gefangenen. In einer Dokumentation konnte die IGFM im Juli 1989 achtzehn ermorderte und 274 verschwundene Häftlinge namentlich aufführen.[117] Kinder seien ohne Wissen ihrer Eltern auf die „Jugendinsel" in Kuba oder in die DDR (je 1000 in Güstrow und Magdeburg) verbracht worden. Offenkundig bestätigt wurden diese Anschuldigungen durch die Tatsache, daß von angegebenen 80000 Flüchtlingen schließlich nur 43000

Pressekonferenz zurückgekehrter SWAPO-Gefangener am 10. August 1989 in Windhuk, veranstaltet vom „Parents' Committee of Namibia"

heimkehrten. Immerhin konnte die SWAPO erreichen, daß eine Untersuchungskommission des UNHCR erst im September 1989 nach Angola aufbrach; sie berichtete, nur leere Lager vorgefunden zu haben. Der weiße SWAPO-Funktionär Anton Lubowski gab im September gegenüber der namibischen Nachrichtenagentur NANA zu, daß in der Tat weitere Gefangenenlager existieren würden und man die Insassen wohl wegen zu extensiver Folterspuren verlegt habe.[118]

Kurz darauf wurde er von bisher unbekannten Tätern erschossen. Wegen dieser Aussagen wurde vermutet, daß nicht unbedingt Rechtsextremisten dafür verantwortlich waren, sondern SWAPO-Kreise, die ihn zum

Schweigen bringen wollten. Jüngste, durch Beweise gestützte Aussagen des südafrikanischen Verteidigungsministers Magnus Malan, Lubowski sei bezahlter südafrikanischer Agent gewesen, was von seiner Familie heftig dementiert wird, gaben dem Vorfall eine weitere unerwartete Wendung.[119]

Die SWAPO-Führung versuchte, lange Zeit das Thema Gefangene zu verharmlosen. Im Februar 1989 beschloß das ZK in Luanda die Freilassung der südafrikanischen „Spione" und formulierte zynisch: „Die SWAPO mußte diese fehlgeleiteten Elemente von der allgemeinen Öffentlichkeit isolieren, um den Kampf für nationale Befreiung zu schützen. Zugleich galt es, diese Menschen vor dem Zorn des Volkes zu beschützen."[120]

Mitte 1989 räumten SWAPO-Funktionäre jedoch Fehler ein. Der außenpolitische Sprecher Ben Gurirab gestand Folterungen ein und entschuldigte sich hierfür. Er kündigte an, die SWAPO werde die Verantwortlichen bestrafen, wenn sie sie finden würde, lehnte jedoch eine öffentliche Untersuchung ab.[121]

Als Sam Nujoma aus dem Exil zurückkehrte, wollte er auf seiner ersten Pressekonferenz überhaupt nicht zugeben, daß es Menschenrechtsverletzungen gegeben habe. Schließlich meinte er lapidar, es gelte nun, im Geiste der Versöhnung die Greuel der Vergangenheit hinter sich zu lassen.[122] Bei der ersten Großkundgebung Nujomas im September 1989 in Windhuk saß der Folterchef Solomon „Jesus" Hawala auf der Ehrentribüne.[123] Der designierte Informationsminister Hidipo Hamutenya, von dem Augenzeugen aussagten, er sei persönlich bei Folterungen anwesend gewesen, meinte zur gleichen Zeit: „Wir haben mit ihnen gemacht, was jede Regierung mit Spionen tut."[124]

Versuche der ehemaligen Gefangenen, mit den zurückgekehrten SWAPO-Führern über die Geschehnisse zu sprechen, wurden brüsk abgelehnt. Hamutenya meinte, es gebe nichts zu diskutieren. Der freigelassene Häftling Mutenga bekannte: „If SWAPO takes over government, our lives are at stake."[125]

So unwillkommen diese Enthüllungen für die SWAPO international waren, so wenig bewirkten sie politisch im Lande. Die meisten Rückkehrer zeigten sich politisch enttäuscht bzw. eingeschüchtert. Zur SWAPO-D Shipangas fanden nur wenige, sie blieb eine kleine, auf Windhuk beschränkte Partei. Im Owamboland bewirkten die Aufdekkungen kaum etwas: Das Stigma des Verräters blieb an den ehemaligen Gefangenen haften, und die Berichte von Gewalt und Folter bestärkten noch die Autorität der SWAPO.

Im Jahre 1989 fand sich die gleiche Zweiteilung wie dreißig Jahre zuvor: Die SWAPO repräsentierte im wesentlichen den Owambo-Nationalismus, die DTA und die kleineren Parteien die Interessen der Herero und anderen Völker.

Weißer Nationalismus

Immer dann verliefen Entkolonialisierung und Nationbildung in Afrika besonders schwierig, wenn verschiedene konkurrierende Nationalismen aufeinanderprallten. Algerien, Kenia und das Südliche Afrika waren besonders verwickelte Problemfälle, kam hier doch zum schwarzen und farbigen Nationalismus der weiße Nationalismus der seit Generationen ansässigen europäischen Siedler hinzu. Betrachteten diese sich in Algerien und Kenia noch zu einem Gutteil als Franzosen bzw. Engländer, so fühlten die Weißen im Südlichen Afrika sich in erster Linie als „Rhodesier", „Südwester" und „Südafrikaner", und die Buren, denen inzwischen jegliche Brücke nach Europa fehlt, bezeichnen sich selbst stolz als „Afrikaner".[125a]

Es ist weitgehend in Vergessenheit geraten, daß auch der weiße Nationalismus mitunter antikoloniale Züge trug, so der Kampf der Buren gegen das übermächtige Großbritannien um die Jahrhundertwende oder auch - horribile dictu - 1965 die Unabhängigkeitserklärung Rhodesiens, die bewußt in ihrem Wortlaut an die berühmte amerikanische „Declaration of Independence" von 1776 anknüpfte.

Der weiße Nationalismus in Südwestafrika muß als Sonderfall bezeichnet werden. Charakteristisch ist hier bis heute die Konkurrenz zweier weißer Nationalismen, des deutschen und des burischen, hinter dem der schwarze und farbige Nationalismus bzw. die Mandatsmacht als Feindbilder zurücktraten.

Die Zwischenkriegszeit im Mandat Südwestafrika war von heftigen Auseinandersetzungen zwischen deutschen und burischen Südwestern bestimmt. Erstere hofften auf eine Revision des Versailler Vertrages und den Wiederanschluß an das Deutsche Reich, und vor allem die junge Generation sympathisierte mit der NSDAP Adolf Hitlers. Die Buren hingegen forderten die endgültige Angliederung Südwestafrikas als fünfte Provinz an Südafrika und betrachteten die deutsche Volksgruppe als „Fünfte Kolonne" des Deutschen Reiches. Da es sich vielfach um ausgesiedelte Angola-Farmer oder aus Südafrika abgeschobene „arme blanke" (arme Weiße) handelte, für die es keine Rückkehr gab, verteidigten sie ihre neue Heimat um so heftiger.

Nach dem Zweiten Weltkrieg änderte sich die Lage grundlegend. In Südafrika war die anglophile Regierung Smuts von der deutschfreundlichen Nationalen Partei Malans abgelöst worden. Den deutschen Südwestern wurde das Heimatrecht zugesichert, Deutsch zur dritten offiziellen Landessprache (wenngleich nicht Amtssprache) erhoben. Auch in den staatlichen Schulen wurden wieder deutschsprachige Zweige eingerichtet, und die deutsche Kultur konnte sich ungestört entfalten. Die deutschen Südwester waren daher bis in die siebziger Jahre treue Wähler der regierenden Nationalen Partei (NP). An eine Rückkehr zu Deutschland war nun ohnehin nicht mehr zu denken.

Gegenseitige Ressentiments zwischen Deutschen und Buren aus der Vorkriegszeit blieben in Südwestafrika jedoch unterschwellig erhalten, ganz anders als in Südafrika, wo gerade zwischen diesen beiden Volksgruppen das Verhältnis besonders herzlich ist.

Der Zeitraum zwischen 1945 und 1975 war begleitet von einem starken politischen Desinteresse der weißen Einwohner. Das Land erlebte einen bemerkenswerten wirtschaftlichen Boom und schien auf die vollständige Integration in das südafrikanische Staatsgebiet hinzusteuern, was die weißen Südwester auch begrüßten. Jedoch Pretoria und Kapstadt waren weit, und es gab vordringlichere Dinge als die große Politik.

Die Herausforderung durch SWANU und SWAPO nahm man bis 1974 nicht besonders ernst, schien doch das gesamte Südliche Afrika ein weißes Bollwerk im aufbrandenden schwarzen Nationalismus zu bleiben.

Die siebziger Jahre konfrontierten die Weißen plötzlich mit einer Unabhängigkeit, die sie nicht wollten. Noch im April 1974 hatte die NP von SWA die Wahlen mit dem Bekenntnis der Zugehörigkeit zu Südafrika klar gewonnen.[125b] Unter dem Druck der negativen Haager Entscheidung hatte Südafrikas Premierminister Vorster 1972 das Ziel der Unabhängigkeit grundsätzlich bejaht. Die Ereignisse in Angola führten den weißen Südwestern schließlich schmerzlich vor Augen, daß sie selbst an einer neuen politischen Lösung unter Einbeziehung der schwarzen und farbigen Südwester mitwirken mußten, wollten sie nicht selbst in den Strudel des „Uhuru" und veränderter südafrikanischer Interessen geraten. Halb von Reformideen geleitet, halb auf Druck Pretorias hin beteiligten sie sich an der „Turnhallenkonferenz", die die gemäßigte Alternative zur SWAPO schaffen sollte. Mit dem Gedanken der Unabhängigkeit freundete man sich endgültig eigentlich erst seit Ende der siebziger Jahre an, als die politisch verfahrene Situation wie auch die Sanktionen gegen Südafrika, die Südwestafrika einschlossen, die Wirtschaft in zunehmendem Maße stagnieren ließen. Man vertraute weiterhin auf die Schutzmacht Südafrika. Vorster hatte wiederholt versichert, daß die Bedingungen der Unabhängigkeit nicht von außen diktiert, sondern von den Südwestern aller Rassen selbst bestimmt werden müßten. Es war wohl der größte Fehler vieler weißer Südwester, darauf zu vertrauen, daß Südafrika Südwestafrika nie fallen lassen werde, zumal es das Gebiet als militärischen Schutzschild benötige.

In der Tat diente es Südafrika als Verteidigungsglacis, Aufmarschbasis und Truppenübungsplatz. Politisch gesehen hatte Pretoria das Gebiet jedoch seit 1972 abgeschrieben, und wie in vielen Fällen setzte sich schließlich der Primat der Politik über das Militär durch. Südwestafrika war ein exzellentes Faustpfand in der Hand Pretorias, das jederzeit gewinnbringend gegen internationales Wohlwollen eingetauscht werden konnte, z. B. bei einer Zunahme des Sanktionsdruckes. Genauso kam es 1989.

Ein weißer Nationalismus, der sich gegen die Kolonial-, respektive Mandatsmacht richtete, entstand daher in Südwestafrika praktisch nicht. Man suchte im Gegenteil, wie einst die „Algerienfranzosen", eine möglichst enge Verbindung zu erhalten, verfiel teilweise geradezu in politische Passivität und war schließlich in ähnlicher Weise darüber erbittert, höherstehenden Interessen geopfert worden zu sein. Immerhin hatten die enttäuschten „pieds-noirs" zum Schluß noch die Stabilität des französischen Staates erschüttert; Parallelen hierzu gab es im Verhältnis Südwestafrika/Südafrika kaum. Als die von der „Turnhalle" erarbeitete Verfassung in der Schublade verschwunden war und 1978 nach den Vorstellungen der Vereinten Nationen („Ein Mensch, eine Stimme") gewählt werden sollte, kam es zu erster Desillusionierung unter den Weißen. Sie war damals in Teilen der Bevölkerung anscheinend so stark, daß sie fast einen Putschversuch ausgelöst hatte: Eine rechtsextreme „Witweerstandsbeweging" machte mit Anschlägen von sich reden und protestierte gegen die Aufhebung der kleinen und großen Apartheid. Man munkelte, daß sie über einflußreiche Verbindungen zu Polizei- und Militärkreisen verfügte. Anscheinend fanden auch Waffen der Kommandoeinheiten (Reservisteneinheiten) zu den weißen Untergrundkämpfern. Pretoria gelang es jedoch 1979, diese Opposition grundlegend auszuschalten, ohne daß allzuviel darüber in die Öffentlichkeit drang. Die plötzliche Ablösung des ersten, betont liberalen Generaladministrators Steyn stand unter Umständen in Zusammenhang mit diesen Putschabsichten und sollte wohl der Beruhigung der konservativen Weißen dienen.[126] Die südafrikanische Regierung war unter allen Umständen bemüht, einen innerweißen Bruderkampf, das Trauma aller Buren, zu verhindern.

Nach dieser Affäre war anscheinend jeder militante weiße Widerstand in Südwestafrika wirksam gebrochen. Immerhin hatte Pretoria auch wieder einen Rückzieher gegenüber den Vereinten Nationen gemacht und 1978 zunächst eine „interne" Lösung nach eigenen Vorstellungen verwirklicht. Die Politik des „Zwar - Aber", des zwei Schritte vorwärts und eines Schrittes rückwärts, machte Südwestafrika erst einmal zur Hängepartie und beruhigte die weißen Südwester, daß sich so bald nichts Grundlegendes ändern werde. Manche meinten sogar nie.

Die im Zusammenhang mit der Umsetzung des Namibia-Planes 1989 plötzlich in Erscheinung tretenden „Witwolwe" (weiße Wölfe) waren nur eine marginale Erscheinung. Auch Terre'Blanche und seine AWB konnten keinen großen Zulauf mehr erzielen. Einzige größere konservative Widerstandsaktion war im April 1989 eine aufsehenerregende Sternfahrt mit 2000 Fahrzeugen zur südafrikanischen Grenze und Protestkundgebung am Oranje, deren Wirkung jedoch sehr bald nachließ.

Die weiße Nationale Partei hatte sich 1977 gespalten: Der liberale Flügel unter Dirk Mudge, ein Bure mit deutscher Großmutter, verließ die NP und begründete die „Republikanische Partei" (RP) als Teilpartei der „Demokratischen Turnhallen-Allianz" (DTA), die sich dem Reformgedanken verschrieb und die Forderungen des Auslandes mit einer gewissen Volksgruppenautonomie verbinden wollte. Anders als in Rhodesien suchten die Weißen von vorneherein eine echte gemischtrassige Zukunft, keine Garantierechte in einem schwarzen Staat. Die NP wollte hingegen die getrennte Entwicklung so weit als möglich auch in einem unabhängigen Namibia beibehalten.

Plötzlich flammten die Ressentiments zwischen Buren und Deutschen wieder auf, bekannten sich letztere doch besonders zahlreich zur RP. „Ohne Buren und Owambos hätten wir keine Probleme", „Die Deutschen sind wieder die Verräter", waren häufig gebrauchte Schlagworte, und man fühlte sich vielfach an die Konfrontation der Zwischenkriegszeit erinnert. Diese Diskussionen waren jedoch eher destruktiv, vergifteten Freundschaften und zerstörten Familienbande. Im einstigen Rhodesien hatten die Weißen zumindest eine Prämisse stets beachtet: Einigkeit unter den Weißen.

Gegen Südafrika richtete sich der weiße Nationalismus nicht. Dirk Mudge setzte auf den ebenfalls als Reformer angetretenen P. W. Botha und hoffte auf politischen Spielraum für seine DTA, da Südwestafrika auch als innenpolitisches Experimentierfeld für Südafrika dienen konnte. Im Wahlkampf 1978 hatte denn auch Pretoria die DTA massiv selbst gegen die verwandte NP (sie trat damals im Wahlbündnis AKTUR an) unterstützt und der AKTUR sogar in manchen Gegenden den Wahlkampf unmöglich gemacht. Am 20./21. Nov. 1982 hatten P.W. Botha und „Pik" Botha Dirk Mudge die Abhaltung erneuter interner Wahlen zur Nationalversammlung und die Gewährung des vollen Selbstbestimmungsrechtes für die dadurch zustandegekommene Regierung zugesagt. Schon bald erinnerte sich Pretoria nicht mehr an diese Zusage.[127]

Die NP hoffte dennoch langfristig auf die burische Solidarität und die Unterstützung durch die südafrikanische Schwesterpartei, insbesondere nachdem sie unter Beweis stellen konnte, daß sie die Mehrheit der Weißen hinter sich halten konnte. Dies wurde schließlich auch durch weitgehende Zugeständnisse Pretorias für die neugeschaffenen „Volksgruppenregierungen" auf Zweiter Ebene in Konkurrenz zur Zentralregierung belohnt. Wirkliche Druckmittel oder alternative Strukturen baute die Südwester NP nicht auf.

Dirk Mudge war stets bestrebt, die DTA nach rechts abzugrenzen, um das Odium eines Muzorewa zu vermeiden. So widersetzte er sich dem südafrikanischen Wunsch nach Repräsentation der NP im Ministerrat. Er verband im Januar 1983 den Rücktritt der ersten internen Regierung mit scharfen Angriffen auf Pretoria:
„Diesen Beschluß habe ich aus Protest gegen die erniedrigende Art und Weise gefaßt, in der der Generaladministrator und die südafrikanische Regierung in der vergangenen Zeit den Ministerrat und die Nationalversammlung behandelt haben, und die gleichgültige Art und Weise, in der mit der Zukunft der Einwohner dieses Landes verfahren wird durch ein Vorgehen, das die gemäßigten Einwohner Südwestafrikas dermaßen frustriert und aufreibt, daß den Weißen, in deren Interesse der Generaladministrator scheinbar diese und andere Entscheidungen getroffen hat, nach der Unabhängigkeit eine düstere Zukunft bevorsteht. (...) Die Handlung des derzeitigen Generaladministrators, und ich gehe davon aus, daß er mit der Zustimmung und dem Wissen der südafrikanischen Regierung gehandelt hat, hat die Chancen einer gemäßigten politischen Partei, eine Wahl zu gewinnen, dermaßen untergraben, daß die Wahl und die Unabhängigkeit ein schweres Risiko geworden sind. Wenn eine gemäßigte politische Partei erst unterminiert und dann in eine Wahl geschickt wird, ist das nach meinem Dafürhalten politischer Selbstmord."[128]

Mudge suchte nun in der Folgezeit einen - verbal zuweilen deutlich antisüdafrikanischen - namibischen Nationalismus zu propagieren, der jedoch aufgrund der tatsächlichen Machtverhältnisse nicht recht überzeugen konnte. Letztendlich löste er sich nicht von der Führung durch Pretoria, wovon die DTA auch finanziell stark abhängig war.

In noch größerem Maße blieb die NP unter Kosie Pretorius Südafrika treu, obwohl sie noch viel mehr Grund gehabt hätte, sich enttäuscht ab- und der rechtsoppositionellen „Konservativen Partei" (KP) in Südafrika zuzuwenden. Alle ihre Forderungen, insbesondere die Durchsetzung einer weitgehenden Autonomie der Weißen in einer zukünftigen Verfassung, waren von Pretoria schon lange abgeschrieben, und schließlich wurde die Unabhängigkeit weitgehend nach den Bedingungen der Vereinten Nationen und der SWAPO forciert, wobei lediglich den Sicherheitsinteressen Südafrikas Rechnung getragen wurde. Lediglich der 1983 verstorbene weiße NP-Funktionär Adolf Brinkman hatte immer wieder vor den Entwicklungen gewarnt und eine deutliche weiße Interessenvertretung gegenüber Pretoria gefordert. Durch beschränkte politische Konzessionen (z. B. Hoheit des Bildungs- und Gesundheitswesens auf Seiten der damaligen Zweite-Ebene-Regierungen) und vielleicht auch sonstige Zugeständnisse erkaufte Pretoria jedoch das Wohlverhalten der Südwester NP. Die kleine, rechtsstehende „Herstigte Nasionale Party" (HNP) bezeichnete die NP denn auch stets als die „Verräterpartei".

Man geht wohl nicht fehl in der Annahme, daß Pretoria geschickt RP/DTA und NP gegeneinander ausspielte und damit beide bei der Stange hielt. Von den Namibia-Verhandlungen wurden sie 1988 erst im nachhinein informiert, als die Ergebnisse paraphiert waren.

Die Folge dieser Strategie war eine zunehmende Lethargie und Entpolitisierung der Weißen seit Anfang der achtziger Jahre. Manche erklärten 1989 offen, am „Wahlzirkus" nicht teilzunehmen, manche hatten sich resigniert in die Republik Südafrika abgesetzt. Als hartnäckigster Widerpart Südafrikas wie der neuen SWAPO-Regierung erwies sich schließlich nicht ein weißer Politiker, sondern der Baster-Kaptein Hans Diergaardt mit seiner Forderung nach Autonomie.

Wohl nicht zuletzt auf Druck Pretorias war die DTA programmatisch sehr stark nach links in die Nähe der SWAPO gerückt. Sie steckte 1989 sicherlich in einer gewissen Identitätskrise, ihr Vorsitzender Dirk Mudge wirkte verbraucht. Mit gedämpftem Optimismus ging die DTA in die Wahlschlacht; immerhin konnte sie das überzeugende Argument vorbringen, die einzige Alternative zu einer SWAPO-Alleinregierung darzustellen.

Die NP hatte Ende der achtziger Jahre ebenso mit Problemen zu kämpfen, ihre Anhänger waren desillusioniert. Mit dem neuen Markenzeichen „Aksie Christelik Nasionaal" (ACN) suchte man neuen Schwung im Wahlkampf und warb mit der Idee eines starken weißen Stimmenblockes zur Durchsetzung weißer Interessen in der Verfassungssgebenden Versammlung. Den desolaten Zustand der Partei dokumentierten Parteiaustritte prominenter Politiker: 1987 Eben van Zijl, 1989 Jannie de Wet (der allerdings den locker mit der NP verbundenen ACN weiterführen will).

Einige rechtsstehende Deutsche unter Führung Dr. Engelhardts hatten noch die Gründung einer rein deutschen Interessenpartei, des „Deutsch-Südwester Komitees/Deutsche Aktion" unternommen. Dieser überhastete und wenig erfolgversprechende Versuch, der zudem nicht von alteingesessenen Südwestern, sondern von Zuwanderern ausging, hatte jedoch keinen Erfolg. Ende der siebziger Jahre war die 1977 begründete Kulturorganisation „Interessengemeinschaft deutschsprachiger Südwester" (IG) ebenfalls in die Parteipolitik eingestiegen, und zwar unter liberalen Vorzeichen. Zuerst setzte die IG voll auf Dirk Mudges RP, was bereits Widerstände konservativer Deutscher hervorrief, dann suchte sie in den achtziger Jahren im Alleingang Kontakte zur Exil-SWAPO, was von den internen Politikern abgelehnt wurde und der IG zahlreiche Mitglieder kostete. Es waren eigentlich die einzigen beiden Versuche eines besonderen politischen Engagements der Deutschen. Auch in der NP und der RP begnügten sie sich eher mit subalternen Posten.

Weißer Nationalismus spielte beim Übergang von Südwestafrika zu „Namibia" praktisch keine Rolle mehr. Immerhin mag dies jetzt unter den Bedingungen einer SWAPO-Regierung Versöhnung und Kooperation erleichtern, genauso wie es sich positiv auswirken dürfte, daß die internen Regierungen zwischen 1980 und 1989 keine tiefen Spuren hinterließen. Auch der Krieg, der vor allem im Norden, im Owamboland stattfand, hat keine unüberbrückbaren Gräben aufgerissen. Überraschend viele Weiße bekennen sich nun nach der Unabhängigkeit plötzlich zur SWAPO, gebärden sich bisweilen sogar radikaler als ihre schwarzen Gesinnungsgenossen, z.B. was die Bewältigung weißer Geschichte und Geschichtszeugnisse anbelangt.

Andererseits scheint auch gerade nach der Unabhängigkeit Namibias unter schwarzer Führung bei vielen Weißen, Buren und Deutschen, ein gesteigertes Interesse an Identitätsfindung und vermehrtes Nationalgefühl aufzukommen. Die Arbeitsgemeinschaft Deutscher Schulvereine und Elternschaften rief im Juni 1990 einen „Deutschen Kulturrat" als Dachorganisation zahlreicher deutscher Vereine ins Leben und wurde, gemäß Art. 21 der Verfassung registriert, in das Förderprogramm von „Cultura 2000" aufgenommen. Mit 27 Mitgliedsvereinen vertritt er 7000 erwachsene Deutsche. Nach dem Ausscheiden aus der großen Politik sucht man nun auf weißer Seite sich wenigstens kulturpolitisch einen Freiraum zu erkämpfen.

Kapitel 6

Kirchen und Politik

„Vertraut auf den Herrn, unterdrückte Völker der Welt.
Er kämpft für euch und beschützt euch.
Vertraut auf den Herrn, ihr Friedensdiener Gottes.
Er hilft euch.
Vertraut auf unsern Befreier,
alle die ihr ihm in den Kampf folgt,
und der Sieg ist euer.
(...)
Ehre sei dem Herrn allein,
denn er gibt uns den Sieg.
Verräter und Feiglinge loben ihn nicht.
Aber wir, seine Gehilfen im Freiheitskampf,
werden ihm danken, jetzt und immerdar.
Lobet den Herrn!"[129]

(Bearbeitung des Psalms 115
von Rev. Zephanja Kameeta, SWAPO-Funktionär)

Zunehmende Politisierung der Kirchen

Namibia ist eines der christlichsten Länder Afrikas: Etwa 80 % der Bewohner gehören einer der zahlreichen Kirchen an.

Im Jahre 1978 wurde nach südafrikanischem Vorbild ein „Council of Churches in Namibia (CCN) gegründet. Heute bestehen, der Größe nach geordnet, folgende Kirchen in Namibia (Zahlen von 1986)[130]:

Evangelisch-lutherische Kirche in Namibia (ELCIN, früher ELOK)*	325 000 Mitglieder
Evangelisch-lutherische Kirche in Südwestafrika (Rheinische Missionskirche) (ELK)*	193 000 Mitglieder
Katholische Kirche*	157 000 Mitglieder
Anglikanische Kirche*	60 000 Mitglieder
Niederländisch-Reformierte Kirche	51 000 Mitglieder
African Methodist Episcopal Church*	40 000 Mitglieder
Deutsche evangelisch-lutherische Kirche in Südwestafrika (DELK)	15 000 Mitglieder
Oruuana-Hererokirche	15 000 Mitglieder

*Vollmitglied des CCN

Daneben gibt es kleinere Kirchen wie die Evangelisch Reformierte Kirche von Afrika, die Rheinische Kirche der Baster, Methodisten, Kongregationalisten, Baptisten, Adventisten und spiritualistische Heilungskirchen; sie gehören zumeist dem CCN nicht an.

Eine erste Missionstätigkeit hatte ab 1805 die protestantische „London Missionary Society" vom Kapland aus unter den Nama aufgenommen, vornehmlich mit deutschen Missionaren. Ab 1842 trat die „Rheinische Mission" mit Sitz in Barmen an ihre Stelle. Sie konzentrierte sich auf die Herero, Baster, Nama und Damara in der Mitte und im Süden des Landes.

Zur Missionierung der Owambo im Norden bat man die „Finnische Mission" um Hilfe, die dort seit 1870 tätig ist. Die 1891 im Owamboland aufgenommene eigene Arbeit trat die Rheinische Mission 1922 an die Finnische Mission ab.

Missionsinspektor Friedrich Fabri (von 1857 - 1884) der Rheinischen Mission war einer der deutlichsten Vertreter einer engen Zusammenarbeit zwischen Mission und Kolonialpolitik und veröffentlichte 1879 das vielbeachtete Buch „Bedarf Deutschland der Colonien?".

Seit Juni 1880 brachte er wiederholt beim Auswärtigen Amt den Gedanken einer deutschen Schutzherrschaft im Südwesten Afrikas vor, noch ohne Gehör zu finden, und erst im Zuge der Erwerbungen des Bremer Kaufmannes Adolf Lüderitz wurden seine Pläne am 24. April 1884 Wirklichkeit. Missionare der Rheinischen Mission wirkten beim Abschluß der ersten Schutzverträge mit eingeborenen Häuptlingen mit.

Nicht nur kolonialpolitische Begeisterung, auch die ständigen Kriege zwischen Herero und Nama, die die Missionstätigkeit beeinträchtigten, hatten zu dieser Haltung beigetragen. So hatte Fabri seit 1868 wiederholt um europäischen Schutz nachgesucht, nicht nur bei der preußischen bzw. deutschen Regierung, sondern auch bei der britischen Kapregierung.

Mit beginnender Einwanderung stellte sich hier wie in Südafrika bald die Frage, ob sich die deutschen Siedler den Missionskirchen anschließen oder eigenständige Kirchen begründen sollten. Hier wie dort entschied man sich für letztere Lösung, und es entwickelten sich in Südwestafrika deutschsprachige Gemeinden, die zur Evangelischen Kirche von Preussen gehörten.[131]

Im Jahre 1896 kam der erste deutsche Pfarrer nach Südwestafrika. Vielfach übernahmen auch Rheinische Missionare in „Zweitfunktion" die kirchliche Betreuung der Deutschen.

Damit wurde eine bis heute andauernde Spaltung des evangelisch-lutherischen Bekenntnisses und eine kirchliche Trennung der Rassen begründet, was nun auf Kritik stößt. Unterschiedliche Kirchenbräuche und -sprachen (hie Deutsch, da Herero, Nama, Afrikaans) können jedoch als praktische Ursachen dieser Trennung angeführt werden, und es war gerade das Ziel der deutschen protestantischen Missionen gewesen, den Eingeborenen das Evangelium unter Wahrung ihrer Sprache und Kultur zu bringen und eine Europäisierung der Kirche, wie damals bei den katholischen und britisch-protestantischen Missionen praktiziert, zu vermeiden.

Die katholische St.-Marien-Kathedrale aus deutscher Zeit in Windhuk

Die Rheinische Mission galt als kolonialfreundlich und besaß bis 1905 sogar ein staatliches Monopol für den Süden und die Zentralregion. Allerdings entwickelte sie eine zunehmend regierungskritische Haltung: In verschiedenen Eingaben an das Auswärtige Amt wies sie seit den neunziger Jahren auf den Prozeß der Stammesauflösung bei Herero und Nama hin. Das harte Vorgehen der deutschen Regierung bei der Niederschlagung des Herero-Aufstandes (1904) wurde von den Missionaren deutlich kritisiert, und sie waren um eine neutrale Haltung bemüht, was sie bei der Regierung in die Nähe des Hochverrates brachte.

Nach der Niederschlagung der Eingeborenenaufstände bemühte sich die Rheinische Mission um eine Wiederherstellung einer Lebensgrundlage vor allem für die stark dezimierten und verstreuten Herero.[132]

Die von der Regierung ungeliebte katholische Mission konnte erst 1896 im äußersten Norden unter den Kavango eine Missionstätigkeit aufnehmen, sowie unter den Tswana in der entlegenen Kalahari. Bis 1905 durfte sie im übrigen Südwestafrika nur katholische Europäer betreuen. Während der Aufstände verhielt sie sich betont patriotisch, wodurch sie sich einer gestiegenen Wertschätzung durch die Regierung erfreute und nun im ganzen Land missionieren durfte. Anders als bei den Lutheranern entwickelten sich rassisch gemischte Gemeinden. Namibia ist damals wie heute aber protestantisch geprägt.

Die Niederländisch Reformierte Kirche, die 1902 in Gibeon im Süden ihre erste Missionsstation begründet hatte, verpflichtete sich nach dem Ersten Weltkrieg gegenüber der Rheinischen und Finnischen Mission, die nächsten fünfzig Jahre keine Missionsarbeit unter den Schwarzen im Mandatsgebiet aufzunehmen.[133] Erst ab 1959 dehnte sie sich in den Norden aus. Ihr Einfluß ist daher relativ gering.

Mit der südafrikanischen Treuhandverwaltung kamen ab 1920 weitere Kirchen und Missionen ins Land, so Anglikaner und Methodisten. Die deutschsprachigen Gemeinden schlossen sich 1926 zu einer Synode zusammen und bildeten einen Kirchenbund mit den deutschsprachigen südafrikanischen Synoden.

Nach dem Zweiten Weltkrieg machte sich zunehmend ein eingeborenes Emanzipationsstreben bemerkbar.[134] Die recht paternalistische Rheinische Mission, die anders als die Finnische Mission noch keine Nichtweißen ordiniert hatte, wurde von diesen Entwicklungen überrascht: 1946 traten ein Drittel der Nama-Gemeindemitglieder und zwei Drittel der Nama-Mitarbeiter zur „African Methodist Episcopal Church" (A.M.E.C.), einer bis dahin unbedeutenden Eingeborenenkirche, über. Im Jahre 1955 verließen viele Herero die Mission und gründeten die

„Oruuana-Kirche", die Elemente der traditionellen Herero-Religion mit dem Christentum verbindet. Nicht nur innerkirchliche, auch politische Unzufriedenheit spielte bei diesen Abspaltungen eine Rolle, und sie wurde in der Folgezeit auch kirchlich artikuliert.

Die Rheinische Mission suchte diesen Entwicklungen gegenzusteuern, und 1957 wurde die selbständige „Evangelisch-lutherische Kirche in Südwestafrika (Rheinische Missionskirche)" (ELK) begründet, mit der die Rheinische Mission - seit 1971 Teil der „Vereinigten Evangelischen Mission" (VEM) - partnerschaftlich zusammenarbeitet.

Die Mehrzahl der Rehoboth-Baster gründete 1959 die selbständige „Rheinische Kirche" (Rhynse Kerk), weitere Freikirchen spalteten sich in den sechziger Jahren ab. Dabei waren jedoch keine politisch-nationalistischen Motive beteiligt, sondern die Furcht, in der eingeborenen Vielvölkerkirche ELK majorisiert zu werden.

Aus der Finnischen Mission entstand 1957 die „Evangelisch-lutherische Owambo-Kavango-Kirche" (ELOK), die schon 1963 einen schwarzen Bischof erhielt und führend bei der Entwicklung eines eingeborenen Kirchenbewußtseins war.

Auch die deutschen Gemeinden bildeten nun eine eigenständige Kirche: 1960 wurde die „Deutsche evangelisch-lutherische Kirche in Südwestafrika" (DELK) gegründet, die fortan Partnerkirche des Kirchlichen Außenamtes der EKD war und personell und materiell gefördert wurde. Die deutschen evangelischen Gemeinden waren vor dem Zweiten Weltkrieg der südafrikanischen Mandatsmacht sehr kritisch gegenübergestanden; mit den Garantien für die deutsche Volksgruppe nach 1948 änderte sich dies, und ihr bekannter langjähriger Präses Dr. Heinrich Vedder war Senator in Kapstadt für die „Nationale Partei von Südwestafrika". Die drei lutherischen Kirchen bemühten sich um einen Zusammenschluß, was auch Ziel des Lutherischen Weltbundes ist. Im Jahre 1972 begründeten ELK und ELOK als Vorstufe hierzu den Kirchenbund „Vereinigte evangelisch-lutherische Kirche in Südwestafrika" (VELKSWA), der sich 1977 auch die DELK anschloß. Eine völlige Fusion kam bisher aber nicht zustande.

Die nichtweißen Kirchen bildeten eine wesentliche Voraussetzung für die Entstehung politischen Bewußtseins bei den Eingeborenen: In Missions-Schulen und -Seminaren konnten sie höhere Bildung erwerben und in der kirchlichen Hierarchie schneller in höhere Positionen aufsteigen als in weltlichen Berufen. Die Kirchen besaßen eine vom Staat unabhängige Organisations- und Kommunikationsstruktur; hier trafen sich Angehörige verschiedener Völker und Hautfarbe auf einer gleichberechtigten Ebene. Hinzu kamen internationale Kontakte und, nicht zuletzt, der Einfluß ausländischer Ideen und Personen.

In den ersten Jahrzehnten nach dem Zweiten Weltkrieg waren es vor allem anglikanische und A.M.E.C.-Geistliche, die in Kooperation mit traditionellen Führern politische Forderungen artikulierten.

Der anglikanische Geistliche Michael Scott, ein in Johannesburg tätiger Brite, unterstützte und bestärkte seit Ende der vierziger Jahre den Herero-Oberhäuptling Hosea Kutako in seinem Widerstand gegen die Eingliederung Südwestafrikas in die Südafrikanische Union und in seiner Forderung nach Rückgabe alten Stammeslandes; er wurde ausgewiesen und vertrat die Herero vor den Vereinten Nationen. Eine einflußreiche Kraft hinter Hosea Kutako war auch Rev. Bartholomeus Karuaera von der A.M.E.C., der später zur SWAPO stieß. Der im Owamboland tätige anglikanische Geistliche Theophilus Hamutumbangela begründete eine politische Organisation mit dem Namen „The Cry of the People is God", die den späteren OPC-Gründer Toivo ja Toivo beeinflußte. Als er sich an die Vereinten Nationen wandte, wurde er ausgewiesen.[135]

Beim Übertritt eines Teiles der Nama von der Rheinischen Mission zur A.M.E.C. wurden auch politische Forderungen laut: 1948 forderte die A.M.E.C. das allgemeine Wahlrecht, Mitbestimmung bei der Landvergabe, bessere Bildungsmöglichkeiten, höhere Löhne und anderes mehr.[136]

Unter dem Patronat Hosea Kutakos wurde 1955 die synkretistische „Oruuana Church/Protestant Unity Church" gegründet, die den Zusammenhalt des Herero-Volkes stärken sollte und aktuelle politische Forderungen, wie eine Unterstellung des Landes unter die Vereinten Nationen, aufstellte.

Die ehemaligen Missionskirchen ELK und ELOK, in denen zunehmend Schwarze und Farbige emporstiegen, entwickelten in den sechziger Jahren ein kirchlich-politisches Bewußtsein. In den Jahren 1964 und 1967 schickten sie Memoranden an die südafrikanische Regierung gegen die Verwirklichung des Odendaal-Planes, nicht zuletzt auch deshalb, weil das Homeland-Konzept durch Reisebeschränkungen die Seelsorge erschwerte. Man wandte sich gegen das Kontraktarbeitersystem, Zwangsumsiedlungen und Mieterhöhungen.[137]

Der Einfluß „schwarzer Theologie", der aus den USA stammend nach Südafrika drang (Rev. Manas Buthelezi!), und sich in den dortigen Auseinandersetzungen radikalisierte, war hierbei von Bedeutung.[138] Aber auch die Politisierung des Weltkirchenrates ist anzuführen: 1969 verabschiedete er sein erstes Fünfjahresprogramm zur Bekämpfung von

Rassismus in Kirche und Gesellschaft und richtete einen Sonderfonds zur Unterstützung von „Befreiungsbewegungen” ein.[139] Bevorzugt wurden Gruppierungen unterstützt, die sich dem bewaffneten Kampf verschrieben hatten, wenngleich nur für „humanitäre Zwecke”: in Südwestafrika die SWAPO, nicht aber SWANU und NUDO. Bedeutender als die eher bescheidenen finanziellen Zuwendungen war die moralische und politische Unterstützung durch kirchliche Institutionen.

Als Wendemarke in der Haltung der südwestafrikanischen Kirchen gilt das Jahr 1971, als mit Bezug auf das Urteil des Internationalen Gerichtshofes, das Südafrika das Recht auf die Verwaltung Namibias absprach, Bischof Auala (ELOK) und Moderator Gowaseb (ELK) einen offenen Brief an den südafrikanischen Premierminister Vorster schrieben, darin die Apartheid verurteilten, und für baldige Verhandlungen mit den Vereinten Nationen und eine Unabhängigkeit des Landes eintraten. Gleichzeitig wurde dieser Brief vor allen Kirchengemeinden verlesen. Anglikaner und Katholiken erklärten sich bald danach solidarisch mit diesen Äußerungen.[140]

Denis Herbstein und John Evenson, Direktor des SWAPO-freundlichen ökumenischen „Namibia Communication Centre” in London, schrieben hierzu: „The effect of the dignified demand for freedom was to ally the churches unequivocally alongside SWAPO in the struggle for freedom.”[141]

Insbesondere die Anglikaner, und gerade ihre weißen Mitarbeiter und Kirchenführer, gingen in offenen Konfliktkurs zur Regierung: Bischof Winter unterstützte 1971 den Owambo-Kontraktarbeiterstreik und prangerte Menschenrechtsverletzungen der Regierung an. 1972 wurde er, wie sein Vorgänger, ausgewiesen. Bischof Wood verteidigte in seinem Londoner Exil den bewaffneten Befreiungskampf und machte in einem Brief an die „Times” im Oktober 1975 aus seiner Unterstützung für die SWAPO keinen Hehl.[142] Auch der von der SWAPO propagierte Boykott der Wahlen zur Owambo-Exekutive wurde von den Anglikanern unterstützt. Im Jahre 1976 zogen die Anglikaner ihre Geistlichen aus der Armee ab, entsandten jedoch - wie die ELOK - sogleich Geistliche in die ab 1974 in Angola und Samiba entstehenden SWAPO-Flüchtlingslager.

Auch die noch überwiegend von Weißen geführte Katholische Kirche begann nun, einen regierungskritischeren Kurs zu steuern. Die katholischen Einrichtungen wurden 1977 gegen den Willen der Verwaltung allen Bevölkerungsgruppen zugänglich gemacht. Im Jahre 1975 unterzeichneten neun Priester der Diözese Windhuk eine öffentliche Erklärung, in der die Regierung ungesetzlichen Verhaltens und der Anwendung der Folter beschuldigt wurde und Wahlen nach dem Prinzip „Ein Mensch, eine Stimme" gefordert wurden. Diese Erklärung führte allerdings zu einer heftigen Kontroverse auch innerhalb der Katholischen Kirche. Im Jahre 1978 wurden der Provinzial der Oblaten von der Unbefleckten Empfängnis Heinz Hunke sowie zwei weitere katholische Priester ausgewiesen.[143]

Bei den inzwischen in der VELKSWA zusammenarbeitenden Lutheranern bildeten sich in der zweiten Hälfte der siebziger Jahre drei Richtungen heraus: Es bestand ein rechter Flügel, der für politische Zurückhaltung eintrat, mit der „Demokratischen Turnhallen-Allianz" (DTA) sympathisierte und von der weißen DELK, aber auch von schwarzen und farbigen ELOK- und ELK-Geistlichen getragen wurde, die wie Pastor Ndjoba, Chef der Owambo-Exekutive, in der „Turnhalle" mitarbeiteten. Auf der Linken stand ein nationalistischer Flügel, vor allem getragen von der Owambo-dominierten ELOK, der sich vielfach mit der SWAPO identifizierte. Zwischen diesen Positionen schwankte die Mitte, z. B. repräsentiert durch den Baster Lucas de Vries, seit 1972 erster farbiger Präses der ELK, der mit einem dritten Weg wie der „Namibia National Front" (NNF) sympathisierte.[144]

Der rechte Flügel konnte sich Ende der siebziger Jahre ein Übergewicht erkämpfen. Den Pastoren der ELK wurde 1977 eine parteipolitische Tätigkeit, gleich auf welcher Seite, untersagt.[145] Die VELKSWA unterstützte eine Politik der Integration der politischen Kräfte und Vermittlung. In ihrem Wort an die Kirchengemeinden vom 10. Februar 1978 warnte sie „vor dem Eindringen der Ideologie des Marxismus in unsere Gemeinden" und forderte die SWAPO, „unsere Brüder, die in ihrer Verzweiflung Hilfe annehmen von Staaten, die von dieser Ideologie geprägt sind", auf, „einzusehen, daß sie unser Land in eine neue Abhängigkeit bringen und auch die Existenz unserer Kirchen entscheidend gefährden, wenn sie unter diesen „Schatten" Hilfe sichern(...)" Man sympathisierte mit der Turnhallenkonferenz und begrüßte jüngste Reformen der Regierung.[146] Die drei lutherischen Bischöfe Auala (ELOK), de Vries (ELK) und Kauffenstein (DELK) sprachen sich in einer gemeinsamen Erklärung gegen den Marxismus aus.[147]

Der südafrikanische Alleingang interner Wahlen im Dezember 1978, das vorläufige Scheitern der ersten Übergangsregierung, die Verzögerung der Unabhängigkeit und die Ausweitung des Krieges im Norden riefen jedoch Enttäuschung hervor und stärkten den linken Flügel.

Der 1978 begründete „Council of Churches in Namibia" (CCN), eine Art Weltkirchenrat im kleinen, hatte sich folgende Ziele gesetzt: ökumenische Zusammenarbeit, Koordination kirchlicher Aktivitäten, Vertretung der gemeinsamen Interessen, soziale Projekte, Informationsverbreitung im In- und Ausland, theologische Weiterbildung, Gedankenaustausch.[148] Sein Weg führte jedoch immer mehr in Richtung einer Unterstützung der Ziele der SWAPO und implizit auch ihres bewaffneten Kampfes. Symptomatisch hierfür war 1982 die Ablehnung einer Spende von DM 300 000 von der Rheinischen Landessynode, da diese den Vorbehalt beschlossen hatte, militante Befreiungsbewegungen nicht zu unterstützen. Der CCN forderte, die angebotene Unterstützung dem „Sonderfonds zur Bekämpfung des Rassismus" und damit direkt der SWAPO zukommen zu lassen. Die bereitgestellte Summe wurde daraufhin im Januar 1984 eingefroren; die Rheinische Landessynode stellte es jedoch ihren Kirchengemeinden frei, auch mit Kirchensteuermitteln besagten Sonderfonds zu finanzieren.[149]

Mindestens seit 1986 gab der zu 98 % vom Ausland finanzierte CCN Gelder auch für politische Zwecke weiter. Alle kirchlichen Hilfsgelder wurden ausschließlich über den CCN verteilt und gingen in der Regel nur an von der SWAPO kontrollierte Projekte.

Die in den achtziger Jahren einsetzende Kampagne gegen die Wehrpflicht wurde wesentlich vom CCN mitgetragen.[150] Ohne explizit der SWAPO Priorität zuzuerkennen und die von ihr ausgeübte Gewalt offen zu rechtfertigen, unterstützte der CCN den Kampf der SWAPO, zu der es auch offenkundige Querverbindungen gibt. Der CCN trug wesentlich zur „/Ai//Gams-Erklärung" (/Ai//Gams ist die Nama-Bezeichnung für Windhuk) vom April 1986 bei, einem gemeinsamen Aktionsprogramm kirchlicher und sonstiger Organisationen und grundsätzlich oppositioneller Gruppen unter Führung der SWAPO; sie trat für eine sofortige und bedingungslose Verwirklichung der UN-Resolution 435 ein.[151]

Eine Gruppe britischer Parlamentarier bezeichnete nach einem Informationsbesuch Ende Februar 1988 den CCN als Tarnorganisation der SWAPO „mit einem totalen Engagement für die Befreiungstheologie und einer heimlichen Unterstützung von Gewalt."[152]

Die Radikalisierung des CCN ist wohl auch in Zusammenhang mit der Ablösung von Bischof Auala durch Bischof Dumeni bei der ELOK im Jahre 1979 und Bischof Koppmann von Windhuk durch Bischof Haushiku, den ersten schwarzen Kirchenführer der Katholischen Kirche, im Jahre 1981 zu sehen. Bereits 1982 wurden die Katholiken Vollmitglied des CCN, nachdem sie sich zuvor um eine neutrale Position bemüht und im CCN nur einen Beobachterstatus eingenommen hatten, da ihnen bereits das „Christliche Zentrum", ein Vorläufer des CCN, „zu politisch" war.[153]

Der CCN nahm für sich in Anspruch, 81 % der Christen Südwestafrikas zu vertreten.[154] Dies mochte zwar numerisch stimmen, wenn man von der Gesamtzahl der Angehörigen seiner Mitgliedskirchen ausgeht. Allerdings muß man davon ausgehen, daß zahlreiche Angehörige der CCN-Mitgliedskirchen individuell anders dachten. Dabei ist zu berücksichtigen, daß viele Gläubige vor dem folgenschweren Schritt des Kirchenaustrittes aufgrund politischer Meinungsverschiedenheiten zurückscheuten. Die nicht im CCN vertretenen Kirchen vertraten vielfach eine deutliche Gegenposition, und ihr Anteil stieg durch Kirchenabspaltungen bzw. -neugründungen. In unchristlicher Gegnerschaft warnte daraufhin der CCN vor „rechtsgerichteten Kirchen und anderen mit ihrem Evangelium die Regierung unterstützenden Bewegungen.[155]

Die Niederländisch Reformierte Kirche, der nicht nur Weiße, sondern auch Farbige und Schwarze angehören, weigerte sich von Anfang an, die Politisierung der Schwesterkirchen mitzutragen, und trat weder dem „Christlichen Zentrum" noch dem CCN bei. Sie warf ihnen Verrat am Christentum vor und bezeichnete sie als Verbündete des Marxismus.[156]

Die DELK geriet seit den siebziger Jahren unter zunehmenden internationalen Druck und in innerkirchliche Auseinandersetzungen. Sie distanzierte sich 1971 vom offenen Brief der ELOK/ELK, was ihr herbe Kritik einbrachte. Von der Evangelischen Kirche Deutschlands wurden seit Anfang der siebziger Jahre progressive Pastoren nach Südwestafrika entsandt, was zu Widerstand in den Gemeinden und Gründung einer „SOS-Bewegung" führte. Anfang 1978 war die DELK jedoch die erste deutsche Kirche im Südlichen Afrika, die sich in einer öffentlichen Erklärung gegen die Apartheid aussprach.[157]

Nichtsdestoweniger stieß ihre Position politischer Zurückhaltung auf zunehmenden Widerstand. Im Jahre 1984 wurde die DELK, wie die deutsche Kapkirche, vom Lutherischen Weltbund suspendiert, da sie sich nicht genügend für die Abschaffung der Apartheid eingesetzt habe, und dieser Schritt wurde auch nach der Unabhängigkeit bisher nicht rückgängig gemacht. Die EKD ließ ihre Verträge mit der DELK zum 31.12.1987 auslaufen; ein neuer Vertragsentwurf beabsichtigte verstärkte Eingriffs- und Kontrollmöglichkeiten von Seiten der EKD.[158]

Die DELK war ein Gründungsmitglied des CCN, weniger aus Sympathie mit dessen zunehmend politischen Tendenzen, sondern weil sie sich nicht der Möglichkeit einer Mitsprache berauben lassen und die angestrebte Vereinigung der drei lutherischen Kirchen nicht gefährden wollte. Im August 1987 trat sie wegen „Verschiebung des Schwergewichtes von kirchlicher Zusammenarbeit auf politische Aktionen" aus dem CCN aus.[159]

Bei den Anglikanern war schon Anfang der siebziger Jahre offener Streit über die SWAPO-freundliche Haltung Bischof Winters ausgebrochen. Unter Rev. Peter Kalangula, der später selbst in die Politik einstieg, wurde 1971 die „Ovamboland Independent (Anglican) Church" gegründet, der sich ein Drittel der anglikanischen Owambos anschloß.[160]

In Konkurrenz zur ELCIN, die unter Bischof Dumeni einen zunehmend SWAPO-freundlichen Kurs steuerte, formierte sich im Owamboland als Tochter der Niederländisch Reformierten Kirche die „Evangelisch Reformierte Kirche von Afrika".[161]

In der ELK war der Kurs Bischof Frederiks und seines Stellvertreters Kameeta nicht unumstritten. Für eine innerkirchliche Opposition sprach der frühere ELK-Bischof Dr. Lucas de Vries. Er war in den siebziger Jahren einer der konsequentesten Ankläger der südafrikanischen Verwaltung gewesen und hatte zeitweise mit der SWAPO sympathisiert; die Gewalttätigkeiten der Guerillas gegen Unschuldige führten allerdings zur Abwendung von der SWAPO.[162] Über die Kirchen äußerte er sich folgendermaßen:
„Das brauchen wir in unserem Land: Geistliches Brot für unsere ermüdeten Menschen, die Gewalt und Blutvergießen leid sind. Die Erlösung liegt nicht in den Waffen der SWAPO. Jesus ist in der Verkündung der Kirche so klein geworden, daß wir uns fragen müssen, ob wir noch christliche Kirche sind oder nicht (...)"[163]
Dr. Lucas de Vries betätigte sich in der Übergangsregierung für die „Liberated Democratic Party/Liberation Front" als Minister und gründete eine eigene lutherische Kirche. Inzwischen wurden mit ihm „Versöhnungsgespräche" geführt.

Die Reaktionen auf den Namibia-Bericht der Südafrikanischen Bischofskonferenz von 1982 und die Johannesburger Veranstaltung „Die Wahrheit über Namibia" von 1983 zeigen, daß innerhalb der katholischen Christen erhebliche Meinungsverschiedenheiten bestanden. Auch SWAPO-freundliche Autoren gaben zu, daß die Mehrheit des katholischen Missionspersonals der DTA zuneigte.[164]

Nicht zu vergessen sind die kleineren, nicht im CCN vertretenen Kirchen Namibias, wenngleich sie keine vergleichbare Bedeutung wie in Südafrika haben, wo die Mehrheit der Christen freien Kirchen angehört. Die „Namibia Churches Union" (NCU), die im Bereich sozialer Dienstleistung engagiert ist, sandte 1987 einen offenen Brief an den Deutschen Kirchentag, in dem unter anderem zu lesen war:
„Namibia ist heute nicht mehr mit Südafrika vergleichbar. Die Apartheidgesetze wurden schon 1978 abgeschafft. Im Unterschied zum ANC in Südafrika ist die SWAPO in Namibia nicht gebannt. Wir haben keine

politischen Gefangenen, keine Pressezensur, keinen Ausnahmezustand. Wir haben Versammlungs- und Redefreiheit. (...) Noch immer tobt an unserer Nordgrenze ein Buschkrieg, unter dem zu allererst unsere Schwestern und Brüder im Owamboland leiden. Sie fahren über Landminen. Sie tragen die Folgen von Sabotageakten an Strom-, Wasserleitungen und Gebäuden. Sie verlieren ihre Angehörigen, die auf Seiten der SWAPO oder der namibischen Armee kämpfen oder von der SWAPO als „Kollaborateure" umgebracht werden. Dieser Buschkrieg ist schon lange kein „Befreiungskampf" mehr. Er ist der Kampf einer kleinen Führungsgruppe um Einfluß und Macht in Namibia. Der Krieg wäre schnell zu beenden, wenn die SWAPO endlich begreifen würde, daß die Unabhängigkeit unseres Landes in Frieden und Freiheit nur gemeinsam von allen Namibiern erreicht werden kann."[165]

Unterzeichnet wurde der Brief von den Bischöfen bzw. Repräsentanten der Oruuano Church/Protestant Unity Church, Spiritual Healing Church, St. Jona Prophet Church, St. John's Christian Church in Africa, St. Philip Faith Healing Church, St. Peter Apostolic Church und St. Jacob Apostolic Church.

Die größte dieser Kirchen ist die Oruuano Church/Protestant Unity Church mit ca. 15000 - 20000 Mitgliedern. Bemerkenswert ist, daß gerade sie in den fünfziger und sechziger Jahren vehement die südafrikanische Verwaltungsmacht kritisiert hatte.

Es bahnte sich eine ähnliche Entwicklung wie in der Republik Südafrika an: Dort wurde 1988 als Gegenstück zum Südafrikanischen Kirchenrat (SACC), der mit ANC / UDF sympathisiert, die „Kirchliche Vereinigung von Südafrika" (CASA) gegründet. Sie unterstützen unter anderem die christliche Zionskirche (ca. 6 Mio. Christen im Südlichen Afrika), die schwarzen unabhängigen reformierten Kirchen (ca. 4 Mio. Christen), die Pfingstgemeinden und die Baptisten.[166]

Kirchliche Unterstützung der SWAPO

Rückhalt besitzt die SWAPO in der von Owambo dominierten ELCIN (die frühere ELOK). Auch die SWAPO, 1957 als „Ovamboland People's Congress" gegründet, rekrutierte ihre Anhänger unbestritten vornehmlich unter den Owambo im Norden und den Owambo-Kontraktarbeitern in den Städten. Mitte der siebziger Jahre waren 45 % der Mitglieder und acht von zwölf Angehörigen des Parteipräsidiums Owambo.[167]

Schon im Jahre 1925 hatte die Finnische Mission die ersten schwarzen Pfarrer ordiniert.[168] Sie förderte - unbewußt oder bewußt - durch ihre kirchliche Emanzipation auch eine politische Emanzipation der Owambo. Um 1960 forderten Mitglieder der SWAPO die Schaffung einer unabhängigen Owambokirche nach dem Vorbild der „Oruuana Church" der Herero.[169] Um dieser Bedrohung ihrer Position entgegenzuwirken, kam die ELOK nun den politischen Ambitionen ihrer schwarzen Mitglieder entgegen. Bereits 1963 erhielt die ELOK als erste Kirche des Landes einen schwarzen Bischof, den Owambo Leonard Auala.

Die Missionare aus Finnland, das nie Kolonialmacht war, galten seit den sechziger Jahren als regierungskritisch und förderten teilweise politische Ambitionen bei den Owambo.[170] Bischof Simojoki meinte Anfang der sechziger Jahre bei einem Treffen zwischen Kirchenvertretern und SWAPO-Angehörigen: „This seems to me to be simply a question of nationalism, and we in Finland understand that very well. I can understand the feelings of these people, and since they say they are Christians too, let's forget our differences."[171] Prominente SWAPO-Führer wie Sam Nujoma oder Herman Toivo ja Toivo besuchten Schulen der Finnischen Mission im Owamboland. Der frühere Präsident der internen SWAPO, Nathaniel Maxuilili, betätigte sich einst als Laienprediger der ELOK.[172]

Der SWAPO-Funktionär John Ya-Otto schreibt in seinen Erinnerungen: „Oniipa is the headquarters of the Owambo-Kavango Church. The mission had been a haven for SWAPO since Herman [Toivo ja Toivo, Anm. d. Verf.] first began to organize in the area many years previously.[173]

Der langjährige angesehene ELOK-Bischof Auala kritisierte offen die Maßnahmen der Regierung, vermied jedoch ein offenes parteipolitisches Engagement. Dies änderte sich unter seinem Nachfolger Dumeni: „When Bishop Dumeni took over on the death of Auala, his church became an active supporter of SWAPO and thereby has lost its ability to speak out impartially against injustice, whereever it occurs.", meinte Andreas Shipanga.[174]

Im Januar 1978 stellte die ELOK fest, daß die SWAPO „sehr große Unterstützung durch das Volk genießt" und bezeichnete sie als „Hauptpartner für Verhandlungen";[175] die DTA wurde mit keinem Wort erwähnt. Bischof Dumeni führte 1982 aus:
„Wer ist SWAPO? Lassen Sie es mich erzählen. SWAPO sind Glieder unseres Volkes, sie sind Glieder unseres Volkes, Männer und Frauen, Töchter und Söhne, von unseren Familien. Sie sind Glieder unserer Kirchen, ich sagte Kirchen. Getauft, konfirmiert, verheiratet; sie haben Rechte in unseren Gemeinden, in ihren Kirchen. Sie sind Christen. Aber es ist die Frage, warum sie das Land verließen. Sie verließen es wegen

der Bedrängnisse und Nöte, von denen ich berichtete. Es ist die Kriegssituation. Es ist die Situation der Apartheid, der getrennten Entwicklung. Es ist die Situation der Ungerechtigkeit. Und das ist nicht christlich. Das ist gegen alles, was Christentum bedeutet. Sie sind keine Kommunisten."[176]
Das Verhältnis zwischen Kirche und SWAPO charakterisierte er im Oktober 1988 mit dem Satz: „Was nun Gott zusammengefügt hat, soll der Mensch nicht scheiden."[177]

Die Schwesterkirche ELK gilt als noch radikaler; sie weist auch enge personelle Querverbindungen zur SWAPO auf: „Fast die gesamte Führungsmannschaft der Inland-SWAPO kommt aus der Kirchenhierarchie der ELK."[178] Der Bischof der ELK und neue Präsident des CCN, Hendrik Frederik, fungierte, wenngleich er selbst offiziell nicht SWAPO-Mitglied ist, als Teil der SWAPO-Delegation bei den Lusaka-Gesprächen im Mai 1984. Der Herero Zephanja Kameeta, stellvertretender ELK-Bischof und bekannter Theologe des CCN, war Sekretär für Gesundheits- und Sozialwesen der internen SWAPO und ist jetzt SWAPO-Abgeordneter; Joshua Hoëbeb, Vizepräses der ELK, war stellvertretender Sekretär für Erziehung und Planung der internen SWAPO. Der Schriftleiter des ELK-Kirchenblattes „Immanuel" Philip Tjerije war Sekretär für Information und Öffentlichkeitsarbeit der internen SWAPO. Der Vizepräsident der internen SWAPO Daniel Tjongarero war langjähriger ELK-Mitarbeiter, bekleidete einen hohen Posten in der Informationsabteilung des CCN und wurde jetzt stellvertretender Informationsminister.[179]

Überhaupt kann der CCN als Vorfeldorganisation der SWAPO bezeichnet werden. So ist CCN-Generalsekretär Dr. Abisai Shejavali SWAPO-Mitglied und gilt als Vertrauter Nujomas; den Wahlsieg der SWAPO bezeichnete er als einen „Sieg Gottes".[180] Sein persönlicher Sekretär Jason Angula war gleichzeitig Sekretär für Arbeitsfragen der internen SWAPO, und ihm wurde beim Flüchtlingsrückführungsprogramm des UNHCR die Leitung des Lagers Döbra bei Windhuk übertragen. Bei Frans Kambangula fielen die Aufgabenbereiche vollends zusammen: Er leitete das Transportwesen beim CCN wie bei der internen SWAPO! Mitte der achtziger Jahre waren 16 SWAPO-Mitglieder beim CCN angestellt, darunter neun im Windhuker Büro. SWAPO-kritische Mitarbeiter wurden hingegen entlassen. Der CCN stellte der SWAPO, die ihren eigenen Sitz im Land vorübergehend aufgegeben hatte, kostenlos seine Versammlungsmöglichkeiten, Büros, Kommunikations- und Transporteinrichtungen zur Verfügung. Er sorgte für die Verteidigung vor Gericht gestellter SWAPO-Mitglieder und finanzierte eine Reihe von Projekten, die unter der Kontrolle der SWAPO stehen: so das Gesundheitszentrum und die Privatschule der A.M.E.C. in Gibeon (beide unter der Leitung des SWAPO-Vizepräsidenten Hendrik Witbooi; alle Lehrer der Schule sind SWAPO-Mitglieder) oder die ökumenische Gemeindeschule in Gochas.

Andere politische Gruppierungen - es sei denn, sie waren Anhängsel der SWAPO wie die Mitunterzeichner der „/Ai//Gams-Erklärung" - unterstützte der CCN weder finanziell noch organisatorisch, ja er bekämpfte sie als Marionetten Südafrikas. Shipangas Urteil lautete lapidar: „CCN ist SWAPO und SWAPO ist CCN."[181]

Bei den Mitgliedern der im CCN exponierten ELK, insbesondere unter den Herero und Baster, aber auch unter den Nama und Mischlingen, waren die Sympathien für die SWAPO sicherlich wesentlich geringer ausgeprägt als in der Kirchenführung. Vor Abgabe der „/Ai//Gams-Erklärung" waren die Gemeinden nicht von den Kirchenführern um Zustimmung gefragt worden. Der Baster Dr. Lucas de Vries, erster farbiger Bischof der ELK, der in den siebziger Jahren deutliche Kritik an der Apartheid und der südafrikanischen Verwaltung äußerte und eine Zeitlang auch mit der SWAPO sympathisierte, distanzierte sich später von der Kirchleitung der ELK: „Führende kirchliche Amtsträger begreifen nicht mehr die spezifisch biblische Botschaft der Versöhnung." Der CCN sei inzwischen der „kirchliche Arm der SWAPO"[182] Neben der ELK führten von Geistlichen der A.M.E.C. enge personelle Verbindungen zur SWAPO: Rev. Hendrik Witbooi war Vizepräsident der SWAPO und ist jetzt Minister. Rev. Erwin Tjirimuhe war Sekretär für Finanzen der internen SWAPO, Rev. Bartholomeus Karuaera Vorsitzender des Ältestenrates der internen SWAPO.[183]

Eine deutliche SWAPO-freundliche Haltung steuerte seit langem die Anglikanische Kirche. Drei ihrer Bischöfe wurden ausgewiesen: Bischof Mize (1969), Bischof Winter (1972) und Bischof Wood (1975). Im Jahre 1976 forderte die Anglikanische Kirche direkte Verhandlungen mit der SWAPO. Der ausgewiesene Bischof Colin Winter, der sein Bischofsamt im Londoner Exil weiter ausübte, äußerte 1976:
„Ich bin ein Namibier, ich vertraue der Führung der SWAPO, sowohl zu Hause als auch in anderen Ländern, ich wünsche mir, daß Namibia befreit wird von den Übeln des Rassismus, von den Übeln der kapitalistischen Ausbeutung: ich wünsche mir in unseren Gesetzen Freiheit eingepflanzt zu sehen. In der SWAPO-Verfassung sehe ich dies gewährleistet. (...) Ich habe die große Hoffnung, daß die Kirche im Stande sein wird, eine wichtige Rolle beim Aufbau dieser Nation zu spielen, nicht in dem Sinne, daß sie dem Staat diktiert, was er für eine

Ein anglikanischer Pfarrer spricht auf einer SWAPO-Wahlkundgebung am 12. August 1989 in Oshakati

Politik verfolgen sollte, sondern indem sie eine dienende Rolle übernimmt. Der Diener für die Diener Gottes. Ich würde deshalb gerne sehen, wenn die Kirche alle Schulen, Krankenhäuser und andere pädagogischen Institutionen dem neuen namibischen Staat überlassen würde und wenn die Kirche schon vor der Befreiung mit SWAPO in ein Gespräch über unsere künftige Rolle in einem freien Namibia eintreten würde."[184]

Anglikaner, ELOK und ELK lehnten 1976 die Turnhallenkonferenz in einem Memorandum an US-Außenminister Kissinger strikt ab.[185] Inwieweit die Mitglieder der Anglikanischen Kirche hinter diesen Thesen stehen, ist ebenfalls fraglich. Bereits 1971 spaltete sich im Owamboland aus Protest gegen die SWAPO-freundliche Haltung Bischof Winters die „Owamboland Independent (Anglican) Church" ab.[186]

Im Gegensatz zu den lutherischen Kirchen ist keiner der führenden Repräsentanten der katholischen Kirche aktiv politisch engagiert. In den siebziger Jahren war die katholische Kirche um Neutralität bemüht: Sie vermied jede Bevorzugung einer Partei, lehnte den Marxismus ab und verurteilte Gewalt auf beiden Seiten in gleicher Weise. Das „Versöhnungsmanifest" von neun SWAPO-freundlichen Priestern löste 1975 harte Diskussionen und Gegenreaktionen der Katholischen Kirche aus. Ein Positionspapier hielt noch 1982 an strikter „Distanz" zu allen politischen Parteien fest; man trat ein für „Dialog, gegenseitiges Akzeptieren und Gewaltlosigkeit". Der von der SWAPO vertretenen Lösung einer sofortigen und bedingungslosen Verwirklichung der UN-Resolution 435 wurden auch „viele Nachteile" zugeschrieben („Wer genau sind die Vereinten Nationen? Wann jemals hat diese Superorganisation wirklich schon Chaos verhindern können?") und der Alleinvertretungsanspruch der SWAPO deutlich kritisiert: „Jede Partei sollte deshalb den Anspruch aufgeben, die Bevölkerung exklusiv zu vertreten, bevor nicht ein wirklicher demokratischer Nachweis für einen solchen Anspruch erbracht werden kann."[187]

Lediglich einzelne Repräsentanten, wie der Oblaten-Provinzial Heinz Hunke, zeigten offenkundige Sympathien für die SWAPO; nach seiner Ausweisung schrieb er:
„Viele aktive Christen sind auch tatsächlich militante SWAPO-Mitglieder. Die Kirchenführer wissen genau, daß sich innerhalb der SWAPO auch eine starke Strömung leninistisch eingestellter Funktionäre befindet. Aber der Präsident der SWAPO, Sam Nujoma, und andere Persönlichkeiten der Befreiungsbewegung erklären, daß sich die Organisation mit dieser Strömung nicht identifiziert. Die SWAPO ist unter allen Parteien Namibias die eindeutigste Alternative zur gegenwärtigen von Südafrika kontrollierten Herrschaft."[188]

Hingegen hatte Bischof Koppmann von Windhuk 1979 klipp und klar erklärt:
„Wenn SWAPO an die Macht kommt, packe ich meine Koffer, außer Rom befiehlt mir, hierzubleiben."[189]

In den siebziger Jahren kritisierte denn auch die SWAPO eine zu geringe Unterstützung durch die Katholische Kirche.[190] Nach dem Amtsantritt des ersten schwarzen Bischofs Bonifacius Haushiku im Jahre 1981 änderte sich die Linie der Katholischen Kirche.

Im „Bericht der Südafrikanischen Bischofskonferenz zur Lage in Namibia" von 1982 hieß es über die SWAPO:
„In Kirchenkreisen, wie im namibischen Kirchenrat und in der Umgebung der lutherischen Bischöfe von Ovambo-Okavango, vertrat man die Meinung, daß sie keinen Beweis dafür hätten, daß die SWAPO marxistisch sei. Im Gegenteil würden sie viele SWAPO-Guerillas kennen, die gläubige und praktizierende Christen seien, junge Leute, die die Bibel lesen und beten und mit größter Entschlossenheit den Kontakt zu ihren Kirchen aufrechterhalten. In den Lagern der SWAPO werden Gottesdienste abgehalten.(...) Wie stark auch immer die marxistischen Tendenzen der SWAPO ausgeprägt sein mögen, sie scheint eine Bewegung mit mächtiger Unterstützung im Volk zu sein, die bei der Mehrzahl der Christen in Namibia wenig Besorgnis erregt und deren Sieg bei freien und gerechten Wahlen unter Aufsicht der Vereinten Nationen als sicher gilt."[191]

Bischof Haushiku stand voll und ganz hinter den Aussagen des Berichtes und bestritt auf einer gemeinsamen Veranstaltung mit dem Bischof von Durban und Vorsitzenden der Bischofskonferenz Denis Hurley „Die Wahrheit über Namibia" am 30. Januar 1983 an der Johannesburger Universität, daß die SWAPO marxistisch ausgerichtet sei.[192]

Unter Haushiku wurde die Katholische Kirche bald Vollmitglied des CCN und entsandte nun auch, wie zuvor schon ELOK und Anglikaner, einen Geistlichen zu den SWAPO-Lagern in Sambia und Angola.

Die Aussagen des Namibia-Berichtes stießen auf erheblichen Widerstand unter katholischen Christen. Es besteht eine „South African Catholic Defense League" gegen die zunehmende einseitige Politisierung der Katholischen Kirche im Südlichen Afrika. Viele Mitarbeiter der Katholischen Kirche in Namibia äußern eine konträre Ansicht. So meinte der Leiter der größten Missionsstation Sambiu in Kavangoland, Pater von Roosmalen, der dort seit 32 Jahren arbeitet, in einem Interview: „Für mich bestehen überhaupt keine Zweifel, die SWAPO ist marxistisch ausgerichtet!"[193] Es darf daher bezweifelt werden, ob die zunehmend

SWAPO-freundliche Linie der katholischen Kirche eine Mehrheit der Mitglieder repräsentiert.

Die Kavango im Norden, unter denen die Katholische Kirche besonders stark vertreten ist, galten als SWAPO-feindlich, wenngleich manche Ausschreitungen von Soldaten und das Andauern des Krieges hier vielleicht eine Änderung herbeigeführt haben mögen.

Die DELK bekennt sich zwar zu gesellschaftlicher Verantwortung und sozialer Hilfe, lehnt jedoch politische Stellungnahmen strikt ab und zog sich deshalb aus dem CCN zurück. Dies ist auch die Haltung der Niederländisch Reformierten Kirche. Die vielen kleineren Kirchen stehen zumeist ebenfalls auf dieser Linie.

Die SWAPO war bestrebt, Kontakte zu den christlichen Kirchen zu pflegen und betont, daß zahlreiche Kirchenmänner in ihrer Führungsschicht vertreten sind.[194] Für den bewaffneten Kampf wurden auch christliche Motive angeführt. So schrieb Erastus Shamena, ehemaliger Guerillakämpfer und Leiter einer SWAPO-Schule in Kuba:
„Wir haben in der Bibel gelesen, daß die Menschen gleichberechtigt seien und für ein Leben in Freiheit geboren werden. (...) Alle sind von Gott geschaffen und von Christus gerettet, alle auf dieselbe Weise. Das ist das Fundament unseres Freiheitskampfes, sein Grundgedanke. Die Missionare haben uns das Christentum gebracht, und daraus haben wir gelernt, daß jeder das Recht auf Freiheit hat."[195]

In den Flüchtlingslagern der SWAPO im Ausland bestand seit 1966 ein „Namibians' Social and Chaplaincy Service", der unmittelbar dem Büro des Präsidenten der SWAPO untergeordnet war und über den sambischen Kirchenrat vor allem vom Lutherischen Weltbund und Weltkirchenrat finanziert wurde.

Damit trug die SWAPO sicherlich der Tatsache Rechnung, daß die weitaus große Mehrheit der Bevölkerung aus Christen besteht. Daneben dienten die christlichen Verbindungen dazu, die SWAPO im In- und Ausland hoffähig zu machen und ihr den Anstrich der Respektabilität zu verleihen.

Ein SWAPO-freundlicher katholischer Autor aus der Schweiz schreibt denn auch naiv:
„Im Gespräch (...) hört man ständig, dass die SWAPO-Kämpfer fromm seien, die Bibel hätten sie immer bei sich. So erregen denn marxistische Tendenzen der SWAPO bei der Mehrzahl der Christen in Namibia keine Besorgnis, wie stark sie auch immer ausgeprägt sind."[196]

Durch das Eindringen in die namibischen Kirchen und den CCN, wobei sich marxistisches und christliches Gedankengut zur revolutionären „Befreiungstheologie" vermischten, gelang es der SWAPO zudem, in ganz Namibia festen Fuß zu fassen, was ihr militärisch verwehrt war. Aufgrund des traditionell allen Geistlichen entgegengebrachten Vertrauens besaß die SWAPO ein hervorragendes Mittel zur Beeinflussung der Gläubigen, gerade im Wirkungsbereich der ELK unter Herero, Baster, Nama, die sie militärisch nicht unter Druck setzen konnte und die eher als reserviert gegenüber der SWAPO gelten. In die Verfassungsgebende Versammlung entsandte die SWAPO nicht weniger als vier Geistliche (unter 41 Abgeordneten): Hendrik Witbooi, Zephanja Kameeta, Matti Amadhila, Willem Konjore.

Wie das Christentum nach den Vorstellungen der SWAPO aussieht, verdeutlichte ihr Präsident Sam Nujoma:
„Vielmehr glauben wir, daß sowohl radikale Sozialisten als auch Theologen, die die Befreiungstheologie vertreten, sich den Idealen der sozialen Gerechtigkeit und Gleichheit verpflichtet fühlen. Nach Auffassung der SWAPO ist der Unterschied zwischen ihnen lediglich eine Frage der Eschatologie, d. h. die Frage, ob man an ein Leben nach dem Tod glaubt oder nicht."[197]

Pastor Maasdorp, ehemaliger Generalsekretär des CCN, führte im Januar 1982 vor der Landessynode der Evangelischen Kirche im Rheinland aus: „Der Kampf in Namibia ist nicht nur ein Kampf, die Opfer der Apartheid zu heilen. Auch wenn die Kirche diese Rolle manchmal spielen möchte, nur Wunden zu verbinden, dann wäre dies lediglich ein diakonischer Dienst, durch den die Kirche sich von politischen Verwicklungen freihalten möchte. Aber diese Rolle kann die Kirche in Namibia nicht spielen. Sie ist Teil der Befreiungsbewegung (...)"[198]

In ähnlicher Weise trat der Funktionär der internen SWAPO und ELK-Vizebischof Rev. Zephanja Kameeta für eine „Theologie der Befreiung" ein.[199] Auf einer Tagung in Döbra bei Windhuk verkündete er am 4. Juli 1988: „Entwicklungshilfe muß wesentlich Verpflichtung zum und Teilnahme am revolutionären Befreiungskampf sein - nichts anderes!"[200]

Sein Vorgesetzter, ELK-Bischof und CCN-Präsident Hendrik Frederik, forderte von den Kirchen, bewußtseinsbildende Programme und politische Schulungen durchzuführen und kirchliche Einrichtungen dafür zur Verfügung zu stellen, um die Bevölkerung in „Aktionen des Widerstands" zu schulen.[201] Dies zeigte sich in der Unterstützung des Schülerstreikes, der vielfach in gewalttätige Aktionen wie Brandstiftung gegen Schulen überging.

Dies waren Interpretationen des Christentums, die viele Christen in Namibia nicht akzeptierten und nur aus Treue zu ihrer Kirche und deren Führern passiv mittrugen.

Mit dem kirchlichen Patronat lenkte die SWAPO von ihren marxistischen Zielsetzungen und ihren zahlreichen Menschenrechtsverletzungen ab. Die enge Verbindung zwischen Kirche und SWAPO wurde immer wieder als Beweis dafür angeführt, daß es sich bei der SWAPO um eine gemäßigte Organisation handele: „Ganz gewiß gibt es keine ausreichenden Beweise für die in Südafrika oft aufgestellte Behauptung, die Partei sei in ihrer Ausrichtung marxistisch; schon deshalb nicht, weil der Einfluß der Kirchen, vor allem der lutherischen, innerhalb der SWAPO sehr groß ist", meinte 1976 der Johannesburger Jura-Dekan John Dugard.[202] Den Umkehrschluß, wie weit denn die Kirchenführungen schon marxistisch unterwandert und radikalisiert seien, zog selten jemand.

In ihrem Machtbereich gab sich die SWAPO weit weniger christlich: „Selbst in den Flüchtlingslagern durfte niemand eine Bibel besitzen - mit Ausnahme der Geistlichen - und in den Gefangenenlagern und Militärbasen erst recht nicht", berichtete SWAPO-Dissident Andreas Shipanga.[203]

Steht den namibischen Kirchen ein ähnliches Schicksal wie in Moçambique bevor? Auch dort gab es zur Kolonialzeit vor allem protestantische „progressive" Missionare, die mit der marxistischen FRELIMO sympathisierten. Nach deren Machtübernahme (1975) setzte ein bis heute andauernder Kirchenkampf ein, der die Tätigkeit der Katholiken wie Protestanten erheblich beeinträchtigte: Nationalisierung kirchlicher Einrichtungen, Schließung von Kirchen, Auflösung kirchlicher Verbände, Sanktionen gegen Gottesdienste, Ausweisung und Inhaftierung von Priestern und Pfarrern.[204]

Die Stellung der Kirchen zu Menschenrechtsverletzungen und Gewalt

Ein wesentlicher Grund für die Unterstützung der SWAPO durch Kirchenführer war sicherlich das Andauern des zermürbenden Guerillakrieges im Norden Namibias über nun bald 15 Jahre.

Durch militärische Anordnungen wie nächtliche Ausgangssperre und durch die Landminengefahr war eine geregelte seelsorgerische Betreuung der weit auseinander liegenden Gemeinden nicht mehr möglich. Tausende vornehmlich schwarzer Zivilisten, darunter auch Kirchenpersonal, wurden Opfer von Landminen, gelegt von der SWAPO, wenngleich diese auch die Armee dafür beschuldigte. Schulkinder verließen das Land und wurden in Angola und Sambia in militärischen Trainingslagern der SWAPO ausgebildet, ob freiwillig oder unfreiwillig, war in vielen Fällen umstritten.

Auch ohne es zu wollen, stand die Kirche, wie die Zivilbevölkerung, zwischen den Fronten. Nachts forderten die Guerillas Hilfe und Unterstützung, tagsüber kam die Armee. Vielfach wurde zum Mittel der Drohung und Einschüchterung gegriffen, und die Brutalität des Partisanenkrieges verleitete zu Gewalttaten und Menschenrechtsverletzungen.

Shipanga schildert in seinen Erinnerungen, wie die SWAPO auch Druck auf die Kirchen ausübte: „Our acting president, Nathaniel Maxuilili, had gone to the mission at Engela and threatened that if the churches did not cooperate with SWAPO he would burn the mission down."[205]

Die Kirche konnte sich humanitärer Hilfe und seelsorgerischer Betreuung nicht entziehen. So meint der im Kavangoland tätige Pater von Roosmalen, kein Freund der SWAPO: „Wenn jemand Hilfe braucht, so fragen wir nicht, ob er zur SWAPO oder einer anderen Partei gehört."[206]

Nur zu oft wurden kirchliche Einrichtungen angegriffen. Einige Beispiele aus dem Owamboland seien genannt: Die Druckerei der ELOK in Oniipa wurde zweimal (1973 und 1980) in die Luft gesprengt. Im Juni 1981 wurde das anglikanische Seminar St. Mary bei Odibo zerstört.[207] Die katholische Kirche von Omuulukila wurde am 20. September 1987 Opfer eines Bombenattentates.[208] SWAPO und Regierung beschuldigten sich jeweils gegenseitig der Täterschaft.

Bekannt wurde die Auflösung eines Gottesdienstes der ELOK in Elombe durch das Militär am 16. Mai 1982 unter Anwesenheit Bischof Dumenis. Auf der Suche nach SWAPO-Guerillakämpfern wurden dabei verschiedene Teilnehmer mißhandelt. Ein Vertreter der südwestafrikanischen Armee entschuldigte den Vorfall später mit dem Hinweis, der schwarze Gruppenführer der Soldaten habe sieben Brüder durch Einwirkung der SWAPO verloren; zudem würden sich SWAPO-Guerillas nur zu häufig im Schutz von Kirchen verstecken. Die Verantwortlichen seien inzwischen von einem Militärgericht bestraft worden.[209]

In einem offenen Brief vom 4. Oktober 1978 an Premierminister P. W. Botha hatten ELK, ELOK, DELK, Katholiken, Anglikaner und Methodisten vor internen Wahlen gewarnt; Botha sei andernfalls „verantwortlich für die Eskalation eines vermeidbaren, schrecklichen und tragischen Krieges in diesem Land."[210]

Verschiedentlich äußerten sich Kirchenführer dahingehend, daß sie die Gewalt auf beiden Seiten ablehnten. Der Schweizer Autor Rechsteiner bezeichnete die Kirchen als „eine Friedensbewegung gegen die südafrikanische Apartheid-Gewalt".[211]

Offenkundig waren jedoch Tendenzen, im Sinne einer „Theologie der Befreiung" den gewalttätigen Widerstand der „Unterdrückten" zu rechtfertigen. Dies bedeutete für die SWAPO eine wichtige moralische Legitimation ihres Kampfes. Der Vize-Präsident der SWAPO und CCN-Funktionär Daniel Tjongarero argumentierte denn auch:
„Es braucht ein Verständnis für die menschliche Tatsache, dass hier eine gewalttätige Situation gewaltsam bekämpft wird."[212]

Dies war ein wichtiger Unterschied zum einstigen Rhodesien: Dort hatte die „Patriotische Front" die Kirchen nicht nötig, überfiel Missionsstationen und massakrierte das Missionspersonal, wenngleich sie auf internationaler Bühne gute Beziehungen mit dem Weltkirchenrat pflegte. Gerade die protestantischen und anglikanischen Kirchen waren in Rhodesien noch stark von Weißen geprägt und hielten sich in politischen Fragen zurück; zudem besaß das Christentum einen geringeren Einfluß als in Südwestafrika. So war es der konservative anglikanische Bischof Muzorewa, der 1980 seinen Wahlkampf als Kreuzzug gegen Kommunismus und Atheismus führte - und haushoch verlor. Die Bajonette hatten sich als stärker erwiesen. In Südwestafrika hingegen gehörten 80 % der Einwohner einer christlichen Kirche an.

Bereits am 6. September 1976 war bei einem Seminar des von den großen Konfessionen getragenen „Christlichen Zentrums" und der Christlichen Akademie in Swakopmund eine umstrittene Resolution verabschiedet worden, die das „Unterstützen genuiner Widerstandsbewegungen" und die Teilnahme am Befreiungskampf empfahl.[213]

Führend in der Rechtfertigung von Gewalt war der einflußreiche ELK-Theologe und jetzige SWAPO-Minister Rev. Zephanja Kameeta. In einem Interview mit der evangelischen Missionszeitschrift „der überblick" äußerte er sich 1986 zur Frage der Gewalt:

„Ich persönlich glaube nicht daran, daß das Wort Gottes *nur* als Befreiung verstanden werden *muß*, aber in der gesamten Welt ist das Wort eben doch ein Wort der Befreiung, sogar in Europa. So sollte es jedenfalls verstanden werden. Wir sollten zusammen mit denen arbeiten, die auf die Befreiung hinarbeiten. (...) Und wenn ich mich heute dafür entscheide, zu den Waffen zu greifen, so soll das Wort Gottes nicht dazu mißbraucht werden, daß gesagt wird, nach dem Wort Gottes sei es nicht erlaubt, zu den Waffen zu greifen. Wir wissen, daß Gewalt vom Übel ist. Aber es kann eine Zeit im Leben einer Nation kommen, in der als einzige Option des Handelns die der Gewalt übriggeblieben ist. Wir wissen, daß Gott uns eines Tages richten wird. Und in diesem Wissen und in diesem Gebet um Vergebung griffen und greifen wir zu den Waffen."[214]

Manche Beobachter machen die persönlichen Identitätsprobleme von Kameeta für seine radikale politische Haltung verantwortlich: Als Albino fehlt ihm die Akzeptanz seiner Herero-Brüder.

Auf einer Trauerfeier für die gefallenen PLAN-Eindringlinge am 10. April 1989 spielte eine Kapelle des CCN. Father Jackie sagte in seiner Predigt: „the brothers who had been killed by the 'killers' of South Africa knew quite well that the success of the struggle lies in their actions and in the hand of God."[215]

ELCIN-Bischof Kleopas Dumeni, der im Wahlkampf auf SWAPO-Veranstaltungen als Ehrengast auftrat, pries in einem Gottesdienst die PLAN-Guerilleros: „Wir danken ihnen für das, was sie für uns getan haben, denn der Krieg hat uns die Unabhängigkeit gebracht."[216]

Wenngleich inzwischen im CCN engagiert, war die katholische Kirche in der Frage der Legitimierung der Gewalt zurückhaltender. In einem Positionspapier stellte sie klar:
„Die Kirche kann niemals die Anwendung von Waffen und das Blutvergießen durch Gewaltanwendung legitimieren."[217]

Allerdings bekundete sie ein gewisses Verständnis für die SWAPO:
„Wenn die schwarzen revolutionären Kräfte sich für die Anwendung der Gewalt entschieden haben, dann muß fairerweise gesagt werden, daß dies ein Reflex ist, eine Reaktion auf die Gewalt, die durch die Machtstruktur lange Zeit auf das Schlimmste ausgeübt wurde."[218]

Insbesondere nahmen sich die südwestafrikanischen Kirchen Menschenrechtsverletzungen auf Seiten der Regierung an. Die Kirchen deckten verschiedene Fälle von Mißhandlungen, Folterungen und Tötungen von Zivilisten im Operationsgebiet durch Angehörige von Armee-, insbesondere von Spezialeinheiten wie der „Koevoet"-Einheit der Polizei auf und setzten sich für eine Bestrafung der Verantwortlichen ein.[219] Bei „Koevoet" dienten viele „umgedrehte" SWAPO-Kämpfer und Verwandte von SWAPO-Opfern, die eine besonderes hohe Motivation beim Kampf aufwiesen.

Auch setzten sie sich für die gefangenen PLAN-Guerilleros ein, die nach dem Cassinga-Unternehmen von 1978 über Jahre von der Außenwelt isoliert in Mariental gefangengehalten wurden, bis sie schließlich 1984 entlassen wurden.

Die Kirchen kritisierten die Proklamation AG 9 von 1979, die eine Inhaftierung ohne Gerichtsverhandlung über 30 Tage erlaubte und vom Generaladministrator auf unbestimmte Zeit ausgedehnt werden konnte und die den Angehörigen der Sicherheitskräfte weitgehende Immunität verlieh, wenn sie „in gutem Glauben" handelten.[220]

Am 9. Juli 1988 wurde in Ongwediva ein Menschenrechtszentrum unter dem Patronat der Bischöfe Dumeni, Kauluma und Haushiku eröffnet.[221]

Allerdings wurden inzwischen zahlreiche Fälle von Menschenrechtsverletzungen vor Gerichten verhandelt und geahndet. Die „Koevoet"-Einheit wurde in die reguläre Polizei integriert. Im Jahre 1987 schuf die Übergangsregierung der nationalen Einheit das Amt eines „Ombudsmannes" für Menschenrechtsverletzungen, an den sich jeder Bürger wenden konnte.[222]

Die Position des CCN erfuhr jedoch keine Änderung. Rev. Zephanja Kameeta bezeichnete das Militär, das inzwischen zu einem großen Teil aus südwestafrikanischen Einheiten bestand, als „kolonialistische Terroristenarmee".[223] Der Generalsekretär des CCN, Dr. Shejavali, äußerte sich zur Rolle der Streitkräfte: „Meiner Meinung nach richtet sich dieser Krieg gegen die Zivilbevölkerung mit dem Ziel, sie zu dezimieren. Es ist reiner Völkermord."[224]

Dies waren Übersteigerungen, die eher nach gezielter Propaganda als nach berechtigter Kritik klangen. So meinte denn auch Rev. Kameeta in einer Predigt im Jahre 1980: „Neutralität hat in Gottes Vokabular einfach keinen Platz."[225]

Der CCN war Mitinitiator der „Beendet-die-Wehrpflicht"-Kampagne; andererseits riefen Kirchenführer wie Rev. Kameeta zur Teilnahme am Befreiungskampf auf.[226]

Gewalttaten der SWAPO wurden hingegen stets ignoriert; ein Musterbeispiel hierfür war der Bericht der Südafrikanischen Bischofskonferenz von 1982.
Zahlreiche Gewalttaten der SWAPO sind dokumentiert und wurden teilweise auch von ihr zugegeben. So wurden z. B. die ELOK-Pastoren Philippus Aigbolo und Nathaniel Theophilus, letzterer zusammen mit Frau und Sohn, im Juli bzw. Dezember 1979 im Owamboland von SWAPO-Guerillas ermordet, da sie sich weigerten, für die SWAPO Propaganda zu machen. Der Schulinspektor Joseph Heimbo wurde erschossen, als er gegen die Entführung von 142 Schülern Widerstand leistete.[227]

Zahlreiche sog. „Kollaborateure" wurden Opfer der SWAPO, darunter prominente interne Politiker wie 1975 der Vorsitzende der Owambo-Exekutive Filemon Eliphas und 1978 der Präsident der DTA Clemens Kapuo. Wenngleich die SWAPO in einzelnen Fällen nicht explizit die Verantwortung übernahm, gab sie doch zu, gegen „Kollaborateure" vorzugehen.[228]

Eine Reihe weißer Farmer und deren Frauen und Kinder wurden ebenfalls Opfer von SWAPO-Anschlägen. Die SWAPO übernahm die

Verantwortung für die Tötung dieser „Mitglieder der am meisten gehaßten Schicht der Kolonialgesellschaft".[229]

Zunehmend griff die SWAPO auch zum Mittel des Terrors in Ballungszentren: So wurden im September 1988 bei zwei Bombenattentaten innerhalb von zwei Stunden in Windhuk zwei Menschen getötet und sieben verletzt. Die Anschläge wurden offiziell der SWAPO zugeschrieben.[230] Man vermutet, daß die SWAPO dadurch angesichts der gleichzeitigen Unabhängigkeitsverhandlungen auch im Landesinneren ihre Präsenz demonstrieren wollte.

Unabhängige und SWAPO-freundliche Stimmen bestätigten Gewalttaten der SWAPO. So schrieb der Afrika-Referent der katholischen deutschen Bischofskonferenz Bernd Kaut nach einem Besuch in Südwestafrika in einem nicht regierungsfreundlichen Artikel:
„Auch die SWAPO schlägt zu und schüchtert die Bevölkerung ein. Zwar beteuerte mir gegenüber der heimliche Führer der Inland-SWAPO, daß sie nur gegen Kollaborateure der Südafrikaner vorgingen und auch dies nur nach mehrmaliger Warnung, doch gehen zweifellos auch viele unschuldige Opfer (Tretminenexplosionen, Morde, gezielte Hinrichtungen) auf ihr Konto."[231]

Selbst der SWAPO-freundliche Berliner Politologie-Professor Franz Ansprenger räumte ein, daß die Mehrheit ziviler Opfer von Landminenexplosionen auf das Konto der SWAPO ging. Auch Schulkinder seien oft nicht freiwillig nach Angola oder Sambia gegangen, selbst bei SWAPO-Sympathisanten sei dies zu bezweifeln.[232]

Die Verantwortung für Menschenrechtsverletzungen in Zusammenhang mit dem 'schmutzigen' Krieg im Norden Südwestafrikas konnte vielfach der jeweils anderen Seite zugeschoben werden bzw. war nie restlos zu klären. Unstrittig war sie jedoch, was den Machtbereich der SWAPO, nämlich Angola und Sambia, anbelangt.

Bereits 1978 berichtete der freigelassene SWAPO-Dissident Andreas Shipanga von umfangreichen Internierungen und Menschenrechtsverletzungen. Alle derartigen Anschuldigungen wurden von der SWAPO und den südwestafrikanischen Kirchen brüsk als südafrikanische Propaganda zurückgewiesen. Der anglikanische Bischof Winter kümmerte sich zwar persönlich um Shipanga während dessen Gefangenschaft in Tansania, wagte es wegen seiner guten Beziehungen zur SWAPO aber nicht, den Sachverhalt offen zur Sprache zu bringen.[233]

Erst im Jahre 1989 ließ sich der Tatbestand nicht mehr verheimlichen. Zum einen hatte sich die Bestimmung, daß vor Abhaltung von Wahlen alle Flüchtlinge zurückzuführen und alle politischen Gefangenen zu entlassen seien, für die SWAPO als Pferdefuß erwiesen, der nun auch die eigenen Häftlinge betraf. Daß es solche zu Hunderten gab, konnte auch die SWAPO nicht mehr länger ableugnen. Sie denunzierte sie jedoch ausnahmslos als südafrikanische Spione. Der Vizepräsident der internen SWAPO und CCN-Mitarbeiter Daniel Tjongarero meinte: „Ich denke nicht, daß wir irgendwelche Dissidenten festhalten."[234]

Daneben gestand aber auch Pfarrer Siegfried Groth von der Vereinigten Evangelischen Mission, von 1973 bis Mitte der achtziger Jahre Kontaktmann zur SWAPO mit Zugang zu ihren Lagern, daß er schon 1976 über Menschenrechtsverletzungen informiert worden war. Intern habe er die kirchlichen Stellen zwar informiert; Konsequenzen seien jedoch auf Drängen der südwestafrikanischen Kirchen, die informiert waren (so 1977 ELOK-Bischof Auala), unterblieben. Ende der achtziger Jahre erlitt er einen Nervenzusammenbruch und brach sein Schweigen. Er bekräftigte, daß es sich bei den Gefangenen in vielen Fällen nicht um Spione gehandelt habe.[235]

Die einzige Reaktion der SWAPO auf derartige Anschuldigungen war eine von ihr geleitete Reise von Delegierten des Lutherischen Weltbundes im Dezember 1987 nach Angola gewesen. Die Teilnehmer äußerten sich „äußerst beeindruckt" von den Lagern und kamen zu dem Ergebnis, daß es keinerlei Anzeichen für Übergriffe der SWAPO gebe; ein Teilnehmer verstieg sich sogar zu der Behauptung, man habe nicht das „einseitige moralische Recht, die SWAPO nach den Menschenrechten zu fragen."[236]

Als Anfang Juli 1989 die ersten 153 Freigelassenen in Windhuk eintrafen und mit ihren Narben und Brandmalen die Wahrheit dokumentierten, war die Sensation perfekt.

Doch die Konsequenzen, die daraus gezogen wurden, waren niederschmetternd. Der CCN sprach mit Vertretern beider Seiten und rief schließlich in seiner Erklärung vom 28. August 1989 zur „nationalen Versöhnung" auf. Eine direkte Verurteilung der SWAPO suchte man darin vergebens.[237] Noch eindeutiger nahm die ELK am 14. September 1989 in einer Pressemitteilung Partei, in der die SWAPO sogar gelobt wurde: „Die Kirchenleitung begrüßt die Stellungnahme der SWAPO, daß die Folter von Gefangenen nicht die Politik der Organisation ist, und daß die, die für solche Taten verantwortlich sind, dafür auch zur Rechenschaft gezogen werden. Weiterhin begrüßt die Kirchenleitung die erklärte Bereitschaft der SWAPO zur Versöhnung und ihre Einladung an alle Namibier, besonders jene, die Gefangene waren, sich dieser Verpflichtung anzuschließen." Sie ließ ausdrücklich offen, „ob die Opfer schuldig waren oder nicht"![238]

Auf der Vollversammlung des Lutherischen Weltbundes Anfang 1990 in Brasilien reagierten ELK-Bischof Frederik und ELCIN-Bischof

Dumeni auf das Thema Menschenrechtsverletzungen der SWAPO mit den lapidaren Worten: „Wir wollen nichts mehr davon hören.[239]

Auch auf höherer kirchlicher Ebene änderte sich kaum etwas an der bisherigen Linie. Der Weltkirchenrat billigte der SWAPO am 22. September 1989, kurz nach der Rückkehr der ersten SWAPO-Opfer, die bislang höchste Einzelzuwendung in Höhe von DM 300 000,- zu.[240] Und der Generalsekretär des Lutherischen Weltbundes Gunnar Stalsett wußte nichts besseres zu sagen als: „Es ekelt mich an, daß sie [d.h. bundesdeutsche Kritiker, Anm. d. Verf.] die Menschenrechtsverletzungen der SWAPO kritisiert, aber nicht Südafrika angeklagt haben!"[241] Zu den Anschuldigungen habe er im übrigen geschwiegen, damit sie nicht im Wahlkampf gegen die SWAPO verwandt würden.[242] Lediglich die EKD legte - in bewährter Tradition - ein Schuldbekenntnis ab, ohne jedoch ihre Politik grundlegend zu ändern.

Nicht nur politische Parteinahme, auch ein gewisses Maß an Opportunismus mochte bei der einseitigen Haltung vieler Kirchenführer eine Rolle spielen. Die Wirkung eines langdauernden Krieges ist zermürbend. Im Falle einer von den Vereinten Nationen kontrollierten Wahl war nicht mit einer Wiederkehr der südafrikanischen Armee zu rechnen, hingegen war nicht ausgeschlossen, daß die SWAPO nach einer Niederlage den Kampf wieder aufnehmen würde. Bei einer derartigen Wahl konnte die SWAPO mit der Sympathie der Vereinten Nationen rechnen, die SWAPO als alleinige Vertreterin des „namibischen Volkes" anerkannt hatten.

Man schien sich auf kirchlicher Seite auf den potentiell Stärkeren einzustellen. Bereits im Oktober 1977 stand in den Informationen des Lutherischen Weltbundes, „daß die schwarzen Kirchen in Afrika (...) für den Lutherischen Weltbund bedeutender sind als die weißen Kirchen in Südafrika."[243] „Die Zukunft der Kirche ist schwarz", hatte Mitte der siebziger Jahre auch der Oblaten-Provinzial Heinz Hunke festgestellt.[244]

Bezeichnend war auch die Aussage des Bischofs von Durban und Vorsitzenden der Südafrikanischen Bischofskonferenz Denis Hurley über die SWAPO, nachdem massive Kritik am Namibia-Bericht laut wurde:
„Sie könnte gefährlich sein. Wir setzen vielleicht auf ein gefährliches Pferd, ich selbst weiss es nicht, aber die Mehrheit der Menschen setzt nun einmal darauf. Wir sind uns darüber im Klaren, dass die Mehrheit irregeführt werden kann, natürlich... Wenn die SWAPO gewinnt, gewinnt sie eben und wir werden damit schon leben können."[245]

Kapitel 7

Fünfundzwanzig Jahre Buschkrieg

Bald nach ihrer Gründung beschloß die SWAPO die Aufnahme des bewaffneten Kampfes. Auf dem Kongreß in Dar-es-Salaam 1963 wurde dies mit der Begründung angekündigt, daß die Verhaftungen eine politische Betätigung im Lande unmöglich gemacht hätten. Die SWAPO nahm Kontakt mit den antiportugiesischen Guerillabewegungen in Angola auf, vor allem mit der im Süden operierenden UNITA, die dann ab 1976 ein erbitterter Gegner der SWAPO wurde. UNITA-Führer Jonas Savimbi soll damals seine erste Tokarev-Pistole von Sam Nujoma geschenkt bekommen haben. Die blutsmäßige Verwandtschaft zwischen Owambo und Ovimbundu, auf die sich die UNITA vor allem stützt, legte diese Zusammenarbeit nahe.[246]

Im Jahre 1964 begann die militärische Ausbildung der zukünftigen Kämpfer der „National Liberation Army" (NLA), zuerst in Tansania, Ghana, Ägypten und in der Sowjetunion. Das erste Kontingent bestand überwiegend aus abgeworbenen Minenarbeitern; zunehmend rekrutierte bzw. entführte man auch Schulkinder in Südwestafrika. Die 1963 gegründete OAU stellte der SWAPO wie auch anderen Guerillabewegungen finanzielle Mittel für ihren „Freiheitskampf" zur Verfügung. Eine wesentliche Voraussetzung für das internationale Prestige der SWAPO war der Entschluß zur Aufnahme des bewaffneten Kampfes, unabhängig von dessen militärischem Erfolg. Andere Oppositionsbewegungen in Südwestafrika, wie SWANU oder NUDO, die mit friedlichen Mitteln ihre Ziele durchzusetzen suchten, wurden - wie im benachbarten Rhodesien - kaum beachtet.

Im September 1965 konnten die ersten fünf Kämpfer von Angola nach Südwestafrika geschleust werden, dort bescheidene Stützpunkte errichten und Waffenverstecke anlegen. Das in den Augen der SWAPO empörende Urteil des Haager Gerichtshofes vom Juli 1966 zur Südwestafrika-Frage verstärkte die Bereitschaft zum bewaffneten Kampf, auch bei eher gemäßigten Funktionären wie Andimba Toivo ja Toivo. Als NLA-Kämpfer im Raum des Etoscha-Nationalparks eine feste Basis eingerichtet hatten, konnte diese in einem ersten Gefecht bei Ongulumbashe am 26. August 1966 von der Polizei ausgehoben werden. Dabei wurden zwei NLA-Kämpfer getötet und mindestens neun gefangen genommen. Die SWAPO, die dieses Datum zum „Namibia-Tag" erhob, bauschte in ihrer Propaganda die Konfrontation erheblich auf und sprach von angeblich 15 getöteten südafrikanischen Soldaten. Diese gab es - in Einklang mit den Mandatsbestimmungen - damals auf südwestafrikanischem Territorium überhaupt noch nicht. Lediglich geringe Polizeieinheiten, die erst Ende der sechziger Jahre verstärkt wurden, überwachten den Norden. Erst 1973 entsandte Pretoria die ersten Soldaten zum Schutz der Nordgrenze. Im gleichen Jahr 1966 kam es auch zur ersten Konfrontation in Rhodesien. Der Konflikt in Südwestafrika sollte sich zehn Jahre länger hinziehen.

Am 14. Dezember 1966 operierte die NLA auch erstmals südlich der „Roten Linie" (Trennlinie zwischen weißem Farmgebiet und nördlichen Stammesgebieten) und griff eine Farm im Bezirk Grootfontein an; der Besitzer wurde verwundet. Dies sollte jedoch während des gesamten Guerillakrieges die Ausnahme bleiben: Anders als Rhodesien ist Südwestafrika als trockenes Land mit spärlichem Bewuchs denkbar ungeeignet für den Guerillakrieg; der Krieg beschränkte sich in der Regel auf einen 50 km breiten Streifen südlich der angolanischen Grenze. Auch gelang es der SWAPO nach ihrer Niederlage von Ongulumbashe nie mehr, dauerhafte Basen im Lande zu errichten.

Einen weiteren Rückschlag bedeutete die Erschießung des ersten NLA-Kommandeurs Tobias Hainyeko am 18. Mai 1967 durch eine südafrikanische Polizeipatrouille, als er von Sambia aus den Sambesi in Richtung Caprivizipfel überqueren wollte. Wahrscheinlich war das Unternehmen von einem Informanten verraten worden.[247] Überhaupt dürfte ein wesentlicher Teil der südafrikanischen Erfolge im Buschkrieg auf das gut ausgebaute militärische Spionage- und Spitzelnetz zurückzuführen sein. So meinte Anfang der achtziger Jahre Leutnant van Oosthuizen, Kompaniechef der 2. Kompanie des Owambo-Bataillons 101: „Die Hauptstärke der Truppe liegt darin, daß kleine Gruppen in die Läden und in die Bierschenken, „Cuca-Shops" genannt, gehen, und Informationen über den Feind sammeln können."[248] Aber auch die SWAPO erhielt über die Cuca-Shops wichtige Informationen über südafrikanische Truppenbewegungen. Spezialeinheiten wie „Koevoet" beschafften als SWAPO-Kämpfer getarnt Nachrichten. Ende 1989 wartete der südafrikanische Verteidigungsminister Magnus Malan mit der sensationellen Nachricht auf, der im September 1989 von Unbekannten erschossene Rechtsanwalt Anton Lubowski, das deutschstämmige Aushängeschild der SWAPO, sei ein bezahlter Informant des Nachrichtendienstes gewesen.[249] Vielleicht wird es sich noch erweisen, daß die Südafrikaner durch gezielte Aktionen Anteil an den wiederholten Auseinandersetzungen innerhalb der SWAPO hatten. Diese Verwirr-

Taktik hatten jedenfalls die Rhodesier über lange Jahre meisterlich verfolgt. Zumindest für die SWAPO-internen Konflikte der siebziger Jahre schien dies zuzutreffen.[250]

Neuer PLAN-Kommandeur (bis 1989) wurde Dimo Hamaambo. Die südafrikanische Mandatsmacht reagierte Ende der sechziger Jahre mit einer Serie von Verhaftungen und Prozessen; so wurde Andimba Toivo ja Toivo zu zwanzig Jahren Gefängnis verurteilt.

Die militärische Aktivität der NLA mußte sich in den folgenden Jahren auf den Caprivi-Zipfel beschränken, wo vom schwarz regierten Sambia aus einigermaßen unbemerkt die Grenze überquert werden konnte.

In das eigentliche Südwestafrika gelangte jedoch kaum mehr ein Guerillakämpfer, zumal auch in Angola die vom portugiesischen Militär geknüpften Maschen eng waren und die Südafrikanischen Sicherheitskräfte die Grenze überschreiten durften.

Ab 1971 ging die NLA zur problematischen verdeckten Kampfführung mit Landminen über, der typischen Waffe des Schwächeren, die auch Unschuldige trifft. Bei einem ersten Landminenzwischenfall am 22. Mai 1971 in der Nähe von Katima Mulilo wurden zwei Polizisten getötet und neun verwundet.

Erfolge erzielte die SWAPO oft weniger durch ihre Guerilleros als durch geschickte Propaganda: So gelang es 1972 dem damaligen Informationssekretär Andreas Shipanga, die Nachricht über ein südafrikanisches Massaker im Caprivi über die internationalen Medien zu verbreiten, und hatte hierfür sogar ein schwedisches Filmteam „vor Ort" geführt - in Wirklichkeit war es, vielleicht in gutem Glauben, zu einem von der portugiesischen Armee zerstörten Dorf im südlichen Angola gebracht worden.[251] Im Jahre 1978 zeigte derselbe Regisseur Per Sanden wiederum einen „Dokumentarfilm", der vorgab, die SWAPO-Basis „Vietnam" im befreiten Gebiet zu zeigen - kurz zuvor hatten südafrikanische Soldaten diese Basis zerstört: Sie lag 30 km nördlich der Grenze in Angola.[252]

Anfang der siebziger Jahre geriet die NLA in eine Krise. Nachschubmangel und Überalterung der Führung verminderten die Effizienz. Im Jahre 1973 wurde sie reorganisiert und in „People's Liberation Army of Namibia" (PLAN) umbenannt.

Der SWAPO-Dissident und frühere Informationssekretär Andreas Shipanga beschuldigt die SWAPO-Führung unter Sam Nujoma in Lusaka, zur Bestreitung ihres exklusiven Lebensstils Waffen und Nachschubgüter auf dem schwarzen Markt bzw. an die UNITA verkauft zu haben, was eine wesentliche Ursache für die militärische Krise und die Kontroversen innerhalb der SWAPO Mitte der siebziger Jahre gewesen sei.[253]

Die Haager Entscheidung von 1971, die die südafrikanische Präsenz für illegal erklärte, und die darauffolgende südafrikanische Ankündigung eines Rückzuges aus Südwestafrika heizten den schwarzen Nationalismus im Lande an. Um der wachsenden Radikalisierung zu begegnen, öffnete der damalige Eingeborenenkommissar Jannie de Wet die Grenzen und ermöglichte es dadurch unzufriedenen Nationalisten, ins Exil zu gehen - eine folgenschwere Entscheidung, wurden dadurch doch der PLAN etwa 6000 neue Kämpfer zugeführt. Die UNITA sicherte der SWAPO zu, die Ankömmlinge nicht zu rekrutieren. Im Jahre 1978 erreichte die PLAN ihren Höchststand mit 16 000 ausgebildeten Soldaten. Außerdem war ihre militärische Ausgangsposition durch die marxistische Machtübernahme in Angola 1974/75 wesentlich verbessert worden.[254]

Zwischenzeitlich hatte allerdings die Entwicklung eine andere Richtung eingeschlagen (siehe auch Kap. 5). Südafrikas Premierminister Vorster nahm im Zuge seiner Entspannungspolitik enge Kontakte mit Sambias Staatschef Kaunda auf. Gemeinsames Ziel war die Etablierung gemäßigter schwarzer Regierungen in den Nachbarstaaten (Savimbis UNITA und Robertos FNLA in Angola, Nkomos ZAPU in Rhodesien). Die SWAPO sollte nach dem Willen Vorsters die Guerillatätigkeit in Südwestafrika einstellen und zur bloßen politischen Partei reduziert werden. Daraufhin verbot Kaunda im September 1975 alle Waffenlieferungen für die SWAPO und verfügte die Einstellung ihrer militärischen

Werbeplakat der „People's Liberation Army of Namibia" (PLAN)

Aktivitäten von sambischem Staatsgebiet aus. Die blutigen Auseinandersetzungen rivalisierender Exilführer - zumindest die rhodesischen Bruderkämpfe waren durch gezielte Aktionen des rhodesischen Geheimdienstes provoziert worden - hatten zu diesem Vorgehen Kaundas beigetragen.

Die SWAPO wurde schließlich laut Andreas Shipanga dazu gezwungen, Waffen an die UNITA abzuliefern und Ende 1975 an deren Seite, zusammen mit den verhaßten Südafrikanern, in Angola gegen die MPLA zu kämpfen. Dies habe die Differenzen innerhalb der SWAPO verschärft.[255]

Im April 1975 hatten südafrikanische Einheiten zum Schutz des binationalen Wasserkraftwerkes Ruacana einen Brückenkopf gebildet. Im August 1975 errichteten sie im südlichen Angola zwei Ausbildungslager für UNITA- und FNLA-Guerillakämpfer. Nachdem ab 4. Oktober 1975 immer mehr reguläre kubanische Truppen und schweres Kriegsgerät zugunsten der marxistischen MPLA in Angola eintrafen, begann am 22. Oktober eine großangelegte südafrikanische Invasion. Von Norden her nahmen FNLA-Einheiten mit südafrikanischen Militärberatern die MPLA in die Zange. Mitte November 1975 standen die FNLA-Einheiten 28 km nördlich von Luanda, und das südafrikanische Expeditionskorps „Force Zulu" 150 km südlich davon - in einem Blitzkrieg hatten die wenigen hundert Soldaten 1000 km zurückgelegt. Ohne ausreichende Luftunterstützung war die Position jedoch nicht zu halten. Nach einer Verweigerung US-amerikanischer Rückendeckung mußte der damalige Verteidigungsminister P. W. Botha im Februar 1976 den Rückzugbefehl geben.[256]

Seine später offen geäußerten Vorwürfe an die Adresse der USA waren sicherlich nicht unberechtigt. US-Senator Barry Goldwater meinte Anfang der achtziger Jahre: „There ist no question but that the CIA told the South Africans to move into Angola and that we would help with military equipment."[257]

In seinen Memoiren enthüllte übrigens jüngst der sowjetische Direktor des Instituts für USA und Kanada Georgi Arbatow, daß Kuba, weniger die Sowjetunion, das kommunistische Engagement in Angola initiiert habe und daß das südafrikanische Eingreifen dafür nicht entscheidend gewesen sei.[258] Dies würde Pretorias These des Präventivkrieges stützen.

Der südafrikanische Rückzug aus Angola und die Etablierung der marxistischen MPLA-Regierung beendete die Kooperation zwischen Pretoria, Lusaka, Kinshasa und Washington. Auch Kaunda bemächtigte sich wieder einer radikaleren Tonart und arrangierte sich mit dem MPLA-Regime, wenngleich er die Kontakte zur UNITA nicht abbrach und der SWAPO weiterhin Sambia als militärisches Sprungbrett verwehrt wurde.

Dafür bot sich der SWAPO nun das südliche Angola als wesentlich großräumigeres Aufmarschgebiet gegen Südwestafrika ein. Nujoma hatte sich durch brutale Unterdrückung gegen alle innerparteilichen Opponenten behauptet und setzte ab 1976 voll auf die marxistische MPLA und die sowjetische Option. Diese neue Politik wurde bei der ZK-Tagung der SWAPO im Juli/August 1976 in Lusaka festgeschrieben. Bereits seit 1971 hatte die SWAPO russische Waffen und Ausrüstungsgegenstände beschafft.

Die Sowjetunion und Kuba begannen Mitte der siebziger Jahre ein massives Engagement in Afrika (Äthiopien, Guinea, Moçambique, Angola). In der zweiten Jahreshälfte 1975 waren in einer großangelegten Luftbrücke 20000 kubanische Soldaten nebst Militärberatern aus der Sowjetunion und anderen Ostblockländern, 180 Panzer, Waffen und Ausrüstung für 300 Millionen Mark nach Angola gebracht worden (Operation „Carlotta"). Nach dem Sieg der marxistischen MPLA soll auf einer Konferenz in Conacry (Guinea) im Frühjahr 1976, unter Anwesenheit von Fidel Castro, Agostinho Neto und Sam Nujoma, die neue Stoßrichtung Namibia beschlossen worden sein.[259] PLAN sollte den Guerillakrieg gegen die Südafrikaner intensivieren, und vielleicht zu gegebener Zeit, wie zuvor die MPLA in Angola, Kubaner und Sowjets offiziell um Hilfe ersuchen. Im August 1976 reiste Nujoma nach Moskau, im Oktober 1976 nach Havanna. Zweifelsohne war das endgültige Ziel der Sowjets unter Breschnew die Beherrschung des rohstoffreichen Südafrika, was dieser 1977 gegenüber dem somalischen Staatschef Siad Barré geäußert haben soll.[260] Nach einem Besuch Nujomas in der DDR wurden NVA-Fallschirmjäger von der Insel Rügen als PLAN-Ausbilder in Angola stationiert.[261]

Die begrenzten Erfolge der PLAN wie die nachlassende Kampfkraft der Kubaner in Angola, wahrscheinlich auch die zunehmende Verwicklung der Sowjets in Afghanistan ab 1979, verhinderten diese bedrohliche Eskalierung des Krieges in Südwestafrika.

Es blieb bei der Guerillatätigkeit der PLAN im Norden, nun allerdings unter verbesserten Vorzeichen. PLAN konnte nun im Süden Angolas feste militärische Basen und Ausbildungslager einrichten, ihre Truppenstärke von 1975 - 1978 um 10000 steigern und das Owamboland als Operationsgebiet ansteuern.[262] Da hier anders als im Caprivi oder Kavango zum überwiegenden Teil nicht ein Fluß, sondern eine 350 km lange imaginäre Linie die Grenze bildet, war es leicht infiltrierbar. Die SWAPO rekrutierte sich vornehmlich aus dem Volk der Owambo und sprach deren Sprache, weswegen sie mit Sympathien rechnen konnte, und zudem stellten die Owambo fast die Hälfte der Gesamtbevölkerung Südwestafrikas, würden also einmal die zukünftigen Geschicke wesentlich bestimmen. Auch Waffen und Ausrüstung aus dem Ostblock sowie kubanische, nordkoreanische oder DDR-Ausbilder (zwei bis vier pro PLAN-Kompanie) standen nun in reichlichem Maße zur Verfügung. Die NVA half auch in der Logistik.

Militärisches Hauptquartier und Ausbildungszentrum von PLAN wurde Lubango (das frühere Sa da Bandeira) im Süden Angolas, 300 km nördlich der Grenze. Zwischen Lubango und Xangongo wurde ein Abwehrgürtel aus SAM-3- und SAM-6-Raketenabschußrampen und Raderanlagen eingerichtet.[263]

Das Sprungbrett Angola war allerdings teuer erkauft: Die SWAPO mußte mit der UNITA brechen und gegen diese kämpfen. Owambo sind als gute Kämpfer geschätzt, nicht zuletzt auch in den Reihen der UNITA, und die Eliteeinheiten der PLAN wurden meist in Angola gegen Savimbis Truppen eingesetzt (etwa 3400 PLAN-Soldaten im Jahre 1985 nach südafrikanischen Schätzungen), während nur schlechter ausgebildete Einheiten nach Südwestafrika entsandt werden konnten. Südafrikanische Offiziere schätzten, daß zeitweise bis zu zwei Drittel der Kräfte von PLAN in Angola gebunden wurden.[264] Nicht zuletzt aufgrund dieser Konstellation unterstützte Südafrika in der Folgezeit die oppositionelle UNITA. Dies trug entscheidend zu dem mäßigen Erfolg der PLAN in Südwestafrika bei. Auch hatte sich PLAN den Weisungen und strategischen Zielen ihrer Ostblock-Berater unterzuordnen, genauso wie sich die SWAPO nun politisch völlig der Ideologie des Marxismus-Leninismus verschreiben mußte.

Von 1975-78 hatte die südafrikanische Armee wegen außenpolitischer Rücksichten keine Erlaubnis, die angolanische Grenze zu überschreiten. PLAN konnte daher Basen in nur 10-15 km Entfernung von der Grenze errichten.[265] Dadurch konnte die Guerillatätigkeit nach 1976 deutlich gesteigert werden; der Höhepunkt des Krieges war 1981/82 erreicht.

Im März 1974 übernahm die Armee von der Polizei die Verantwortung für die „operational area". Mit Übergang zur Vorneverteidigung ab Mitte 1978 wurden die Erfolgsaussichten von PLAN drastisch reduziert.

Die SWAPO übertrieb die eigenen Erfolge in ihrer Propaganda maßlos. Nujoma prahlte 1978 im „Neuen Deutschland":
„Seit Beginn des Befreiungskampfes 1966 haben die Kämpfer der

Volksbefreiungsarmee Namibias dem Gegner schwere Verluste zugefügt. Unsere militärischen Aktivitäten sind auf alle Regionen des Landes ausgedehnt worden. Heute haben wir teilbefreite Gebiete in der nördlichen, nordwestlichen und nordöstlichen Region unseres Landes."[266]

Im Juli 1981 schrieb Nujoma in der kommunistischen Zeitschrift „Probleme des Friedens und des Sozialismus": „Wir sind imstande, dem Gegner empfindliche Schläge zu versetzen. Die SWAPO kontrolliert schon heute weite Gebiete, und ich bin sicher, daß die Volksbefreiungsarmee Namibias in naher Zukunft einen erheblichen Teil unseres Territoriums und danach das ganze Land befreien wird."[267]

Die offenkundige eigene Erfolglosigkeit wurde durch den stereotyp wiederholten Vorwurf konterkariert, die Südafrikaner hätten „100 000 Mann" zuzüglich Söldnereinheiten an der Grenze zu Angola stehen. In Wahrheit hatten die Südafrikaner nicht mehr als ca. 20 000-25 000 Mann in Südwestafrika stationiert. Am 1. April 1989 befanden sich nach Angaben von UN-Generalsekretär Perez de Cuellar 9895 südafrikanische Soldaten, daneben 5450 Angehörige der Bürgerwehr und 6128 Angehörige von Kommandoeinheiten im Lande. Hinzu kamen in den achtziger Jahren die „SWA Gebietsmacht" mit 22 000 Soldaten (1989) und etwa 3000 paramilitärische Polizisten.[268] Die Obergrenze aller süd- und südwestafrikanischen Sicherheitskräfte dürfte bei etwa 50 000 Mann gelegen haben. Das gesamte stehende Heer Südafrikas umfaßte 1982 nur 81 000 Mann; mobilisierbar sind dank des Milizsystems allerdings mehrere hunderttausend Mann.[269]

Die markigen Worte Nujomas fanden vielleicht Anklang bei schwarzafrikanischen Politikern; militärische Experten in West und Ost beurteilten die Kampfkraft der PLAN nüchterner.

Die wichtigsten operativen Ziele von PLAN waren erstens die Einschüchterung der schwarzen Bevölkerung durch Landminenexplosionen und Ermordung von „Kollaborateuren" (z. B. 1975 Owambo-Chef Filemon Eliphas, 1978 Owambo-Gesundheitsminister Tuivo Shiyagaya und DTA-Präsident Clemens Kapuo), zweitens Sabotageakte im Owamboland (gegen die Wasserkanäle des Ruacana-Systems, gegen Brücken, Elektrizitäts- und Stromleitungen), drittens Rekrutierung bzw. Entführung von Schulkindern. Kleine Trupps von 10-40 Mann sickerten vor allem in der Regenzeit (Oktober bis März), die genügend natürliche Tarnung bot, ein und zogen sich nach Abschluß des Auftrages wieder nach Angola zurück („Hit-and-Run"-Taktik). Operiert wurde vor allem nachts; den direkten Kontakt mit den Sicherheitskräften vermied man tunlichst. Nach dem Vorbild Vietnams wurden Waffen und Ausrüstungsgegenstände häufig von Frauen über die Grenze gebracht. Unter der Uniform trugen die PLAN-Kämpfer gewöhnlich vollständige Zivilkleidung, um schnell untertauchen zu können.[270]

Erst in zweiter Linie sah man Sabotage- und Terroranschläge im Farmerdreieck Otavi/Tsumeb/Grootfontein vor, da sich aufgrund logistischer Schwierigkeiten nur selten Guerillakämpfer bis dorthin durchschlagen und noch seltener nach Angola zurückkehren konnten. Es gelang nicht, Furcht und Angst unter der weißen Bevölkerung zu verbreiten, eher stärkte man durch einzelne Anschläge den Widerstandswillen. Nichtsdestoweniger wagte PLAN immer wieder derartige Unternehmen, ausgeführt durch die von Angehörigen des 5. Fallschirmjägerbataillons der NVA ausgebildeten Eliteeinheiten „Typhoon" und „Volcano",[271] ebenso wie Anschläge im ganzen Land (so z. B. im Herbst 1986 ein Bombenattentat in Walfischbucht mit mehreren Toten), um den Anschein aufrechtzuerhalten, überall präsent zu sein.

Auf südafrikanischer Seite waren die Kompanien der Bataillone in 50 bis 150 km Abstand an der Grenze stationiert. Sie waren motorisiert und verfügten über Hubschrauber. Aber auch berittene Einheiten nach dem Vorbild der rhodesischen „Grey Scouts" wurden aufgestellt. Der Norden war in drei Sektoren (10/Kaokoveld und Owamboland, 20/Kavango, 70/Caprivi) eingeteilt. Das Hauptquartier des „heißesten" Sektors 10 befand sich in Oshakati und verfügte über einen hervorragend ausgebauten Flugplatz. Die logistische Basis war in Grootfontein, das Oberkommando in Windhuk.

Die Aufgaben der Sicherheitskräfte waren folgende: erstens Sichern der 1200 km langen Nordgrenze (durch Anlage eines Zaunes im Owamboland und eines 1 km tiefen entvölkerten Streifens als „Feuer-Frei-Zone", ständige Patrouillen, elektronische Überwachung und Nachrichtenbeschaffung), zweitens Aufspüren und Unschädlichmachen eingedrungener Guerillatrupps, möglichst innerhalb von 24 Stunden („Hot Pursuit"), drittens Vernichtung der Basen.[272]

Insbesondere bei der Verfolgung eingedrungener Guerilleros bewährte sich das 1974 aufgestellte Buschmann-Bataillon 201, in dem 750 Buschmänner dienten; sie lebten mit ihren Angehörigen im Camp Omega im West-Caprivi. Zum Teil hatten sie bereits unter den Portugiesen gedient und waren nach grausamer Verfolgung durch die schwarze MPLA-Regierung nach Südwestafrika geflüchtet.

Unter seinem neuen Premierminister P. W. Botha ging Südafrika zur „Vorneverteidigung" über. Bereits am 4. Mai 1978 waren in der Operation „Reindeer" die PLAN-Hauptquartiere „Moskau" (bei Cassinga,

250 km nördlich der Grenze; Fallschirmjägerunternehmen), „Vietnam" (30 km nördlich der Grenze; mechanisierter Infanterievorstoß) und kleinere Basen östlich von Chetequera in Grenznähe (Luftlandeunternehmen) zerstört worden. Fast 1000 PLAN-Kämpfer wurden getötet, etwa 200 gefangengenommen. Die Südafrikaner verloren nach eigenen Angaben sechs Soldaten. Das von Colonel Jan Breytenbach kommandierte riskante Fallschirmjägerunternehmen gegen die Basis „Moskau" war das größte seiner Art in Afrika seit dem Zweiten Weltkrieg. Es konnte nur aufgrund der schwach entwickelten gegnerischen Raketenabwehr und absoluten Luftüberlegenheit der Südafrikaner gelingen, die in den achtziger Jahren nachließ.[273]

Die SWAPO-Propaganda machte daraus ein Massaker an wehrlosen Flüchtlingen (die sicherlich *auch*, aber nicht *allein* betroffen waren) und erhob den 4. Mai zum „Cassinga Day". Nujoma verstieg sich auf einer Pressekonferenz 1981 in Luanda sogar zu der Behauptung, die politischen und militärischen Hauptquartiere befänden sich sämtlich in Namibia; in Angola gäbe es nur Flüchtlingslager.[274] Mit ihrem Raketenangriff vom 23. August 1978 auf Katima Mulilo, der zehn südafrikanischen Soldaten das Leben kostete, glückte PLAN ein spektakulärer Vergeltungsschlag.

Die südafrikanische Armee begründete damals ihr Vorgehen mit angeblichen Vorbereitungen zu einem großangelegten konventionellen Angriff auf Südwestafrika einschließlich Panzer- und Luftlandeeinheiten unter Beteiligung von Ostblocktruppen, ausgehend von der Basis Vila Henrique de Carvalho mit Stoßrichtung auf Windhuk und Walfischbucht, und präsentierte entsprechende Beutedokumente. Auch westliche Militärjournalisten bestätigten damals gewisse Anzeichen für derartige Vorbereitungen.[275]

Bis Anfang 1984 führte Südafrika weitere größere Operationen mit Luftunterstützung in Angola durch. Die dreiwöchige Operation „Sceptic" ab 9. Juni 1980 gegen die 65 km nördlich der Grenze errichtete PLAN-Basis „Smokeshell" markierte den Übergang zu großangelegten gepanzerten Infanterieoperationen. Erstmals trafen südafrikanische Einheiten im südlichen Angola und gepanzerte PLAN- und FAPLA-Einheiten aufeinander. In der Operation „Carnation" vom Juli 1981 konnten zwei PLAN-Kommandeure, die Befehlshaber der Artillerie und der militärischen Aufklärung, gefangen genommen werden; letzterer soll wertvolle Informationen geliefert haben. Auch konnten etwa 60 gefangene PLAN-Guerilleros „umgedreht" werden.[276]

Die Operation „Protea" vom 24. August bis 8. September 1981 galt als größter mechanisierter Einsatz der südafrikanischen Streitkräfte seit dem

Zweiten Weltkrieg. Insgesamt 4000 Mann stießen bis zu 200 km tief über die Grenze vor, begleitet von „Eland"-Spähpanzern, „Ratel"-Schützenpanzern und massiver Luftunterstützung. Die Operation richtete sich gegen die sogenannte Westfront-Basis der PLAN zwischen Ongiva und Xangongo und die Ostfront-Basis östlich von Ongiva. Südafrikanische Panzer stießen mit PLAN-Panzern (damals zumeist noch veraltete sowjetische T34) zusammen. In Xangongo wurden zwei sowjetische Befehlsstände zerstört. Die Besatzung konnte jedoch entkommen; lediglich ein sowjetischer Stabsfeldwebel fiel den Südafrikanern in die Hände. Nach südafrikanischen Angaben entfielen auf die PLAN und die angolanischen Einheiten 1000 Tote und 38 Gefangene bei eigenen Verlusten von zehn Soldaten. Die Südafrikaner erbeuteten Waffen und Ausrüstungsgegenstände im Werte von einer halben Milliarde $, darunter zehn sowjetische T34, vier PT 76, drei amphibische Aufklärungsfahrzeuge, über 200 Transportfahrzeuge, dreißig 76-mm-Feldartilleriekanonen, hunderte von SAM-7-Raketen. Manches davon landete später in den Magazinen der UNITA. Als Folge der Operation „Protea" und der Operation „Daisy" vom November 1981, die wieder 250 km tief über die Grenze vorstieß, mußte die PLAN ihre Gefechtsstände weit zurückziehen, was die Führung erschwerte.[277]

Seit 1981 hielt Südafrika in der angolanischen Cunene-Provinz nördlich des Ruacana-Kraftwerkes einen 70 km breiten Streifen ständig besetzt.

Im Dezember 1983/Januar 1984 kämpften süd- und südwestafrikanische Einheiten in der Operation „Askari" erstmals gegen zwei kubanische Bataillone, die der PLAN zu Hilfe geeilt waren. Diese Operation richtete sich nun auch gegen wirtschaftliche Ziele in Angola (Zerstörung der Eisenerzminen um Cassinga). Aufgrund der Aufstellung von SAM-7-Luftabwehrraketen war die südafrikanische Luftüberlegenheit inzwischen geringer geworden.[278]

Im Februar 1984 einigten sich Angola und Südafrika im „Lusaka-Abkommen" auf einen Rückzug der Südafrikaner unter der Garantie, daß die angolanische Regierung ein Nachstoßen von PLAN und Kubanern verhindern werde, was allerdings nur teilweise geschah. Angola und Südafrika begründeten eine „Joint Monitoring Commission" zur Bereinigung des Konfliktes. Ein Jahr später löste sich die Kommission wegen Differenzen wieder auf.[279]

Im Mai/Juni 1985 führte Südafrika ein bis heute in vielen Punkten ungeklärtes Kommandounternehmen in der angolanischen Ölexklave Cabinda, mehr als 1000 km nördlich der Grenze durch, das einen unglücklichen Ausgang nahm: Zwei Südafrikaner wurden getötet, ein Hauptmann gefangengenommen.[280]

Südafrika verzichtete in den Jahren 1984-87 auf großangelegte Operationen und beschränkte sich auf kleine Gegenstöße. Außenpolitische Rücksichten spielten dabei eine Rolle: Es waren Jahre des verstärkten wirtschaftlichen Druckes auf Pretoria und der Aufstände in den südafrikanischen Schwarzensiedlungen. Aber auch die Armee hatte erkannt, daß der Krieg militärisch nicht zu gewinnen war. Hierfür hätte man, nach Einschätzung hoher südafrikanischer Offiziere in Südwestafrika, eine Linie entlang der Eisenbahn Mossamedes - Lubango (Sa da Bandeira) - Cassinga, etwa 300 km nördlich der Grenze, ständig besetzen müssen, um die Aufmarsch- und Nachschubwege der PLAN wirksam auszuschalten.[281]

Zunehmend sprach die Armee mit Bezug auf die Schriften des französischen Generals Beaufré davon, daß der Anti-Guerilla-Krieg nur zu 20 % militärisch und zu 80 % psychologisch geführt werden müsse. Die Operation „Winning Hearts and Minds" (WHAM) sollte die schwarze Bevölkerung der SWAPO abspenstig machen: Radiopropaganda wurde ausgestrahlt; Soldaten wirkten als Ärzte, Entwicklungshelfer und Lehrer. Gemäßigte Parteien und Politiker wurden unterstützt, der DTA nahestehende antikommunistische und religiöse Kulturbewegungen wie „Etango" (aufgehende Sonne) im Owamboland, „Ezuva" in Kavango und „Namvi" im Caprivi ins Leben gerufen und gefördert. Im Ost-Kavango und Caprivi hatte diese Strategie Erfolg, kaum jedoch im Owamboland.[282]

Südafrikanische Offiziere hoben vielfach die gute Zusammenarbeit mit der schwarzen Bevölkerung hervor und äußerten die Überzeugung, daß die SWAPO an Unterstützung verliere. Wie die weitere Entwicklung jedoch bewies, hatten sie sich getäuscht, ebenso wie seinerzeit Ian Smith in Rhodesien. Es scheint einer weißen oder gemäßigten schwarzen Regierung kaum möglich zu sein, schwarzen Freiheitskämpfern langfristig die Unterstützung der Bevölkerung zu entziehen, insbesondere wenn diese sich aus dem eigenen Volk rekrutieren. Hierbei spielen deren militärische Mißerfolge wie begangene Grausamkeiten anscheinend keine Rolle; letztere haben in Schwarzafrika vielleicht gegenteiligen Effekt.

Militärisch konnten die Sicherheitskräfte die Wirksamkeit von PLAN allerdings stark einschränken. Der Caprivi galt seit 1978, der Kavango seit 1985 als „sauber". Ein Vorstoß von PLAN ins Kaokoveld fand 1981 bei den dortigen Ovahimba keine Resonanz. Die PLAN-Kämpfer wurden zurückgeschlagen, und das Militär organisierte einen Ovahimba-Selbstschutz mit mordernen Gewehren.[283] Im Jahre 1988 hatte man die Gesamtstärke von PLAN gegenüber 1978 auf ca. 8700 halbiert, wobei nur 1220 Mann für den Einsatz in Südwestafrika zur Verfügung standen und wohl nie mehr als einige Hundert gleichzeitig im Lande operierten. PLAN verlor seit 1981 jährlich etwa 1000 Mann, die kaum zu ersetzen waren.[284]

Auch gelang es den Sicherheitskräften ab 1983 weitgehend, die Ausweitung des Krieges auf das weiße Farmgebiet zu verhindern, womit innere Spannungen vermieden wurden. Für die meisten Weißen war der Krieg nur sehr ferner Kanonendonner.

Übersicht [285]	1986 *	1985	1984	1983	1982	1981	1980	1979	1978	1966 -1978
Anzahl der durch SWAPO ermordeten Zivilisten	7	42	41	76	70	95	48	88	33	245
durch SWAPO getöte Soldaten und Polizisten	?	32	39	159	77	61	95	50	41	20
Landminenvorfälle	2	15	39	15	44	65	125	54	?	?
Verwundete bei Landminenvorfälle	5	61	78	30	70	144	173	98	?	?
Entführungen	65	182	103	278	171	113	308	474	?	442
Sabotagefälle	-	5	86	41	47	37	84	54	31	?
getöte Guerillas**	200	599	916	1296	1286	1494	1447	915	2032	363

* Die Ziffern von 1986 gehen bis zum 3. April 1986

** Diese Zahlen schließen die PLAN-Kämpfer ein, die während Verfolgungs- und Vorbeugeaktionen in Angola getötet wurden.

Seit den achtziger Jahren betrieb Südafrika die „Namibisierung" des Krieges. Bereits 1974 hatte die südafrikanische Armee aus ehemaligen angolanischen Buschmannsoldaten die ersten nichtweißen Einheiten aufgestellt. Am 1. August 1980 wurde die „SWA Gebietsmacht" (SWAGM) als selbständige Einheit mit eigenen Uniformen begründet und 1981 die allgemeine Wehrpflicht für alle männlichen Einwohner eingeführt. Für die Owambo und Kavango wurde sie noch ausgesetzt; Angehörige dieser beiden Völker meldeten sich jedoch in großer Zahl als freiwillige Berufssoldaten bei den Bataillonen 101 (Owambo) und 202 (Kavango), teils aus Überzeugung, teils aufgrund der guten Bezahlung (700 Rand pro Monat). Insbesondere das 101 Owambo-Bataillon war wegen seiner Kampfkraft gefürchtet.

Im Jahre 1988 gehörten bereits 65 % aller Soldaten im Lande zur „SWA Gebietsmacht". Sie bestand aus acht ständigen Bataillonen, 27 Landwehreinheiten zur Sicherung des rückwärtigen Gebietes, einer Bereitschaftsbrigade, einer logistischen Brigade, zwei Sondereinheiten sowie einer Ausbildungseinheit in Okahandja.[286] Für künftige Namibia-Verhandlungen bildete die „SWA Gebietsmacht" ein wertvolles Faustpfand.

Im Caprivi war das einzigartige 32 Bataillon („Buffel Bataillon") der südafrikanischen Armee stationiert, das sich, befehligt von Colonel Jan Breytenbach und portugiesischsprachigen weißen Offizieren, aus ehemaligen FNLA-Kämpfern rekrutierte. Es hielt engen Kontakt zur UNITA, die im Caprivi bis 1989 Ausbildungs- und Nachschubbasen nutzte. Zahlreiche Läden im Caprivi und Kavango wurden von der UNITA zur Finanzierung ihres Kampfes betrieben.[287]

Die Polizei war 1980 in südwestafrikanische Hände übergegangen. Den täglichen „schmutzigen Krieg" Mann gegen Mann übernahm zu einem wesentlichen Teil die ab 1979 aufgestellte, unabhängig operierende Anti-Terror-Polizeieinheit „Koevoet" (d.h. Brechstange; eigentlicher Name war „Spezialeinheit K"). Ihr Kommandeur General Hans Dreyer, ein Bure aus Südafrika, hatte als Angehöriger des südafrikanischen Polizeikontingentes in Rhodesien Erfahrungen im Anti-Guerilla-Krieg gesammelt. Der Ausbau paramilitärischer Polizeieinheiten hatte für Südafrika auch den Vorteil, daß diese von den Bestimmungen der UN-Resolution 435 nicht erfaßt wurden.[288]

Koevoet kopierte erfolgreich die ehemaligen rhodesischen „Selous Scouts": Sie führte „Pseudo-Operationen" in PLAN-Uniformen durch, um Informationen zu gewinnen und die Stimmung zu testen; Guerillakämpfer wurden „umgedreht" und für die eigene Sache nutzbar gemacht. Die Spezialeinheit umfaßte Mitte der achtziger Jahre etwa 3000 Mann (vornehmlich Owambo und Kavango) sowie 300 weiße Offiziere.

Ihre Aufgabe war die Informationsbeschaffung vor Ort und die Verfolgung und Vernichtung eingedrungener PLAN-Guerilleros, auch über die Grenze hinaus. Eine Patrouille bestand in der Regel aus vier gepanzerten und mit MGs ausgerüsteten „Casspir"-Fahrzeugen und 40 Mann Besatzung, geführt von drei Offizieren sowie nach Bedarf unterstützt von Alhouette-Hubschraubern.

Die Koevoet-Hauptquartiere befanden sich in Opuwo/Kaokoveld, Oshakati/Owambo und Rundu/Kavango. Kopfgelder für PLAN-Guerilleros waren ausgesetzt, und nur selten wurden Gefangene gemacht: Weder Südafrika noch die SWAPO hatten das Genfer Protokoll von 1977, das die Genfer Konvention auf Guerillakriege erweitert, unterzeichnet.

Soldaten der „SWA-Gebietsmacht" im dichten Busch des Operationsgebietes

Patrouille der südwestafrikanischen Polizei mit minensicheren „Casspir"-Fahrzeugen

Die unbestrittene Härte, mit der Koevoet arbeitete, machte allerdings manche Anstrengungen der Armee, die Sympathien der Bevölkerung zu gewinnen, zunichte. „Omakakunya" (Knochensammler) nannten die Owambo Koevoet.[289] Insbesondere „umgedrehte" PLAN-Guerilleros kämpften mit besonderer Brutalität; sie hatten im Kontakt mit ihren ehemaligen Kameraden auch am meisten zu verlieren.

Mitte 1985 wurde „Koevoet" offiziell in die Südwestafrikanische Polizei (SWAPOL) integriert und in „SWA Police Counter Insurgency Unit" (COIN) umbenannt; der Name „Koevoet" blieb jedoch inoffiziell in Gebrauch. Die Bilanz lautete nach zehnjährigem Einsatz: 2812 getötete und 463 gefangengenommene PLAN-Kämpfer bei 151 gefallenen Polizisten.[290] Die Zahlen sprechen für sich.

Ende der achtziger Jahre verschob sich das militärische Gleichgewicht durch die Eskalierung des Krieges in Angola. Man kann wohl davon ausgehen, daß angesichts der sich abzeichnenden Veränderungen in Osteuropa der Sieg über die UNITA noch rasch erzwungen werden sollte. Er hätte auch für Südwestafrika eine wesentliche Lageveränderung bedeutet.

Regierungstruppen, Kubaner und Sowjets stießen im August 1987 von Menongue aus in ihrer bisher größten Offensive gegen das Hauptquartier Jamba der UNITA vor. 15 000 Regierungssoldaten standen einer gleich großen Zahl von UNITA-Soldaten gegenüber. Die Zahl der Kubaner in Angola stieg von 30 000 (1985) auf etwa 55 000 (Mitte 1988), und diese griffen nun unter Einsatz modernsten Gerätes direkt in die Kämpfe ein. Von den USA wurde die UNITA nur halbherzig unterstützt. Schon 1985 und 1986 hatte die südafrikanische Armee der UNITA bei konventionellen Operationen mit Truppen und Logistik geholfen.[291]

Im Oktober 1987 fielen bereits zwölf südafrikanische Soldaten und ein Soldat der SWA-Gebietsmacht. Als im November 1987 nach einem Stocken der Offensive weitere kubanische Verbände und Regierungstruppen zugeführten wurden, entschloß sich Südafrika wieder zu einem großangelegten Engagement in Angola. Man befürchtete ein Wiedereinsickern von PLAN-Einheiten nach Kavango und Caprivi, sollte die UNITA im Südosten Angolas die Kontrolle verlieren. Erstmals seit dem Zweiten Weltkrieg setzten die Südafrikaner Panzer (Typ Olifant) ein, und vor allem mit ihren gefürchteten 155-mm-Feldhaubitzen mit einer Reichweite von 40 km (Typen G5 und die selbstangetriebene G6) kamen sie der UNITA zu Hilfe. Anfang 1988 standen angeblich 9000 Südafrikaner in Angola, nach südafrikanischen Darstellungen jedoch nie mehr als 3000.[292]

Blick vom Regierungsgebäude, dem „Tintenpalast", auf das Zentrum von Windhuk mit Christuskirche und Kalahari-Sands-Hotel im August 1989, vorne ein Angehöriger der Südwestafrikanischen Polizei (SWAPOL)

Südafrikas Kriegsmaschinerie im Owamboland: Hauptquartier Oshakati im September 1982

Der Lieferwagen eines deutschen Schlachters, aufgenommen im Oktober 1981, war im nördlichen Operationsgebiet Opfer einer Landmine geworden und wurde von den Sicherheitskräften zur Warnung stehengelassen.

Ein Buschmannsoldat der SWA Gebietsmacht, aufgenommen im Oktober 1981

Schwarze, braune und weiße Südwester in Windhuk

Deutsch-südwestafrikanische Pfadfinder auf dem Soldatenfriedhof zu Füßen des Waterbergplateaus im Gedenken an die Gefallenen der großen Schlacht gegen die Herero (11.-12. August 1904)

Ein Blick in die Windhuker Kaiserstraße im August 1989 mit kenianischen UNTAG-Soldaten und Herero-Frau. Deutlich erkennbar ist die von der bevorstehenden Unabhängigkeit ausgelöste rege Bautätigkeit. Die „Göringstraße" ist nach dem ersten Kais. Kommissar Dr. Heinrich Göring (1885-90), dem Vater Hermann Görings, benannt.

Pressekonferenz der UNTAG in Windhuk im August 1989 unter Leitung des Sprechers Fred Eckard, an der Wand eine Karte der Stützpunkte der Vereinten Nationen

Eine typische Ansicht des Owambolandes mit seinen palmbewachsenen fruchtbaren Ebenen entlang der Hauptstraße von Tsumeb nach Oshikango, die beschleunigt durch die Erfordernisse des Militärs ab Mitte der siebziger Jahre geteert wurde. Rechts ein Owambo-Mädchen mit einem Kleid in den SWAPO-Farben Blau-Rot-Grün.

Der Marktplatz von Oshakati vor der ersten großen SWAPO-Kundgebung am 12. August 1989 im Owamboland

„Viva SWAPO! Viva SWAPO! A luta continua!"

DTA-Anhänger präsentieren auf einer Wahlkundgebung im Kavangoland im August 1989 siegesgewiß ihr „Victory"-Zeichen.

Das vom United Nations High Commissioner for Refugees (UNHCR) und dem Council of Churches in Namibia (CCN) betreute Auffanglager für zurückgekehrte Exil-Namibier bei der katholischen Missionsstation Döbra nördlich von Windhuk.

Abendstimmung am Kavango bei Rundu im August 1989, der hier die Grenze zu Angola bildet. Das rechte Flußufer, das zur angolanischen Provinz Cuando-Cubango gehört, wird von der UNITA Dr. Savimbis beherrscht.

Insbesondere der reaktivierte Außenposten Cuito Cuanavale, von dem die Offensive nach Mavinga und Jamba ausging, und der auch wichtig für die Beherrschung der Benguela-Eisenbahn ist, war zum Jahreswechsel 1987/88 heiß umkämpft. Nicht zuletzt zur Ausschaltung der wichtigen gegnerischen Radaranlagen beschossen die Südafrikaner Cuito Cuanavale massiv. Einen opferreichen Infanterieangriff wagten sie jedoch nicht. Schließlich blieb Cuito Cuanavale im Besitz der 12 000 Mann Regierungstruppen, jedoch mit völlig zerstörter Infrastruktur. Ein kühner Ablenkungsversuch der Südafrikaner bis 650 km weit nördlich der Grenze zeigte wenig Wirkung.[293] Im April 1988 begannen die Südafrikaner daher den taktischen Rückzug.

Die Bewertung dieser Auseinandersetzungen geht weit auseinander. Beide Seiten vereinnahmten die Schlacht um Cuito Carnavale als einen Sieg für sich. Von angolanischer Seite wurde die Information verbreitet, man habe mindestens 300 weiße und 2000 schwarze Süd- und Südwestafrikaner getötet und über 40 Kampfflugzeuge abgeschossen; zeitweise sei es sogar gelungen, die feindlichen Streitkräfte, die ohne ausreichende Luftunterstützung gewesen seien, einzukesseln. Dieses „Stalingrad" der SADF habe die Südafrikaner schließlich zum Rückzug aus Angola und Südwestafrika bewogen.[294]

Pretoria stritt diese Behauptungen energisch ab und bezeichnete sie als gezielte kommunistische „Desinformation". Man schrieb dem Gegner Verluste in Höhe von 4768 Soldaten, 14 Kampfflugzeugen, 8 Hubschraubern, 94 Panzern u. a. m. bei eigenen Verlusten von 31 Männern, 3 Panzern und 3 Flugzeugen zu.

Ende 1988 habe man die Offensive gegen Mavinga abgewehrt (Operation „Modular") und die zurückweichenden Feindkräfte unter Zufügung größtmöglicher Verluste bis hinter den Cuito-Fluß getrieben (Operationen „Hooper" und „Packer").[295] Welche Version stimmt, ist schwer zu beurteilen. Tatsache dürfte aber zumindest sein, daß Südafrika nun gegenüber den modernen sowjetischen MiG 23, unterstützt von tief gestaffelten mobilen Radarsystemen aus der Sowjetunion, keine Luftüberlegenheit mehr besaß und auch geringe Verluste an eigenen „Mirage"-Düsenjägern aufgrund des Waffen-Embargos nur schwer ausgleichen konnte. Eilig wurden denn auch eine Anzahl von Mirages in modernisierte „Cheetahs" umgerüstet und diskret Mirages aus Argentinien nachgekauft.[296] (Andererseits war die südafrikanische Bodenüberlegenheit aufgrund technischer Weiterentwicklung größer als früher.) Auch dürfte zumindest eine Anzahl weißer südafrikanischer Wehrpflichtiger gefallen sein, was zu einer gewissen innenpolitischen Unruhe führte. Kritische Leserbriefe von Eltern gefallener Soldaten in südafrika-

nischen Zeitungen spiegeln dies wider. Gerade unter den englischsprachigen Südafrikanern wuchs das Unverständnis für den Kampf um das 2000 km entfernte Südwestafrika, ist dieses Gebiet doch sprachlich, bevölkerungsmäßig und kulturell kaum englisch geprägt. Von 1973-1990 hatte Südafrika immerhin 266 Soldaten verloren. Und der Krieg wurde immer kostspieliger, gerade was die elektronische Kampfführung betraf. Der südafrikakritische englische Militärexperte Paul Moorcraft schreibt:
„The SADF, however, had not been defeated, but it could no longer afford the costs of trying to win."[297]

Im Mai/Juni 1988 war es den Kubanern und Regierungstruppen zudem gelungen, im Südwesten Angolas bis zur Grenze vorzustoßen, wo es bei Calueque noch am 27. Juni zu schweren Zusammenstößen mit süd- und südwestafrikanischen Einheiten kam (12 Tote auf deren Seite bei wesentlich höheren angolanisch/kubanischen Verlusten), dies übrigens schon während der ersten zwei Gesprächsrunden. MIG-23-Flugzeuge führten mehrmals Grenzverletzungen durch, und modernste MIG-24 wurden nach Angola verlegt.

Erstmals wurden drei integrierte kubanische/PLAN-Bataillone aufgestellt und im Stützpunkt Xangongo, keine 100 km nördlich der Südwester Grenze, der Militärflughafen reaktiviert, wodurch das Owamboland und das weiße Farmgebiet akut bedroht waren.[298]

Südafrikas Militärs drängten daher auf eine politische Lösung. Aber auch die angolanische MPLA-Regierung war kriegsmüde, vor allem aufgrund der wirtschaftlichen Zerrüttung. Und die Guerillabewegungen SWAPO und UNITA mußten erkennen, daß sie aus eigener Kraft militärisch den Kampf nie gewinnen würden.

Angola, Kuba und Südafrika einigten sich am 5. August 1988 auf einen Waffenstillstand und dessen Überwachung durch eine gemeinsame militärische Kontrollkommission. Südafrika zog seine Kräfte aus Angola bis zum 1. September 1988 zurück. SWAPO schloß sich diesem Waffenstillstand an.

Mit der bislang größten Übung der südafrikanischen Kriegsmarine im September 1988 vor der südafrikanischen Küste und Manövern in Walfischbucht, dessen Besatzung verstärkt wurde, demonstrierte das südafrikanische Militär seine Schlagkraft und den fortdauernden Anspruch auf die Exklave Walfischbucht.[299]

Zum „Protokoll von Brazzaville" vom 13. Dezember 1988 wurde die SWAPO - Zeichen ihrer Schwäche - von den drei beteiligten Mächten nicht hinzugezogen, und die ausgehandelten Bedingungen waren für sie nicht günstig: Keine militärischen Basen innerhalb Südwestafrikas, Rückzug der PLAN-Einheiten aus dem südlichen Angola bis über den 16. Breitengrad. Die SWAPO hatte zwar als politische Partei gute Chancen, schien jedoch als militärische Befreiungsbewegung ausgeschaltet. Südafrika hingegen konnte erreichen, daß während der ersten Hälfte der Übergangsperiode unter UN-Aufsicht 1500 Soldaten in zwei Basen als Faustpfand stationiert bleiben durften. Die SWA-Gebietsmacht mußte hingegen aufgelöst werden; weiterhin dienten jedoch zwei Drittel von Koevoet in der Polizei, nun nominell in diese integriert. Auch wurde die gemäß UN-Resolution 435 von 1978 aufzustellende internationale UN-Truppe von 7500 auf 4650 Soldaten vermindert, ein langjähriger Wunsch Südafrikas, bestand doch die Befürchtung, daß die Bevölkerung eine starke UN-Präsenz unkritisch mit der SWAPO identifizieren würde.

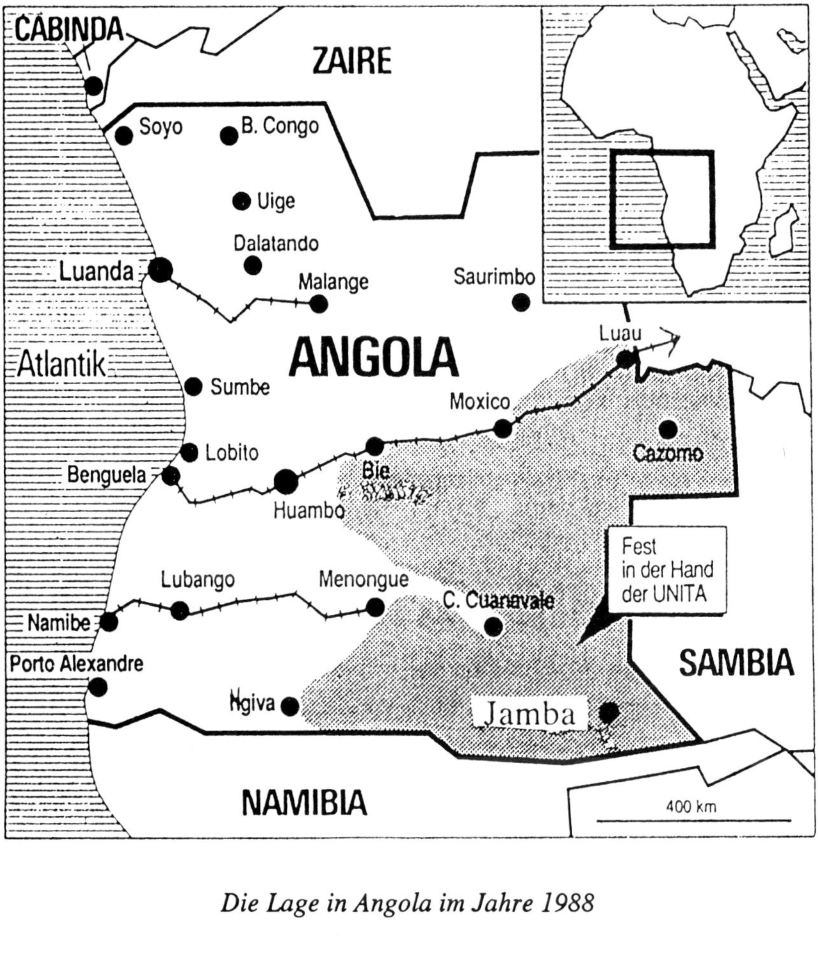

Die Lage in Angola im Jahre 1988

Diese militärische Zurücksetzung war vielleicht ein Grund für die überraschende PLAN-Invasion zum 1. April 1989. Über die Beweggründe der SWAPO-Führung für diese Aktion wird im folgenden Kapitel spekuliert. Die PLAN-Einheiten hatten sich jedenfalls nicht, wie vereinbart, bis über den 16. Breitengrad zurückgezogen, sondern sich hinter der Grenze formiert. Der einst als UNTAG-Kommandant vorgesehene österreichische General Philipp hatte bereits 1979 nach einem Besuch im Grenzgebiet erklärt, daß eine Durchführung freier Wahlen in Namibia nur bei einer Überwachung der PLAN-Basen in Angola garantiert werden könne.[300]

Und die Guerilleros kamen nicht als friedliebende Rückkehrer, wie es in der SWAPO-Propaganda im nachhinein behauptet wurde, sondern griffen auf 300 km Breite an, ausgerüstet mit schweren Waffen (SAM-7-Luftabwehrraketen, RPG-7-Panzerabwehrraketen, RPG-75-Raketenwerfer, Maschinengewehre, Anti-Fahrzeug-Minen) und Nachrichtenmitteln. Hinter den über 1600 Eindringlingen, vorzugsweise von der Eliteeinheit „Typhoon", standen etwa 4000 bis 5000 Mann mit weiteren schweren Waffen (wie T-55-Panzer) unmittelbar jenseits der Grenze in Bereitschaft, auch noch zum Zeitpunkt der Wahlen.[301]

Militärisch entwickelte sich der Einmarsch für PLAN allerdings zu einem Fiasko: 317 Tote gegenüber lediglich 27 auf Seiten der Sicherheitskräfte. Man kann davon ausgehen, daß der militärische Nachrichtendienst wieder funktioniert hatte und die Anti-Terror-Polizeieinheiten General Dreyers die Eindringlinge mit schußbereiten Waffen empfingen. Sie wurden durch sechs schnell wieder mobilisierte süd- und südwestafrikanische Bataillone (darunter das gefürchtete Owambo-Bataillon 101) verstärkt. Ende April war der Invasionsversuch endgültig abgeschlagen.

Immerhin konnte die PLAN bei ihrem unkontrollierten Rückzug nach Angola noch umfangreiche Waffenverstecke anlegen, und eine Anzahl von Guerillakämpfern tauchte im Busch unter - die südwestafrikanische Polizei sprach von hunderten im Land operierenden Terroristen - und die Leichenberge gefallener Owambo-„Freiheitskämpfer" machten diese bei der lokalen Bevölkerung zu Märtyrern.

Es war eine Ironie der Geschichte, daß just an dem Tag, an dem die friedliche Übergangszeit unter Aufsicht der Vereinten Nationen einsetzen sollte, die bis dahin blutigste Konfrontation des gesamten 25-jährigen Buschkrieges begann, der etwa 20000 Tote direkt wie indirekt gefordert hatte.[302]

Nach Abwehr dieses Invasionsversuches ging die Konfrontation auf kleiner Flamme weiter, und auch während der Wahlen war die PLAN im

Untergrund im Owamboland aktiv, wenngleich keine ähnlich massive Einschüchterung wie seinerzeit 1980 bei den Rhodesien-Wahlen möglich war.

Noch in wesentlich geringerem Maße als FRELIMO in Moçambique oder die „Patriotische Front" Mugabes und Nkomos in Rhodesien kann die SWAPO für sich in Anspruch nehmen, Namibia „befreit" zu haben. Vom militärischen Standpunkt aus gesehen, war die PLAN eine der erfolglosesten Guerillabewegungen in Schwarzafrika. Neben der Schlagkraft der Sicherheitskräfte war hierfür die Natur des Landes ausschlaggebend: spärlicher Bewuchs, lebensfeindliches Klima, eine Einfallmöglichkeit nur von Norden, ethnische Gegensätze, aber auch das Fehlen anonymer städtischer Ballungszentren wie im benachbarten, ansonsten ähnlich strukturierten Südafrika.

Die SWAPO hatte lediglich „Glück", daß im benachbarten Angola 1974 ein globaler militärischer Konflikt ausbrach, der sich jederzeit auszuweiten drohte und auch die Republik Südafrika akut bedroht hätte. Hiervon konnte die SWAPO profitieren, mußte sich aber gleichzeitig in weitgehende Abhängigkeit von MPLA, Kubanern, DDR und Sowjets begeben. Der Krieg fand überwiegend im „falschen Land" statt. Sam Nujoma konnte es nicht erleben, auf den Spitzen der Bajonette die Macht in Windhuk zu ergreifen. Immerhin führte der ungelöste Angola-Konflikt 1989 zur politischen Kompromißlösung für Namibia. Militärisch hatte die SWAPO dazu allerdings nur wenig beigetragen.

Kapitel 8

Zwischenspiel unter Aufsicht der Vereinten Nationen (1.4.1989-21.3.1990)

Blutiger Auftakt

Die friedliche Übergangsperiode, die am 1. April unter Aufsicht der Vereinten Nationen einsetzen sollte, begann mit einem allenfalls von militärischen Experten erwarteten Eklat: Über 1600 schwerbewaffnete PLAN-Kämpfer drangen aus Angola nach Owamboland ein.

Der südafrikanische Generaladministrator Pienaar reagierte schnell: Rasch wieder mobilisierte süd- und südwestafrikanische Einheiten schlugen zusammen mit der Polizei, unter deren Kommando sie standen, in den ersten Aprilwochen die Invasion zurück. Der UN-Sonderbeauftragte Ahtisaari hatte nach Lage der Dinge sein Einverständnis nicht verweigern können. Über die Beweggründe der SWAPO für dieses letztlich selbstzerstörerische Unternehmen wird bis heute gerätselt. Verschiedene Erklärungsversuche wurden gegeben.[303]

Erstens die SWAPO-Version: Die Guerillakämpfer hätten sich bereits im Lande befunden bzw. sich nur friedlich den UNTAG-Angehörigen ergeben wollen. Zu dieser These stehen jedoch zahlreiche Zeugenaussagen im Widerspruch, die übereinstimmend von einem militärischen Einmarsch berichten. Sie fand denn auch in der SWAPO-freundlichen Berichterstattung kaum Eingang.[304] Selbst ein „friedlicher Einmarsch" hätte den ausgehandelten Bedingungen widersprochen. Immerhin wird von überlebenden PLAN-Kämpfern berichtet, die überzeugend behauptet hätten, in friedlicher Absicht gekommen zu sein. Doch vielleicht wurden sie von ihrer Führung getäuscht, die bewußt die einfachen Soldaten im Unklaren über die ausgehandelten Bedingungen ließ.

Zweitens die Annahme von Kommunikationsschwierigkeiten: Die Verhandlungsergebnisse seien nicht zu den PLAN-Kommandeuren im Busch durchgedrungen. Diese These steht allerdings insofern auf schwachen Füßen, als erwiesen ist, daß sich SWAPO-Führer Sam Nujoma am 31. März 1989 in Ngiva, nur 40 km nördlich der südwestafrikanischen Grenze, bei der Truppe aufgehalten und mit den PLAN-Kommandeuren getroffen hat.[305]

Drittens wurden deshalb Differenzen innerhalb der SWAPO als Ursache vermutet: Der militärische Flügel habe einen Alleingang zur Aufwertung seiner Position gestartet. Schon lange wird über Unzufriedenheit und Flügelkämpfe innerhalb der SWAPO spekuliert. PLAN-Kommandeure seien über die luxuriöse Lebensführung der politischen Führung im Exil verärgert gewesen, und vielleicht habe auch die Unzufriedenheit mit den ausgehandelten Unabhängigkeitsbedingungen eine Rolle gespielt. Allerdings hatte Nujoma seinen diktatorischen Führungsstil stets auf eine enge Kooperation mit PLAN und dem Sicherheitsapparat gestützt.

Viertens wurde diese These aber auch genau entgegengesetzt vertreten: Nujoma habe, in richtiger Einschätzung der eigenen militärischen Schwäche, die PLAN bewußt ins Verderben geschickt, um sich möglicher innerparteilicher Widersacher zu entledigen. Die glücklose PLAN wurde geopfert, als eine politische Lösung des Namibia-Problems unter Dach und Fach war. Dies ist eine bedenkliche These, würde sie doch bedeuten, daß Nujoma hunderte junger Guerillakämpfer bedenkenlos in den Tod geschickt hätte. Angesichts der Zustände in den SWAPO-Gefangenenlagern erscheint sie nicht völlig abwegig. Allerdings muß man den eingetretenen internationalen Prestigeverlust durch ein solches Unternehmen sehen, den auch ein Nujoma voraussehen mußte.

Fünftens wurde ein genau kalkuliertes Risiko der SWAPO-Führung angenommen, die mit diesem Unternehmen das Vakuum zwischen termingerechter Demobilisierung der Regierungstruppen und noch kaum präsenter UNTAG zu nutzen versucht habe. Erst 900 UNTAG-Soldaten waren am 1. April im Lande eingetroffen, und nur zwei UNTAG-Offi-

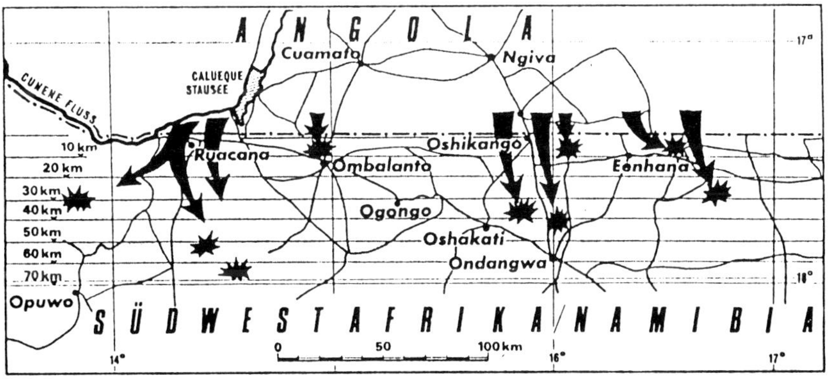

Die PLAN-Invasion vom 1. und 2. April 1989 im Owamboland

ziere befanden sich im Norden des Landes. Die SWAPO wollte demnach in letzter Minute erreichen, was ihr während des fünfundzwanzigjährigen Guerillakrieges nicht gelungen war, nämlich Stützpunkte im Land und „befreite Zonen". So forderte PLAN-Kommandeur Peter Mueshihange nach dem Einmarsch die Errichtung von Basen.[306] Jeder PLAN-Kämpfer führte drei zusätzliche Uniformen mit sich, was auf eine geplante Weitergabe an Zivilisten hindeutet.[307] Außerdem habe die SWAPO damit noch einmal auf ihre militärische Schlagkraft hinweisen wollen, eine deutliche Drohung für die kriegsmüden Owambo.

In gewisser Weise war die SWAPO geradezu zu einer solchen Handlungsweise gezwungen: Sie hatte sich in ihrer Propaganda stets als erfolgreiche Guerillabewegung dargestellt, die einst mit der Waffe in der Hand die Macht in Windhuk erobern würde. Nun nur noch eine von vielen politischen Parteien zu sein, würde dies nicht einen gewaltigen Prestigeverlust bedeuten?

Das Unternehmen scheiterte gemäß dieser These an der unerwartet massiven und schlagkräftigen Gegenwehr der Sicherheitskräfte, an der Voraussicht General Dreyers, der die demontierten schweren Waffen einsatzbereit hielt,[308] wie auch an der politischen Fehleinschätzung der Lage: Die SWAPO habe nicht erwartet, daß die Südafrikaner politisch einen derart massiven Gegenschlag riskieren würden und daß der UN-Sonderbeauftragte Martti Ahtisaari, langjähriger Sympathisant der SWAPO, ihnen dabei noch sein Placet geben würde. Doch auch Ahtisaari kam nicht an der Tatsache eines eklatanten Vertragsbruches durch die SWAPO vorbei. Auch UNTAG-General Prem Chand hatte bestätigt, daß vor der Invasion keine PLAN-Kräfte in größerer Zahl im Lande gestanden hatten.[309] Maggie Thatcher, die am 1. April zufällig in Windhuk zu Gesprächen weilte, trug mit ihrer offenen Verurteilung der SWAPO zu dieser Haltung bei.

Ob die PLAN-Einheiten, wie verschiedentlich vermutet,[310] bei ihrem Vormarsch gezielt von UNITA-Einheiten angegriffen wurden, deshalb überhastet und mangelhaft vorbereitet die Grenze überschritten und schließlich nicht ihre volle Kampfkraft erreicht hätten, sei als nicht bewiesen dahingestellt.

Bei Abwägung der Geschehnisse muß die fünfte Theorie als die wahrscheinlichste bezeichnet werden. Verschiedene Aussagen Nujomas in den Monaten zuvor deuten in der Tat auf eine derartige Aktion hin. Nach Informationen des südafrikanischen Geheimdienstes gab Nujoma persönlich am 31. März in Peu-Peu im südlichen Angola den Angriffsbefehl.[311] Daß er sich dort aufhielt, gilt als gesichert.

Und die Kalkulation war durchaus nicht so abwegig: Die „Weltmeinung", die Vereinten Nationen standen hinter der SWAPO, und bei erfolgreicher Durchführung eines derartigen Fait accompli wäre eine nachträgliche Billigung im Bereich des Möglichen gewesen. Zudem war vom militärischen Gesichtspunkt das vorübergehend entstandene Vakuum ausgesprochen günstig. In ähnlicher Weise hatte seinerzeit Robert Mugabe in Rhodesien seine Guerillakämpfer in den Busch ausschwärmen lassen, und Mugabe gilt als Berater Nujomas. Damals hatten die überwachenden Briten, obwohl sie von den Vertragsverletzungen informiert waren, keine wirksamen Gegenmaßnahmen ergriffen, und die Wahlen brachten dann einen Erdrutschsieg Mugabes. „Wahlen, als hätte sie die Mafia organisiert", meinte 1980 ein Beobachter aus den USA.[312]

Der Militärexperte Werner Grünthal hatte die Problematik richtig vorausgesehen und bereits 1981 bezüglich der vorgesehenen demilitarisierten Zone beiderseits der Grenzen geschrieben: „Wirksam wäre der Plan nur, wenn die SWAPO-Basen in Angola und Sambia gleichfalls durch UN-Truppen kontrolliert werden könnten. Das aber wurde bisher sowohl von der SWAPO als auch von Angola und Samiba abgelehnt. Vielmehr wollten diese Staaten das selbst übernehmen. Im Endeffekt hätte die kommunistische MPLA in Angola die kommunistische SWAPO kontrollieren sollen. Die bisherige Erfahrung lehrt, wie dies ausgegangen wäre. (...) Was ihnen im sogenannten „bewaffneten Revolutionskampf" nicht gelungen war, wollten sie gewissermaßen durch eine trojanische List erreichen: *Unter dem Schutzschild der UNO in das Land einsickern und ihren Terror über ganz SWA/Namibia ausdehnen.*"[313]

Und trotz der vordergründigen Niederlage konnte die SWAPO aus dem Unternehmen immer noch einige Vorteile ziehen: Einige hundert Eindringlinge tauchten im Busch unter, und umfangreiche Waffenverstecke konnten angelegt werden. Der Nimubs der „Befreiungsbewegung" wurde gewahrt, und die vielen Gefallenen waren in den Augen der stammverwandten Owambo „Märtyrer".

Es folgte ein zweiter Vertragsbruch der SWAPO: Anstatt sich, wie auf der Krisensitzung von Mount Etjo vereinbart, an bestimmten Sammelpunkten der UNTAG zu ergeben, zogen sich die meisten PLAN-Kämpfer unkontrolliert nach Angola zurück oder tauchten im Busch unter. Gerade ein Dutzend PLAN-Kämpfer fand sich an den UNTAG-Sammelpunkten ein: zumeist Verletzte, die sich aus eigener Kraft nicht absetzen konnten.[314]

Die Periode zwischen dem 1. April 1989 und dem Unabhängigkeitsdatum stand unter dem Zeichen der UNTAG (United Nations Transition

Assistance Group). Die „Blauhelme" prägten das Bild vieler Städte. Mit errechneten Kosten von 1,2 Mrd. DM war es materiell wie auch personell die größte Operation, die die Vereinten Nationen jemals in ihrer Geschichte durchgeführt hatten, größer als diejenigen im Kongo, in Zypern oder im Libanon. Entsprechend hoch waren die Erwartungen. Die Bundesrepublik Deutschland hatte sich daran mit DM 60 Mio., 50 Wahlbeobachtern, 170 Fahrzeugen, 60 Kfz-Mechanikern und später auch noch 50 Polizei-Beobachtern überproportional beteiligt.[315]

Zum Leiter der Operation wurde der Finne Martti Ahtisaari, zu seinem Stellvertreter J. Legwaila aus Botswana ernannt. Als Pressesprecher war ursprünglich der Ire Cedric Thornberry vorgesehen. Als radikaler SWAPO-Anhänger war er von Anfang an umstritten. Als auch noch IRA-Kontakte ruchbar wurden, zog man ihn aus der Schußlinie und setzte den unverdächtigen Amerikaner Fred Eckard an seine Stelle. Nichtsdestotrotz blieb Thornberry als Direktor des Büros von Ahtisaari in einflußreicher Position.[316]

Unter dem Kommando des indischen Generals Prem Chand standen sieben Infanteriebataillone mit 4650 Soldaten, darunter 300 Offizieren. Daneben wurden von der UNO 800 Wahlbeobachter, 500 Polizisten und 200 Verwaltungsbeamte entsandt. Sie rekrutierten sich aus an die 40 Ländern, und entsprechend groß war die babylonische Sprachverwirrung.[317] Zahlenmäßig bestimmend waren im Süden das malaysische, im Zentralgebiet das kenianische und im Norden das finnische Infanteriebataillon mit jeweils ca. 850 Mann. Ihr Auftrag war lediglich die Überwachung des Friedensplanes; ein direktes Eingreifen war ausgeschlossen, und die Waffen durften nur zur Selbstverteidigung herangezogen werden. Ihre Präsenz sollte vor allem psychologisch beruhigend wirken, was bekanntlich aufgrund schlechter Organisation in den ersten Aprilwochen gründlich mißlang.

Die Vorbereitung auf den Einsatz und die vermittelten Landeskenntnisse (tlw. in Schnellkursen von wenigen Tagen) waren oft denkbar schlecht. Manchmal drängte sich der Eindruck einer gewissen Ratlosigkeit auf. Oft schien die Operation auch touristischen Charakter anzunehmen, konnten die Dienstfahrzeuge doch meist auch privat genutzt werden. Daneben trafen z. B. allein für das 900 Mann starke finnische Kontingent nicht weniger als 167 Mercedes- und Porsche-Sportwagen unter Nutzung der sehr günstigen Ein- und Ausfuhrkonditionen ein. Entsprechend hoch waren in der Anfangszeit die Unfallraten im ungewohnten Linksverkehr, was das Ansehen der UNTAG nicht gerade hob.

Die Uniform wurde vom jeweiligen Entsendungsland bestimmt, einheitlich waren nur die blaue Kopfbedeckung (Mütze, Barett, Turban bzw. Helm) und die UN-Embleme. Nicht immer schien die Uniform für den

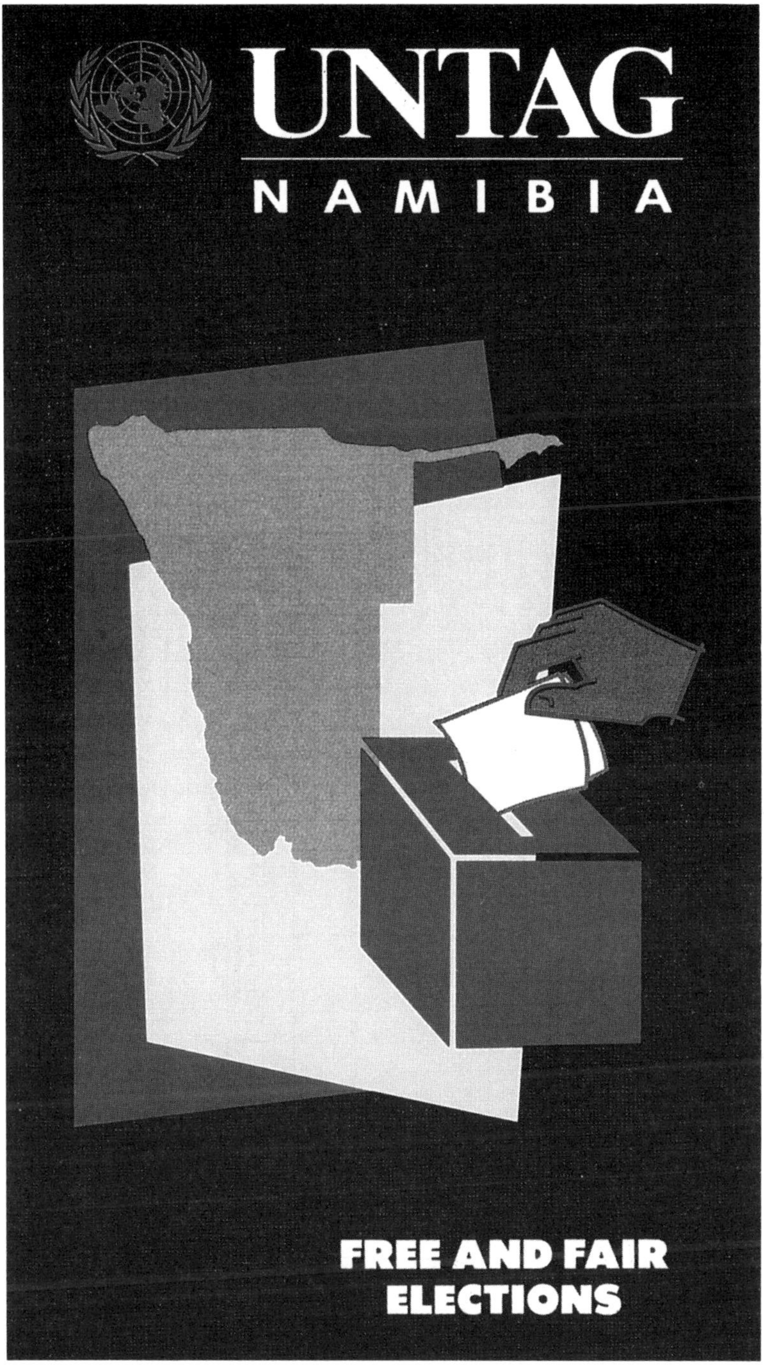

Werbeplakat der UNTAG

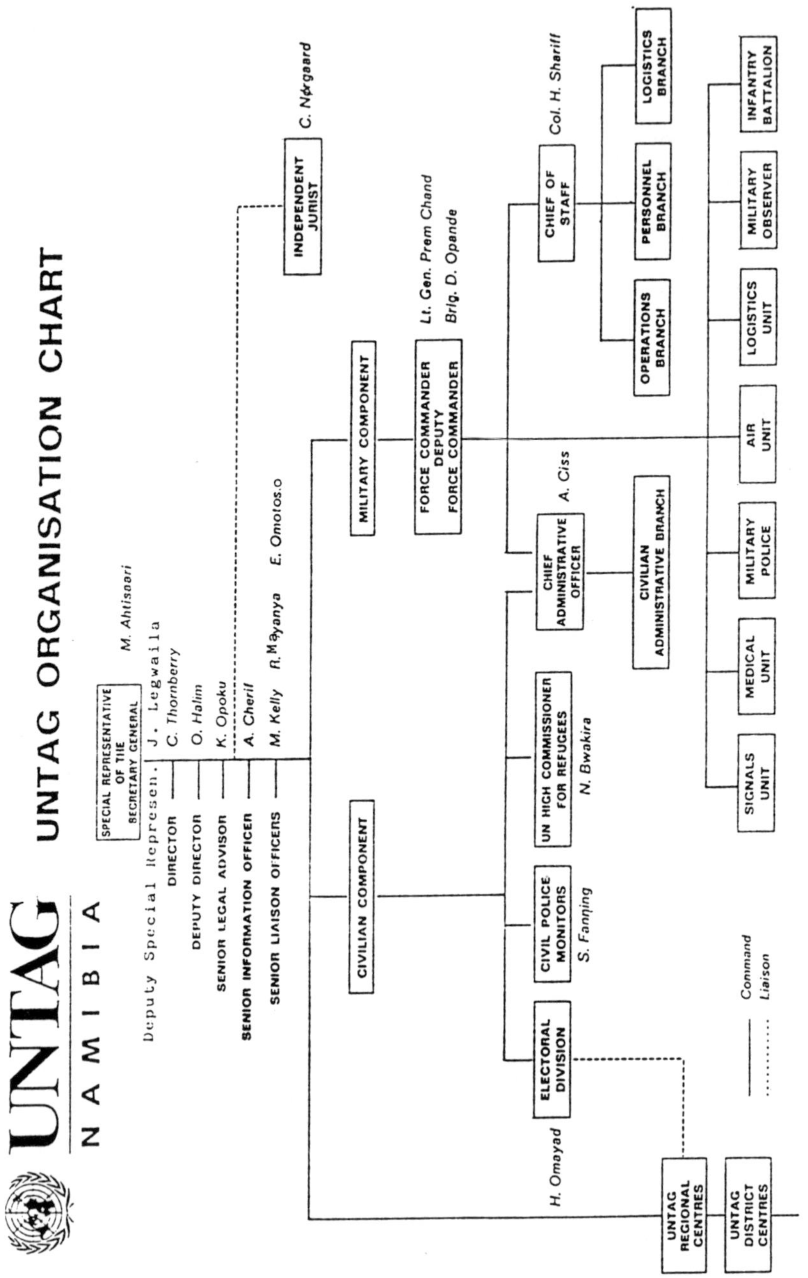

Organisationsdiagramm der UNTAG

Einsatz einer Friedenstruppe günstig ausgewählt: Wenn die Kenianer mit ihren martialischen Camouflage-Uniformen auf der Kaiserstraße entlangschlenderten, wirkten sie eher wie Angehörige einer Besatzungsmacht; selbst die südafrikanische Armee hatte nie derartige Uniformen verwendet. Auch manche Verhaltensweisen einzelner UNTAG-Vertreter entsprachen diesem Bild; so nahmen Kenianer unberechtigterweise Touristen den Film mit vorgehaltener Waffe ab, als diese sie fotografierten. Als zwei kenianische UNTAG-Angehörige in Katutura Herero-Frauen belästigten, sollen sie von aufgebrachten Männern kastriert worden sein.

Besonderen Zorn unter den Weißen rief der Kontingentsleiter der 50 österreichischen Polizeibeobachter hervor, als er den Südwestern in einem Leserbrief an die „Allgemeine" vorwarf: „Die deutsche Bevölkerung kommt mir vor wie ein Frosch im Brunnen, dessen Horizont durch den Brunnenrand eingeengt ist."[318] Die österreichischen und später die bundesdeutschen und DDR-Polizeibeobachter wurden übrigens bewußt nicht in Gebiete mit deutschsprachiger Bevölkerung gebracht, um eine Fraternisierung zu verhindern.

In den Augen vieler weißer Südwester handelte es sich bei der UNTAG denn auch um eine verkappte Hilfstruppe für die SWAPO. Deutsche reduzierten die Woche auf einen Tag, den „Un-Tag", und brachten diese Einstellung mit Aufklebern zum Ausdruck. Viele Farmer machten aus ihrer Ablehnung keinen Hehl; es kam aber auch zu Einladungen und Freundschaften. Die Geschäftsleute verdienten hingegen an dem vorübergehenden UNTAG-Boom und erhöhten entsprechend die Preise. Selbst die Windhuker Prostituierten verlangen nun 250-300 Rand anstelle der üblichen 50-100 Rand. Viele Gerüchte machten die Runde, von afrikaans- und owambosprachigen „Kenianern", von schweren Waffen, die unter Ausschluß der Öffentlichkeit von der UNTAG mit unbekanntem Ziel angelandet würden etc.

Hierzu ist festzustellen, daß viele dieser Gerüchte in einem Land voller Bars und „Braaivleis"-Lagerfeuer sicherlich unzutreffend oder übertrieben waren. Angezeigte Verstöße gegen die proklamierte Neutralität wurden von der UNTAG verfolgt und gegebenenfalls gerügt. Viele Angehörige des UNTAG-Kontingents waren professionelle Soldaten oder Polizisten und versuchten sicherlich, ihre Mission korrekt zu erfüllen. So war denn auch von Südwester Polizisten und Beamten Lob über die korrekte und konstruktive Zusammenarbeit zu hören.

Andere hielten sich aus der Politik heraus und machten sich ein schönes Leben im Land, unterstützt von einer reichlichen Besoldung, was den Neid nicht nur der weißen Südwester hervorrief und der Beliebtheit der

UNTAG abträglich war. Eine dritte Gruppe hegte allerdings deutliche Sympathien für die SWAPO und äußerte diese teilweise offen. Hierzu gehörten sicherlich viele Kenianer. Gerade Schwarzafrikaner fühlten sich dem „Befreiungskampf" der SWAPO verbunden, und schließlich hatte die UNO über Jahrzehnte die SWAPO protegiert. In den Reihen der Kenianer befanden sich in der Tat einige naturalisierte Exil-Südwestafrikaner. So wurde der Owambo Nahas Moses zweifelsfrei identifiziert.[319]

Aber auch die Finnen im Norden zeigten teilweise Sympathien für die SWAPO. Finnland war ein Land, daß die SWAPO seit langer Zeit unterstützt und vielen SWAPO-Flüchtlingen Exil und Ausbildungsmöglichkeiten gewährt hatte, und die traditionsreiche Finnische Mission im Owamboland war in den fünfziger Jahren von ihrer früheren strikt antikommunistischen Haltung zu einer dezidiert antikolonialen, antisüdafrikanischen Linie umgeschwenkt. Anbei sind angezeigte Fälle von Neutralitätsverletzungen der UNTAG aus dem April/Mai 1989 dokumentiert.

Den skurillsten Fall von Parteilichkeit stellten die Kondome dar, die im August 1989 wegen der bedrohlichen Aids-Gefahr an die UNTAG-Angehörigen ausgegeben wurden: Merkwürdigerweise waren sie in den SWAPO-Farben grün, rot und blau geliefert worden...

Entscheidend war aber, daß die Bevölkerung die UNTAG aufgrund der langjährigen Exklusivanerkennung der SWAPO mit dieser identifizierte. Dies belastete die Mission der UNTAG grundsätzlich und in erheblicher Weise.

Daß die SWAPO von sich aus über eine erhebliche Anhängerschaft, vor allem im Owamboland, verfügte, war auch offenkundig. Die erste SWAPO-Großkundgebung in Owambo zog etwa 10000 Zuhörer an, die dortige Konkurrenzveranstaltung der DTA nur 500 - 2000.

Entgegen der klaren Reaktion am 1. April befolgte der südafrikanische Generaladministrator in der Folgezeit eine „weiche" Linie, die der SWAPO entgegenkam. So stimmte er im August der SWAPO-Forderung zu, 1200 Anti-Guerilla-Spezialisten der ehemaligen Polizeisondertruppe „Koevoet", seit Dezember 1988 in den regulären Polizeidienst integriert, aus dem Norden abzuziehen. Damit wurde eine mehr oder weniger offene Einschüchterung durch die SWAPO stark erleichtert. Die psychologische Wirkung dieser Maßnahme auf gemäßigte Schwarze war verheerend. Auch war nun der Norden von einer effektiven Verteidigung bei einer evtl. erneuten PLAN-Invasion entblößt.

Die SWAPO hatte nach den April-Ereignissen eine recht geschickte Propagandakampagne gegen die Polizei in Gang gesetzt, und es gelang

„Am 27. April 89 sollten 31 der bewaffneten SWAPO-Infiltratoren vom 1./2. April nach Angola zurückeskortiert werden. UNTAG erlaubte ihnen zuvor noch, auf einer SWAPO-Veranstaltung in Ongwediwa zu reden und SWAPO-Lieder zu singen.
Am 4. Mai wohnten UNTAG-Angehörige einer SWAPO-Versammlung in Oshakati bei und duldeten entgegen der Vereinbarungen SWAPO-Werbung auf Kleidungsstücken.
UNTAG-Angehörige lieferten am 5. Mai einem Geschäftsmann in Ruacana T-Shirts mit SWAPO-Symbolen, die er für R 15,00 verkaufen soll.
Am 7. Mai versprachen in Oshakati UNTAG-Angehörige Nahrungsmittel an versprengte bewaffnete SWAPO-Terroristen im Kaokoland zu liefern.
Am 9. Mai erklärten Nigerianer des UNTAG-Kontingents im Mukwe-Spirituosenladen, daß es ihr Ziel sei, SWAPO zum Wahlsieg zu verhelfen.
Am 10. Mai übernachteten 7 SWAPO-Terroristen auf dem UNTAG-Stützpunkt Omandangilo.
Am 10. Mai verteilten UNTAG-Angehörige UNTAG-Abzeichen an SWAPO-Mitglieder und sagten dazu, daß diese Abzeichen sie vor Verhaftungen schützen würden.
Am 16. Mai ermahnten UNTAG-Angehörige Schüler der Höheren Schule Caprivi, die SWAPO zu unterstützen. Dem Schulleiter, der illegale T-Shirts mit SWAPO-Symbolen einzog, wurde vorgeworfen, ‚den Geist der UNO-Resolution 435 zu verletzen'.
Sudanesische und malaysische UNTAG-Soldaten nahmen an mehreren SWAPO-Veranstaltungen in Rundu, Oshakati und Ondangwa teil.
Bei der Eröffnung des UNTAG-Stützpunktes Okahandja am 15. Mai wurden nur SWAPO-Mitglieder eingeladen.
Mehrfach wurden SWAPO-Angehörige mit Fahrzeugen der UNTAG zu Versammlungen befördert.
Ghanaische und Sudanesische UNTAG-Soldaten wurden mit ihren UN-Dienstfahrzeugen mehrfach in Begleitung von Frauen in SWAPO-Bekleidung gesehen.
Sudanesischen UNTAG-Soldaten in Kavango wurden von SWAPO-Mitgliedern junge Mädchen zu guten Preisen angeboten.
Andererseits ermahnten UNTAG-Angehörige Schüler der Oberschule in Ongwediva, Bewegungen der südwestafrikanischen Sicherheitskräfte der UNTAG zu melden. An Meldungen über *Nötigungen durch die SWAPO* waren sie *nicht interessiert*."[320]

ihr teilweise, aus Tätern Opfer zu machen. Die Sicherheitskräfte, die die April-Invasion niedergeschlagen hatten, wurden zu schießwütigen Bestien hochstilisiert, auschwitzähnliche Massengräber immer wieder im Bild gezeigt. Jene Massengräber waren allerdings erst angelegt worden, *nachdem* gefallene PLAN-Kämpfer auf Wunsch der UNTAG exhumiert und gerichtsmedizinisch untersucht worden waren, übrigens ohne Feststellung behaupteter Mißhandlungen und Exekutionen.[321]

Stereotyp wurden in den folgenden Monaten von der SWAPO und den ihr nahestehenden Medien Vorwürfe gegen „Koevoet" erhoben. In Wahrheit wurden gegen die Polizei von April bis August 1989 ganze 76 konkrete Anschuldigungen vorgebracht, wovon die hierfür zuständige O'Linn-Kommission 47 als falsch auswies bzw. sie nicht mehr weiterverfolgte, 27 einer eingehenderen Untersuchung überwies und zwei als wahr einstufte.[322] Die südwestafrikanische Polizei wurde von UNTAG-Polizeibeobachtern überwacht, nicht jedoch die untergetauchten PLAN-Kämpfer.

Auch überließ der Generaladministrator die Betreuung der zurückgekehrten Flüchtlinge völlig dem UNHCR (Flüchtlingskomitee der Vereinten Nationen) und dem SWAPO-freundlichen Namibischen Kirchenrat und behielt sich keinerlei Einflußmöglichkeiten vor. So standen die Flüchtlingslager unter Leitung von SWAPO-Funktionären, wie z.B. Jason Angula in Döbra bei Windhuk. Anders als seinerzeit in Rhodesien wurde kein Unterschied zwischen ehemaligen Guerillakämpfern und Zivilisten gemacht: Erstere (nach südafrikanischen Schätzungen rund 1000)[323] konnten, zwar unbewaffnet, zurückkehren, um dann wieder in den nördlichen Stammesgebieten unterzutauchen und Waffen aus Verstecken auszuheben, welche in großer Zahl von der Polizei ausgehoben wurden. So beschwerten sich am 20. Mai 1989 beim Obersten Gerichtshof in Windhuk elf Häuptlinge aus Owambo, Kavango und Caprivi unter Führung von Kwanyama-Häuptling Gabriel Kautima (DTA) gegen Einschüchterung und Indoktrination durch SWAPO-Anhänger. Es werde Zwang ausgeübt, an Fahrzeugen und in den Kraalen SWAPO-Embleme zu führen. Sie forderten ausreichenden Schutz für Leben, Gesundheit und Eigentum ihrer Anhänger.[324] Der Polizeibefehlshaber im Norden General Dreyer meinte, manche Gegenden im Owamboland befänden sich in einer Grauzone zwischen Ordnung und Chaos und seien von den Sicherheitskräften kaum mehr zu kontrollieren.[325]

Auch in der Wählerregistrierung kam der Generaladministrator den SWAPO-Forderungen entgegen, so z.B. bezüglich des Wahlalters 18 Jahre. Gerade junge Wähler waren leicht zu beeinflussen und zu radikalisieren. Den Kirchen wurde vorgeworfen, bei Altersbescheinigungen an SWAPO-Sympathisanten des öfteren ein Auge zuzudrücken. Dies hielt auch der CSU-Bundestagsabgeordnete Ortwin Lowack nach einer Informationsreise für möglich.[326]

Die folgenden Voraussetzungen ermöglichten eine Wahlteilnahme:
- 18 Jahre alt und in Südwestafrika geboren
- 18 Jahre alt und während mindestens vier Jahren ununterbrochen in Südwestafrika ansässig
- 18 Jahre alt und von in Südwestafrika geborenen Eltern abstammend
- Beamter aus Südafrika, mindestens vierjähriger Dienst in Südwestafrika und eidesstattliche Erklärung, nach der Unabhängigkeit in Namibia zu bleiben.

Die SWAPO behauptete mit Bezug auf den dritten Punkt, Pretoria wolle 100000 - 150000 Südafrikaner für die Wahl mobilisieren. Von insgesamt 694182 registrierten Wählern waren dann gerade 9481 aus der Republik Südafrika gekommen, und dabei handelte es sich vielfach um schwarze Arbeiter aus Walfischbucht. Lediglich private Gruppierungen hatten für eine Wahlteilnahme in Südafrika geworben, und die Reisekosten mußten selbst getragen werden. Eine Briefwahl war nicht möglich.[327]

Zuweilen entstand der Eindruck, die ständigen lautstarken Vorwürfe der SWAPO gegen die südafrikanische Regierung oder die Polizei beabsichtigten, eine Hintertür für die Nichtanerkennung eines enttäuschenden Wahlergebnisses offenzuhalten.

Allerdings mußte die SWAPO noch einen bedeutenden Rückschlag vor den Wahlen hinnehmen: Ihre Menschenrechtsverletzungen in den Nachbarstaaten waren nun nicht mehr länger zu verheimlichen. Von Juni bis August 1989 konnten auf internationalen Druck hin rund 200 SWAPO-Gefangene zurückkehren. Sie berichteten von großangelegten Verhaftungen 1976, 1980/81 und 1984/86, die sich gegen Kritiker des autoritären Führungsstils Nujomas oder einfach Nicht-Owambo bzw. „Intellektuelle" richteten. Eklatante Folterungen wurden dokumentiert, 97 Namen von mit Sicherheit Ermordeten genannt, etwa 1400 als noch gefangen bzw. verschwunden vermutet. Die Rückkehrer benannten sieben SWAPO-Gefangenenlager in Angola.

Die SWAPO sprach hingegen von lediglich 200 jetzt freigelassenen Gefangenen, die ausnahmslos südafrikanische Spione gewesen seien, und bedauerte einzelne Menschenrechtsverletzungen, ohne jedoch zu einer öffentlichen Untersuchung und Konsequenzen bereit zu sein. Die Freilassung der ersten Gefangenen hatte der SWAPO ein propagandistisches Fiasko beschert und durfte sich vor den Wahlen nicht wiederholen.

Auch in dieser Frage verhielt sich der Generaladministrator zurückhaltend. Letztendlich wurde nicht auf einer endgültigen Klärung und Rückführung *aller* Flüchtlinge vor Abhaltung von Wahlen bestanden, wie es vereinbart worden war, sondern den Behauptungen der SWAPO Glauben geschenkt, daß alle Gefangenen entlassen seien.

Nach langer Wartezeit wurde lediglich eine - ausschließlich aus UN-Angehörigen bestehende - Kommission nach Angola geschickt, die im September zu dem Ergebnis kam, in den besuchten Lagern keine Gefangenen vorgefunden zu haben. Sie arbeitete mit der SWAPO zusammen, nicht etwa mit den entlassenen Gefangenen.

Dabei hatte selbst der weiße SWAPO-Funktionär Lubowski kurz vor seiner Ermordnung (durch „Rechtsextreme"?) gegenüber der Nachrichtenagentur NANA zugegeben, daß wohl viele Gefangene wegen zu eklatanter Folterspuren entfernt worden seien...[328] Der UN-Sonderbeauftragte Martti Ahtisaari hatte bei seiner Ankunft auf dem Windhuker Flughafen am 1. April wohltönend verkündet: „All Namibian political prisioners and detainees, whereever they are held, must be set free."[329]

In diesem Zusammenhang erscheint es auch sehr verwunderlich, daß von den von der SWAPO stets angegebenen 80000 Flüchtlingen, wofür sie auch entsprechende Mittel bezogen hatte, lediglich 42736 zurückkehrten.[330] Hatte die SWAPO nur doppelt kassiert? Oder durften die fehlenden 37000 als „Dissidenten" nicht zurückkehren bzw. lebten sie überhaupt nicht mehr?

Wie bei den Ereignissen des 1. April verlor die SWAPO auch in dieser Frage international an Prestige, wenngleich die Auswirkungen dieser Berichte gerade in den nördlichen Stammesgebieten Südwestafrikas differenziert gesehen werden müssen: Macht und Gewalt sind nun einmal entscheidende Faktoren in Afrika. Der frühere DTA-Politiker Tara Imbili wie der Owambo-Millionär Frans Ndonga, der ebenfalls früher die DTA bzw. CDA unterstützt hatte, fanden sich vor der Wahl plötzlich bei der SWAPO wieder!

Wahlkampf und Wahlen

Der Wahlkampf wurde offiziell am 1. Juli eröffnet, gleichzeitig setzte die Wähler-Registrierung ein. Der Mentalität vieler schwarzer und farbiger Südwester entsprechend, spielte er sich vorwiegend im Freien ab, und Farben und Symbole, auf Parteihemden, -schals, -mützen, spielten eine wesentliche Rolle, provozierten in manchen Fällen auch Streitigkeiten. Insbesondere die DTA führte geradezu eine „Materialschlacht" und überhäufte potentielle Anhänger mit Geschenken und Werbeträgern, weswegen die SWAPO das bekannte „Victory"-Zeichen der DTA ironisch mit dem Satz „een beer, een boerewors!" (ein Bier, eine Burenwurst!) erklärte. Kundgebungen waren nicht nur von Thesen und Argumenten, sondern auch sehr stark von Emotionen bestimmt, die von Musikgruppen und professionellen „Einpeitschern" geweckt wurden.

Von über vierzig im Lande existierenden politischen Gruppierungen (Namibia hat mehr Parteien als Zahnärzte) konnten insgesamt zehn Parteien bzw. Wahlbündnisse die für die Registrierung erforderlichen 2000 Unterschriften vorlegen.

Die *„Südwestafrikanische Volksorganisation Namibias" (SWAPO of Namibia)* war in ihren Aussagen vorsichtig. In ihrem Wahlmanifest fehlte ein klares Bekenntnis zum Marxismus-Leninismus, wie es noch im Lusaka-Programm von 1976 überdeutlich war: „Das gesamte namibische Volk, vor allem die Arbeiterklasse, die Bauernschaft und die fortschrittliche Intelligenz in einer Partei zusammenzuschließen, die als Vorhut in der Lage ist, die nationale Unabhängigkeit und den Aufbau einer klassenlosen Gesellschaft ohne Ausbeutung zu sichern, die auf den Grundsätzen und Idealen des wissenschaftlichen Sozialismus basiert", war damals als eine wesentliche Aufgabe der SWAPO verkündet worden.[331]

„Solidarity, Freedom, Justice" waren nun die programmatischen Schlagworte im Wahlkampf der SWAPO.[332] Ausdrücklich wandte sich das Wahlmanifest auch an die Weißen, die man aus den Beschränkungen von Klassen- und Rassenprivilegien emanzipieren wolle. Die SWAPO forderte einen starken Zentralstaat einschließlich des Territoriums von Walfischbucht, geführt von einem Exekutivpräsidenten mit weitgehenden Befugnissen. Das Parlament sollte nur aus einer Kammer bestehen. Wenngleich im Wahlkampf das Bekenntnis zum Einparteienstaat immer wieder anklang, war es im Wahlmanifest nicht zu finden. Über regelmäßige Wahlen und konkurrierende Parteien wurde darin aber ebenfalls nichts ausgesagt. Eine unabhängige Justiz sollte ein neues, nichtdiskriminierendes Rechtssystem schaffen, eine Neubesetzung der Richterstühle nach den Vorstellungen der SWAPO wurde implizit angedeutet:
„The judiciary will be staffed with men and women of integrity whose legal philosophy and ideological disposition will ensure that our people's long cry for justice is answered."

Ein neues, integriertes und nicht-rassisches Erziehungssystem sollte aufgebaut werden. Kirchliche Privatschulen wurden ausdrücklich anerkannt, wenn sie sich den staatlichen Vorgaben unterordneten; über die

Möglichkeit, sonstige Privatschulen einzurichten, wurde im Wahlmanifest nichts ausgesagt. Alleinige Amtssprache und Unterrichtssprache in den höheren Klassen sollte Englisch sein.

In der Wirtschaftspolitik sprach man von der „moral superiority of socialism over capitalism" und kündigte einen Wandel zugunsten eines Nebeneinanders verschiedener Wirtschaftsformen an. Mit den Minengesellschaften sollten neue Konditionen ausgehandelt werden. Zentraler Punkt im SWAPO-Wahlmanifest war die Durchführung einer Landreform zugunsten der landlosen Massen. Insbesondere ungenügend genutzte weiße Farmen (z. B. Jagdfarmen) oder solche in ausländischem Besitz sollten enteignet werden. Deren Anteil (angeblich nahezu 50 %) wurde von vielen SWAPO-Vertretern allerdings stark übertrieben, so daß das Schlagwort „Landreform" auf die Weißen bedrohlich wirkte. Auch in diesem Punkt betonte die SWAPO jedoch das mögliche Nebeneinander verschiedener Wirtschaftsformen in der Zukunft.

Neben den politischen sollten die wirtschaftlichen Beziehungen mit der Republik Südafrika weitmöglichst abgebrochen werden. Den Anti-Apartheid-Bewegungen wollte die SWAPO moralisch und über die Vereinten Nationen Unterstützung zukommen lassen. Im Wahlmanifest fand sich keine Aussage darüber, ob beispielsweise dem ANC auch militärische Basen zur Verfügung gestellt würden. Dies wurde in einzelnen Aussagen von SWAPO-Repräsentanten angekündigt, in anderen aber auch dementiert.

Unruhe löste ein in englischer Sprache abgefaßter Verfassungsentwurf aus, der während des Wahlkampfes bekannt wurde.[333] Er soll vom Exilflügel der SWAPO in Luanda verabschiedet worden sein und war in vielen Aussagen radikaler als das Wahlmanifest. Die Grund- und Freiheitsrechte waren darin dem vom Staat zu definierenden Allgemeinwohl untergeordnet und unter Gesetzesvorbehalt gestellt. Der Würzburger Völkerrechtler Prof. Blumenwitz, der über den Verfassungsentwurf ein Gutachten erstellte, bezeichnete dies als typisch „sozialistische Grundkonzeption der Freiheitsrechte".[334] Journalisten und Medien sollten beispielsweise vom Staat in die Pflicht genommen werden. Parteien auf ethnischer Grundlage waren gemäß dem Entwurf nicht zugelassen, somit Minderheiten das Recht genommen, sich politisch als solche zu artikulieren. Besonders ins Auge stachen zwei Bestimmungen über die Zusammensetzung des künftigen Parlaments:
„A person is qualified for membership in the National Assembly if: he did not consciously collaborate with the colonial administration in the suppression of the Namibian people." (Art. 71, 1f) und
„A member of the National Assembly shall vacate the member's seat if: he acts notoriously in a way inconsistent with the position and status of

a Member of the National Assembly and is likely to bring the National Assembly into disrepute." (Art. 72, 1e) Diese beiden Bestimmungen würden es ermöglichen, praktisch jeden „internen" Politiker auszuschalten und jeden gewählten Abgeordneten zu entfernen!

Man erinnerte sich an die Aussage des Sekretärs des Politbüros im Zentralkomitee der SWAPO Moses Garoëb gegenüber Dr. Alfons Dregger (CDU) am 12. April 1979 in Bonn: „Wenn die SWAPO gewinnt, werden wir nicht erlauben, daß die Turnhalle als politische Einheit weiterexistiert. Niemand wird gleich getötet, sondern nach den Gesetzen verurteilt, die wir beschließen werden."[335]

Wirtschaftlich trat der Verfassungsentwurf eindeutig für die staatliche Planwirtschaft, geleitet von einem „Central Planning Committee", und eine Zentralbank als staatliches Instrument ein. Prof. Blumenwitz kam abschließend zu dem Ergebnis:
„Der organisatorische Teil des SWAPO Verfassungsentwurfes zeichnet - insgesamt betrachtet - die Entwicklung zum zentralistisch geführten Einheitsstaat voraus. Der besonderen multiethnischen und multinationalen Struktur der südwestafrikanischen Gesellschaft wird nicht einmal ansatzweise Rechnung getragen. (...) Dem SWAPO-Verfassungsentwurf fehlt jede Form effektiver Gewaltentrennung, i. S. von „check and ballance", die einer echten Gewaltenteilung erst den tieferen Sinn vermittelt. Der Entwurf öffnet einem autoritären Präsidenten oder einer Staatspartei Tür und Tor zum „Marsch durch die Institutionen"."[336]

Die *SWAPO-Demokraten (SWAPO-D)* unter Führung von Andreas Shipanga traten an mit dem Anspruch, die unverfälschten SWAPO-Ziele zu vertreten, und führten das alte SWAPO-Symbol, die lodernde Flamme des Freiheitskampfes anstelle der geballten Faust. Die programmatischen Aussagen waren verwandt; allerdings betonte SWAPO-D, sich an demokratische Spielregeln halten zu wollen und forderte die Aufnahme und Garantierung eines Kataloges der Grund- und Menschenrechte in der Verfassung. Die gegenwärtige SWAPO-Führung, wie deren Verbrechen im Exil, lehnte man entschieden ab.

Ebenfalls aus ehemaligen SWAPO-Mitgliedern rekrutierte sich die neugegründete radikal-marxistische *„Worker's Revolutionary Party" (WRP)* unter Führung von Erica Beukes. Sie warf der SWAPO vor, „korrupt, bürgerlich und tribalistisch" zu sein.[337] Sie fand einige Anhänger unter ehemaligen SWAPO-Gefangenen, blieb aber bedeutungslos und trat zur Wahl nicht an. Es blieb der WRP vorbehalten, Mitte 1989 zum ersten Mal in der Geschichte des Landes über Windhuk die Rote Fahne zu hissen...

Die *„Demokratische Turnhallen-Allianz" (DTA)* stellte einen Zusammenschluß selbständiger Parteien auf ethnischer Grundlage dar. Sie warb mit dem Motto: „The DTA strives for: Independence, Prosperity, Democracy, Equality, Liberty, Justice, Security, Peace and a democratically elected, orderly and effective government for all Namibians. The DTA fights against: Apartheid, Oppression, Domination, Injustice, Poverty, War."[338]

Auffallend war die starke Annäherung an die SWAPO: Im Gegensatz zu den ursprünglichen Zielen der „Turnhalle", auf die man sich ja als einzige Partei im Namen noch ausdrücklich berief, erstrebte die DTA nun den Einheitsstaat ohne Volksgruppenrechte; sie trat ein für integrierte Erziehung, zumindest bei staatlichen Schulen, und Englisch als alleinige Amtssprache. Diese Forderungen entsprachen den Vorstellungen der SWAPO. So äußerte denn auch der Parteiführer Dirk Mudge, die SWAPO sei zwar die Hauptgegnerin der DTA, er könne sich jedoch prinzipiell die Mitwirkung in einer Koalition mit der SWAPO vorstellen. Gegensätze zur SWAPO bestanden vor allem darin, daß die DTA die Aufnahme eines Grund- und Menschenrechtskataloges in die Verfassung, nach westlichem Standard, die Festschreibung der Mehrparteiendemokratie, die Garantie bestehenden Eigentums, die freie Marktwirtschaft (soweit möglich) und eine pragmatische Aufrechterhaltung der wirtschaftlichen und politischen Beziehungen mit der Republik Südafrika forderte.

Dirk Mudge, Vorsitzender der DTA

Die kleineren Parteien formierten sich in der Regel in Wahlbündnissen, um ihre Chancen für das Erreichen von Mandaten zu verbessern.
Die *„United Democratic Front" (UDF)* war ein wesentlich von dem charismatischen Damara-Häuptling Justus Garoëb und seinem „Damara-Rat" getragenes Bündnis, besaß jedoch auch einigen Anhang unter den Farbigen (Reggie Diergaardts „Labour Party"). Der Damara-Rat repräsentierte die Mehrheit der Damara und hatte in der Vergangenheit wie keine andere Partei zwischen den Polen geschwankt. In den siebziger hatte er die „Turnhalle" wie die internen Wahlen von 1978 boykottiert und die schnelle Durchsetzung der Resolution 435 unter internationaler Aufsicht gefordert. Im Jahre 1983 nahm der Damara-Rat an den Vorgesprächen für die Vielparteienkonferenz teil, verließ diese jedoch wieder, um 1984 unter dem Schirm der SWAPO bei der „Lusaka-Konferenz" mitzuwirken, mit der er in den folgenden Jahren enge Kontakte hielt. Während des Wahlkampfes erklärte Garoëb hingegen, keine Koalition mit der SWAPO eingehen zu wollen, und kritisierte scharf deren Menschenrechtsverletzungen. Auf der Kandidatenliste der UDF tauchten auch ehemalige SWAPO-Gefangene auf; von ihnen kam Eric Biwa im November 1989 als Nachrücker in die Verfassungsgebende Versammlung.
Das Programm war als linksgerichtet anzusehen und forderte eine radikale politische und wirtschaftliche Umgestaltung des Landes.

Die *„Aktion Christlich-National" (ACN)* war kein Wahlbündnis, sondern lediglich eine Umbenennung der konservativen weißen „Nationalen Partei von Südwestafrika". Man wollte damit eine breite Sammelbewegung für alle Weißen konstituieren und mit dem neuen Namen frühere Zwistigkeiten zurücktreten lassen. Wahrscheinlich spekulierte man mit dem Attribut „christlich" und dem werbewirksamen Kreuzessymbol auch auf farbige und schwarze Stimmen. Der ACN trat ein für eine Wahrung der Rechte der weißen Bevölkerung, für eine zumindest teilweise Beibehaltung des Systems der Volksgruppenverwaltungen auf zweiter Ebene, für Afrikaans als zweite Amtssprache. Der von der SWAPO propagierten Landreform widersetzte man sich und stellte einen großangelegten Plan der Erschließung des fruchtbaren Nordostens (Kavango, Caprivi) dagegen. Dezidiert trat der ACN für die Beibehaltung der freien Marktwirtschaft und eine Aufrechterhaltung der Beziehungen mit der Republik Südafrika ein.[339]

Im Vorfeld der Wahlen gab es auch Bestrebungen zur Gründung einer rein deutschen Sammelpartei durch das „Deutsch-Südwester Komitee/ Deutsche Aktion", evtl. in Verbindung mit der FCN (siehe unten). Dieses Vorhaben wurde schließlich nicht in die Tat umgesetzt; bei den politisch recht unterschiedlich eingestellten Deutsch-Südwestern - man denke an die Presselandschaft mit den linksliberalen „Namibia-Nachrichten" über die liberal-konservative „Allgemeine" bis hin zum „Deutsch-Südafrikaner" rechts außen - wäre die notwendige Stimmenzahl von ca. 9500 für die Erringung eines Mandates sicherlich nicht erreicht worden. Inzwischen zog der ACN mit der Begründung einer „Deutschen Union" innerhalb seiner Organisation nach.

Ein ähnliches konservatives Programm wie der ACN vertrat auch die *„Federal Convention of Namibia" (FCN)*, ein im wesentlichen von der Baster-Partei „Liberal-Democratic Party/Liberation Front" Kaptein Hans Diergaardts getragenes Wahlbündnis. Die FCN hatte aber auch etwas Anhang unter Nama, Damara, Buschleuten und Herero, und einer der Veteranen des Befreiungskampfes, Dr. Mburumba Kerina (alias Eric Getzen), der schon in fast allen bedeutenden Parteien des Landes, einschließlich SWAPO, mitgewirkt hatte, schloß sich schließlich der FCN an, verfügte jedoch kaum mehr über politischen Einfluß. Ein Unterschied zum ACN war die Forderung nach föderaler Gliederung des Landes in acht sich selbst verwaltende Regionen auf nichtethnischer Grundlage anstelle von Volksgruppenverwaltungen. Die FCN trat damit für den Bundesstaat anstelle des Einheitsstaates ein. Volksgruppenrechte sollten in der Verfassung festgeschrieben werden, Afrikaans, Englisch und Deutsch als Amtssprachen neben anerkannten „Regionalsprachen" bestehen bleiben. Die integrierte Schulerziehung sollte nur langsam vorangetrieben und für die Eltern die freie Wahl der Schulen ihrer Kinder garantiert werden.[340]

Die *„National Patriotic Front" (NPF)* repräsentierte vor allem den rechten Flügel der traditionsreichen Hereropartei SWANU, der sich 1983 für die Teilnahme an der Vielparteienregierung entschieden hatte. Ihr Führer war Moses Katjiuonga, ein Veteran des schwarzen Nationalismus und einer der ersten nichtweißen Südwester, der im Ausland studiert hatte. Aber auch die „Caprivi African National Union" (CANU), früher Teil der SWAPO, unter Führung von Siseho Simasiku, und die „Action National Settlement" (ANS) des weißen Advokaten Eben van Zijl waren in der NPF vertreten. Van Zijl hatte 1987 die konservative Nationale Partei von Südwestafrika aus Protest über deren ablehnende Haltung zur Öffnung der weißen Schulen und Abschaffung von AG 8 (Volksgruppenverwaltungen) verlassen. Die NPF trat an mit dem Motto „Reconciliation, Democracy, Development", und ihr Symbol war die geöffnete Hand der Freundschaft. Sie warf der DTA vor, den politischen und sozioökonomischen Wandel zu langsam vorangetrieben zu haben, bezeichnete sie aber als möglichen Koalitionspartner mit einem ähnlich gearteten Programm. Unterschiede ergaben sich darin, daß man stärker

Jannie de Wet, Vorsitzender der „Aksie Christelik Nasionaal" (ACN)

Moses Katjiuonga, Präsident der SWANU-TG und Vorsitzender des Wahlbündnisses „National Patriotic Front" (NPF)

eine gemischte Wirtschaft mit kooperativen und kollektiven Initiativen und staatlichen Maßnahmen bei der Arbeitsbeschaffung, dem Wohnungsbau u. a. favorisierte. Die NPF bezeichnete sich als „social-democratic". Investitionen sollten durch eine realistische Politik angelockt werden, Namibia aber nicht zu sehr von ausländischer Hilfe abhängig gemacht werden. Kompetenzen sollten möglichst dezentralisiert werden, was jedoch nicht zu Tribalismus führen dürfe. Außenpolitisch wollte die NPF einen strikt neutralen Kurs steuern.[341]

Der linke Flügel der SWANU unter dem Herero Vekuii Rukoro fand sich neben weiteren kleineren Parteien in der neuen *„Namibia National Front" (NNF)* wieder. Er hatte 1983 die Vielparteienkonferenz boykottiert und an der „Lusaka-Konferenz" unter dem Schirm der SWAPO teilgenommen. Die NNF trat ein für eine sozialistische Regierungsform, Nationalisierungen (wenn notwendig, auch ohne Entschädigung) und eine Lenkung der Wirtschaft. Jeglicher Tribalismus sollte ausgeschlossen sein.

Die *„Christlich-Demokratische Aktion für Soziale Gerechtigkeit" (CDA)* war 1982 von Rev. Peter Kalangula gegründet worden. Wenngleich sie allen Einwohnern des Landes offenstand, war sie doch prinzipiell eine Owambopartei und hatte dort auch die interne Regierung gestellt. So forderte die CDA auch eine gerechte Repräsentation des Nordens entsprechend seiner Bevölkerungsstärke. Sie fühlte sich christlichen Grundwerten und den wesentlichen Grund- und Menschenrechten verbunden und trat entschieden für die freie Marktwirtschaft und eine niedrige Besteuerung ein. Die CDA forderte eine föderale Gliederung Namibias mit fünf nicht-ethnischen Provinzen unter einer Zentralregierung. An der Vielparteienregierung hatte Kalangula nicht teilgenommen, da er die sofortige Verwirklichung der UN-Resolution 435 forderte, und nahm in der Folgezeit auch Kontakte zur SWAPO auf. Ein Bemühen um eine unabhängige Position zwischen den Fronten war offenkundig. Das Verhältnis zwischen SWAPO und CDA hatte bisweilen den Anschein einer Pokerpartie. Auf einer von der SWAPO im November 1988 in Kapwe/Sambia einberufenen Konferenz wurde Kalangula im letzten Moment wieder ausgeladen.[342]

Eine unbedeutende Splitterpartei war die *„Namibia National Democratic Party" (NNDP)* des Mischlings Paul Helmuth, der einst der SWAPO und später der DTA angehört hatte.

Die *„Namibian Christian Democratic Party" (NCDP)* hatte überraschend die notwendigen 2000 Unterschriften nicht vorlegen können. Sie hatte bereits 1978 an den internen Wahlen teilgenommen und ein Mandat gewonnen. An der Vielparteien-Übergangsregierung beteiligte sich die

NCDP nicht, aus Protest über die Aufrechterhaltung bestimmter Sicherheitsgesetze. Ihr Führer, der deutschstämmige Katholik Hans Röhr, war bekannt für die Aufdeckung von Menschenrechtsverletzungen der Sicherheitskräfte im Norden und konnte daher für die NCDP eine gewisse Anhängerschaft unter den katholischen Kavango, sowie unter Angehörigen christlicher Sekten, gewinnen. Das Parteiprogramm war stark christlich orientiert und trat ein für die Einhaltung der Grund- und Menschenrechte und eine unabhängige Justiz. Die NCDP wollte als Korrektiv gegen jegliche „radikale" Gesetzgebung wirken.[343]

Die rechtsstehende weiße *„Herstigte Nasionale Party" (HNP)*, die als einzige weiterhin für die Eingliederung Südwestafrikas, mit Ausnahme der „Homelands" im Norden, als fünfte südafrikanische Provinz eintrat, beteiligte sich nicht an den Wahlen, da sie diese grundsätzlich ablehnte. Sie rief ihre Anhänger (rund 10 % der Weißen) jedoch nicht zu einem Wahlboykott auf; sie dürften mehrheitlich für den ACN gestimmt haben.

Im August/September 1989 wurde die Zahl der UNTAG-Polizeibeobachter auf 1500 Mann erhöht. Nach langen Diskussionen im Bundestag trafen am 15. September 1989 auch 50 Bundesgrenzschutz-Polizisten auf dem Windhuker Flughafen ein.

Die Wahlen zur Verfassungsgebenden Versammlung vom 7. - 11. November verliefen im Vorfeld und Ablauf überraschend ruhig. Von 694 182 registrierten Wählern hatten 97,4 % in 357 Wahllokalen (davon 131 mobil) abgestimmt. Der Anteil der ungültigen Stimmen betrug nur 1,2 %.

SWAPO erreichte nicht die zum Diktieren der Verfassung erforderliche Zwei-Drittel-Mehrheit, gewann jedoch mit 57,1 % und 41 Sitzen

AKSIE CHRISTELIK NASIONAAL	ACN	NAMIBIA NATIONAL FRONT	NNF
CHRISTIAN DEMOCRATIC ACTION FOR SOCIAL JUSTICE	CDA	NATIONAL PATRIOTIC FRONT OF NAMIBIA	NPF
D.T.A. VAN NAMIBIË	DTA	SWAPO-DEMOCRATS	SWAPO-D
FEDERAL CONVENTION OF NAMIBIA	FCN	SWAPO OF NAMIBIA	SWAPO
NAMIBIA NATIONAL DEMOCRATIC PARTY	NNDP	UNITED DEMOCRATIC FRONT OF NAMIBIA	UDF

Die zu den Wahlen vom 7. -11. November angetretenen Parteien und ihre Symbole

deutlich. Die liberale Parteienallianz DTA erreichte 28,4 % und 21 Sitze, die linksgerichtete UDF 5,6 % (4 Sitze), der konservative weiße ACN (Nationale Partei) 3,6 % (3 Sitze), FCN, NPF, NNF je 1 Sitz. CDA, SWAPO-D und NNDP waren leer ausgegangen.[344] SWAPO-D zog aus dieser Niederlage die Konsequenzen und schloß sich 1990 der NPF an.[345]

Während die DTA sich im Süden und der Mitte des Landes recht gut behauptet hatte, hatte die SWAPO fast alle städtischen Wahlkreise und vor allem das Owamboland erobert, wo ein Drittel der Wahlberechtigten beheimatet ist.

Die erwartete Polarisation zwischen SWAPO und DTA war eingetreten; es waren auch die einzigen beiden Parteien, die über die nötigen organisatorischen und finanziellen Möglichkeiten verfügten, einen in diesem weiten Land wirklich flächendeckenden Wahlkampf zu führen.

Die SWAPO gewann zwar die absolute Mehrheit, blieb aber doch weitgehend eine Owambopartei, denn ihr Ergebnis stützte sich vor allem auf die 92 % der Stimmen im Owamboland, daneben auf den Sieg in städtischen Bezirken wie Windhuk, Tsumeb, Swakopmund, Lüderitz, wo Owambo-Arbeiter stark vertreten sind. Andererseits gewann die DTA sogar die Mehrheit der Wahlbezirke, und die Mehrzahl der kleineren Völker, so die Weißen, die Herero, die Mischlinge, Farbigen und Baster, entschieden sich eindeutig gegen SWAPO, was für die Stabilität eines unabhängigen Namibia, eingedenk Erfahrungen in anderen afrikanischen Staaten, ungünstige Perspektiven aufzeigt.

Die meisten kleineren Völker hatten sich für die DTA ausgesprochen. Zwei Völker entschieden sich für andere Parteien: die Damara für die linksliberale UDF, eine knappe Mehrheit der Weißen für den ACN.

Die DTA mußte im Owamboland eine wahlentscheidende Niederlage hinnehmen und auch im benachbarten Kavango und Caprivi einen deutlichen Rückgang der Wählerunterstützung gegenüber den Wahlen von 1978 erfahren. Ein wesentliches Manko war wohl, daß die DTA keinen überzeugenden charismatischen schwarzen Führer als Konkurrenten zu Sam Nujoma aufbieten konnte. So führte sie zwar Mishake Muyongo (ehemaliger SWAPO-Vizepräsident) und Jariretundu Kozonguizi (ehemaliger SWANU-Präsident) ins Rennen, die diese Rolle jedoch nicht erfüllen konnten und politische „Verschleißerscheinungen" zeigten. Ihr einziger schwarzer Politiker, der Nujoma die Stirn hätte bieten können, der auch bei anderen Völkern angesehene Herero-Führer Clemens Kapuo, war 1978 ermordet worden, wahrscheinlich von SWAPO-Attentätern. Auch setzte sie vielfach bei der Auswahl ihrer Kandidaten und Wahlhelfer zu sehr auf ehemalige Soldaten und

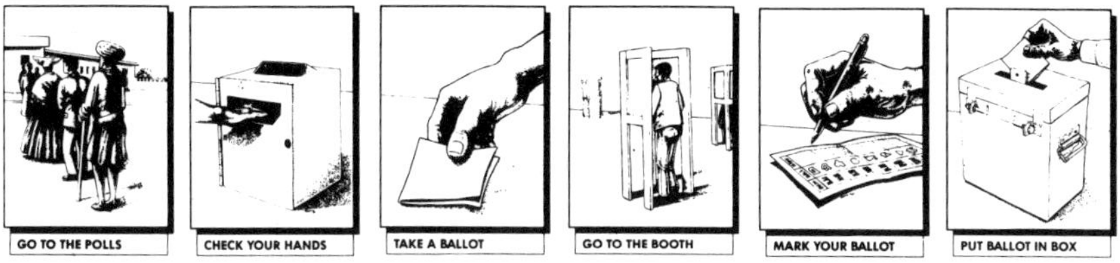

So wird gewählt: Zu den Wahllokalen müssen Registrierungskarte und ein Ausweis mitgebracht werden.

Im Identifizierungskasten im Wahllokal werden die Hände mit harmlosem ultraviolettem Licht abgetastet.

Wenn die Registrierungskarte unterschrieben und verglichen wurde, wird der Wahlzettel ausgeteilt.

Die Kabinen in den Wahllokalen sind geschlossen und stellen sicher, daß die Stimmabgabe absolut geheim ist.

Jeder Wähler darf nur eine Stimme abgeben - durch ein Kreuzchen im freien Kästchen neben den Symbolen.

Der Wahlzettel muß zusammengefaltet, dem Wahlbeamten vorgezeigt und dann in die Urne geworfen werden.

Wahlinformation in den „Namibia Nachrichten" am Tag vor der Wahl

Koevoet-Mitglieder, was teilweise auf Ablehnung stieß, und beachtete den Einfluß lokaler Häuptlinge zu wenig. Hier verfuhr die SWAPO recht klug. Die Parteiorganisation auf unterer Ebene gelang der DTA oft weniger als dem Neuling SWAPO.

Andererseits konnte sich die DTA als ernstzunehmende oppositionelle Kraft etablieren, wobei dahingestellt sein soll, wie frei und fair die Wahlen wirklich waren.

Für den phänomenalen SWAPO-Sieg im Owamboland war sicherlich eine Mischung aus Owambo-Nationalstolz, dem Nimbus der SWAPO als „Befreiungsbewegung", der Furcht vor fortdauerndem Guerillakrieg wie auch direkter Einschüchterung verantwortlich (die beiden letzteren Argumente greifen auch für den knappen SWAPO-Sieg im benachbarten Kavangoland). Sean Cleary charakterisierte die Anziehungskraft der SWAPO recht treffend: „Aber das Bild der SWAPO als Symbol für radikalen Widerstand gegen die fortgesetzte südafrikanische Verwaltung in Namibia und die Antithese zu allem, was an der jetzigen Gesellschaft unvollkommen ist, das ist es, woraus sich die politische Anziehungskraft der SWAPO nährt."[346]

Daß die Wahlen wirklich so „frei und fair" waren, wie sie im nachhinein vom UN-Sonderbeauftragten Ahtisaari klassifiziert wurden, muß jedoch bezweifelt werden. Zwar wurde kein derart offener Terror wie 1980 von den Gefolgsleuten Mugabes in manchen Teilen Rhodesiens praktiziert. Gerade in den unübersichtlichen nördlichen Stammesgebieten kam es aber zu Einschüchterung, so auch nach Angaben der südwestafrikanischen Polizei, und dies konnte von den landes- und sprachunkundigen UNTAG-Beobachtern nur in ungenügendem Maße erkannt werden. Wie in Rhodesien hatte die SWAPO offen damit gedroht, wieder in den Busch zu gehen, wenn sie nicht den Sieg erringen würde.

Frau Dr. Schumacher und Frau Kyra Naudascher, die im Auftrag des Instituts für Sicherheitspolitik an der Kieler Universität die Wahlen beobachteten, kamen zwar zu dem Ergebnis, daß der technische Wahlablauf „frei und fair" war, formulierten jedoch drei kritische Anmerkungen:

„a) Wahlrecht, Wahlprozeß und Wahlablauf wurden organisiert nach dem Modell westlicher Industriegesellschaften; die politischen Willensbildungsprozesse in einer überwiegend von Analphabeten geprägten Stammesgesellschaft wurden nur technisch (Fingerabdrücke statt Unterschriften), nicht inhaltlich berücksichtigt.
b) Das von der UNTAG gesicherte Verfahren eines freien und fairen Wahlprozesses hat die teilweise hochkomplizierten Willensbildungsprozesse in Kleingruppen, Stämmen und tradierten Gemeinschaften überhaupt nicht erfaßt. (...)
c) Inwieweit direkte oder indirekte Beeinflussung bis hin zur Einschüchterung in Kraals, Dörfern und Stadtteilen stattgefunden hat, geben die von der UNTAG geführten Protokolle nicht wieder, und die internationalen Beobachter hatten kaum eine Chance, sich dieser Frage zuzuwenden. Aber allein die Beantwortung dieser Frage kann über die legitimierende Wirkung dieser Wahl entscheiden."[347]

Es ist in diesem Zusammenhang zu berücksichtigen, daß die Owambo die Hauptlast des Krieges trugen. Selbst wenn sie sich aus jedweder Politik heraushielten, gerieten sie zwischen die Fronten und wurden Opfer von Landminen. Die 1979 eingeführte Ausgangssperre zerstörte das traditionelle soziale Leben. Der Wunsch, den Krieg zu beenden, war übermächtig, und dies war endgültig nur durch eine Regierungsübernahme der SWAPO möglich.

Aber auch der Gegenterror von Koevoet hatte seinen Teil dazu beigetragen, Owambo und Kavango in die Hände der SWAPO zu treiben. Vor allem der auffällige Rückgang der Unterstützung der DTA im Kavangoland dürfte darauf zurückzuführen sein. Besonders fatal waren die späten achtziger Jahre, als Koevoet bereits verkleinert worden war. Entlassene Koevoet-Angehörige griffen nun, ohne jegliche Disziplinierung durch Vorgesetzte, eigenmächtig zu Gewalt.

Nicht nur SWAPO, auch andere Parteien arbeiteten mit Einschüchterung, so die DTA, die viele ehemalige Koevoet-Angehörige und Soldaten als Wahlhelfer rekrutiert hatte, z.B. den Caprivi als ihren „Erbhof" betrachtete und dort andere Parteien behinderte. Häufig kam es zu Auseinandersetzungen zwischen DTA- und SWAPO-Sympathisanten. Massive Einschüchterung war jedoch nur durch untergetauchte PLAN-Guerilleros gegeben, die über automatische Waffen verfügten und nachts weitgehend unbeobachtet in den entlegenen Owambo-Kraals auftauchen konnten, während die südwestafrikanische Polizei, der die

SWAPO immer wieder Einschüchterung vorwarf, von UNTAG-Polizeibeobachtern überwacht und begleitet wurde. Während der gesamten Übergangsperiode wurden von der Polizei im Norden Waffenverstecke ausgehoben.

Der südafrikanische Journalist Peter Stiff listet Dutzende von Einschüchterungsversuchen von Seiten der SWAPO zwischen dem 31. März und 11. Juli 1989 auf.[348]

So stimmt es nachdenklich, daß die „Christlich-Demokratische Aktion" (CDA) Peter Kalangulas im Owamboland ganze 449 Stimmen (0,2 %) erzielte und auf einen Wahlkampf weitgehend verzichtet hatte. Schon bei der Beschaffung der erforderlichen 2000 Unterstützungsunterschriften hatte die CDA Probleme, konnte sie schließlich jedoch vorlegen.

Kalangula war zweifellos der prominenteste Nicht-SWAPO-Politiker im Owamboland und hatte sein Volk in der „Turnhallenkonferenz" repräsentiert. Er galt als SWAPO-Feind Nr. 1; ein Bruder von ihm war bereits von der SWAPO ermordet worden. Im Jahre 1982 hatte er die DTA aus Kritik am seiner Meinung nach zu langsamen Reformprozeß verlassen und die CDA gegründet, die im Owamboland die Regierung stellte. Dort setzte er verschiedene von der Bevölkerung gewünschte Verbesserungen durch, wie die Einführung von Englisch statt Afrikaans in den Schulen, den Ersatz südafrikanischer Militärlehrer, und er prangerte auch Menschenrechtsverletzungen der Armee an.

Eine Untersuchung des südafrikanischen Prof. J. S. Malan von der University of the North hatte 1986 nach Erhebungen im Owamboland die CDA auf 17 % der Stimmen eingeschätzt, neben 60 % SWAPO, 20 % Unentschiedenen und nur 3 % für NDP/DTA und andere.[349] Dies hätte 1989 umgerechnet 36 000 CDA-Stimmen ergeben!

Massive Einschüchterung der CDA-Anhänger muß wohl vermutet werden, auch wenn Kalangula durch seine zaudernde Schaukelpolitik zwischen DTA und SWAPO an Anhängerschaft eingebüßt haben mag.

Auch die DTA gab zu, daß sie in manchen Gebieten Owambolands nicht offen auftreten konnte, ganz zu schweigen von dem „Verräter" Andreas Shipanga und seiner SWAPO-D, die praktisch auf die Städte im Süden beschränkt blieb und entsprechend scheiterte.

Das auch für SWAPO-freundliche Beobachter unerwartet eindeutige Wahlergebnis von 92 % im Owamboland, das an unselige Resultate in der einstigen DDR Honeckers erinnert, führte sogar zu Spekulationen über einen partiellen Wahlbetrug. Merkwürdige Vorkommnisse gaben Anlaß zu Zweifeln: So hatte die DTA angeblich über 23 000 eingeschriebene Mitglieder im Owamboland und bekam nur 9200 Stimmen gegenüber 197 100 für die SWAPO.

Während der Auszählung in Owamboland kam es zu einem Stromausfall, was belegt ist. Arabische UN-Wahlbeobachter haben ausgesagt, daß die DTA in dem betreffenden Wahllokal zuvor vornegelegen und danach weit zurückgefallen sei; sie schlossen einen Austausch von Wahlurnen nicht aus. In der Tat entdeckten dann im Dezember 1989 Polizisten 16 vergessene Urnen in einem Flugzeughangar in Ondangwa. Zuerst hieß es, daß sich darin ungültige Stimmen befänden; bei der Öffnung der Urnen kam man dann zu dem Ergebnis, daß es sich um unbenutzte Stimmzettel handele.[350] Spekulationen über Unregelmäßigkeiten wollten auch danach nicht verstummen. Man wollte von der Einberufung einer Krisensitzung mit Teilnahme von SWAPO, DTA, ACN, UNTAG und Südafrika wissen, nachdem sich für die SWAPO keine klare Mehrheit abgezeichnet habe. Dabei habe die SWAPO mit einer erneuten Invasion gedroht. Trotz des Drängens von Dirk Mudge habe „Pik" Botha ein nochmaliges Eingreifen der südafrikanischen Armee kategorisch abgelehnt. Daraufhin habe man sich notgedrungen für eine absolute Mehrheit der SWAPO, jedoch keine Zwei-Drittel-Mehrheit, geeinigt.[351]

Die Drohung einer zweiten PLAN-Invasion schwebte in der Tat während des gesamtes Wahlkampfes über dem Land und wurde von Polizeikreisen nicht für ausgeschlossen gehalten.[352] Auch gab es Gerüchte über ein Eingreifen der Frontstaaten gegen einen „Wahlbetrug".[353]

Dies sind, daß muß betont werden, bislang unbewiesene Gerüchte. Das Wahlergebnis ermöglichte es allerdings allen Beteiligten, ihr Gesicht zu wahren. In diesem Zusammenhang ist bemerkenswert, daß kurz vor den Wahlen SWAPO-Sprecher, aber auch verschiedene schwarzafrikanische Politiker verkündeten, wenn die SWAPO nicht mindesten 50 % der Stimmen erhalte, seien die Wahlen nicht frei und fair gewesen und könnten nicht anerkannt werden. Und man kann durchaus davon ausgehen, daß auch die Republik Südafrika, die keinen Hehl daraus machte, daß sie einen SWAPO-Sieg erwartete, sehr stark an einem klaren Wahlergebnis von über 50 % für die SWAPO interessiert war, um die Namibia-Lösung international nicht zu gefährden.

So hieß es denn auch in DTA-Kreisen, daß Südafrika noch in den letzten Wochen vor der Wahl auf die DTA Druck ausgeübt habe, den Wahlkampf zu drosseln, vor allem im Norden, und sie schließlich davon abhielt, trotz verschiedener festgestellter Unregelmäßigkeiten die Wahlen anzufechten. Der DTA-Funktionär Erno Gauerke führte auf einer

Vortragsreise im Mai 1990 in Deutschland aus: „Die Wahl im November sei nicht so frei und unbeeinflußt gewesen, wie man hierzulande annähme. Die führenden Leute in der DTA hatten große Mühe, die schwarze Opposition, zu denen auch die Hereros gehören, davon abzuhalten, die Wahl anzufechten."[354] Man fragt sich: warum?

Im Norden spielte für den SWAPO-Sieg aber auch die Tatsache eine Rolle, daß vielfach nicht verhindert werden konnte, daß sich Schwarze aus den „Frontstaaten" Angola, Sambia, Botswana, Simbabwe als Südwestafrikaner im Sinne der Wahlbedingungen registrieren ließen. Diese „Leihstimmen" kamen sicherlich weitgehend der SWAPO zu Gute. Auf Registrierungsbüros im Kavango wurden dem Verfasser derartige Manipulationsversuche bestätigt.[355]

Ein wesentlicher Faktor für den SWAPO-Sieg in Owambo und Kavango war aber zweifelsohne auch die Anwesenheit der UNTAG, während die internen Wahlen von 1978 unter dem Eindruck der südafrikanischen Präsenz stattgefunden hatten. Von direkter Parteinahme ganz abgesehen, wurde die UNTAG von der Bevölkerung oft wie selbstverständlich mit der SWAPO identifiziert, hatten doch die Vereinten Nationen dieser Partei über 15 Jahre das Alleinvertretungsrecht für Namibia zugestanden und ihr wie der zukünftigen Regierung Beobachterstatus eingeräumt. Dies trug entscheidend zum hohen Wahlsieg der SWAPO bei.

Man ersieht dies am Schicksal der zweiten traditionsreichen „Befreiungsbewegung" des Landes, der SWANU, die bei den Wahlen unter dem Schirm der Wahlbündnise NPF bzw. NNF antrat. Von dem Forum der Vereinten Nationen verdrängt, verfügte sie nur über eine geringe Popularität und bescheidene Geldmittel, und lediglich Moses Katjiuonga bzw. Vekuii Rukoro wurden in die Verfassungsgebende Versammlung gewählt.

Bereits Anfang der achtziger Jahre hatte der langjährige Afrika-Kenner Hans Germani prophetisch geschrieben: „Die Weltorganisation ist so eindeutig pro-SWAPO eingestellt, daß eine von ihr entsandte Truppe schon den Sieg der Guerillas bedeuten würde. (...) Die SWAPO hat tatsächlich seit Jahren erklärt, daß sie, wenn die Blauhelme nach Südwest kommen, endgültig gewonnen habe und jeder Wähler für sie stimmen müsse."[356] Unparteiischer wäre vielleicht eine Überwachung der Wahlen durch Angehörige der Westmächte gewesen, wie es Anfang der achtziger Jahre im Gespräch gewesen war. Auch gemäßigte schwarze Politiker, wie der SWAPO-D-Führer Andreas Shipanga, hatten vergeblich für eine derartige Lösung plädiert.

Kalangulas CDA und die NDP/DTA wiederholten im Owamboland das seinerzeitige Debakel Muzorewas und Sitholes bei den rhodesischen

Wahlen im Maschonaland. Bei ihrer ethnischen Basis sind „Befreiungsbewegungen" in einer Wahl anscheinend kaum zu schlagen. Andererseits ist die DTA, die die Stimmen der kleineren Völker erhielt, vergleichbar mit der „Patriotischen Front" Nkomos, die von den Matabele, Venda, Shangaan, Sotho u. a. unterstützt wurde. Ob eine solche „ethnische Opposition" jedoch eine dauerhafte parlamentarische Opposition (mit der Möglichkeit der Regierungsübernahme) bilden kann, sei dahingestellt. Im Fall Simbabwe gelang dies jedenfalls nicht.

Trotz der Verfehlung ihres Wahlzieles, der Zwei-Drittel-Mehrheit, erklärte sich die SWAPO mit dem Ergebnis zufrieden, und ihre Anhänger feierten in den Straßen Windhuks ein Freudenfest. Die Weißen sahen mit gedämpftem Optimismus in die Zukunft, da die meisten ein derartiges Ergebnis erwartet hatten, und wer sich mit Veränderungen nicht abfinden wollte, saß in der Regel ohnehin bereits in Südafrika. Ihre Reaktionen waren in keiner Weise vergleichbar mit jenen der weißen Rhodesier, die 1980 bei Bekanntgabe des Wahlsieges von Robert Mugabe teilweise panikartig die Kinder aus der Schule holten und sich Hals über Kopf nach Südafrika absetzten.

Entspannung vor der Unabhängigkeit

Als am 21. November 1989 in Windhuk die Verfassungsgebende Versammlung zur ersten Sitzung zusammentrat, wurde sie mit einem Versöhnungsgebet durch den SWAPO-Funktionär und ELK-Vizebischof Zephanja Kameeta eröffnet. Ihre Aufgaben waren:

- Erarbeitung einer Verfassung für Namibia
- Annahme dieser Verfassung mit Zwei-Drittel-Mehrheit
- Erklärung der Unabhängigkeit und Festlegung eines Unabhängigkeitstermins
- Einsetzung einer Regierung für das unabhängige Namibia.

Das Ergebnis der Wahlen hatte zu einem Patt geführt: Der SWAPO fehlten sieben Sitze an der Zwei-Drittel-Mehrheit, der DTA drei Sitze an der Sperrminorität. Verbindungen mit den fünf kleineren Parteien, die zusammen über zehn Sitze verfügten, waren keine praktikable Lösung, da sie politisch inhomogen waren (von linksliberal bis rechtskonservativ). So ergab sich in erster Linie eine Zusammenarbeit zwischen SWAPO und DTA. Bereits nach einem Monat einigte man sich im Prinzip über eine künftige Verfassung.

Die SWAPO zeigte sich nach ihrem Wahlsieg kompromißbereit. Während Sam Nujoma noch am 21. 10. 1989 in Rundu dazu aufgerufen hatte, die Weißen „auszuradieren"[357], reichte er ihnen nun „die Hand der Freundschaft" und lud sie ein, im Lande zu bleiben.[358] Hage Geingob meinte, man habe während des über zwanzigjährigen Exils aus den Fehlern der Frontstaaten gelernt.[359]

In der Verfassungsgebenden Versammlung konnte die DTA wesentliche Vorstellungen durchsetzen: einen Katalog unabänderlicher Grund- und Freiheitsrechte und ein Mehrparteiensystem gemäß den Prinzipien des UN-Sicherheitsrates von 1982, das Verhältniswahlrecht und ein Zweikammerparlament: Die Nationalversammlung soll durch Zuwahl eines Nationalrates ergänzt werden, in den jeweils zwei Abgeordnete der verschiedenen, nicht auf ethnischer Grundlage zu bestimmenden Verwaltungsregionen entsandt werden. Mit Zwei-Drittel-Mehrheit kann der Nationalrat Gesetzesvorlagen der Nationalversammlung zurückweisen, die diese aber wiederum mit Zwei-Drittel-Mehrheit endgültig beschliessen kann. Das Recht auf Gründung von Privatschulen und der Gebrauch anderer Unterrichtssprachen neben Englisch werden ausdrücklich anerkannt.

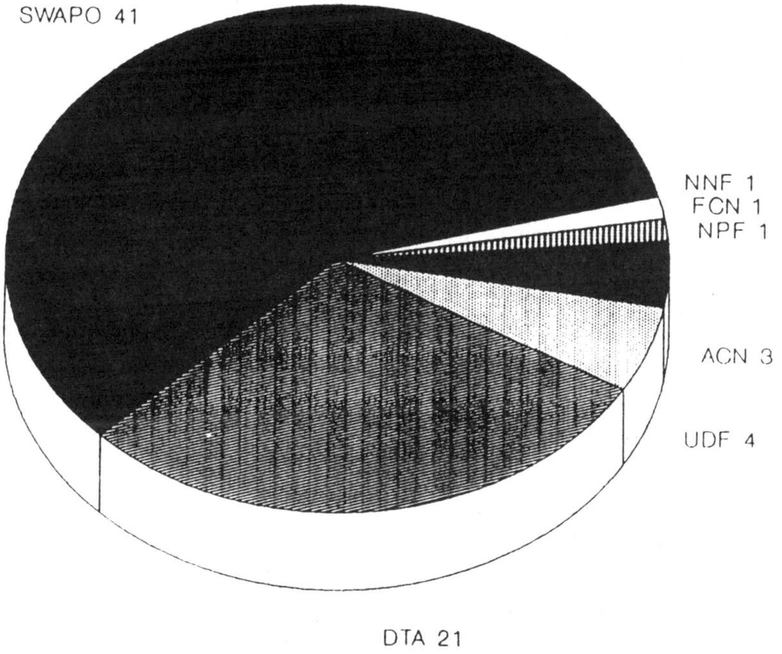

Das Wahlergebnis vom November 1989

Die SWAPO hingegen konnte ihre Forderung nach einem starken Exekutivpräsidenten, direkt gewählt vom Volk auf maximal zwei mal fünf Jahre, festschreiben. Er ist Staatsoberhaupt, Regierungschef und Oberbefehlshaber der Streitkräfte in einer Person und genießt volle zivil- und strafrechtliche Immunität. Nur mit Zwei-Drittel-Mehrheit von Nationalversammlung wie Nationalrat kann er abgesetzt werden. Seine Befugnisse sind im wesentlichen: Einberufung von Sitzungen der Nationalversammlung, Auflösung der Nationalversammlung, Einbringen von Gesetzesvorlagen, Vetorecht gegen Gesetzesvorlagen der Nationalversammlung, das nur mit Zwei-Drittel-Mehrheit überstimmt werden kann, Erklärung des Ausnahmezustandes (von der Nationalversammlung mit Zwei-Drittel-Mehrheit rückgängig zu machen), Ausrufung des Kriegsrechtes im Falle von Krieg oder Bürgerkrieg, Ernennung der Minister, Ernennung der Richter und weiterer hoher Beamter auf Empfehlung spezieller, von ihm berufener Kommissionen, Ernennung von sechs zusätzlichen Abgeordneten (ohne Stimmrecht) in der Nationalversammlung.

Am 9. Februar 1990 wurde der Verfassungsentwurf einstimmig von allen Abgeordneten angenommen; in das Staatsterritorium war das 1124 qkm große Gebiet von Walfischbucht einbezogen, außerdem die ebenfalls zur Republik Südafrika gehörigen Inseln vor der Küste, und die Oranje-Grenze zur Kapprovinz wurde nun in Flußmitte definiert. Die bisherige, für Namibia unglückliche Grenzregelung war auf das deutsch-britische Kolonialabkommen von 1890 zurückzuführen und entzieht das Wasser des Oranje dem freien Zugriff Namibias. Alle Gebietsansprüche werden künftig aber nur in einvernehmlichen Verhandlungen mit Südafrika durchzusetzen sein.

Bundesaußenminister Hans-Dietrich Genscher nannte die Verfassung ein „ermutigendes Beispiel" und meinte: „Diese Verfassung bildet eine gute Grundlage für eine gedeihliche Entwicklung dieses jungen Staates."[360] Trotz der zahlreichen Vorschußlorbeeren wurde auch Kritik laut. So zeigte Prof. Dr. Werner Kaltefleiter auf, daß der an sich positive Grundrechtekatalog eine Reihe von Schwachstellen aufweist:

- „Eine nur zweijährige Abwesenheit aus Namibia führt ebenso zur Aberkennung der Staatsbürgerschaft wie die Annahme einer fremden Staatsbürgerschaft oder der Dienst in ausländischen Streit- oder Sicherheitskräften (Art. 4, 8, a, b und c).
- Das Diskriminierungsverbot gilt nur für ethnische und religiöse Gruppen, nicht jedoch für politische Gruppierungen (Art. 10, 2).
- Im Erziehungswesen gilt das Diskriminierungsverbot ebenfalls nicht für politische Gruppen (Art. 20, Abs. 4,c).

- Enteignungen gegen „gerechte" Entschädigungen aus „öffentlichem Interesse" sind möglich (Art. 16, Abs. 2).
- Das Recht zur politischen Partizipation kann aus Gründen des „öffentlichen Interesses" oder „der Moral" (Art. 17, Abs. 3) aberkannt werden.
- Die Freiheitsrechte können durch Gesetze in einer Form eingeschränkt werden, die für eine „demokratische Gesellschaft" akzeptabel sind, die „im Interesse und der Souveränität" Namibias liegen sowie der „Sicherheit und der öffentlichen Ordnung" und dem „Anstand und der Moral" dienen (Art. 21, Abs. 2).
- Eine positive Diskriminierung, d. h. eine Bevorzugung zugunsten jener Personen, die in der Vergangenheit benachteiligt waren, ist ausdrücklich vorgesehen (Art. 23, 2, ähnlich Art. 63, Abs. 2, g)."[361]

Professor Dr. Karl Doehring kam ebenfalls zum Ergebnis, daß die Verfassung neben positiven Aspekten manche Schwächen aufweise. Seine abschließende Beurteilung lautet wie folgt:
„Bedenklich an der neuen Verfassung von Namibia ist, daß es für die jeweilige Opposition kaum eine Möglichkeit gibt, ihre Position zu verteidigen und sich selbst gegen Majorisierung zu schützen. Sogenannte Sperrminoritäten sind nicht vorgesehen. Immer dort, wo die Verfassung einer Zweidrittel-Mehrheit besondere Rechte gibt, geschieht dies doch nicht, um der Opposition eine Chance zu geben. Da die Verfassung auch keine abstrakte Normenkontrolle vorsieht, ist es der Opposition nicht möglich, von sich aus ein Gesetz auf seine Verfassungsmäßigkeit vom Supreme Court prüfen zu lassen.

Die Schwäche der Opposition ist bedenklich. Soweit Präsident und Mehrheit des Parlaments sich einig sind - und das wird überwiegend der Fall sein - können sie ihre Ziele immer durchsetzen, wobei bestenfalls die Zweite Kammer eine gewisse Verhinderungswirkung erreichen kann, aber wieder geht es dabei nicht um den Schutz der Parlamentsminderheit.

Die Schwäche der Opposition kommt auch darin zum Ausdruck, daß keine Ernennung irgendeines hohen Staatsfunktionärs von ihr kontrolliert oder verhindert werden kann. Dort, wo das Parlament wiederum mit Zweidrittel-Mehrheit eingreifen kann, geht es nicht um Minderheitenschutz, sondern um einen Schutz der Mehrheit (...)

Äußerst bedenklich sind die Regelungen in Bezug auf die Gerichtsbarkeit. Hier überwiegt in kaum zu rechtfertigendem Maße die Macht der Exekutive, insbesondere diejenige des Präsidenten. Die Judicial Service Commission kann nicht als ein unabhängiges Gremium angesehen werden, der in einer gewissen Neutralität die Richterernennung und Richterentlassung übertragen werden kann. Im übrigen gibt diese

Kommission auch nur Empfehlungen und überläßt die Ermessensausübung dem Präsidenten. Insgesamt erscheint die richterliche Unabhängigkeit in dieser Verfassung nicht in rechtsstaatlichem Sinne garantiert. Besonders bedenklich ist dabei, daß Entscheidungen in den Fragen des Verfassungsrechts von einer ad hoc-Richterbank getroffen werden sollen."[362]

Besonders problematisch erscheint die Tatsache, daß der komplizierten ethnischen Struktur und dem Problem des Minderheitenschutzes praktisch nicht Rechnung getragen wird. Die Verfassung steht damit in diametralem Gegensatz zum Verfassungsentwurf der Turnhallenkonferenz von 1977, der gerade Volksgruppenrechte gleichberechtigt neben Individualrechte setzt. Artikel 19 lautet zwar:
„Every person shall be entitled to enjoy, practise, profess, maintain and promote any culture, language, tradition or religion subject to the terms of this Constitution and further subject to the condition that the rights protected by this Article do not impinge upon the rights of others or the national interest."

Dies erinnert jedoch an die freiheitliche französische Revolutionsverfassung, die ebenfalls jedem Bürger ermöglichte, daheim Bretonisch, Flämisch, Deutsch etc. zu reden; in Schulen, vor Ämtern und Behörden, in Zeitungen war jedoch allein Französisch zugelassen, und die Sprachen der Minderheiten waren zum Aussterben verurteilt. Es ist zweifelhaft, ob Minderheitenrechte ohne besondere Institutionen verwirklicht werden können.

Mit dem Bekenntnis gegen Kolonialismus, Rassismus und Apartheid in der Präambel und dem speziellen Anti-Apartheid-Artikel 23,1, der derartige Bestrebungen sogar unter Strafe stellt, scheint gar eine Handhabe gegen alle „Sonderbestrebungen" von Minderheiten gegeben zu sein.

In weiten Teilen des Landes änderte sich nach dem SWAPO-Sieg nicht viel. Die SWAPO-Führung war sichtlich bemüht, ihre Anhänger zu disziplinieren. Im Owamboland schlug die Siegeseuphorie jedoch vielfach in Kriminalität und Gewalt gegen Staatseigentum und die dort verbliebenen Weißen um, die ihre Frauen und Kinder schleunigst nach Windhuk schickten.

Der designierte Präsident Sam Nujoma ernannte den als gemäßigt geltenden Hage Geingob zum Premierminister. Die wichtigen Ressorts Inneres und Verteidigung gingen jedoch an Mitglieder der stalinistischen Fraktion: Hifikepunye Pohamba und Peter Mueshihange (ehemaliger PLAN-Kommandeur).

Die SWAPO erhob „Versöhnung" zu ihrem Programm, und auch die von der Nationalversammlung angenommene Nationalflagge war ein geschickter farblicher Kompromiß zwischen den Parteifahnen von SWAPO und DTA. Zum Wahlspruch des Landes wurde der Satz „Unity, Liberty, Justice" erhoben.

Um das Vertrauen der Weißen zu gewinnen, wurden nicht weniger als sieben Weiße in das Kabinett berufen, darunter der parteilose Otto Herrigel als Finanzminister, Gert Hanekom als Minister für Landwirtschaft, Fischerei, Wasserwesen und landwirtschaftliche Entwicklung, Karl-Heinz von Schlettwein als sein „verantwortlicher Mitarbeiter".

Die linken Parteien UDF und NNF, nicht jedoch die DTA, wurden zur Mitarbeit im Kabinett eingeladen, und Vekuii Rukoro (NNF) wurde stellvertretender Justizminister, Reggie Diergaardt (UDF) stellv. Handels- und Industrieminister. Betrachtet man dies als feste Koalition, so verfügt die SWAPO über 46 von 72 Sitzen in der Nationalversammlung, womit ihr zwei Sitze an der Zwei-Drittel-Mehrheit fehlen.

Die Unabhängigkeit wurde in der Nacht zum 21. März 1990 im Sportstadion von Windhuk unter Anwesenheit von 30000 Ehrengästen mit großem Pomp gefeiert. 24 Minuten nach Mitternacht wurde unter Beisein von Staatspräsident de Klerk und UN-Generalsekretär de Cuéllar die südafrikanische Flagge eingeholt. Namibia wurde 50. Mitglied des Commonwealth, 51. Mitglied der OAU und 160. Mitglied der Vereinten Nationen. Präsident Sam Nujoma sprach in seiner Rede von nationaler Aussöhnung und einer friedlichen Nachbarschaft mit der Republik Südafrika. Er kündigte den Aufbau einer exportorientierten verarbeitenden Industrie an und rief das Ausland zu Direktinvestitionen auf.

Nahezu alle wichtigen Länder, darunter die Bundesrepublik Deutschland mit Außenminister Hans-Dietrich Genscher, waren mit Repräsentanten vertreten. Den stärksten Beifall erhielt jedoch der südafrikanische ANC-Führer Nelson Mandela.

Ein wichtiger Regierungschef aus der direkten Nachbarschaft fehlte jedoch in auffälliger Weise: Simbabwes Premierminister Robert Mugabe. Wollte er damit gegen die diplomatische Aufwertung Südafrikas protestieren, oder wagte er sich wegen innenpolitischer Schwierigkeiten nicht außer Landes?

Nachfolgend sind einige Passagen aus dem Stimmungsbericht eines Teilnehmers wiedergegeben:
„Bei Ankunft der Gäste erhält Nelson Mandela den größten Beifall, er ist so gesehen der Star des Abends. Kurz vor Mitternacht schließlich kommt Sam Nujoma in einer Autoeskorte ins Stadion und nimmt zunächst die

Ehrengarde des Präsidenten ab, die zuvor einmarschiert ist. Diese trägt die neuen namibischen Uniformen, die noch eilends in den Tagen zuvor fertiggestellt worden sind.

Dann spricht Pérez de Cuéllar, der den Erfolg der UNO mit der Durchführung von Resolution 435 verständlicherweise hervorhebt, allen Beteiligten einschließlich Südafrika dankt und Sam Nujoma zum Wahlerfolg gratuliert.

Es ist schon 11 Minuten nach Mitternacht, als Südafrikas Präsident de Klerk seine Ansprache beginnt, mit der er die 75-jährige Herrschaft Südafrikas über Namibia beendet. Er spreche als ein Anwalt des Friedens im südlichen Afrika, und die Zeit der Gewalt sei beendet. Die Opfer der Kämpfe seien zu beklagen, und Südafrika reiche dem neuen Nachbarn die Hand der Freundschaft. De Klerks Worte und seine Haltung in dieser Stunde finden allgemeine Achtung und Anerkennung. Überhaupt ist es Südafrika gelungen, aus der Entlassung Namibias in die Unabhängigkeit mit einem Zugewinn an Ansehen hervorzugehen, wie sich in diesen Tagen in Windhoek schon zeigt.

Und dann kommt - 24 Minuten nach Mitternacht - der große Moment, dem so viele Menschen mit Hoffnung und Zuversicht, manche wohl auch mit Zaghaftigkeit und Befürchtungen entgegengesehen haben: Nach dem Abspielen der südafrikanischen Nationalhymne wird unter riesigem

Die erste Regierung Namibias

Staatspräsident: Sam Nujoma
Staatssekretär: Eddie Amkongo

Ministerpräsident:
Hage Geingob
Kabinetts-Sekretär: N. Mbumba
Staatssekretär: Petrus Damaseb

Innenministerium
Minister: Hifikepunye Pohamba
Vizeminister: Nangolo Ithete
Staatssekretär: Ndali Kamati

Außenministerium
Minister: Theo Ben Gurirab
Vizeminister: N. Ndaitwah
Staatssekretär: Andreas Guibeb

Ministerium für Verteidigung
Minister: Peter Mueshihange
Vizeminister:
Phillemon Malima
Staatssekretär: Frans Kapofi

Finanzministerium
Minister: Dr. Otto Herrigel
Staatssekretär: Godfrey Gaoseb

Ministerium für Erziehung, Kultur und Sport
Minister: Nahas Angula
Vizeminister: Buddy Wentworth
Staatssekretär: Vitalis Ankama

Ministerium für Information und Rundfunk
Minister: Hidipo Hamutenya
Vizeminister: Daniel Tjongarero
Staatssekretär: Vezera Kandetu

Ministerium für Gesundheit und Soziales
Minister: Dr. Nickey Iyambo
Staatssekretär:
Dr. Solomon Amadhila

Ministerium für Arbeit und öffentliche Dienste
Minister: Hendrik Witbooi
Vizeminister: H. Hishongwa
Staatssekretär: Tuli Hiveluah

Ministerium für Bergbau und Energie
Minister:
Andimba Toivo ya Toivo
Vizeminister: Helmut Angula
Staatssekretär: Dr. L. Hangala

Justizministerium
Minister: Ngarikutuke Tjiriange
Vizeminister: Reinhard Rukoro
Staatssekretär: Dr. A. Kawana

Ministerium für Kommunalverwaltung und Wohnungsbau
Minister: Dr. Libertine Amathila
Vizeminister: Jerry Ekandjo
Staatssekretär: N. Shoombe

Ministerium für Wild, Naturschutz und Tourismus
Minister: Nico Bessinger
Vizeminister: Pendukeni Ithana
Staatssekretär: Hanno Rumpf

Ministerium für Handel und Industrie
Minister: Ben Amathila
Vizeminister: Reggie Diergaardt
Staatssekretär: Tsudao Gurirab

Ministerium für Landwirtschaft, Fischerei, Wasser und ländliche Entwicklung
Minister: Gert Hanekom
Vizeminister: Kaire Mbuende
Staatssekretär: K. Schlettwein und Vilho Hipondoka

Ministerium für öffentl. Arbeiten, Transport und Kommunikation
Minister: Richard Kapelwa
Vizeminister: Klaus Dierks
Staatssekretär:
Dr. Peingeondjabi Shipoh

Ministerium für Landfragen, Neuansiedlung und Rehabilitation
Minister: Dr. Marco Hausiku
Vizeminister:
Dr. Marcus Shivute
Staatssekretär: Ulitala Hiveluah

****

Nationale Planungskommission
Generaldirektor:
Dr. Zedekia Ngavirue

Vize–Minister für Staatssicherheit
Peter Tshirumbu

Generalstaatsanwalt
Hartmut Ruppel

Jubel die südafrikanische Fahne eingeholt, und damit ist die letzte Kolonie Afrikas frei. Ein Fackelläufer durchquert das Stadion und entzündet die „Flamme der Freiheit". Danach schließlich wird vor den Augen der Welt die neue namibische Nationalflagge gehißt, und noch einmal braust ein gewaltiger Jubel durch das Stadion, die meisten Leute sind schier aus dem Häuschen, springen, hüpfen und klatschen vor Begeisterung - es sind bewegende Momente, diese Szenen und Minuten im Stadion von Windhoek in der Geburtsstunde eines neuen unabhängigen Staates, der Republik Namibia.

UN-Generalsekretär Pérez de Cuéllar nimmt anschließend dem neuen namibischen Präsidenten Sam Nujoma den Amtseid auf die neue Verfassung ab, der damit offiziell in sein Amt eingesetzt ist, und Nujoma hält seine erste Ansprache als Präsident. Er drückt seine Bewegtheit aus und die Freude der Namibier, die Freiheit nun nach langen zähen Mühen und Kämpfen erlangt zu haben.

Nach einem Feuerwerk wird schließlich noch der neue Premierminister Hage Geingob von Präsident Nujoma vereidigt, bevor Nujoma auf dem Rasen des Stadions die Gratulationen vieler hoher Gäste entgegennimmt. Die Bemühungen weniger Ordner, für die Gratulanten eine Gasse freizuhalten, sind ziemlich hoffnungslos - nicht nur Journalisten drängen sich dicht an dicht, es ist Ausgelassenheit und Freude allenthalben. Mancher Body-Guard derjenigen Gäste, die ansonsten in Windhoek nur im eigenen gepanzerten Wagen mit hoher Geschwindigkeit und zahlreichem Begleitschutz herumsausen (als ob hinter jedem Busch ein Attentäter lauern könnte), dürfte in diesen Minuten um Jahre altern. Doch es geschieht überhaupt nichts problematisches, alles freut sich und genießt es, nun kein internationaler „Nobody" mehr zu sein, sondern die Welt nun regelrecht zum Anfassen nahe zu haben. Ein hoffnungsvoller Beginn, auch für die innere Befindlichkeit des neuen Staates.

De Klerk und Pik Botha eilen nach dem - wiederholten - Gratulationshändeschütteln mit Nujoma schnell durch einen Nebenausgang davon, vermutlich um nicht wieder dem Verkehrschaos draußen zum Opfer zu fallen. Nujoma verläßt mit seiner Eskorte die Stätte.

Erst gegen 2 Uhr leert sich das Stadion, und schon fangen Helfer mit dem Aufräumen und den Vorbereitungen für die Zeremonie am folgenden Nachmittag an.

Die Nacht ist nur kurz - für manche zu kurz, wie sich an einigen geplatzten Terminen am frühen Morgen zeigt."[363]

Kapitel 9

Die Zukunft Namibias

Politische Zukunftsaussichten von Namibia

Robert Mugabe, Premierminister des unabhängigen Simbabwe, hielt sich von 1980–1990 formal an die Bestimmungen der im Lancaster House ausgehandelten Kompromiß-Verfassung, die für zehn Jahre garantiert waren.[364] Dennoch führte er während dieser Zeit mit Hilfe nordkoreanischer Militärberater einen blutigen Straffeldzug gegen die Matabele, der über 10 000 Tote forderte. Auf Matabeleführer Nkomo wurde solange Druck ausgeübt, bis er schließlich seine „Patriotic Front" mit der regierenden ZANU (PF) verschmolz und damit de facto durch Ausschaltung der einzigen bedeutenden Oppositionspartei den Einparteienstaat ermöglichte. Bereits zuvor hatte Mugabe die Wirksamkeit der Opposition reduziert, indem er mißliebige Abgeordnete in Untersuchungshaft nahm oder ins Exil trieb. Von der Justiz freigesprochene Angeklagte wurden noch im Gerichtsgebäude gemäß den Bedingungen des weiterbestehenden Ausnahmezustandes verhaftet und ohne Urteil in Verwahrung gesteckt. In den Gefängnissen und Straflagern wird ungeniert gefoltert, und lediglich einige weiße Bürger mit britischem Paß hatten das Glück, nach energischer Intervention des Mutterlandes nach Großbritannien abgeschoben zu werden.

In Moçambique führte die simbabwesche Armee einen zermürbenden Prestigekrieg gegen die dortige Rebellenbewegung RENAMO, der der Wirtschaft erheblich zusetzte. Die Gehälter der Staatsangestellten beanspruchen über 40 % des Budgets. Fernsehen und Hörfunk wurden „gleichgeschaltet", ein dichtes Netz von Kommissaren überzog nach chinesischem Vorbild das Land mit ihrem Propagandaapparat. Bei der Zehnjahresfeier der Unabhängigkeit zerriß Mugabe unter dem Jubel seiner Anhänger feierlich die alte Verfassung und kündigte nun die Enteignung weißer Farmer an, deren Farmen mit etwa 18 % des derzeitigen Wertes entschädigt werden sollen.

Verfassungen sind in Schwarzafrika oft nur das Papier wert, auf dem sie geschrieben sind. In den vorangegangenen Kapiteln wurden bereits verschiedene Mängel der namibischen Konstitution, die starke Stellung von Präsident und Regierungspartei angesprochen. Man denke aber auch an die Macht des Faktischen: Einschüchterung durch Polizei und Armee, Beeinflussung der Bevölkerung durch weitgehende Kontrolle der Massenmedien sind möglich.

Ähnlich wie zehn Jahre zuvor Robert Mugabe wurde auch Sam Nujoma in den Monaten nach der Unabhängigkeit von zahlreichen Journalisten und Politikern wegen seiner Versöhnungsbereitschaft und seines Pragmatismus gelobt.

Die weißen Bürger fürchten neben einem prinzipiellen Absinken des bisherigen Standards, vor allem in den Bereichen Schule, Gesundheit und öffentliche Sicherheit, sozialistische Eingriffe in das Wirtschaftssystem, so die im Wahlkampf angekündigte „Landreform", oder einen Abbruch der Beziehungen mit Südafrika, wovon die namibische Wirtschaft stark abhängig ist.

Wirtschaftlich steuert die SWAPO jedoch bisher einen ausgesprochen pragmatischen Kurs (siehe unten), und man rief alle Einwohner dazu auf, im Lande zu bleiben und sich am Aufbau zu beteiligen.

Das Thema Walfischbucht, das ja von Regierung wie Opposition als namibisches Territorium angesehen wird, wurde zunächst nicht auf die Tagesordnung gesetzt. Weiterhin werden die namibischen Transporte über diesen Hafen abgewickelt, und selbst so entfernte Länder wie Sambia und Zaïre nutzten inzwischen dieses Tor zum Atlantik. Zum März 1991 kündigte die südafrikanische Regierung schließlich an, endgültig zu einer *Abtretung Walfischbucht* bereit zu sein; als Gegenleistung erwarte man den Abschluß weiterer bilateraler Abkommen und eine Vertiefung der wirtschaftlichen und währungspolitischen Zusammenarbeit.[365] Manche Beobachter sprechen bereits von schleichender Abtretung. So wird die Verkehrskontrolle bereits von der staatlichen Transportgesellschaft TransNamib ausgeübt, und es bestehen Planungen, die Polizeigewalt an namibische Beamte zu übertragen. Kontrolliert wird bereits kaum mehr. Verhandlungen über das zukünftige Schicksal von Walfischbucht begannen Ende 1990; Südafrikas Haltung wurde von Regierungsvertretern als äußerst flexibel beschrieben. Walfischbucht und die vorgelagerten Inseln haben übrigens nicht nur verkehrliche und strategische Bedeutung; sie reduzieren auch in erheblichem Maße die namibischen Hoheitsgewässer und damit die Fischereirechte.

Es sieht danach aus, als ob sich die Beziehungen zur Republik Südafrika realistisch gestalten werden. Auch eine Gewährung von Stützpunkten für südafrikanische Untergrundbewegungen auf namibischem Territorium ist unwahrscheinlich: Massive südafrikanische Gegenschläge müßten dabei in Kauf genommen werden, und die Oranjegrenze ist nicht gerade günstig für eine Infiltration der Kapprovinz. Die jüngsten Entwicklungen in Südafrika (ANC-Gewaltverzicht) lassen dieses Szenario ohnehin in weite Ferne rücken, genauso wie eine Destabilisierung Namibias durch von Südafrika unterstützte Rebellenbewegungen derzeit unwahrscheinlich ist. Die namibische Regierung kündigte die Aufnahme vollwertiger diplomatischer Beziehungen mit Südafrika an, wenngleich der ANC-Vertretung ein gleichberechtigter diplomatischer Status eingeräumt werden soll.

Außenpolitisch wird Namibia aber nicht nur ein Problem Südafrika, sondern auch ein Problem Angola haben. Ähnlich wie Simbabwe in Moçambique gegen die RENAMO kämpft, könnte die SWAPO von der MPLA-Regierung unter Druck gesetzt werden, die einstige Waffenhilfe durch militärischen Beistand gegen die UNITA wettzumachen, um deren Hauptquartier Jamba damit gleichermaßen in die Zange zu nehmen, ein alter Wunschtraum der Regierungstruppen. UNITA warf schon am 15. August 1990 auf einer Pressekonferenz in Lissabon der namibischen Regierung vor, Operationen angolanischer Einheiten vom Norden des Landes aus zu gestatten.[366] Anders als Simbabwe könnte Namibia jedoch durch Gegenschläge der UNITA empfindlich getroffen werden, und ein derartiges militärisches Engagement würde dem Land zudem hohe finanzielle Opfer abfordern. Allerdings muß in Rechnung gestellt werden, daß die ideologische Solidarität der SWAPO mit der MPLA, die sich auf die städtischen Mischlinge und Kimbundu in Zentral-Angola stützt, nachlassen könnte, während die UNITA von den mit den Owambo verwandten Ovimbundu im Süden unterstützt wird.

In Verwaltung und Polizei wurde den Beamten eine Übernahmegarantie gegeben, wenngleich bei Beförderungen und Neueinstellungen Schwarze bevorzugt werden und im Juli und August 1990 eine Reihe leitender Positionen mit SWAPO-Funktionären besetzt wurde. Als oberster Gerichtspräsident wurde der Deutsche Hans Berker, als Polizeichef der Bure Piet Fouché belassen.

Auch die im Wahlkampf angekündigte Kulturrevolution begann nur schleppend. Die ersten deutschen Straßenschilder nahmen geschäftstüchtige weiße Südwester ab, um sie mit der Mär der Umbenennung gewinnbringend an Touristen zu verkaufen. Premierminister Hage Geingob meinte, man habe nach der Unabhängigkeit wichtigeres zu tun, als Straßen umzubenennen oder Denkmäler zu stürzen. Im Sommer 1990 wurde dann allerdings die traditionsreiche Windhuker Kaiserstraße in „Independence Avenue" umbenannt und eine Kommission für weitere Umbenennungen eingesetzt. Die Regierung übte im August 1990 erfolgreich Druck auf den Windhuker Stadtrat aus, das einhundertjährige

Stadtjubiläum ausfallen zu lassen, da die seinerzeitige Stadtgründung ein kolonialistisches Ereignis gewesen und deshalb keiner Feier wert sei. Aber auch SWAPO-Anhänger warnen bereits vor einer Schädigung des Tourismus durch eine derartige „Vergangenheitsbewältigung".

Trotz hoffnungsvoller Anzeichen für eine pragmatische Entwicklung besteht allerdings noch keine Veranlassung für einen ungetrübten Optimismus. Gerade die jetzige SWAPO-Führung hat seit Mitte der siebziger Jahre jede innerparteiliche Kritik unterdrückt und bis 1990 keinen Parteikongreß mehr abgehalten. Ihr wurden genau jene Morde und Menschenrechtsverletzungen während der Exilzeit nachgewiesen, die sie ihrem Gegner Südafrika stets vorwarf und zur eigenen moralischen Legitimation heranzog. Von Einsicht ist nur begrenzt, von dem Willen zur Sühne überhaupt nicht die Rede. Angehörige von „Verschwundenen" mit Transparenten anläßlich der Parlamentseröffnung wurden von SWAPO-Abgeordneten mit Gelächter bedacht. Manche von ihnen sprechen von Bedrohung und suchen im Ausland um Exil nach.

Im Oktober 1990 prangerte die Nationale Gesellschaft für Menschenrechte (NGfM) an, daß im südwestlichen Angola im Lager Bentiaba (das ehemalige São Nicolao) noch hunderte von SWAPO-Gefangenen inhaftiert seien. Darunter befänden sich auch zahlreiche Gefangene, die 1989 vor dem Besuch der UN-Delegation aus dem Lager Lubango entfernt worden seien. Die Gefangenen würden deutliche Spuren von Mißhandlungen, so von Verbrennungen in einem Ofen, aufweisen. Das Lager sei von zahlreichen Landminen umgeben, um eine Flucht zu verhindern.[367] Nun soll das Internationale Komitee des Roten Kreuzes das Schicksal von Verschwundenen und Umgekommenen aufklären.

Immer wieder spekulierten Beobachter in den letzten zwanzig Jahren über die innerparteiliche Rivalität eines gemäßigten „internen" und eines radikaleren, autoritären „externen" Flügels. Bei der Rückkehr der Exilpolitiker traten jedoch die Repräsentanten des internen Flügels widerstandslos in das zweite Glied zurück. Ihnen wurden einige Posten eingeräumt, jedoch nicht an vorderster Stelle.

Auch kursieren Gerüchte über einen Stammesstreit innerhalb der in der SWAPO dominierenden Owambo. Die „Kwanyama-Mafia" um Hidipo Hamutenya, Peter Mueshihange und Hifikepunye Pohamba soll die bestimmende Kraft sein. Sam Nujoma gehöre lediglich einem kleineren und weniger angesehenen Owambo-Stamm an, sei aber als Führer akzeptiert worden. Bisher sei es ihm einigermaßen gelungen, die Gegensätze auszugleichen. Als Hauptrivalen der Kwanyama werden die Angehörigen des zweitgrößten Owambo-Stammes, der Ndonga, um Andimba Toivo ja Toivo genannt. Ihr Einfluß sei allerdings seit dem rätselhaften Tod des Sekretärs für Verteidigung Peter Nanyemba zurückgegangen. Nicht-Owambo innerhalb der SWAPO tendierten dazu, die Ndonga als Gegengewicht zu den mächtigen Kwanyama zu unterstützen. Eine weitere „Säuberung" der SWAPO soll 1987 nur durch Intervention von Seiten der Vereinten Nationen verhindert worden sein.[368]

Die von manchen Beobachtern vorausgesagte „Palastrevolution" gegen Nujoma fand aber nicht statt: Der SWAPO-Präsident hat in den vergangenen zwanzig Jahren jeden innerparteilichen Widerstand niedergedrückt, autoritär geherrscht, und scheint auch jetzt nicht bereit, die Macht aus der Hand zu geben. Bis heute ist die SWAPO-Führung nicht demokratisch legitimiert (der letzte Kongreß hatte 1970 stattgefunden); man spricht von der Einberufung eines Parteikongresses im Jahre 1991. Auch die Freilassung Toivo ja Toivos 1984 aus südafrikanischer Haft hatte Nujomas Position nicht erschüttert. Die Schlüsselministerien Inneres und Verteidigung sind von den Stalinisten Hifikepunye Pohamba und Peter Mueshihange (ehemaliger PLAN-Kommandeur) besetzt.

Und als Krönung wurde im Oktober 1990 „Jesus" Solomon Hawala zum kommandierenden Generalmajor der namibischen Armee ernannt: Als „Schlächter von Lubango" bekannt geworden, ist der frühere PLAN-Vizekommandeur und Chef des SWAPO-Nachrichtendienstes verantwortlich für zahlreiche Morde und Folterungen und hatte dabei auch persönlich eingegriffen, wie zahlreiche Zeugenaussagen von SWAPO-Opfern belegen. Seine Ernennung gilt als Etappensieg des radikalen über den gemäßigten SWAPO-Flügel, der vergeblich gegen die Berufung Hawalas protestiert haben soll.[368a]

Spekulationen über einen Aufstand der über die Untaten enttäuschten gemäßigten Kräfte innerhalb der SWAPO sind daher verstummt. Allenfalls erartet man einen Putsch von Kräften, denen Nujoma noch zu gemäßigt erscheint, z.B. aus der Richtung des Informationsministers Hidipo Hamutenya, der entgegen seiner verbindlichen Art als Radikaler gilt und über die Unterstützung vieler früherer PLAN-Kommandeure verfügt, bzw. von Seiten der Jugend- und Gewerkschaftsorganisationen.

Ob sich die gemäßigten Kräfte, wie z.B. Premierminister Hage Geingob, Außenminister Theo Ben Gurirab oder Handels- und Industrieminister Ben Amathila, durchsetzen können, bleibt abzuwarten. Es ist jedenfalls ein gehöriges Maß an Skepsis angebracht, ob sich Sam Nujoma und seine Vertrauten wirklich vom brutalen Saulus zum demokratischen Paulus wandeln werden. In den vergangenen zwanzig Jahren hatten sich stets die radikalen Kräfte behauptet, und vergessen sind auch noch nicht die Wortbrüche der SWAPO vom April 1989. Aus ihrer Bevorzugung des

Einparteienstaates macht die SWAPO keinen Hehl, wenngleich sie zugesteht, diesen nicht gegen den Willen des Volkes einführen zu wollen.

Die weitere Entwicklung des Parteiensystems könnte zunächst dahingehend verlaufen, daß die kleinen Parteien sich mit SWAPO (NNF, UDF) oder DTA (ACN, FCN, NPF) verbinden oder gar von diesen aufgesogen werden. Dann wäre nach dem Vorbild von Simbabwe eine „Zuckerbrot und Peitsche"-Taktik der SWAPO zur Erosion der DTA denkbar, wo vielleicht am Ende nur die Herero übrigblieben und die SWAPO die nötigen verfassungsändernden Mehrheiten besitzen würde. Der Chef-Koordinator der SWAPO Moses Garoëb erklärte im Oktober 1990, daß die DTA als offizielle Opposition „zerstört" werden solle.[369] Auch gegen die NPF, deren Anhängerschaft zunimmt, läuft eine Kampagne. So wurde ihr Funktionär Immanuel Engombe am 6. September 1990 mit der Begründung, er habe das Flugzeug Staatspräsident Nujomas mit einer Rakete abschießen wollen, festgenommen. Inzwischen wurde er allerdings freigelassen und die Klage gegen ihn eingestellt.

Auch die marxistische Ausbildung hat in den Köpfen vieler SWAPO-Funktionäre den autoritären Einparteienstaat nach sozialistischem Muster institutionalisiert. Noch Anfang Dezember 1989 veröffentlichten rumänische Zeitungen ein Glückwunschtelegramm Sam Nujomas an Nikolai Ceausescu, kurz vor dessen Sturz:
„Ihre einstimmige Wiederwahl auf dem Parteitag beweist die Treue und das feste Vertrauen, das die breiten Volksmassen Rumäniens in Sie haben und in die dynamische Art der Führung, die Sie im Laufe der Jahre bewiesen haben. Unter Ihrer effizienten Führung hat Rumänien einen allgemeinen Fortschritt verzeichnet."[370]

Daß manche marxistischen Bekenntnisse von afrikanischen Guerillaorganisationen nur taktischer Natur waren, und der Einfluß des Marxismus-Leninismus in Afrika aufgrund der jüngsten Veränderungen in Osteuropa, insbesondere auch durch ausbleibende Geldmittel, schwinden wird, ist anzunehmen. Andererseits dürfte die jahrzehntelange Schulung von Funktionären in Ostblockstaaten Wirkungen gezeitigt haben, die in Afrika vielleich noch länger anhalten als in den Herkunftsländern.

Prüfstein für eine gedeihliche Entwicklung wird das Verhältnis der von Owambo dominierten SWAPO zu den zehn kleineren Völkern sein. Nicht-Owambo sind in der SWAPO-Hierarchie kaum in führenden Positionen zu finden. Der Nama-Häuptling Reverend Hendrik Witbooi, langjähriger SWAPO-Vizepräsident und jetzt Minister für Arbeit und öffentliche Dienste, gilt beispielsweise als eher machtlose Figur, dessen

Name der SWAPO Prestige verleiht, ist er doch Urenkel des gleichnamigen legendären Widersachers gegen die deutsche Kolonialherrschaft. Ebenso eher als Außenseiter gelten die Herero Daniel Tjongarero (stellvertretender Informationsminister) und David Meroro. Lediglich die Damara scheinen neben den Owambo gut repräsentiert zu sein: Hage Geingob (Premierminister), Theo Ben Gurirab (Außenminister), Moses Garoëb (Chef-Koordinator).

Manche Beobachter befürchten daher analog zu der Entwicklung in den Nachbarstaaten das Ausbrechen eines Bürgerkrieges, der schließlich in eine Owambo-Diktatur münden könnte.

So erscheint es bedenklich, daß unter den SWAPO-Opfern in Angola und Sambia - neben „Intellektuellen" - vorwiegend Nicht-Owambo zu finden waren, ja daß die Volkszugehörigkeit oft einziger Anklagepunkt zu sein schien. Der freigelassene SWAPO-Gefangene Japhet Isaack sagte am 17. August 1989 bei der Menschenrechtsanhörung der Fördergesellschaft Afrika aus:
„Und es ist so, daß der SWAPO-Sicherheitsdienst hauptsächlich - ich betone: hauptsächlich - aus Stammesangehörigen des Präsidenten besteht. Das geht so weit, daß Sie aufgrund Ihrer Stammeszugehörigkeit

Neuer Weg

ZEITUNG DES LANDESRATES DER FRONT DER SOZIALISTISCHEN DEMOKRATIE UND EINHEIT

Bucuresti, Mittwoch, 6. Dezember 1989

Genossen Nicolae Ceausescu

Generalsekretär der Rumänischen Kommunistischen Partei

Lieber Genosse Generalsekretär!

Aus dem glücklichen Anlass Ihrer einstimmigen Wiederwahl durch den XIV. Parteitag in das hohe Amt des Generalsekretärs der Rumänischen Kommunistischen Partei habe ich das grosse Vergnügen und die grosse Ehre, Ihnen im Namen des Zentralkomitees der SWAPO und des namibischen Kämpfer- und Siegervolkes unsere herzlichsten Gratulationen gemeinsam mit den Wünschen für neue Erfolge und für Glück zu übermitteln.

Ihre einstimmige Wiederwahl auf dem Parteitag beweist die Treue und das feste Vertrauen, das die breiten Volksmassen Rumäniens in Sie haben und in die dynamische Art der Führung, die Sie im Laufe der Jahre bewiesen haben. Unter Ihrer effizienten Führung hat Rumänien einen allgemeinen Fortschritt verzeichnet.

Rumänien und Namibia sind befreundete Länder und unsere Völker sind durch langjährige, sich auf gegenseitige Achtung gründende Beziehungen der Freundschaft miteinander verbunden.

Ich bin überzeugt, dass sich, während Sie die Führung der Rumänischen Kommunistischen Partei weiterhin sichern, unsere Kooperation intensivieren wird zum Wohle der Staaten und Völker Namibias und Rumäniens.

Mit herzlichsten Grüssen,

SAM NUJOMA
Vorsitzender der SWAPO

verhaftet und gefoltert werden. In meinem Fall sagte man mir ganz unmißverständlich, daß Leute, die zu meinem Stamm gehören sowie zu einigen anderen Stämmen, die noch erwähnt wurden, in ihrem Blut schwimmen würden, wenn Namibia unabhängig und die SWAPO an die Macht gelangt sei."[371]

In der Tat verspricht die SWAPO ihren Anhängern im Norden mehr oder weniger unverhohlen, ihnen endlich den ihnen zustehenden Platz im Lande einzuräumen. Im 19. Jh. hatten Herero und Nama um die Vorherrschaft gestritten, abgelöst zunächst von den Deutschen, dann von den Südafrikanern. An den zahlenmäßig stärksten Owambo - ihr Gewicht nahm durch die Dezimierung der Herero und Nama bei der Niederschlagung der Aufstände vor dem Ersten Weltkrieg zu - ging jedoch die Entwicklung in den Bereichen Wirtschaft, Infrastruktur und Bildung bis Mitte der sechziger Jahre vorbei.

Schon in den ersten hundert Tagen der SWAPO-Regierung fiel auf, daß Owambo trotz teilweise ungenügender Qualifikation bei Stellenbesetzungen bevorzugt wurden.[372] Für die neue namibische Armee, die von britischen Offizieren ausgebildet wird, werden fast ausschließlich ehemalige PLAN-Kämpfer rekrutiert (angeblich nach einem Schlüssel von 20:1 gegenüber den Angehörigen der früheren SWA-Gebietsmacht), vorzugsweise Owambo.[373]

Moses Katjiuonga (NPF) und andere Stimmen hatten gar gefordert, auf eine Armee völlig zu verzichten, da Namibia ohnehin gegen die wesentlich stärkeren Nachbarn Südafrika und Angola im Kriegsfall keine Chancen habe und das Militär allenfalls innenpolitisch mißbraucht werden könne. Mit 122,7 Mio Rand (4,7 %) nimmt die Verteidigung auch einen prominenten Raum im Staatshaushalt ein. Ein Verzicht auf eine Armee wäre bei den ehemaligen PLAN-Kämpfern allerdings politisch kaum durchsetzbar.

Wenn die Regierung den an sich berechtigten Wunsch, den Entwicklungsrückstand der nördlichen Völker auszugleichen, auf Kosten der Völker im Süden übertreibt, gefährdet sie den inneren Frieden. Die Herero brachten sich inzwischen ins Rampenlicht, indem ihr Oberhäuptling und DTA-Führer Riruako - bisher vergeblich - von Bundeskanzler Kohl eine Wiedergutmachung von 2 Mrd. DM für den „Völkermord" der Kaiserlichen Regierung forderte.[374] Auch der SWAPO-freundliche Berliner Politologe Prof. Franz Ansprenger befürchtet ethnische Gegensätze:
„Seit jeher hatten die südafrikanische Regierung und die anderen SWAPO-Gegner der SWAPO nachgesagt, sie sei eine Owambo-Partei; seit jeher hatte die SWAPO dies als tribalistische Verleumdung von sich

gewiesen. Das Wahlverhalten der Namibier im November 1989 hat dennoch diese kritische Einschätzung bestätigt. (...) In Zukunft ist davon auszugehen, daß es zwei Namibias geben wird: ein SWAPO-Einparteiensystem im Norden (Owamboland), ein Mehrparteiensystem mit starker SWAPO-Minderheit im Süden. (...) Denn die Erhaltung der politischen und gesellschaftlichen Einheit Namibias ist nach diesem Wahlergebnis keine technisch-wirtschaftliche, sondern eine eminent politische Aufgabe. Deshalb scheidet z. B. die Option aus, rückständige Gebiete nach dem Vorbild der Großen Apartheid Südafrikas einfach abzukoppeln. Das Stichwort von der Nationalen Versöhnung, das die SWAPO im Wahlkampf ausgab, trifft die Sache schon. Fraglich ist nur, ob eine SWAPO-Regierung dem Schlagwort sachdienliche Taten folgen läßt."[375]

Am 1. August 1990 teilte die Regierung das Land in 14 Distrikte auf, denen jeweils ein loyaler SWAPO-Funktionär als Beauftragter vorangestellt wurde. Dies wurde als Versuch interpretiert, den bis 1992 nach regionalen Gesichtspunkten einzuberufenden Nationalrat, in dem SWAPO voraussichtlich in der Minderheit sein wird, zu unterlaufen, und den Einfluß der Partei auch im Süden zu verstärken.[376]

Auch manch andere Entwicklung in den ersten Monaten nach der Unabhängigkeit gibt Anlaß zur Sorge. Die neuaufgestellte Präsidentenwache wird als undiszipliniert und schießwütig geschildert, ausgerüstet mit A-47-Schnellfeuergewehr und zu manchen Gelegenheiten sogar mit Raketenwerfern, RPG-7-Panzerfäusten und Granaten. In den Städten wie auf dem Land ist die Kriminalität nach dem 21. März sprunghaft angestiegen, die Schlagzeilen der „Allgemeinen" sind voll derartiger Meldungen. Prominentestes Opfer wurde der deutsche CDU-Politiker Kai-Uwe von Hassel, dem auf der Kaiserstraße einige tausend DM abgenommen wurden - die deutschen Südwester tauften sie ihrerseits schon ironisch in „Straße des Großen Raubes" um... Daneben sind Drogensucht, Alkoholismus und Prostitution sprunghaft angestiegen. In Windhuk wachsen Slumsiedlungen aus dem Boden.

Ernstere Formen der Kriminalität haben sich im Owamboland etabliert. Hier ist der Druck der Arbeitslosen, der Enttäuschten besonders groß. Insbesondere die wenigen dort verbliebenen Weißen sind bevorzugte Opfer. Waffen und Ausrüstungen aus Kriegszeiten werden von Angola ins Land gebracht, und ähnlich wie in Simbabwe ziehen manche ehemaligen Guerilleros nun auf eigene Rechnung marodierend durch den Busch (die Bande „Rotes Auge"). Man spricht von blutigen Scharmützeln mit ehemaligen Militär- und Koevoet-Angehörigen. Viele Polizeistellen wurden mit ehemaligen PLAN-Kämpfern besetzt, die sich in solchen Fällen zurückhalten. Andererseits wurden bewährte ehemalige SWAPOL-Offiziere in den Süden versetzt.

Besondere Kritik riefen „special constables" (Sonderpolizisten, nach dem Innenminister Pohamba auch „Pohambas Engel" genannt) hervor, die anscheinend eine regelrechte Hexenjagd auf ehemalige Koevoet- und Gebietsmacht-Angehörige veranstalteten. Inzwischen sollen sie entlassen worden sein.[377] Um die Lage zu stabilisieren, waren vorübergehend 150 Offiziere und einige hundert Mannschaften des kenianischen UNTAG-Kontingentes im Lande geblieben.

Im Owamboland kam es nach der Unabhängigkeit zu einer Orgie der Zerstörung öffentlichen Eigentums. Das Land verdreckte zunehmend. Säuberungsappelle von Ministerin Dr. Libertine Amathila („kein Mann und kein Owambo") verhallten ungehört. Eine staatlich finanzierte „Entwicklungsbrigade" soll nach den Vorstellungen Präsident Nujomas künftig die Entwicklung des Nordens vorantreiben und gleichzeitig die vielen arbeitslosen Heimkehrer aus den Ballungszentren aufnehmen.

Epidemieartig trat im Norden nach der Unabhängigkeit zudem eine Art schwerer Malaria auf, die Dutzende von Toten forderte und Präsident Nujoma zur Ausrufung des Notstandes veranlaßte. Hinzu kommt die bedrohliche Vermehrung von Aids: Von ca. 1,2 Mio. Einwohnern sollen mindestens 10 000 HIV positiv sein, vor allem in den Reihen der aus Angola und Sambia repatriierten Guerilleros und Flüchtlinge. Dieses Thema wird jedoch nur vorsichtig angesprochen, betrifft es doch vor allem die eigene Klientel.[378]

Der Tourismus ging daraufhin nach der Unabhängigkeit um über 50 % zurück. Man hofft auf eine allmähliche Erholung und die Erschließung neuer Zielgruppen. Das luxuriöse Leben vieler neuer Amtsträger und Funktionäre stößt im Lande vielfach auf Ablehnung. Teure Auslandsreisen werden in großer Zahl unternommen; bereits in den ersten drei Monaten wurden die für ein ganzes Jahr budgetierten Reisekosten von 30 Mio. Rand verbraucht. Der Staatshaushalt sieht für die Häuser von Kabinettsmitgliedern die gleiche Summe vor wie für den Wohnungsbau der gesamten Bevölkerung. Statt früher acht gibt es jetzt 16 Minister nebst 16 Stellvertretern, für die 35 Luxuslimousinen angeschafft wurden. Diäten und Ministergehälter wurden kräftig angehoben. Nach Protesten wurden die jährlichen Bezüge Präsident Nujomas von 240 000 Rand auf 180 000 Rand verringert: Auch der südafrikanische Staatspräsident erhält nur 204 000 Rand.[379]

Die neugebildeten Bezirksräte zur Bekämpfung von Kriminalität oder anderen Problemen sind vielfach mehr nach Parteimeriten denn nach Qualifikation zusammengesetzt.

Rundfunk und Fernsehen wurden vom dogmatischen Informationsminister Hamutenya, wie einst in Simbabwe, unverzüglich gleichgeschaltet; Afrikaans wurde weitgehend durch Englisch ersetzt. Die Nachrichten hören sich inzwischen eher wie eine SWAPO-Hofberichterstattung an, es fehlt allerdings an genügend in Englisch ausgebildeten Sprechern, und auch die Zuhörer vestehen nicht allzu viel von dieser im Lande wenig gebräuchlichen Sprache. Allerdings soll allen Sprachgruppen ein gewisser Anteil an der Sendezeit zugestanden werden.

Die Nachrichtenagentur NAMPA unter staatlicher Kontrolle wurde gegründet für „akkurate, wahrheitsgetreue Nachrichten und Informationen", UN-Ausbildungsprogramme sollen unabhängige Journalisten ausbilden. Ein „Medienrat" soll das Recht zur Vergabe von Lizenzen erhalten. Informationsminister Hamutenya kündigte eine Afrikanisierung des Filmwesens und Zensurbestimmungen für ausländische Filme an. Die Massenmedien hätten seiner Ansicht nach eine wesentliche Rolle dabei zu spielen, „die nationale Loyalität anstelle ethischen oder regionalen Bewußtseins zu schaffen."[380]

Obwohl sich bisweilen bereits eine Bevorzugung der staatlich beeinflußten Medien Rundfunk und Fernsehen gegenüber den unabhängigen Zeitungen bemerkbar macht, können letztere allerdings noch erfreulich frei arbeiten. So verfolgt die Windhuker „Allgemeine Zeitung" unter ihrem bewährten Chefredakteur Hans Feddersen eine konstruktiv regierungskritische Linie auf liberal-konservativer Basis, und Namibias Journalisten hoffen auf ein Fortbestehen der Pressefreiheit.

Unterrichtsminister Angula kündigte grundlegende Reformen im Schulwesen an, das nun Angehörige aller Volksgruppen integrieren wird. Die Schulbücher sollen komplett umgeschrieben werden. Neben den staatlichen Schulen sollen allerdings Privatschulen auf nichtrassischer Grundlage und in Übereinstimmung mit staatlichen Unterrichtszielen bestehen bleiben können, was eine wesentliche Forderung vor allem der weißen Volksgruppe zur Erhaltung des schulischen Standards war. Zur Justiz hat die SWAPO ein ambivalentes Verhältnis: Sie müsse zwar unabhängig sein, andererseits aber mit „politisch unanfechtbaren" Richtern besetzt werden, um „den Schrei des Volkes nach Gerechtigkeit honorieren zu können".[381]

Die weitere Entwicklung kann noch nicht abgeschätzt werden. Die regierende SWAPO ist sicherlich nicht mit einem pauschalen Urteil zu klassifizieren. Sie stellte eine eigenartige Mischung aus Owambo-Volksorganisation und antitribalistischer Befreiungsbewegung, aus christlich verwurzelter Reformbewegung und doktrinärer marxistisch-leninistischer Kaderpartei, aus politischer Partei und militanter Guerillatruppe dar. Insofern ist die Entwicklung noch offen.

In jedem Fall wird eine glückliche Zukunft des Landes des Respektes der Regierenden vor den Eigenarten, Traditionen und Rechten der einzelnen Völker bedürfen, in welchem politischen System auch immer. Weniger Verfassungsklauseln als vielmehr guter Willen auf Seiten aller Beteiligten wird für die Zukunft entscheidend sein.

Trotz aller angebrachten Skepsis muß jedoch hervorgehoben werden, daß in Namibia eine Reihe von Faktoren positive Vorzeichen setzt, gerade auch im Vergleich zum benachbarten Südafrika: das Fehlen konfliktträchtiger Ballungszentren, der eher friedliche Charakter aller Völker, der traditionell ausgleichende Einfluß der deutschen Volksgruppe neben dem calvinistisch geprägten Burentum, ein Buschkrieg, der nur im Norden stattfand und nicht eine ganze Nation spaltete, ein SWAPO-Feindbild Südafrika, das außerhalb des Landes angesiedelt ist und damit die Versöhnung im Lande erleichtert, schließlich die langjährigen Erfahrungen mit gemischtrassigen Strukturen seit der „Turnhalle" 1975 und auf Seiten der SWAPO (die allerdings ohne Regierungserfahrung ist) die jahrzehntelange Chance, vor Ort aus den Fehlern der „Frontstaaten" zu lernen.

Afrika brachte nicht nur negative, sondern auch positive Überraschungen hervor: Im Jahre 1959 galt Dr. Hastings Banda den weißen Siedlern in Britisch-Nyassaland als Inbegriff des Terroristen und Fanatikers. Als Staatspräsident des unabhängigen Malawi wurde er zum Garanten der Stabilität und warb um den Verbleib der weißen Siedler.

Wirtschaftliche Perspektiven

Namibia weist die typisch dualistische Struktur eines Dritt-Welt-Wirtschaftssystems auf[382]: Es teilt sich auf in einen kleinen modernen, formellen, marktorientierten Sektor, der sich vor allem in den Händen der Weißen befindet, und in einen informellen kapitalarmen Sektor, in dem noch über 50 % der Bevölkerung traditionelle Landwirtschaft nach dem Subsistenzprinzip betreiben, zumeist auf Stammesland. Letzterer Sektor trägt gerade 3 % zum Bruttoinlandsprodukt (BIP) bei. Hier ist der Ausbildungsstand gering und die Zahl der Analphabeten besonders groß (40 % der Gesamtbevölkerung).

Namibia befindet sich in einem schnellen Übergang von einer agrarischen in eine industrielle, von einer traditionellen in eine moderne Gesellschaft. Die Verstädterung nimmt mit 4,4 % jährlich zu. Andererseits leben noch drei Viertel der Bevölkerung auf dem Land, vielfach in Stammesgesellschaften.

Das hohe Bevölkerungswachstum von 3 % übertrifft seit Beginn der achtziger Jahre deutlich das durchschnittliche Wirtschaftswachstum, was eine steigende Arbeitslosigkeit (derzeit ca. 35 % der ökonomisch aktiven Bevölkerung im modernen Sektor der Wirtschaft) bewirkt. Landflucht und eine Abneigung gegen Handarbeit verstärken wie in vielen Dritt-Welt-Staaten die Probleme, ebenso der Gegensatz zwischen dem dünn bevölkerten, hoch entwickelten Süden mit einem hohen Pro-Kopf-Einkommen und dem traditionellen, unterentwickelten und dicht bevölkerten Norden. Gerade in den wenigen Städten, in die zahlreiche Menschen strömen, findet sich aber - im Gegensatz zu Landwirtschaft und Bergbau - nur eine begrenzte Anzahl von Arbeitsplätzen.

Nach Ansicht des Geographen Hartmut Leser offenbart sich damit eine „alte Strukturschwäche einer jahrzehntelang versäumten Ausbildungspraxis", die durch die (inzwischen aufgehobenen) Zuzugsbeschränkungen verdeckt worden sei.[383] Der Norden war über Jahrzehnte von der Landesentwicklung abgeschnitten. Erst als Südwestafrika Mitte der sechziger Jahre verstärkte internationale Aufmerksamkeit auf sich zog, änderte sich dies; trotz großer Anstrengungen konnten jedoch die Versäumnisse der Vergangenheit nicht wettgemacht werden.

Die Randlage Namibias, in kontinentaler wie in weltweiter Hinsicht, und die schlechten Verkehrsverbindungen zu den meisten Nachbarländern, die - von Südafrika abgesehen - selbst unterentwickelt sind, zwingen das Land zu eigenen Entwicklungsanstrengungen.

Betrachtet man das BIP (Zahlen von 1988), so ist ein starker Überhang des Primärsektors offenkundig (41 %; Bergbau allein 28 %). Der Sekundärsektor ist unterentwickelt, während der Tertiärsektor im Anwachsen begriffen ist. Die Verwaltung ist personal- und kostenintensiv (bei über 1 Mio. Einwohnern hatte das Land 1987 nicht weniger als 60 000 Staatsangestellte). Aufgrund erheblichen Profittransfers multinationaler Bergbauunternehmen beträgt das in Namibia erbrachte Bruttosozialprodukt (BSP) nur etwa 70 % des Bruttoinlandsproduktes (BIP).

Auffallend ist die „doppelte Abhängigkeit" des Landes: Drei Viertel der inländischen Produktion werden exportiert, 71 % aller Güter- und Dienstleistungen importiert. Namibia produziert, was es nicht verbraucht, und verbraucht, was es nicht produziert. Dabei ist die Abhängigkeit von Südafrika besonders groß. So werden 90 % aller Konsum- und Investitionsgüter von dort bezogen. Auch über in Namibia tätige südafrikanische Fachkräfte, Kapitalverflechtung, Transportwege und den noch in südafrikanischer Hand befindlichen Hafen Walfischbucht ist

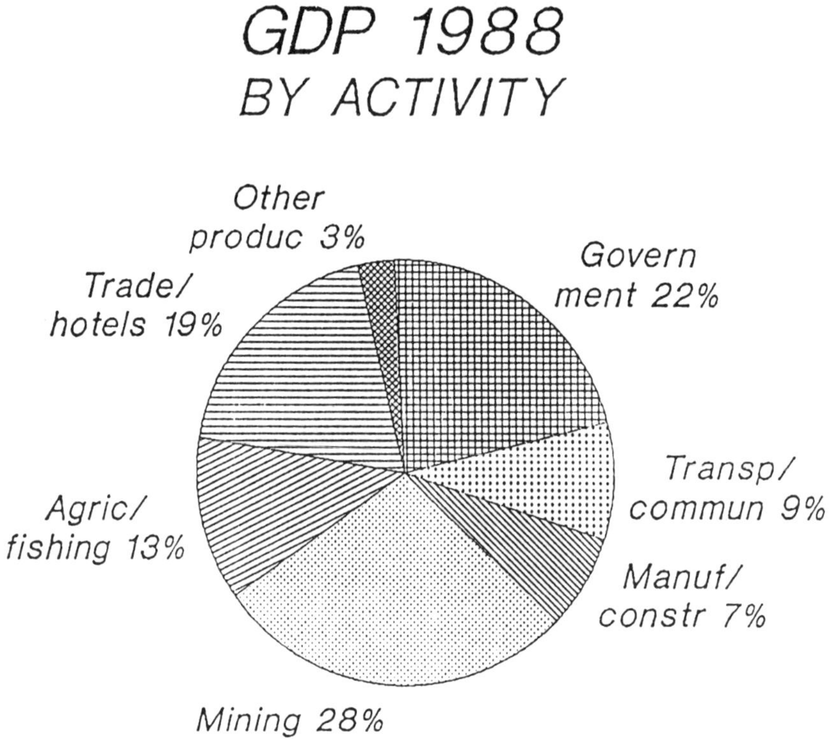

Die Verteilung des Bruttoinlandsproduktes (BIP) im Jahre 1988

das Land von Südafrika abhängig. Fachleute sprechen von einem typischen Fall struktureller Abhängigkeit.

Die starke Stellung des exportorientierten Primärsektors macht Namibias Wirtschaft ausgesprochen verwundbar. So meint der südafrikanische Wirtschaftsprofessor Ben van Rensburg: „(...) the wrong economic policy package opted for by the new government of Namibia at independence may take the economy to the brink of disaster in a very short period of time without noticeable mismanagement on their part."[384]

Nach dem Krieg war Südwestafrika ein Wirtschaftswunderland mit Wachstumsraten von durchschnittlich 10,6 % in den Jahren 1946-57 bzw. 6,1 % in den Jahren 1958-70. Danach, insbesondere seit Anfang der achtziger Jahre, geriet das Land in wirtschaftliche Probleme, und das Wirtschaftswachstum sank auf durchschnittlich 1,5 % (1970-87). Im Jahre 1977 mußte man erstmals auch negative Raten, ab 1984 einen Rückgang der festen Kapitalanlagen hinnehmen.

Verschiedene Gründe waren hierfür verantwortlich: die längste Dürreperiode in der Geschichte des Landes in den achtziger Jahren, die weltweite Rezension, die zu einem Verfall der Rohstoffpreise führte, die politische Unsicherheit in Südwestafrika, aber auch im „Mutterland" Südafrika, der Einschluß Südwestafrikas in die weltweiten Wirtschaftssanktionen gegen Südafrika. Besonders problematisch war im Jahre 1989 das Budgetdefizit von 382 Mio. Rand sowie die Staatsverschuldung von 892 Mio. Rand, die 50 % des Jahreshaushaltes und ein Drittel des BIP ausmachte. In den achtziger Jahren bestritt Südafrika stets mit jährlichen Zuschüssen von ca. 300-400 Mio. Rand zu einem wesentlichen Teil den Haushalt; im Wirtschaftsjahr 1989/90 kürzte es die Zuschüsse auf 80 Mio. Rand und strich sie danach ganz. Manche Experten befürchteten gar, daß der Haushalt vor dem Zusammenbruch stand. Trotz dieser besorgniserregenden Zahlen schätzte Prof. Dr. F. Tjingaete, erster schwarzer Professor an der Windhuker Universität, 1989 Lage und Perspektiven der namibischen Wirtschaft nicht überwiegend negativ ein: Das BIP zeige immer noch, wenngleich auf niedrigem Niveau, positive Wachstumsraten; die jährliche Inflationsrate von 14 % sei relativ niedrig, und trotz „doppelter Abhängigkeit" seien die Handels- wie die Zahlungsbilanz weiterhin positiv, d. h. durch die Exporte in Höhe von 57 % des BIP würde genügend „harte Währung" verdient, um die Importe zu finanzieren.[385]

Auch ein Bericht der First National Development Corporation (FNDC) zeigte 1989 günstige Zukunftsperspektiven für die namibische Wirtschaft auf: Die Bevölkerungszahl stehe in einem günstigen Verhältnis zum vorhandenen wirtschaftlichen Potential, und die Möglichkeit der Heranbildung ausgebildeter Arbeitskräfte in genügender Zahl sei gegeben; ein breit aufgefächertes Potential an Mineralien sei vorhanden und tlw. noch nicht erschlossen; in Landwirtschaft und Fischfang eröffneten sich ebenso wie in der verarbeitenden Industrie Expansionsmöglichkeiten; Energie- und Wasserversorgung, Gesundheitswesen, Kommunikations- und Transportsysteme seien für ein Dritt-Welt-Land hervorragend ausgebaut, wenngleich stark auf Südafrika ausgerichtet und in den nördlichen Regionen noch unterentwickelt. Durch den Wegfall der Sanktionen nach der Unabhängigkeit und evtl. eine generelle Entspannung der Lage im Südlichen Afrika würden sich neue Handelsbeziehungen und Absatzmärkte eröffnen. Mit Blick auf die „stillen Reserven" des Landes beurteilte die FNDC die Zukunftsaussichten Namibias positiv:
„From the above it is clear that if an incoming government applied the correct rules, we could have an astonishing 12 % GDP growth *before* any practical steps are taken to stimulate and expand the exonomy. In short,

we can not only emulate the Zimbabwean early years but also sustain growth through not repeating their subsequent mistakes which discouraged investment and resulted in capital flight."[386]

Allerdings sieht Namibia nach der Unabhängigkeit einer Reihe ernster Probleme entgegen: Die Regierung beginnt mit einem Defizit von 500 Mio. Rand und Schulden bei Südafrika in Höhe von 700 Mio. Rand. Das jährliche Bevölkerungswachstum von 3,1 % überschreitet bei weitem das durchschnittliche Wachstum des BIP von 1,5 % der letzten Dekaden. 45 % der Bevölkerung sind jünger als 14 Jahre. Dies zwingt zu immensen Anstrengungen bei der Schaffung von Bildungsmöglichkeiten, Arbeitsplätzen und Wohnraum. Die Arbeitslosigkeit wird derzeit offiziell mit etwa 35 %, inoffiziell aber höher beziffert und für das Jahr 2000 auf 50 % prognostiziert (jeweils bezogen auf die ökonomisch aktive Bevölkerung im formellen Wirtschaftssektor). Die 1989 zurückgekehrten 42 000 Exilanten verschärfen die Problematik drastisch, und der Kaufkraftverlust nach Abzug der südafrikanischen Armee in Höhe von 80 Mio. Rand jährlich, der von der UNTAG nur vorübergehend aufgefangen wurde, führte insbesondere im Norden zu einer wirtschaftlichen Krise. Mit einem jährlichen Pro-Kopf-Einkommen von 2668 Rand (1988) steht Namibia in Afrika an vorderer Stelle.

Es ist jedoch sehr ungleichmäßig verteilt: Weiße 43 000 Rand, Nichtweiße im formalen Sektor der Wirtschaft 2000 Rand, Schwarze im informellen Wirtschaftssektor 220 Rand. Die Erwartungen der eingesessenen schwarzen Bevölkerung wie der Rückkehrer auf baldige Angleichung des Lebensstandards an den der Weißen sind hoch. Dies wird wirtschaftliche und damit untrennbar verbunden politische Unzufriedenheit hervorrufen. Betrachten wir nun die einzelnen Sektoren der Wirtschaft.

Der *Bergbau* bildet das Rückgrat der Ökonomie. Im Jahre 1987 erwirtschaftete er ein Viertel des Steueraufkommens, ein Drittel des BIP und über 70 % der Exporterlöse. Aufgrund der starken Technisierung hat er als Arbeitgeber allerdings nur eine untergeordnete Bedeutung (5 % der ökonomisch aktiven Bevölkerung im formellen Sektor). In Städten wie Tsumeb, Arandis und Oranjemund war die Minenindustrie allerdings für gewaltige Anstrengungen im Sozial- und Bildungswesen verantwortlich.

Die Bergbauprodukte gelangen größtenteils direkt auf den Weltmarkt, so daß beim Export die Abhängigkeit von Südafrika gering ist. Allerdings dominiert südafrikanisches Kapital bei den Anlagen.

Größte Unternehmen sind der Reihenfolge nach „Consolidated Diamond Mines/CDM" (Diamantengewinnung um Oranjemund; eine 100-prozentige Tochter der südafrikanischen De Beers, die wiederum zum Oppenheimer-Konzern Anglo-American gehört), die „Tsumeb Corporation Ltd./TCL" (Kupfer, Blei, Zink, Silber, Pyrit; nach Abzug US-amerikanischen Kapitals weitgehend in der Hand von „Gold Fields of South Africa") und die multinationale „Rio-Tinto-Zinc Corporation/RTZ" (Hauptaktionär bei der „Rössing Uranium Ltd." bei Swakopmund; zweitgrößter Rössing-Aktionär ist die namibische Regierung, die jedoch über 50 % der Stimmrechte besitzt). Auf diese drei Unternehmen entfallen zusammen etwa 90 % der Bergbauproduktion Namibias.

Zwei Dutzend weitere Minen fördern unter anderem Gold, Silber, Zinn, Tantal, Wolfram und Schwefel. In großen Salzpfannen an der Küste werden jährlich ca. 210 000 t Salz gewonnen.

Mineralische Reserven sind in ausreichendem Maß vorhanden, und verschiedene Lagerstätten wurden bisher mit Blick auf die unsichere

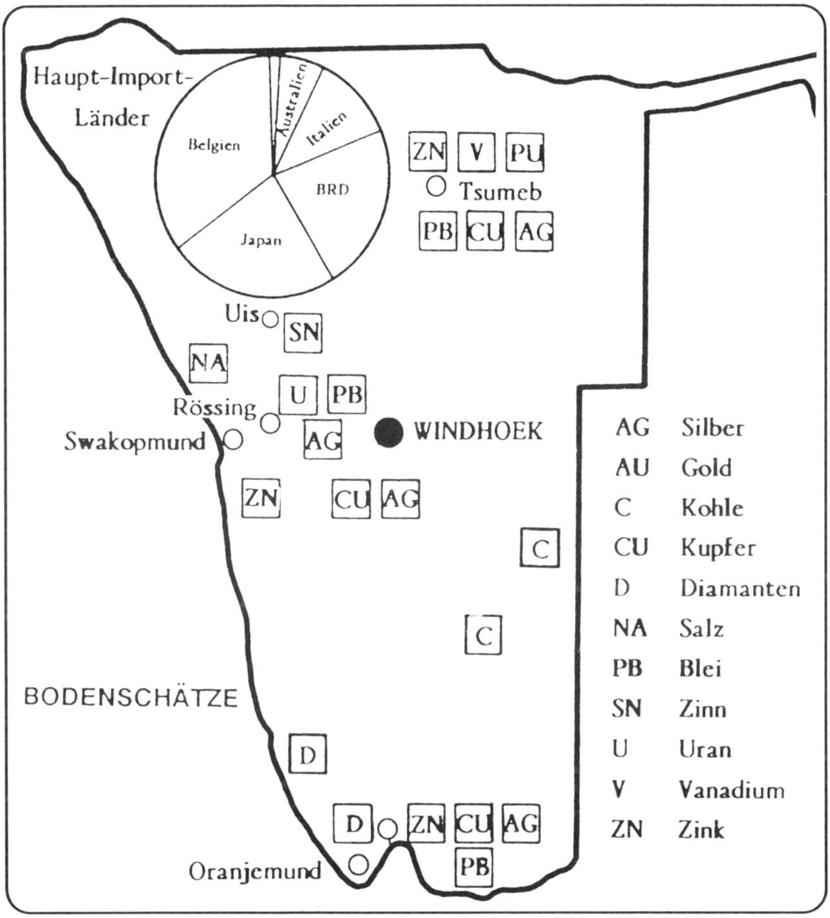

Die Bodenschätze Namibias

Beginn des Diamanten-Sperrgebietes in der Namib-Wüste bei Lüderitz.

wirtschaftliche und politische Lage nicht erschlossen, so das reiche „Kudu-Gasveld" 200 km westlich der Oranje-Mündung im Atlantik (günstigstenfalls könnte die Förderung allerdings im Jahr 2000 beginnen), die Goldvorkommen bei Karibib oder die im Etoschagebiet vermuteten Ölvorräte. Auch in der Metallanreicherung bzw. -veredelung stecken noch ungenutzte Möglichkeiten, die bislang erst ansatzweise realisiert wurden (so Aufbereitung von höherwertigem Uranoxid in Rössing). Die neue Regierung plant den Aufbau einer Ferro-Manganerz-Aufbereitungsanlage. Ansätze für eine Weiterverarbeitung von Rohstoffen bieten sich auch in den folgenden Bereichen: Kupferraffination (Kupferelektrolyse), Herstellung von Arsen aus Arsenoxyd, Gewinnung von Blei-Antimon-Legierungen (z. B. für eine künftige Batterieproduktion), Extraktion von Zink und Germanium aus Bleiofenschlakken, Erzeugung von Silbermetall, Verhüttung von Zinnkonzentraten, Gewinnung von reinem Quarz, Feldspat und Glimmer aus den Abfällen der Zinnerzaufbereitung.[387]

Eine derartige Weiterverarbeitungsindustrie schafft allerdings nur relativ wenige Arbeitsplätze. Sie benötigt ausländisches Kapital und Know-How, die in Namibia nur in begrenztem Maß vorhanden sind. Auch müssen Managementrechte, stabile Steuersätze und ein teilweiser Profitexport garantiert sein. Dies gilt auch für die unumgängliche Modernisierung der einträglichen Diamantengewinnung. Eine teilweise oder völlige Verstaatlichung, wie sie die SWAPO früher propagierte, wäre den ausländischen Interessen abträglich.

In der *Landwirtschaft* dominieren die 6300 kommerziellen weißen (und auch braunen) Farmer im Süden und der Mitte des Landes. Ihr Anteil am BIP mit 13 % ist eher mäßig, die Bedeutung als Arbeitgeber (über 60 %) jedoch groß. Man schätzt, daß etwa 400 000 Menschen direkt oder indirekt von der kommerziellen Landwirtschaft abhängig sind. Namibia weist grundsätzlich ungünstige landwirtschaftliche Bedingungen auf: 15 % des Landes sind für landwirtschaftliche Nutzung überhaupt ungeeignet, weite Teile des Landes erlauben aufgrund von Trockenheit (100-400 mm Niederschläge pro Jahr) und spärlichem Bewuchs nur extensive Weidewirtschaft. Fleisch (ca. 60 %) und hochwertige Karakulfelle (ca. 34 %) sind die beiden wichtigsten Erzeugnisse. Entwicklungsmöglichkeiten sind in der Importsubstitution südafrikanischer Produkte und im Aufbau verarbeitender Industrie für landwirtschaftliche Güter gegeben. Noch vor kurzem ausschließlich und auch heute noch weitgehend wird das namibische Vieh zu den südafrikanischen Schlachthöfen exportiert und Gefrierfleisch reimportiert. Zukünftig könnte vermehrt Fertigfleisch nach Südafrika exportiert werden, und auch die EG wäre ein potentieller Abnehmer für 13 000 t Fleisch pro Jahr. Schweinefleisch,

Geflügel, Eier und Milchprodukte werden noch zu einem großen Teil aus Südafrika eingeführt. Hier besteht die Möglichkeit der Eigenversorgung des heimischen Marktes. Im Dreieck Otavi-Tsumeb-Grootfontein wären Ertragssteigerungen im kommerziellen Feldgemüse-, Zitrusfrüchte-, Mais- und Futtermittelanbau möglich.

Das landwirtschaftliche Potential in den nördlichen Gebieten wird ungenügend und mit veralteten Methoden genutzt. Vielfach herrscht das traditionelle Subsistenzprinzip. Niederschläge von 600 mm pro Jahr ermöglichen aber gerade hier den Anbau von Getreide, Mais, Obst, Gemüse und Futtermitteln, die bisher überwiegend aus Südafrika importiert wurden. Durch Importsubstitution können jährlich 130 Mio. Rand eingespart werden. Bei den genannten Produkten wäre damit eine Selbstversorgung zu zwei Dritteln möglich.

Angesichts der geringen Bevölkerung Namibias warnt die FNDC allerdings bei allen Sektoren vor einer zu starken Forcierung kapitalintensiver Importsubstitution, sondern empfiehlt, sich wie bisher prinzipiell auf die Erwirtschaftung von Exporterlösen zu konzentrieren. Auch die traditionelle Viehzucht kann verbessert werden. In den nördlichen Trockenwaldgebieten könnte die bestehende Holzproduktion auf 20 000 t jährlich ausgeweitet werden.

Auf etwa 800 000 Menschen im Norden entfallen bisher nur 2,3 Mio. ha landwirtschaftliche Nutzfläche, d. h. 2,9 ha pro Einwohner: Brachliegendes Stammesland müßte einer kommerziellen Nutzung zugeführt und der

Rinder auf einer deutschen Farm bei Gobabis

Übergang von der Subsistenzwirtschaft zur marktorientierten Landwirtschaft angeregt werden. Hierfür müßten in manchen Teilen Owambolandes, im südlichen Kavango und im östlichen Hereroland Bewässerungssysteme durch Ableitung des Cunene und Kavango angelegt werden. Eine Ausweitung der landwirtschaftlich genutzten Fläche von zur Zeit erst 6500 ha auf 32 000 wäre möglich. Allerdings ist Wasser knapp und wird auch vom Bergbau in großer Menge benötigt. Eine landwirtschaftliche Fortbildung der schwarzen Bevölkerung muß erfolgen und auch der Norden in das bestehende Beratungs-, Kredit- und Vermarktungssystem einbezogen werden.

Allerdings sollte die Entwicklung nicht überstürzt werden: Manche kapitalintensive Entwicklungsprojekte der FNDC im Kavango in den achtziger Jahren führten modernste Technologie und Lohnarbeit ein; sie schufen vielleicht Arbeitsplätze, aber nicht unbedingt die richtigen Impulse für eine gesunde Entwicklungspolitik.

Die traditionsreiche *Fischindustrie* wurde durch die politisch unsichere Lage schwer getroffen. Bis 1974 spielte sie eine bedeutende Rolle. Dann wurde sie ein Opfer der internationalen Doppelmoral: Einerseits gaben Großmächte wie die Sowjetunion, die USA oder Japan vor, das Beste für die Bevölkerung Namibias zu wollen, andererseits respektierten sie die Ausweitung der 12-Meilen-Zone auf 200 nautische Meilen nicht und fischten die reichhaltigen Fischgründe des Benguelastromes (Sardinen, Pilchards, Anchovis vor der Küste, Weißfische in der Tiefsee) mit modernen Fabrikschiffen leer. Im Jahre 1985 war sowohl die Zahl der Berufsfischer wie der Beschäftigten in der fischverarbeitenden Industrie auf ein Drittel gesunken.

Die Fischindustrie erwirtschaftet heute zwar nur einen geringen Anteil des BIP, ist aber sehr expansionsfähig. Für das Jahr 2000 wird eine jährliche Fischfangquote von 1,28 Mio t prognostiziert. Nach der Unabhängigkeit kann Namibia nun seine Hoheitsgewässer erfolgreich kontrollieren und von ausländischen Fangflotten Lizenzgebühren einfordern. Solange allerdings noch Walfischbucht und die der Küste vorgelagerten Inseln südafrikanisch sind, kann der mächtige Nachbar 14 % der namibischen Hoheitsgewässer beanspruchen.

Allerdings müssen die stark zerstörten Fischbestände durch konservierende Maßnahmen wiederaufgebaut werden. In Walfischbucht (Konserven für Fischmehl) und Lüderitz (Langustenverarbeitung) sind moderne Anlagen der verarbeitenden Industrie vorhanden, und zahlreiche Arbeitsplätze könnten geschaffen werden. Hierfür sind allerdings Investitionen nötig, auch für die Modernisierung der veralteten Fangflotte.

Die *verarbeitende Industrie* ist unterentwickelt. Vor allem Unternehmen der Konsumgüterproduktion (Fleisch- und Fischverarbeitung, Getränkeherstellung) und Metallverarbeitung erwirtschafteten 1987 lediglich 5 % des BIP. Sie sind konzentriert im Raum Windhuk/Okahandja. Im ganzen Land sind nur 120 moderne Handwerksbetriebe vorhanden. Gerade in diesem Sektor besteht die Möglichkeit der Weiterentwicklung, auch was das traditionelle Handwerk der schwarzen Völker im Norden anbetrifft, z. B. die bekannte Holzschnitzerei der Kavango.

Allerdings ist der Entwicklungsvorsprung der südafrikanischen Industrie groß. Es herrscht bisher ein Mangel an qualifzierten Fachkräften, und der kleine Binnenmarkt mit seiner geringen Kaufkraft und seinen großen Entfernungen als hemmende Faktoren bietet nur begrenzte Absatzmöglichkeiten. Nach dem Willen der neuen Regierung sollen kleine Unternehmen, die exportorientierte und arbeitsintensive Qualitätsprodukte herstellen, mit folgenden Schwerpunkten bevorzugt gefördert werden: Herstellung von Baumaterialien (Glas, Zement, Ziegel), chemischen Erzeugnissen, Verpackungsmaterialien, Glühbirnen, Holzkohle, Montage von Personenkraftwagen und landwirtschaftlichen Maschinen. All diese Projekte werden technische Ausbildungsmöglichkeiten, Investitionen und Arbeitskräfte aus dem Ausland erfordern.

Auch der *Fremdenverkehr* ist ein Wirtschaftsfaktor des Landes und ausbaufähig. Obwohl sein Beitrag am BIP noch relativ gering ist, hat er sich in den letzten Jahren gut entwickelt. 1988 kamen rund 70 000 Touristen und bescherten dem Land Einnahmen in Höhe von 100 Mio. Rand. Wegen der großen Entfernungen der Sehenswürdigkeiten zueinander und der beschränkten Aufnahmekapazitäten kann allerdings ein Massentourismus nicht verwirklicht werden. Ein begehrtes Ziel für den anspruchsvollen Individual- und Gruppenreisenden wird Namibia jedoch allemal sein. Einen Anstieg des Tourismus um 25 % kann das Land durchaus vertragen. Hierfür sind Stabilität und öffentliche Sicherheit wie auch gute Beziehungen zur benachbarten Republik Südafrika Voraussetzung (viele Touristen sind Südafrikaner bzw. wollen einen Namibia- mit einem Südafrikaaufenthalt kombinieren). Auch muß die touristische Infrastruktur verbessert und eine effiziente Naturschutzbehörde unterhalten werden. Nach der Unabhängigkeit und ersten negativen Schlagzeilen über Kriminalität und Seuchen muß Namibia aber erst einmal den fünfzigprozentigen Rückgang des Fremdenverkehrs auffangen.

Die *Energieversorgung* ist ausreichend. Insbesondere wenn der Zufluß zum Ruacana-Kraftwerk an der Nordgrenze von Angola wiederhergestellt wird, können Energie- und Kohleimporte aus Südafrika eingespart werden. Gas-, Öl- und Kohlevorkommen können zudem im Lande erschlossen werden.

Ein großer Vorteil des Landes sind seine gut ausgebauten *Transportwege*, die allerdings bisher weitgehend auf Südafrika ausgerichtet sind. Allein deshalb wird Namibia zumindest mittelfristig von Südafrika abhängig bleiben. Die umfangreichen Investitionen Südafrikas in die Infrastruktur verdankte das Land dem ursprünglichen Plan der Angliederung als Fünfte Provinz, später den Erfordernissen des Krieges im Norden. Während die neue Regierung anscheinend auf einen Ausbau des Straßennetzes setzt, favorisieren die staatliche Gesellschaft TransNamib (Luftverkehr, Eisenbahnen) wie die SADCC neue Schienenwege.

Der modern ausgebaute Tiefseehafen Walfischbucht wäre eine exzellente Exportalternative für Sambia, Simbabwe und Zaïre. Hierzu wäre eine Verbesserung der Straße und/oder der Bau einer Eisenbahn durch den Caprivi erforderlich. Da Walfischbucht jedoch noch zu Südafrika gehört, sind gute Beziehungen zum großen Nachbarn erforderlich. Die Anlage eines alternativen Tiefseehafens ist wirtschaftlich wohl kaum vertretbar, auch unter dem Gesichtspunkt einer späteren Angliederung von Walfischbucht.

Die neue Regierung plant nun die Anlage eines Tiefseehafens „Port Nujoma" bei Kap Frio im Norden zur Verschiffung der Bergbauproduktion von Tsumeb wie der sambisch-zaïrischen Kupfererze; der Fischereihafen Lüderitz soll zu einem Umschlagplatz von Öl aus Angola erweitert werden. Ebenso ist ein Ausbau des südangolanischen Hafens Namibe (das ehemalige Mossamedes) als Alternative zu Walfischbucht in der Diskussion.

Alle diese Projekte sind jedoch nur bei einer politischen und militärischen Entspannung und Verbesserung der Transportwege in Angola sinnvoll, von der Frage der wirtschaftlichen Rentabilität ganz abgesehen. Der zentralafrikanische Raum kann als Markt für Namibia zukünftig durchaus interessant werden. Allerdings wäre die Voraussetzung hierfür eine Stabilisierung der „Frontstaaten", die aber noch nicht absehbar ist. Vorderhand wird daher Namibia mit Südafrika als wichtigstem Handelspartner vorlieb nehmen müssen.

Immer wieder klang an, daß ein Abkoppeln der namibischen Wirtschaft von der südafrikanischen ernste Folgen für das Land haben würde, wie natürlich auch Südafrika in der Lage ist, Namibia wirtschaftlich zu erpressen. Aufgrund der starken Abhängigkeit von Rohstoff- und Landwirtschaftsexporten ist Namibias Wirtschaft ausgesprochen verletzbar.

Andererseits ist Südafrika ein natürlicher Markt für Namibia. Er bietet Absatzmöglichkeiten für bestimmte Güter (z. B. Fleisch) und produziert zahlreiche andere billiger, als sie im eigenen Land hergestellt werden können. Südafrika ist der nächstliegende Kapitalmarkt für Investitionen und Anleihen. Technologie und Transportwege aus Südafrika wären nur mit hohen Kosten zu ersetzen.

Umgekehrt hat auch Südafrika vitales Interesse an guten wirtschaftlichen Beziehungen mit Namibia: Es bildet einen natürlichen Absatzmarkt. Südafrika hat starke Interessen in Namibia (Banken, Versicherungen, Minengesellschaften) zu verteidigen, und ein unabhängiges Namibia mit weiterbestehenden engen Wirtschaftsbeziehungen kann die Außenhandelsbilanz Südafrikas verbessern.

Südafrika erklärte sich bereit, Entwicklungshilfe zu gewähren. Ein Exodus der Weißen aus Namibia wäre auch Südafrika nicht unbedingt willkommen. Die bestehende Abhängigkeit muß also nicht unbedingt nachteilig für Namibia sein.

Die von der SWAPO immer wieder beschworene „Ausbeutung" Namibias durch Südafrika muß differenziert gesehen werden, wenngleich sie in bestimmten Bereichen sicherlich nicht von der Hand zu weisen war. Nach einer detaillierten Untersuchung kam Dr. G. M. E. Leistner, Direktor des renommierten Afrika-Institutes in Pretoria, Anfang der achtziger Jahre zu folgendem Resümee: „Der Umfang der laufenden Geldübertragungen und der Kapitalausgaben der öffentlichen Hände Südafrikas steht in keinem Verhältnis zu irgendeinem denkbaren wirtschaftlichen Gewinn, den Südafrika aus diesem Territorium ziehen könnte. Die Hilfen zur Bewässerung, Gesundheitsfürsorge, nicht zu vergessen die Kosten der Grenzsicherung gegen Überfälle der SWAPO auf Bürger Südwestafrikas, sind um ein Vielfaches höher und übersteigen jeden Gewinn, den Südafrika jemals aus seinem Mandatsgebiet gezogen hat und in Zukunft ziehen könnte."[388]

Professor Tjingaete hält aus wirtschaftlichen Gründen einen Abbruch der Wirtschaftsbeziehungen mit Südafrika für nicht sinnvoll. Zum einen sei natürlich zu bedenken, daß sich das politische System Südafrikas sehr schnell ändern könne und der politische Grund für eine Abkoppelung dann hinfällig wäre; eine Rückorientierung würde später erneute Kosten verursachen. Zum anderen stelle der südafrikanische Markt die natürliche Ergänzung für Namibia mit seinem zu kleinen Binnenmarkt dar, wenngleich natürlich neue Märkte zu erschließen und bestehende Abhängigkeiten zu verringern sind. Die „Frontstaaten" könnten keine hinreichende Alternative darstellen.

Nach dem erfolgreichen Beispiel von Botswana schlägt Prof. Tjingaete den schrittweisen Übergang zur Währungsautonomie durch Schaffung einer autonomen (nicht staatlich gelenkten) Zentralbank und einer teilweise weiterhin vom südafrikanischen Rand gestützten eigenen

Währung vor. Dadurch könnte die Abhängigkeit von Südafrika im Finanzwesen verringert werden. Er votiert für einen Verbleib in der „South African Custums Union" (SACU), zusammen mit Südafrika, Botswana, Lesotho und Swasiland, allerdings unter formalisierten Bedingungen und der Einräumung von Präferenzabgaben für Produkte, die die namibische Industrie gefährden. Bei einem Austritt müßte Namibia zur Erzielung gleicher Einnahmen seine Zölle stark anheben, was wiederum negative Auswirkungen auf die eigene Wirtschaft hätte.

Der Beitritt zum Lomé-Abkommen für die AKP-Staaten könne die Zollunion nicht ersetzen, da die Exporte mit den Produktivitäts- und Qualitätsfortschritten der lateinamerikanischen und asiatischen Konkurrenten nicht Stand halten könnten. Auch der innerafrikanische Handel, der in den letzten zwanzig Jahren stetig zurückgegangen sei, biete keine Alternative.[389]

In ihren früheren Aussagen gab sich die heute regierende SWAPO dezidiert marxistisch: Einführung der Planwirtschaft, Verstaatlichung der Bergbauindustrie, Enteignung der weißen Farmer, Abbruch der Beziehungen mit Südafrika. In den achtziger Jahren war jedoch eine Hinwendung zum Westen festzustellen. Sie fand ihren Niederschlag in dem am 28. November 1988 in Luanda veröffentlichten „Economic Policy Document of the Political Committee of SWAPO". Die Entwicklung wurde sicherlich durch die Hinwendung sozialistischer Frontstaaten wie Angola und Moçambique zur Marktwirtschaft beeinflußt. Hierin fand sich die Kernaussage: „Für die Zukunft ist keine totale Verstaatlichung von Minen, Land und anderen Produktionsbereichen geplant."[390]

Die SWAPO strebt nun eine „gemischte Wirtschaft" mit staatlichen, genossenschaftlichen, privaten und Joint-Venture-Anteilen an, wie sie auch in der Verfassung festgeschrieben wurde. Alle zehn zur Wahl angetretenen Parteien hatten übrigens eine „gemischte Wirtschaft" vertreten, wenngleich mit unterschiedlicher Gewichtung der einzelnen Anteile. Jedoch sollten mit den ausländischen Unternehmen und Investoren neue Vereinbarungen ausgehandelt und das Besteuerungssystem verändert werden. So wurden die Bergbauunternehmen bisher lediglich mit 40 % besteuert, und der effektive Steuersatz lag in den Jahren 1970-87 aufgrund günstiger Abschreibungsmöglichkeiten bei 31 %. Details werden jedoch nicht genannt, auch nicht im „Election Manifesto" der SWAPO. Dies betrifft vor allem die Frage der Landreform, wo die SWAPO vage von der Enteignung ungenutzten, akkumulierten oder ausländischen Landbesitzes spricht. So sind ca. 700 von 6000 Farmen in ausländischem Besitz, und bei manchen handelt es sich tatsächlich um private Jagdfarmen oder Spekulationsobjekte. Daß die Hälfte aller kommerziellen Farmen in diese Kategorie fällt, wie der Verfasser im

Gespräch mit SWAPO-Vertretern erfuhr, ist jedoch völlig unwahrscheinlich.

Keine detaillierten Aussagen finden sich auch zur öffentlichen Verwaltung. Wird die SWAPO langfristig den Personalbestand reduzieren, was aus Kostengründen erforderlich wäre, oder wird sie ihn sogar noch aufblähen, um die Erwartungen der eigenen Anhänger auf Posten zu befriedigen? Wird sie zukünftig einen Ersatz der weißen Staatsangestellten betreiben, ohne deren Fähigkeiten und Kenntnisse die Verwaltung nicht funktionieren kann? Durch den Wegfall des erheblichen südafrikanischen Haushaltszuschusses wird Namibia zukünftig einen Ausgleich in Form von Entwicklungshilfe benötigen. Experten warnen jedoch, die Fehler anderer Dritt-Welt-Länder zu wiederholen und Zahlungen in einer Höhe anzustreben, die das Land von seinen Voraussetzungen her nicht bewältigen kann. Prof. Tjingaete schlägt sogar vor, auf Entwicklungshilfe völlig zu verzichten und sich auf Privatkapital zu beschränken.

Die neue SWAPO-Regierung steuert bislang einen pragmatischen wirtschaftspolitischen Kurs. Ein im Juni vorgelegter Bericht der Regierung wirbt um öffentliche und private Investitionen sowie Entwicklungshilfe aus dem Ausland. Nujoma versprach die Schaffung von Rahmenbedingungen für eine dynamische Entwicklung innerhalb der freien Marktwirtschaft. Vorrang habe die Schaffung von Arbeitsplätzen und Wohnraum. Premierminister Geingob äußerte im Juli 1990, Namibia strebe wirtschaftliche Beziehungen mit der Republik Südafrika an, selbst ein Botschafteraustausch sei geplant. Auch die Nutzung des Hafens Walfischbucht verläuft reibungslos, die Südafrikanische Zollunion wird Namibia vorerst nicht verlassen, die Einführung einer eigenen Währung ist für den 1.1.1992 geplant. Gleichzeitig trat Namibia der SADCC, dem Commonwealth und dem Lomé-Abkommen mit der EG bei. Besonders zu schaffen macht dem Land der deutliche Anstieg der früher recht stabilen Inflationsrate von 13 % (1987) auf derzeit 22 %. Finanzminister Dr. Herrigel legte Anfang Juli 1990 einen betont sparsam gehaltenen Haushalt vor. Weder gab es eine Erhöhung der Steuern für Einzelpersonen, Firmen, Minen noch der Verkaufssteuern.

Das erste Investitionsabkommen in Höhe von 150 Mio. $ wurde schon wenige Stunden nach der Unabhängigkeit unterzeichnet. Das in Großbritannien sitzende Unternehmen Lonrho, das auch in Sambia und Moçambique in Großprojekte investierte, baut als „Joint Venture" im Ost-Caprivi Zuckerplantagen auf, die über 4000 Arbeitsplätze bieten werden. Man erhofft sich einen jährlichen Export von rund 40 000 t Zucker. Daneben plant Lonrho zwei weitere Großprojekte: ein Fünf-

Sterne-Hotel in Windhuk und eine Fabrik zur Herstellung von Personen- und Lastkraftwagen aus vorgefertigten Teilen.

Auch andere multinationale Konzerne sollen Interesse an Investitionen bekundet haben. Bereits in den siebziger Jahren hatten sie Kontakte zur SWAPO aufgenommen. Vor der Unabhängigkeit Namibias traf sich Nicholas Oppenheimer, Sohn von Harry Oppenheimer und stellvertretender De-Beers-Vorsitzender, mit SWAPO-Chef Sam Nujoma in London.[391] Auch Lonrho-Chef Tiny Rowlands traf bereits vor der November-Wahl Absprachen mit Nujoma.[392] Man kann davon ausgehen, daß die multinationalen Konzerne auch zukünftig gute Geschäfte in Namibia machen werden, wie bereits früher: In den achtziger Jahren enthüllte die Thirion-Kommission, daß CDM das Land durch Steuerhinterziehung und andere Manipulationen in Millionenhöhe geschädigt habe.[393]

Erhebliche Diskussion löste eine Studie aus, die die Anlage einer Atom- bzw. Giftmülldeponie in der Namibwüste empfiehlt. Damit könne Namibia von Zuschüssen unabhängig werden und Entwicklungsprojekte selbst finanzieren. Das Pro und Contra ging quer durch die Parteien. Eine Verwirklichung des Projektes ist noch nicht absehbar.

Nach Aussage von Premierminister Geingob sollte Entwicklungshilfe als Schenkung anstatt als Darlehen gewährt werden. Letzteres sei „Neo-Kolonialismus" und machte Namibia abhängig, da es bereits verschuldet sei und über keine finanziellen Reserven verfüge. Eine Kontrolle der Entwicklungshilfegelder lehnte er ab.

Diese Anspruchshaltung schreckte vielleicht manche Geberländer ab. Eine Konferenz unter dem Patronat der Vereinten Nationen in New York im Juni 1990 dämpfte Erwartungen, die bis zu einer Höhe von 400 Mio. $ gingen, und erbrachte lediglich Zusagen in Höhe von 200 Mio. $. Die Bundesrepublik Deutschland stellt davon mit 100 Mio. DM den höchsten Anteil.

Die namibische Regierung forderte diesen Betrag als nichtrückzahlbaren Budgetzuschuß. Dies wurde von Bonn abgelehnt, da deutsche Entwicklungshilfe prinzipiell projektorientiert und auf Darlehensbasis gegeben werde. Inzwischen wurde allerdings vereinbart, daß 75 Mio. DM zum Zweck der Armutsbekämpfung und als Technische Hilfe auch ohne Rückzahlungsverpflichtung gewährt werden. Manche Beobachter fürchten, daß die SWAPO-Politiker in der Vergangenheit eine Subventionsmentalität angenommen hätten, die sich nur schwer den neuen Realitäten anpassen könne.

Auch Südafrika gewährte eine Entwicklungshilfe von 36 Mio. Rand, wovon ein Teil zur Wiedereingliederung ehemaliger Gebietsmacht- und

Koevoet-Angehöriger verwendet werden soll, was die namibische Regierung allerdings als Einmischung in die inneren Angelegenheiten kritisiert. Vom United Nations Development Programme werden für die Finanzjahre 1990/91 bis 1992/93 insgesamt etwa 1 Mrd. Rand Unterstützung erwartet.

Als „Modell" für Südafrika wird Namibia sicherlich in den nächsten Jahren profitieren, und die neue Regierung versäumt es nicht, diesen Sachverhalt zu betonen. Ebenfalls wird die „besondere historische Verantwortung Deutschlands" dem Lande zugute kommen. Allerdings wird Namibia damit unter besonderer Beobachtung der internationalen Gemeinschaft stehen. Ost- und Ostmitteleuropa als Entwicklungskonkurrenten werden Schwarzafrika zudem in den nächsten Jahren zu schaffen machen.

Nujomas Auftritt vor dem Farmerverband nach seinem Wahlsieg bestärkte Hoffnungen, daß die SWAPO die weißen Farmen, die ein Rückgrat der Landwirtschaft bilden, nicht antasten wird. Im August 1990 erklärte Landwirtschaftsminister Gert Hanekom vor der Fleischproduzentenvereinigung, es sei „wirtschaftlicher Selbstmord", sich nur um die Interessen der kommunalen Farmer und nicht um die kommerziellen Farmer zu kümmern. Allerdings deutete er eine Verringerung der staatlichen Subventionen an und forderte zukünftig „adäquate Löhne" und verbesserte Lebensbedingungen für die Farmarbeiter.[394] Der Charakter des Landes setzt einer Landreform ohnehin enge Grenzen. Bevölkerungsdruck herrscht vor allem in den dichtbesiedelten nördlichen Gebieten. Die semiariden Weidegebiete im Süden und zentralen Landesteil können jedoch nur im begrenztem Maß Menschen aufnehmen. Außerdem erfordert die Farmwirtschaft hier beträchtliche Erfahrung und Kenntnisse. Man spricht derzeit lediglich davon, einzelnen wohlhabenden Schwarzen den Kauf von ungenutzten oder in ausländischem Besitz befindlichen Farmen bzw. auch die Ansiedlung von Schwarzen in Genossenschaften auf ehemaligen weißen Farmen zu ermöglichen.

Die Landfrage wird aber nur im fruchtbaren Norden durch Erschließung brach liegenden Landes zu lösen sein. Der Berliner Politologe Prof. Franz Ansprenger kommt zu dem Ergebnis: „Wenn Namibia nicht ökonomisch ruiniert werden soll, wird es darauf ankommen, diese Vernetzung von Erster und Dritter Welt im Süden funktionsfähig zu erhalten, die Pfründe dort allmählich gerecht zu verteilen und aus dem ganzen „Süden" eine behutsame Stabilisierung des Nordens zu finanzieren.[395]

Einzelne Aussagen von Regierungsvertretern geben allerdings Anlaß zur Sorge. Eine Konferenz über eine zukünftige Landreform, die zentraler

Teil des Wahlkampfprogrammes der SWAPO gewesen sei, unter Vorsitz von Minister Hausiku wurde angekündigt. Präsident Nujoma betonte im Juli den Willen der Regierung, eine „gleichberechtigte, nichtrassische Gesellschaft zu schaffen". Die „sozio-ökonomischen Ungerechtigkeiten der Vergangenheit" müßten überwunden werden. Er kündigte Umsiedlungen von schwarzen Familien aus dem Norden auf nicht ausreichend genutzte kommerzielle Farmen an.[396] Bergbauminister Toivo ja Toivo erregte mit der Äußerung Aufsehen, langfristig würden die Minen doch verstaatlicht werden. Bei diesen Aussagen muß jedoch berücksichtigt werden, daß sich die SWAPO-Regierung in einem Dilemma befindet. Insbesondere Studenten, Gewerkschaftsangehörige und Rückkehrer fordern ungestüm die versprochene Umverteilung des Reichtums, eine Angleichung der Einkommen, Land, Arbeitsplätze, Wohnraum und verbesserte Bildungsmöglichkeiten. Hier wächst ein Unruhepotential heran. Andererseits muß die Regierung Rücksicht auf die weiße Bevölkerung nehmen, denn ohne deren Kenntnisse würde die Wirtschaft des Landes bald zusammenbrechen, und eine massive Abwanderung von Weißen würde das Vertrauen ausländischer Investoren und Entwicklungspartner schwinden lassen.

Wie eng die Möglichkeiten für einen radikalen Wandel im wirtschaftlichen Bereich sind, wurde bezüglich der Landwirtschaft angesprochen. Das gleiche trifft auch auf den Bergbau zu. Wirtschaftszweige wie die verarbeitende Industrie, die Landwirtschaft und der Tourismus werden erst einmal massive Investitionen benötigen, bis sie mittelfristig einen höheren Beitrag zum BIP leisten können. Lediglich Bergbau und Fischfang werden auch kurzfristig soviel erwirtschaften, um der Regierung durch Steuerzahlungen die Finanzierung der ländlichen Entwicklung, von Infrastruktur-, Sozial- und Bildungsbereich zu ermöglichen.

Fachleute schätzen den Bedarf an Investitionen auf 2,6 Mrd. Rand, wovon erst ein kleiner Teil zur Verfügung steht.[397] Investitionen werden jedoch ausbleiben, wenn die Regierung die Steuern wesentlich erhöht oder die Arbeitsbedingungen erschwert. Noch weniger liegt eine Verstaatlichung im Bereich des Möglichen.

Man kann daher durchaus annehmen, daß in Namibia, wie in Simbabwe, eine pragmatische Wirtschaftspolitik verfolgt werden wird. Zudem konnte die SWAPO über lange Jahre in Angola oder Moçambique beobachten, wie Wirtschaftssysteme durch starre ideologische Vorgaben ruiniert wurden. Eine funktionierende Wirtschaft allein ist jedoch - wie in Simbabwe - noch lang kein Ausweis für eine vernünftige gesamtpolitische Entwicklung.

VERGLEICHSZAHLEN ZWISCHEN BOTSWANA UND NAMIBIA[398]

	BOTSWANA	NAMIBIA
GEOGRAPHIE		
Landesgröße	582 000	823 145 km^2
Regenfall	250mm Süden 650mm Norden 475mm Mitte	100mm Süden 600mm Norden 300mm Mitte
Flüsse	2	4
EINWOHNER		
Anzahl	1,2 Mio.	1,29 Mio.
Städter	22%	18%
INFRASTRUKTUR		
Straßen	20 000 km Schotterstraßen	41 715 km 10% Teer
Eisenbahn	714 km	2 349 km
Telefone	33 000	60 000
Flughäfen	1 Internationaler 13 Landebahnen	1 Internationaler 17 Landebahnen
Krankenhäuser	14	30
Kliniken	162	131
Staudämme (fertig)	5	12
WIRTSCHAFT		
Brutto-Sozialprodukt	R 4,5 Mrd	R 3,7 Mrd
Beitrag aus Fischerei und Landwirtschaft	2,9 Mio	12,6 Mio
Bergbau	43,9	34
Herstellung	5,0	4
Strom- & Wasser	2,5	3
Konstruktion	3,3	2,5
Handel, Tourismus	19,1	12,0
Verkehr & Kommunikation	2,0	6,0
Finanzen & Eigentum	6,1	6,7
Dienste	2,5	1,8
Regierung	14,7	19,9
Wachstum	8,1%	2,3%
Ausgaben p.a.	R 1,7 Mrd	R 1,9 Mrd
% des Brutto-Sozialproduktes	38%	51%
Beamte	33 000	52 000
Handelsüberschuß	R 1,2 Mrd	R 1,80 Mio
% Minieralienexport	89%	73%
% Import aus RSA	70%	75%
Bankrate	7,5%	18%
Inflation	10%	über 13%
Arbeitslosigkeit	etwa 30%	etwa 25%
FINANZEN		
Guthaben		
Bausparkassen	R 114 Mio	R 375 Mio
Handelsbanken	R 1,59 Mrd	R 1,5 Mrd

Kapitel 10

Deutschland und Namibia

Die nur 31 Jahre währende deutsche Schutzherrschaft hat in Namibia erstaunlich tiefe Spuren hinterlassen und dem Land in einem überwiegend englisch oder französisch beeinflußten Afrika ein eigenes Gepräge verliehen.[399]

Noch heute leben hier etwa 20000 deutschsprachige Einwohner, teilweise schon in der vierten und fünften Generation, teilweise auch erst nach dem Zweiten Weltkrieg eingewandert. Obwohl die deutsche Volksgruppe äußerst heterogen zusammengesetzt ist und gleichsam wie in einem Brennglas die wechselvolle deutsche Geschichte der letzten hundert Jahre widerspiegelt, besitzt sie ein ausgeprägtes Zusammengehörigkeitsgefühl als „Südwester", in weit höherem Maße als bei den unauffälligeren Deutschen in Südafrika. Die meisten haben in den letzten Jahren die Möglichkeit, die deutsche Staatsangehörigkeit zu erwerben, genutzt. Nun müssen sie sich entscheiden, ob sie als namibische Bürger oder als ausländische Gäste im Lande leben wollen, da die doppelte Staatsangehörigkeit

Bis in die Gegenwart hielten sich deutsche Straßennamen, wie hier in Windhuk vor dem Denkmal des Stadtgründers Curt von François.

im unabhängigen Namibia abgeschafft werden soll.
Eine Rückwanderung nach Deutschland kommt bei der großen Mehrheit nicht in Betracht. Auch nach der Unabhängigkeit wollen die meisten Deutschen im Lande bleiben. Diese Entscheidung wird von der Tolerierung deutscher Sprache und Kultur abhängen. Mit der südafrikanischen Herrschaft hatten sich die deutschen Südwester versöhnt, als nach dem Zweiten Weltkrieg die deutsche Sprache zur Landessprache erhoben wurde, deutsche Privatschulen geduldet und sogar wieder in den Regierungsschulen deutschsprachige Abteilungen errichtet wurden. Letztere werden nun wohl entfallen, da die Bildungspolitik der Regierung ein einheitliches Schulwesen mit Englisch als Unterrichtssprache vorsieht. Allerdings toleriert die Verfassung private Schulen mit anderen Unterrichtsschwerpunkten, solange sie nicht Minderheiten vorbehalten bleiben.

Hier deutet sich ein Kompromiß an. Das deutsche Privatschulwesen ist allerdings weitgehend zum Erliegen gekommen, wegen sinkender Schülerzahlen, finanzieller Schwierigkeiten wie auch wegen des großzügigen Entgegenkommens der Regierungsschulen. Zuletzt schlossen die privaten Primärschulen in Lüderitzbucht (1972) und Karibib (1986) ihre Pforten. Zur Zeit bestehen lediglich die von Bonn als Prestigeobjekt geförderte „Deutsche Höhere Privat-Schule" (DHPS) und die deutsche Abteilung des „Convent of the Holy Cross" in Windhuk. Daneben werden private Schülerheime für deutsche Kinder unterhalten.

Eigenleistungen der Betroffenen (die Arbeitsgemeinschaft deutscher Schulen hat 15 Jahre lang Gelder für den Tag X gesammelt) wie private und öffentliche Zuwendungen aus Deutschland könnten auch künftig das Überleben der deutschen Volksgruppe sichern.

In der Vergangenheit war das Verhältnis zwischen den deutschen Südwestern und der SWAPO nicht gerade gut. Sam Nujoma hatte 1977 erklärt: „I have no use for Germans in independent Namibia."[400] In einem Interview mit DDR-Autoren erklärte er: „In Namibia sind vor allem weiße Rassisten deutscher Herkunft an der Macht. Diese Machthaber der alten deutschen Kolonialisten haben sich wie ihre Väter und Großväter zu keiner Zeit in irgendeiner Weise mit den Afrikanern auf eine Stufe gestellt. (...) Wir werden auch die Siedler entmachten, die die Afrikaner ausbeuten und unterdrücken."[401] Und im Gespräch mit CDU/CSU-Abgeordneten drohte er 1981 sogar: „Wenn die Eskalation des Krieges weitergeht, werden die Namiba-Deutschen sterben."[402] Andererseits äußerte er 1980 bei seinem ersten Besuch in Bonn: „Wir kämpfen auch um die Befreiung der Namibier deutscher Abstammung. Sie sind unsere afrikanischen Brüder."[403] Die Ermordung deutscher

Farmer durch SWAPO-Guerilleros (z. B. 15. Feb. 1976 Gerd und Elke Walther, 26. März 1979 Karl Buchholz, Mitte 1979 Adolf Friedrich, Ernst und Helga Grübel, 22. Feb. 1980 Eberhard Dressel) hat Wunden hinterlassen.

Die UNO sekundierte der SWAPO mit ähnlichen Aussagen. Der ehemalige UN-Kommissar für Namibia Sean MacBride bezeichnete 1974 die Deutschen als „die schlimmsten und konservativsten Rassisten und Kolonialisten in der ganzen Welt, weit schlimmer als die rund 50 000 weißen Afrikaner niederländischer Abstammung"[404] und empfahl eine Umerziehung oder Aussiedlung der deutschen Südwester.

Im Gegenzug engagierte sich die große Mehrheit der Deutschen bei der RP/DTA, NP oder anderen internen Parteien. Die vorsichtige Kontaktaufnahme der „Interessengemeinschaft deutschsprachiger Südwester" mit der SWAPO seit Anfang der achtziger Jahre stieß auf heftige Ablehnung, noch mehr das Engagement einiger Außenseiter wie Anton Lubowski und Hanno Rumpf für die SWAPO.

Es gibt inzwischen Anzeichen für ein Umdenken. SWAPO-Generalsekretär Andimba Toivo ja Toivo nannte nach seiner Freilassung Mitte der achtziger Jahre auch die Deutschen „Kinder Afrikas".[405] Mit Siegfried Wohler, Hartmut Ruppel, Anton v. Wietersheim und Michaela Hubschle entsandte die SWAPO gleich vier Deutsche (neben einem Buren) in die Nationalversammlung. Die Berufung von Dr. Otto Herrigel zum Finanzminister, Klaus Dierks zum stellvertretenden Minister für Öffentliche Arbeiten, Transport und Kommunikation, Hartmut Ruppel zum Generalstaatsanwalt sowie Hans Berker zum Gerichtspräsidenten wird als Anzeichen dafür gewertet, daß die SWAPO einen Verbleib der Deutschen im Lande befürwortet. Umgekehrt sehen die Deutschen nicht mehr in jedem SWAPO-Anhänger einen blutrünstigen Terroristen, wie es die frühere Propaganda nahelegte.

Dennoch verbleiben Störtöne, z. B. wenn SWAPO-Chefkoordinator Moses Garoëb die Deutschen als „illoyal" bezeichnet, weil sie zum 3. Oktober 1990 schwarz-rot-goldene Fahnen zeigten, oder wenn das hundertjährige Windhuker Stadtjubiläum auf Druck der Regierung abgesagt werden muß.[406]

Es bleibt zu hoffen, daß sich das Bekenntnis der SWAPO zur Versöhnung als dauerhaft erweist. Das seit langem problemlose Verhältnis zu den Herero zeigt, daß die Deutschen die Schatten der Vergangenheit hinter sich lassen können und zur Versöhnung fähig sind.

Zweifelsohne werden die Deutschen in Namibia bessere und billigere Entwicklungshelfer sein, als landfremde „Experten", deren Anwesenheit mit hohen Gehältern erkauft werden müßte. Ein Exodus der Deutschen würde dem Lande einen wesentlichen Wirtschaftsfaktor entziehen, und ein Namibia ohne „Schutztruppenreiter" und deutsche Läden, ohne Biergärten, deutsche Küche und deutsche Herzlichkeit würde wesentlich an Reiz verlieren, nicht zuletzt für Touristen. Die Deutschen können zudem eine Mittlerrolle einerseits zwischen den Buren und Nichtweißen wie andererseits zwischen den nichtweißen Völkern untereinander erfüllen. Mit der südafrikanischen Verwaltung werden sie in geringerem Maße identifiziert als die Buren, und sie sind zumeist wesentlich länger als diese im Lande verwurzelt.

Für das Überleben der deutschen Volksgruppe in Namibia wird zu einem wesentlichen Teil auch die Haltung der deutschen Regierung verantwortlich sein. Leider diente Namibia in der Vergangenheit aber nur zu oft als Vehikel in der innerparteilichen Auseinandersetzung der Bundesrepublik Deutschland.

Nach dem Zweiten Weltkrieg hatte die Bundesrepublik Deutschland auf alle kolonialen Ansprüche des Deutschen Reiches verzichtet und überließ die deutschen Südwester der Obhut der Südafrikaner. Ein Bonner Botschafter ging 1957 sogar so weit, das Aufgehen in der südafrikanischen Kultur zu empfehlen, was auf heftige Empörung stieß.[407] Bis Mitte der sechziger Jahre stand die Bonner Afrika-Politik unter dem Vorzeichen der „Hallstein-Doktrin", und dabei war Südafrika ein verläßlicher Pfeiler. Im Jahre 1953 war das 1939 geschlossene deutsche Konsulat in Windhuk wiedereröffnet und der deutschen Botschaft in Pretoria unterstellt worden. In das 1962 zwischen der Bundesrepublik Deutschland und der Republik Südafrika abgeschlossene Kulturabkommen wurde Südwestafrika ausdrücklich einbezogen.[408]

Das weitgehende Desinteresse Bonns an Südwestafrika änderte sich merklich nach dem Regierungsantritt der sozialliberalen Koalition im Jahre 1969 und verstärkte sich zwangsläufig 1973 mit dem Beitritt der Bundesrepublik Deutschland zu den Vereinten Nationen. Im Zuge einer Hinwendung zur „Dritten Welt" öffnete sich die bundesdeutsche Politik unter dem damaligen Entwicklungshilfeminister Erhard Eppler (SPD) den „Befreiungsbewegungen" im Südlichen Afrika. „Wenn jemand - aus welchem Grund auch immer - sagt, er will dort den kommunistischen Weg einschlagen, dann soll er es tun", meinte Egon Bahr (SPD).[409]

Im Jahre 1974 wurde eine Delegation der SWAPO in Bonn empfangen und direkte finanzielle Unterstützung in Aussicht gestellt. Bereits 1973 hatte sie über den UN-Treuhandfonds für das Südliche Afrika und den Namibia-Fonds mittelbar deutsche Gelder erhalten. Die Bundesregierung schloß sich den Sprachregelungen der Vereinten Nationen betreffs

Namibia an. Zunehmend wurde die neue Politik auf dem Rücken der deutschen Südwester ausgetragen. So gab sie schließlich 1977 dem Druck der SWAPO nach, beendete die Einbeziehung Südwestafrikas in das deutsch-südafrikanische Kulturabkommen und schloß das Konsulat in Windhuk, obwohl sie 1974 noch den Standpunkt vertreten hatte, daß man der deutschen Bevölkerung konsularischen Schutz und kulturelle Betreuung nicht verweigern könne.[410] Als Mitglied der 1977 ins Leben gerufenen westlichen „Kontaktgruppe" wollte die Bundesregierung - eher wenig erfolgreich - die Rolle des „ehrlichen Maklers" spielen und sich sicherlich auch bei einem vermeintlich überschaubaren Konflikt international profilieren.

Im Zeitraum von 1975 bis 1980 verschlechterten sich allerdings die Beziehungen zwischen Bundesregierung und SWAPO, wegen der Beteiligung der Deutschen Urangesellschaft an der Rössing-Mine (allerdings ohne Bundesbürgschaft) wie auch wohl wegen der guten Beziehungen zwischen Außenminister Genscher und dem in Ungnade gefallenen SWAPO-Informationssekretär Shipanga. Auch hatte sich die SWAPO aufgrund ihrer Angola-Option in ideologische Abhängigkeit zum Ostblock begeben. Außenminister Genscher versuchte Ende der siebziger Jahre in Verkennung der Realitäten, mit der NNF und SWAPO-D Shipangas eine „dritte Kraft" aufzubauen, die die SWAPO Nujomas „mäßigen" sollte. Das mißlungene Experiment kostete den deutschen Steuerzahler 1 Mio. DM.[411] In den achtziger Jahren wandte er sich daher wieder der SWAPO zu. Genscher wurde nachgesagt, daß er mit Namibia einen eigenen wie regierungspolitischen Prestigeerfolg anstrebte. Dabei interpretierte er den Konflikt im wesentlichen als Auseinandersetzung zwischen Südafrika einerseits und SWAPO/Vereinten Nationen andererseits. Für die komplexe interne Problematik zeigte er nur wenig Einfühlungsvermögen.

In den Jahren 1980 und 1981 wurde Sam Nujoma in Bonn mit allen protokollarischen Ehren empfangen, wenngleich es Genscher als vorsichtiger Politiker stets vermied, die SWAPO als einzige Repräsentantin der namibischen Bevölkerung explizit anzuerkennen. Bei Nujomas erstem Besuch führte Genscher in seinem Toast aus: „SWAPO stand am Anfang dieses Weges für Namibia. SWAPO hat die Option einer Verhandlungslösung mitgestaltet. Wir messen den Gesprächen mit Ihnen, den Repräsentanten von SWAPO, der politischen Kraft, der große Verantwortung zukommt, weitreichende Bedeutung bei."[412] Das Thema der Morde an deutschen Farmern, der Menschenrechtsverletzungen im Exil brachte Genscher nicht zur Sprache.

Eine weitere Begegnung mit Nujoma im Jahre 1984 mußte dann nach Paris verlegt werden, da ihn der Münchener Rechtsanwalt und DSAG-

Vorsitzende Dr. Klaus Goebel wegen terroristischer Sprengstoffanschläge angezeigt hatte, und Nujoma aus Furcht vor Anklageerhebung durch einen deutschen Staatsanwalt nicht nach Bonn zu kommen gewagt hatte![413]

Über die Bedeutung der DTA und anderer interner Parteien äußerte sich Genscher hingegen des öfteren geringschätzig und identifizierte sie mit südafrikanischen Interessen. Gespräche mit DTA-Vertretern fielen aus, wurden verschoben oder protokollarisch herabgestuft, obwohl die Mehrheit der deutschen Südwester dieses Parteienbündnis unterstützte und prominente Deutsche wie Werner Neef und Erich Staby in der DTA aktiv waren. Schon 1978 bei seinem ersten Besuch in Windhuk hatte Genscher demonstrativ den Kontakt zur deutschen Volksgruppe gemieden. Aufgebrachte Südwester bereiteten Genscher daraufhin „den übelsten Empfang in seiner Karriere", wie der derzeitige deutsche Botschafter Ganns es ausdrückte.[414] Die gegenseitige Haßliebe war damit perfekt.

Genscher versuchte im Gegenteil, die deutschen Südwester mit allen Mitteln auf einen anderen Kurs zu trimmen. So brachte er 1981 die bis dahin DTA-nahe „Interessengemeinschaft Deutschsprachiger Südwester" (heute: „Interessengemeinschaft der Deutschsprachigen in Namibia") dazu, Exklusivkontakte mit der SWAPO aufzunehmen, wofür die IG sowohl auf der Genfer Namibia-Konferenz (1981) wie bei den Lusaka-Gesprächen (1984) als eigenständige Delegation teilnehmen durfte. Zahlreiche Austritte aus der IG waren die Folge.[415] Es sei dahingestellt, inwieweit die Gründung der IG an sich bereits von Bonn initiiert bzw. gefördert worden war: Immerhin entstand sie 1977, im Jahr des beginnenden Engagements der Bundesrepublik Deutschland im Rahmen der westlichen „Kontaktgruppe". Das Außenministerium finanzierte über die Friedrich-Naumann-Stiftung die neubegründeten linksliberalen „Namibia Nachrichten" als Gegengewicht zur DTA-nahen „Allgemeinen Zeitung".[416] Die subventionierte „Deutsche Höhere Privat-Schule" in Windhuk sollte nach dem Willen des Außenministeriums zu einer gemischtrassigen „Begegnungsschule" umgestaltet werden: 1978 wurde vor allem für nichtweiße Schüler ein „Fremdsprachenzweig" gegründet, in dem Deutsch nurmehr als Fremdsprache unterrichtet wird.

Obwohl 53 Abgeordnete aller im Bundestag vertretenen Parteien im September 1982, noch vor der Bonner „Wende", in einem Brief an Außenminister Genscher eine baldige Entwicklungshilfe für Namibia noch vor der Unabhängigkeit gefordert hatten, wurde dies - der SWAPO-Linie entsprechend - verweigert.[417] Zunehmende wirtschaftliche Unzufriedenheit trieb denn auch folgerichtig immer mehr Bewohner der SWAPO zu.

Andererseits erhielt die SWAPO bundesdeutsche Unterstützung, über die Vereinten Nationen wie für ein Sonderprogramm zur Ausbildung namibischer Flüchtlinge. Zu deren Lager hatte die Bundesrepublik allerdings keinen Zutritt.

Die CDU/CSU-Opposition griff seit den siebziger Jahren die Bundesregierung wegen ihrer einseitigen Namibia-Politik scharf an. Insbesondere die CSU leistete 1978 bei den „internen" Wahlen erhebliche materielle und organisatorische Unterstützung an die DTA. Nach der „Wende" im Jahre 1982 änderte sich aber nur wenig, wenngleich 1983 erstmals eine DTA-Delegation von einem westdeutschen Regierungschef (Bundeskanzler Kohl) empfangen wurde und der Bundesminister für Wirtschaftliche Zusammenarbeit Hans Klein 1985 an der Einsetzung der Übergangsregierung teilnahm. Der von Franz Josef Strauß aufgestellte Forderungskatalog (Wiedereröffnung des deutschen Konsulates in Windhuk, sofortige Einstellung der Unterstützung für die SWAPO, verstärkte Zusammenarbeit mit der DTA, Beendigung der Fixierung auf die Umsetzung der UN-Resolution 435) wurde nicht in die Tat umgesetzt. Außenminister Genscher bestimmte weiterhin die Richtlinien

Deutsche Presselandschaft in Namibia: Der „Deutsch-Südafrikaner" rechts außen, die liberal-konservative, täglich erscheinende „Allgemeine Zeitung", die linksliberalen „Namibia Nachrichten"

der Namibia-Politik, und dieses Thema verhalf ihm zu einer wirksamen innenpolitischen Profilierung gegenüber dem Koalitionspartner CSU.[418]

Die internen Parteien, geschweige denn die Übergangsregierung, erfuhren keine wesentliche Aufwertung. Vor allem nahmen viele Südwester übel, daß sich Bonn der SWAPO-Forderung beugte, vor der Unabhängigkeit keinerlei wirtschaftliche Hilfe zu leisten. Lediglich mit Unterstützung des in den Händen der CSU befindlichen Ministeriums für Wirtschaftliche Zusammenarbeit konnten über private Träger in bescheidenem Rahmen einige Projekte aufgebaut werden. So rief die bayerische Hanns-Seidel-Stiftung ein „Institute for Management and Leadership Training" zur Ausbildung von Führungskräften ins Leben. Die SWAPO drohte daraufhin, deutsche Entwicklungshelfer in die Luft zu sprengen.[419] Allgemein kühlten trotz der Bemühungen Genschers die Beziehungen zwischen der Bundesregierung und der SWAPO Ende der achtziger Jahre ab.

Auch die frühere DDR hat ein Namibia-Erbe eingebracht, das eine gesamtdeutsche Regierung nun nolens volens übernehmen muß. Bereits Mitte der sechziger Jahre hatten die DDR und die SWAPO gegenseitige

Treffen zwischen Sam Nujoma und Erich Honecker am 18. Februar 1979 in Luanda/Angola

Kontakte angeknüpft. Die DDR leistete der SWAPO finanzielle, politische und militärische Unterstützung; umgekehrt unterstützte die SWAPO das Bemühen der DDR nach Anerkennung in der Dritten Welt in Konkurrenz zur Bundesrepublik. So äußerte Sam Nujoma bei einem Interview mit DDR-Autoren: „Was die beiden deutschen Staaten betrifft, so ist ganz eindeutig, daß die Deutsche Demokratische Republik als sozialistischer deutscher Staat mit der Befreiungsbewegung von Namibia eng verbunden ist. Wir erhalten von unseren Genossen und Freunden aus der DDR umfangreiche materielle und politische Hilfe. (...) Demgegenüber ist die Bundesrepublik Deutschland als Teil des kapitalistischen Systems eine Stütze der Rassisten - ihre Monopole beuten die Reichtümer unseres Landes aus und mißbrauchen die Afrikaner als billige Arbeitskräfte. Die Bundesrepublik ist außerdem ein enger militärischer Verbündeter Pretorias."[420]

In den siebziger Jahren wurde der DDR, wohl nicht zuletzt wegen der historischen Bezüge, eine besondere Namibia-Mission innerhalb des Warschauer Paktes zuerkannt. Sie fand ihren deutlichsten Ausdruck in der Reise des Staatsratsvorsitzenden Erich Honecker mit einer hochrangigen Delegation (u. a. der Vorsitzende des Ministerrates Willy Stoph, Außenminister Oskar Fischer, SED-Zentralsekretär für internationale Beziehungen Hermann Axen) im Februar 1979 nach Libyen, Sambia, Moçambique und Angola, wo auch ein Treffen mit Sam Nujoma stattfand.[421] Anfang der achtziger Jahre waren ca. 1000 NVA-Soldaten, 600 Militärberater und 1200 Angehörige von FDJ-Freundschaftsbrigaden in Angola stationiert und teilweise PLAN zugeteilt.[422] Die meisten kehrten 1990 in ihre Heimat zurück; einige erklärten, aus ideologischen Motiven freiwillig in Angola bleiben zu wollen. Auch kamen Exil-Namibier, darunter Kinder, bevorzugt in die DDR zur Ausbildung. Nach Angaben des Ständigen Vertreters der SWAPO in Ost-Berlin, Tulinane Obed Emvula, der dort den Rang eines Botschafters genoß, wurden 1985 über 1000 Namibier in der DDR ausgebildet, z. B. als Lokomotivführer, Mechaniker, Krankenschwester wie Verwaltungspersonal.[423]

Auch dieses Erbe gilt es nun zu bewältigen und für eine zukünftige Kooperation nutzbringend einzusetzen. Ca. 2000 - 3000 in der DDR ausgebildete Exil-Namibier mit Deutsch-Kenntnissen kehrten nach der Unabhängigkeit in ihre Heimat zurück; die in der DDR aufgewachsenen Kinder sprechen sogar nur Deutsch!

Die „besondere historische Verantwortung Deutschlands gegenüber Namibia" wird hoffentlich nicht nur ein Lippenbekenntnis bleiben. Es gilt, einerseits die in der Vergangenheit zur SWAPO wie zu den internen Parteien angeknüpften Kontakte zu nutzen, andererseits das Vertrauen der deutschen Südwester zurückzugewinnen und deren Interessen zu vertreten.

Immerhin setzt sich die entwicklungspolitische Konzeption der Bundesregierung die „Erhaltung der kulturellen Identität der deutschsprachigen Minderheit Namibias" zum Ziel.[424] Das Verhalten des ersten deutschen Botschafters Harald Ganns (engagiertes SPD-Mitglied) führte allerdings zu ersten Verstimmungen. So bezeichnete er die Mehrheit der deutschen Namibier als „ewig Gestrige" und forderte sie auf, die „Apartheid in ihren Köpfen abzubauen".[425] Es sei seine Aufgabe, Begegnung und Dialog, nicht aber die Selbstdarstellung über rein deutsche Veranstaltungen wie Karneval, deutsche Chöre, Theater zu fördern.[426] Folgerichtig sprach er auf der deutschen Vereinigungsfeier der Botschaft am 3. Oktober 1990 fast ausschließlich Englisch und ließ schwarzafrikanische Musikgruppen auftreten. Originalton Ganns: „Ich hatte nicht den Eindruck, als hätte ein deutsches Volkslied den Abend gerettet."[427] Auf die Deutsche Höhere Privat-Schule wird massiver Druck hinsichtlich eines Ausbaues des Begegnungsmodells und einer Öffnung des Schülerheimes für Nichtweiße ausgeübt. Derlei ideologische Vorgaben erscheinen jedoch wenig hilfreich auf diesem sensiblen Posten, der sich um einen wirklichen Ausgleich bemühen müßte.

Frei von allen Belastungen der Dekolonisationsepoche könnte Deutschland für Namibia, die ehemalige Kolonie ohne echtes „Mutterland", ein attraktiver Partner sein und dazu beitragen, die Abhängigkeit vom mächtigen Nachbarn Südafrika zu reduzieren, ohne daß das Land in neue Abhängigkeit von Großmächten wie den USA, Großbritannien, Frankreich und deren globalen Interessen gerät.

Deutschland will Namibia zu einem „Schwerpunkt" und „Modellfall" für die deutsche Entwicklungshilfe machen, was von allen Bundestagsparteien unterstützt wird.[428] Im Juli 1990 wurden 100 Mio. DM Entwicklungshilfe zugesagt, vor allem für Infrastrukturvorhaben und Bildungsmaßnahmen. Davon unabhängig können auch private Gruppierungen einen wesentlichen Beitrag zu guten bilateralen Beziehungen leisten, so die „Deutsch-Namibische Gesellschaft" (Düsseldorf), die „Deutsch-Südafrikanische Gesellschaft" (Frankfurt a. M.), die „Deutsch-Namibische Entwicklungs-Gesellschaft" (Bonn), der „Verein Hilfe für SWA/Namibia e. V." (München) oder das „Hilfskomitee Südliches Afrika" (Coburg). Bisher sind die deutsch-namibischen Beziehungen allerdings noch „unbefriedigend", wie der Afrika-politische Sprecher der CDU/CSU-Fraktion Dr. Volkmar Köhler kritisch bemerkte.[429] Der deutsche Botschafter wurde nicht, wie erwartet, Doyen des Diplomatischen Corps in Windhuk, und die Regierung bezeichnete die Eröffnung einer diplomatischen Vertretung in Deutschland als nicht vordringlich. Mit dem Beitritt Namibias zum Commonwealth und der Entscheidung für Englisch als alleinige Amtssprache hat Namibia eine deutlich anglophile Präferenz getroffen.

Die Zukunft wird zeigen, ob ein enges deutsch-namibisches Verhältnis aufrechterhalten werden kann. Es gilt, die bestehenden Verbindungen zum größtmöglichen beiderseitigen Vorteil zu nutzen. Dabei muß eine deutsche Regierung auch ihre Aufgabe als „Schutzmacht" für die deutschsprachigen Einwohner anerkennen und darf deren Interessen nicht anderen politischen Zielen opfern. Das Beispiel Angola steht noch drohend vor Augen, wo die Bundesregierung der Entrechtung, Enteignung und Vertreibung von 2000 Angola-Deutschen nach 1974 praktisch tatenlos zusah und nicht einmal zur Übernahme oder Durchsetzung ihrer Entschädigungsforderungen bereit war.

Ein Ausblick

In den siebziger Jahren beurteilten viele Beobachter den Namibia-Konflikt als lösbar, im Unterschied etwa zu dem verhärteten Rhodesien-Konflikt. Doch die Interessenlage war vielschichtiger, als es auf den ersten Blick erschien, und eine Lösung unter Einbeziehung aller Beteiligten sollte noch zehn Jahre länger als in Rhodesien benötigen. Auch der fünfundzwanzigjährige Guerillakrieg war einer der langwierigsten Afrikas und, wenngleich weitgehend außerhalb des Rampenlichtes der Öffentlichkeit geführt, nicht minder blutig. Namibia hat nun die Chance, sich auf sich selbst zu besinnen und seine Geschicke mitzubestimmen, anstatt wie bisher nur Spielball ausländischer Interessen zu sein.

Das Deutsche Reich und die Mandatsmacht Südafrika, Völkerbund und Vereinte Nationen, Kaiserstraße und Independence Avenue, SWAPO und DTA - dies sind für ein Land mit jahrtausendealten Pflanzen, Wüsten und Gebirgen nur unbedeutende Episoden in seiner Geschichte. Die 1,2 Mio. schwarzen, braunen und weißen Bewohner des Landes (gerade 1,5 Menschen pro Quadratkilometer) sind aufgerufen, in Ordnung, Würde und gegenseitigem Respekt zusammenzuleben, wofür die grandiose Natur ihr Vorbild sein könnte.

Die führenden Amtsträger der SWAPO

DOKUMENTE

Dokumentenübersicht

Dok. 1:	Artikel 22 Völkerbundsatzung	S. 239
Dok. 2:	Auszug aus dem Mandats-Vertrag über Deutsch-Südwestafrika	S. 241
Dok. 3:	Auszug aus dem zweiten Gutachten des Internationalen Gerichtshofes vom 21. Juni 1971	S. 242
Dok. 4:	UNSCR-Resolution 435 (1978)	S. 243
Dok. 5:	Letter Dated 12 July 1982 from the Representatives of Canada, France, Germany, Federal Republic of, The United Kingdom of Great Britain and Northern Ireland and the United States of America Addressed to the Secretary-General	S. 244
Dok. 6:	Agreement Among the People's Republic of Angola, the Republic of Cuba, and the Republic of South Africa	S. 247
Dok. 7	Schedule of the Peace Process	S. 249
Dok. 8	Letter by Mr Sam Nujoma Dated 18 March 1989 to the Secretary-General Accepting the Terms of the Cease-Fire	S. 250
Dok. 9	Toivo ja Toivos Plädoyer im Pretoria-Prozeß (1967/68)	S. 251
Dok. 10	„Sie mußten andere denunzieren, um der Folter zu entgehen"	S. 259

Dok. 1:
Artikel 22 Völkerbundsatzung[430]

Artikel 22

Auf die Kolonien und Gebiete, die infolge des Krieges aufgehört haben, unter der Souveränität der Staaten zu stehen, die sie vorher beherrschten, und die von solchen Völkern bewohnt sind, die noch nicht imstande sind, sich unter den besonders schwierigen Bedingungen der heutigen Welt selbst zu leiten, finden die nachstehenden Grundsätze Anwendung: Das Wohlergehen und die Entwicklung dieser Völker bilden eine heilige Aufgabe der Zivilisation, und es ist geboten, in die gegenwärtige Satzung Bürgschaften für die Erfüllung dieser Aufgaben aufzunehmen.

Der beste Weg, diesen Grundsatz durch die Tat zu verwirklichen, ist die Übertragung der Vormundschaft über diese Völker an die fortgeschrittenen Nationen, die auf Grund ihrer Hilfsmittel, ihrer Erfahrung oder ihrer geographischen Lage am besten imstande sind, eine solche Verantwortung auf sich zu nehmen, und die hierzu bereit sind; sie hätten die Vormundschaft als Mandatare des Bundes und in seinem Namen zu führen.

Die Art des Mandats muß nach der Entwicklungsstufe des Volkes, nach der geographischen Lage des Gebiets, nach seinen wirtschaftlichen Verhältnissen und allen sonstigen Umständen dieser Art verschieden sein. Gewisse Gemeinwesen, die ehemals zum Türkischen Reiche gehörten, haben eine solche Entwicklungsstufe erreicht, daß sie in ihrem Dasein als unabhängige Nationen vorläufig anerkannt werden können, unter der Bedingung, daß die Ratschläge und die Unterstützung eines Mandatars ihre Verwaltung bis zu dem Zeitpunkt leiten, wo sie imstande sein werden, sich selbst zu leiten. Bei der Wahl des Mandatars sind in erster Linie die Wünsche jener Gemeinwesen zu berücksichtigen.

Die Entwicklungsstufe, auf der sich andere Völker, insbesondere die mittelafrikanischen befinden, erfordert, daß der Mandatar dort die Verwaltung des Gebiets übernimmt. Doch ist dies an Bedingungen geknüpft. Außer der Abstellung von Mißbräuchen, wie Sklaven-, Waffen- und Alkoholhandel muß Gewissens- und Religionsfreiheit, lediglich mit den Einschränkungen, die die Aufrechterhaltung der öffentlichen Ordnung und der guten Sitten erfordert, gewährleistet sein. Verbürgt muß weiter sein das Verbot der Errichtung von Befestigungen oder von Heeres- oder Flottenstützpunkten, sowie das Verbot militärischer Ausbildung der Eingeborenen, soweit sie nicht lediglich polizeilichen oder Landesverteidigungszwecken dient. Dem Güteraustausch und

Handel der anderen Bundesmitglieder muß ferner die gleiche Möglichkeit der Betätigung gesichert sein.

Endlich gibt es Gebiete wie Südwestafrika und gewisse Inseln des australischen Stillen Ozeans, die infolge ihrer schwachen Bevölkerungsdichte und geringen Ausdehnung, ihrer Entfernung von den Mittelpunkten der Zivilisation, ihrer geographischen Nachbarschaft zum Gebiet des Mandatars oder infolge anderer Umstände nicht wohl besser verwaltet werden können, als nach den Gesetzen des Mandatars und als integrierender Bestandteil seines Gebiets, unter Vorbehalt der Bürgschaften, die vorstehend im Interesse der eingeborenen Bevölkerung vorgesehen sind.

In allen Fällen hat der Mandatar dem Rate jährlich einen Bericht über die seiner Fürsorge anvertrauten Gebiete vorzulegen.

Ist der Grad von behördlicher Machtbefugnis, Überwachung und Verwaltung, den der Mandatar ausüben soll, nicht bereits Gegenstand eines vorgängigen Übereinkommens zwischen den Bundesmitgliedern, so trifft der Rat hierüber ausdrückliche Entscheidung.

Ein ständiger Ausschuß wird beauftragt, die Jahresberichte der Mandatare entgegenzunehmen und zu prüfen und dem Rate über alle die Ausführungen der Mandatsverpflichtungen angehenden Fragen sein Gutachten zu erstatten.

Dok. 2: Auszug aus dem Mandatsvertrag über Deutsch-Südwestafrika[431]

Article 1.
The territory over which a Mandate is conferred upon His Britannic Majesty for and on behalf of the Government of the Union of South Africa (hereinafter called the Mandatory) comprises the territory which formerly constituted the German Protectorate of South-West-Africa.

Article 2.
The Mandatory shall have full power of administration and legislation over the territory subject to the present Mandate as an integral portion of the Union of South Africa, and may apply the laws of the Union of South Africa to the territory, subject to such local modifications as circumstances may require.

The Mandatory shall promote to the utmost the material and moral well-being and the social progress of the inhabitants of the territory subject to the present Mandate.

Article 3.
The Mandatory shall see that the slave trade is prohibited, and that no forced labour is permitted, except for essential public works and services, and then only for adequate remuneration.

The Mandatory shall also see that the traffic in arms and ammunition is controlled in accordance with principles analogous to those laid down in the Convention relating to the control of the arms traffic, signed on September 10th, 1919, or in any convention amending the same.

The supply of intoxicating spirits and beverages to the natives shall be prohibited.

Article 4.
The military training of the natives, otherwise than for purposes of internal police and the local defence of the territory, shall be prohibited. Furthermore, no military or naval bases shall be established or fortifications erected in the territory.

Article 5.
Subject to the provisions of any local law for the maintenance of public order and public morals, the Mandatory shall ensure in the territory freedom of conscience and the free exercise of all forms of worship, and shall allow all missionaries, nationals of any State Member of the League of Nations, to enter into, travel and reside in the territory for the purpose of prosecuting their calling.

Article 6.
The Mandatory shall make to the Council of the League of Nations an annual report to the satisfaction of the Council, containing full information with regard to the territory, and indicating the measures taken to carry out the obligations assumed under Articles 2, 3, 4 and 5.

Dok. 3:
Auszug aus dem zweiten Gutachten des Internationalen Gerichtshofes vom 21. Juni 1971[432]

130. It is undisputed, and is amply supported by documents annexed to South Africa's written statement in these proceedings, that the official governmental policy pursued by South Africa in Namibia is to achieve a complete physical separation of races and ethnic groups in separate areas within the Territory. The application of this policy has required, as has been conceded by South Africa, restrictive measures of control officially adopted and enforced in the Territory by the coercive power of the former Mandatory. These measures establish limitations, exclusions or restrictions for the members of the indigenous population groups in respect of their participation in certain types of activities, fields of study or of training, labour or employment and also submit them to restrictions or exclusions of residence and movement in large parts of the Territory.

131. Under the Charter of the United Nations, the former Mandatory had pledged itself to observe and respect, in a territory having an international status, human rights and fundamental freedoms for all without distinction as to race. To establish instead, and to enforce, distinctions, exclusions, restrictions and limitations exclusively based on grounds of race, colour, descent or national or ethnic origin which constitute a denial of fundamental human rights is a flagrant violation of the purposes and principles of the Charter.

133. For these reasons, The Court Is of Opinion, in reply to the question:
„What are the legal consequences for States of the continued presence of South Africa in Namibia, notwithstanding Security Council resolution 276 (1970)?"
by 13 votes to 2,

(1) that, the continued presence of South Africa in Namibia being illegal, South Africa is under obligation to withdraw its administration from Namibia immediately and thus put an end to its occupation of the Territory;
by 11 votes to 4,

(2) that States Members of the United Nations are under obligation to recognize the illegality of South Africa's presence in Namibia and the invalidity of its acts on behalf of or concerning Namibia, and to refrain from any acts and in particular any dealings with the Government of South Africa implying recognition of the legality of, or lending support or assistance to, such presence and administration;

(3) that it is incumbent upon States which are not Members of the United Nations to give assistance, within the scope of subparagraph (2) above, in the action which has been taken by the United Nations with regard to Namibia.

Dok. 4:
Resolution 435 (1978)[433]

Adopted by the Security Council at its 2087th meeting on 29 September 1978

The Security Council,
Recalling its resolutions 385 (1976) and 431 (1978), and 432 (1978),
Having considered the report submitted by the Secretary-General pursuant to paragraph 2 of resolution 431 (1978) (S/12827) and his explanatory statement made in the Security Council on 29 September 1978 (S/12869),
Taking note of the relevant communications from the Government of South Africa addressed to the Secretary-General,
Taking note also of the letter dated 8 September 1978 from the President of the South West Africa People's Organization (SWAPO) addressed to the Secretary-General (S/12841),
Reaffirming the legal responsibility of the United Nations over Namibia:

1. *Approves* the report of the Secretary-General (S/12827) for the implementation of the proposal for a settlement of the Namibian situation (S/12636) and his explanatory statement (S/12869);

2. *Reiterates* that its objective is the withdrawal of South Africa's illegal administration of Namibia and the transfer of power to the people of Namibia with the assistance of the United Nations in accordance with resolution 385 (1976);

3. *Decides* to establish under its authority a United Nations Transition Assistance Group (UNTAG) in accordance with the above-mentioned report of the Secretary-General for a period of up to 12 months in order to assist his Special Representative to carry out the mandate conferred upon him by paragraph 1 of Security Council resolution 431 (1978), namely, to ensure the early independence of Namibia through free and fair elections under the supervision and control of the United Nations;

4. *Welcomes* SWAPO's preparedness to co-operate in the implementation of the Secretary-General's report, including its expressed readiness to sign and observe the cease-fire provisions as manifested in the letter from the President of SWAPO dated 8 September 1978 (S/12841);

5. *Calls on* South Africa forthwith to co-operate with the Secretary-General in the implementation of this resolution;

6. *Declares* that all unilateral measures taken by the illegal administration in Namibia in relation to the electoral process, including unilateral registration of voters, or transfer of power, in contravention of Security Council resolutions 385 (1976), 431 (1978) and this resolution are null and void;

7. *Requests* the Secretary-General to report to the Security Council no later than 23 October 1978 on the implementation of this resolution.

Dok. 5:
LETTER DATED 12 JULY 1982 FROM THE REPRESENTATIVES OF CANADA, FRANCE, GERMANY, FEDERAL REPUBLIC OF, THE UNITED KINGDOM OF GREAT BRITAIN AND NORTHERN IRELAND AND THE UNITED STATES OF AMERICA ADDRESSED TO THE SECRETARY-GENERAL[434]

On instructions from our Governments we have the honour to transmit to you the text of Principles concerning the Constituent Assembly and the Constitution for an independent Namibia put forward by our Governments to the parties concerned in the negotiations for the implementation of the proposal for a settlement of the Namibian situation (S/12636) in accordance with Security Council resolution 435 (1978) adopted on 29 September 1978.

We have pleasure in informing you that all parties to the negotiation now accept these Principles. Our Governments believe that a decision on the method to be employed to elect the Constituent Assembly should be made in accordance with the provision of Security Council resolution 435 (1978). All parties are agreed that this issue must be settled in accordance with the terms of Security Council resolution 435 (1978) and that the issue must not cause delay in the implementation of 435 (1978). In this regard, our Governments are in consultation with all parties.

We have the honour to request that this letter and the Principles be circulated as a document of the Security Council.

(Signed) Gérard Pelletier
Permanent Representative of Canada
to the United Nations

(Signed) Luc de La Barre de Nanteuil
Permanent Representative of France
to the United Nations

(Signed) Ernst-Joerg von Studnitz
Chargé d'Affaires, a.i.
of the Federal Republic of Germany
to the United Nations

(Signed) Hamilton Whyte
Deputy Permanent Representative of the United Kingdom of Great Britain and Northern Ireland to the United Nations
Chargé d'Affaires, a.i.

(Signed) William C Sherman
Acting Permanent Representative of the United States of America to the United Nations

Annex
PRINCIPLES CONCERNING THE CONSTITUENT ASSEMBLY AND THE CONSTITUTION FOR AN INDEPENDENT NAMIBIA

A. Constituent Assembly

1. In accordance with United Nations Security Council resolution 435 (1978), elections will be held to select a Constituent Assembly which will adopt a Constitution for an independent Namibia. The Constitution will determine the organization and powers of all levels of government.

- Every adult Namibian will be eligible, without discrimination or fear of intimidation from any source, to vote, campaign and stand for election to the Constituent Assembly.
- Voting will be by secret ballot, with provisions made for those who cannot read or write.
- The date for the beginning of the electoral campaign, the date of elections, the electoral system, the preparation of voters rolls and other aspects of electoral procedures will be promptly decided upon so as to give all political parties and interested persons, without regard to their political views, a full and fair opportunity to organize and participate in the electoral process.
- Full freedom of speech, assembly, movement and press shall be guaranteed.
- The electoral system will seek to ensure fair representation in the Constituent Assembly to different political parties which gain substantial support in the election.

2. The Constituent Assembly will formulate the Constitution for an independent Namibia in accordance with the principles in Part B below and will adopt the Constitution as a whole by a two-thirds majority of its total membership.

B. Principles for a Constitution for an Independent Namibia

1. Namibia will be a unitary, sovereign and democratic state.

2. The Constitution will be the supreme law of the state. It may be amended only by a designated process involving the legislature and/or votes cast in a popular referendum.

3. The Constitution will determine the organization and powers of all levels of government. It will provide for a system of government with three branches: an elected executive branch which will be responsible to the legislative branch; a legislative branch to be elected by universal and equal suffrage which will be responsible for the passage of all laws; and an independent judicial branch which will be responsible for the interpretation of the Constitution and for ensuring its supremacy and the authority of the law. The executive and legislative branches will be constituted by periodic and genuine elections which will be held by secret vote.

4. The electoral system will be consistent with the principles in A. 1. above.

5. There will be a declaration of fundamental rights, which will include the rights to life, personal liberty and freedom of movement; to freedom of conscience; to freedom of expression, including freedom of speech and a free press; to freedom of assembly and association, including political parties and trade unions; to due process and equality before the law; to protection from arbitrary deprivation of private property or deprivation of private property without just compensation; and to freedom from racial, ethnic, religious or sexual discrimination. The declaration of rights will be consistent with the provisions of the Universal Declaration of Human Rights. Aggrieved individuals will be entitled to have the courts adjudicate and enforce these rights.

6. It will be forbidden to create criminal offences with retrospective effect or to provide for increased penalties with retrospective effect.

7. Provision will be made for the balanced structuring of the public service, the police service and the defence services and for equal access by all to recruitment of these services. The fair administration of personnel policy in relation to these services will be assured by appropriate independent bodies.

8. Provision will be made for the establishment of elected councils for local and/or regional administration.

Dok. 6: AGREEMENT AMONG THE PEOPLE'S REPUBLIC OF ANGOLA, THE REPUBLIC OF CUBA, AND THE REPUBLIC OF SOUTH AFRICA[435]

The governments of the People's Republic of Angola, the Republic of Cuba, and the Republic of South Africa, hereinafter designated as „the Parties",

Taking into account the „Principles for a peaceful settlement in southwestern Africa", approved by the Parties on 20 July 1988, and the subsequent negotiations with respect to the implementation of these Principles, each of which is indispensable to a comprehensive settlement,

Considering the acceptance by the Parties of the implementation of United Nations Security Council resolution 435 (1978), adopted on 29 September 1978, hereinafter designated as „UNSCR 435/78",

Considering the conclusion of the bilateral agreement between the People's Republic of Angola and the Republic of Cuba providing for the redeployment toward the North and the staged and total withdrawal of Cuban troops from the territory of the People's Republic of Angola,

Recognizing the role of the United Nations Security Council in implementing UNSCR 435/78 and in supporting the implementation of the present agreement,

Affirming the sovereignty, sovereign equality, and independence of all states of southwestern Africa,

Affirming the principle of non-interference in the internal affairs of states,

Affirming the principle of abstention from the threat or use of force against the territorial integrity or political independence of states,

Reaffirming the right of the peoples of the southwestern region of Africa to selfdetermination, independence, and equality of rights, and of the states of southwestern Africa to peace, development, and social progress,

Urging African and international co-operation for the settlement of the problems of the development of the southwestern region of Africa,

Expressing their appreciation for the mediating role of the Government of the United States of America,

Desiring to contribute to the establishment of peace and security in southwestern Africa.

Agree to the provisions set forth below.

(1) The Parties shall immediately request the Secretary-General of the United Nations to seek authority from the Security Council to commence implementation of UNSCR 435/78 on 1 April 1989.

(2) All military forces of the Republic of South Africa shall depart Namibia in accordance with UNSCR 435/78.

(3) Consistent with the provisions of UNSCR 435/78, the Republic of South Africa and the People's Republic of Angola shall co-operate with the Secretary-General to ensure the independence of Namibia through free and fair elections and shall abstain from any action that could prevent the execution of UNSCR 435/78. The Parties shall respect the territorial integrity and inviolability of borders of Namibia and shall ensure that their territories are not used by any state, organization, or person in connection with acts of war, aggression, or violence against the territorial integrity or inviolability of borders of Namibia or any other action which could prevent the execution of UNSCR 435/78.

(4) The People's Republic of Angola and the Republic of Cuba shall implement the bilateral agreement, signed on the date of signature of this agreement, providing for the redeployment toward the North and the staged and total withdrawal of Cuban troops from the territory of the People's Republic of Angola, and the arrangements made with the Security Council of the United Nations for the on-site verification of that withdrawal.

(5) Consistent with their obligations under the Charter of the United Nations, the Parties shall refrain from the threat or use of force, and shall ensure that their respective territories are not used by any state, organization, or person in connection with any acts of war, aggression, or violence, against the territorial integrity, inviolability of borders, or independence of any state of southwestern Africa.

(6) The Parties shall respect the principle of non-interference in the internal affairs of the states of southwestern Africa.

(7) The Parties shall comply in good faith with all obligations undertaken in this agreement and shall resolve through negotiation and in a spirit of co-operation any disputes with respect to the interpretation or implementation thereof.

(8) This agreement shall enter into force upon signature.

Signed at New York in triplicate in the Portuguese, Spanish and English languages, each language being equally authentic, this 22nd day of December 1988.

FOR THE PEOPLE'S REPUBLIC OF ANGOLA:	Alfonso van Dunem (Mbinda)
FOR THE REPUBLIC OF CUBA:	Isidoro Malmierca Peoli
FOR THE REPUBLIC OF SOUTH AFRICA:	R. F. Botha

Dok. 7:
SCHEDULE OF THE PEACE PROCESS [436]

DATE	NAMIBIA	ANGOLA
1 April 1989	Commencement of implementation of UNSCR 435/78, the reduction of South African forces and confinement to their bases in Namibia. Release of prisoners/detainees	Completion of the withdrawal of 3 000 of the estimated 50 000 Cuban troops from Angola. Commencement of the step-by-step withdrawal of the remaining 47 000 troops and their simultaneous and gradual redeployment to the north. Commencement of the confinement of SWAPO combatants to their bases in Angola and Zambia.
14 May 1989	South African forces reduced to 12 000 men and commencement of return of exiles and publication of election rules. Completion of the repeal of discriminatory legislation. Dismantling of command structures of citizen forces, commandos and ethnic forces and confinement of their military equipment under UN supervision.	
11 June 1989	South African forces reduced to 8 000 men and repatriation of refugees completed.	
1 July 1989	South African forces reduced to 1 500 men confined to base and election campaign begins.	
1 August 1989		All the remaining Cuban troops in Angola will have been withdrawn to the north of the 15th parallel.
31 Oct. 1989		All the remaining Cuban troops in Angola will have been withdrawn to the north of the 13th parallel.
1 Nov. 1989	Election for Constituent Assembly.	25 000 of the 50 000 Cuban troops (50%) will have been withdrawn from Angola.
1 week after the certification of the election	All the South African forces will have been withdrawn.	
1 April 1990		33 000 Cuban troops (66%) will have been withdrawn from Angola with the remainder deployed north of the 13th parallel.
1 October 1990		38 000 Cuban troops (76%) will have been withdrawn from Angola.
1 July 1991		All Cuban troops will have been withdrawn from Angola.

Dok. 8: LETTER BY MR SAM NUJOMA DATED 18 MARCH 1989 TO THE SECRETARY-GENERAL ACCEPTING THE TERMS OF THE CEASE-FIRE[437]

18 March 1989

Excellency,

This ist to acknowledge receipt of your Excellency's letter dated 14 March 1989 in which *inter alia,* indicated that a similar letter would be sent to South Africa, proposing a specific date and hour for the formal cease-fire to begin in accordance with Security Council resolution 435 (1978); and that the cease-fire comes into effect on 1 April 1989 at 04h00 hours Greenwich Mean Time.

In this connection, I would like to recall that I sent a letter to your Excellency (S/20129) dated 12 August 1988, in which I stated, *inter alia,* SWAPO's acceptance of the *de facto* cessation of armed hostilities in and around Namibia between South Africa and SWAPO, in accordance with the Geneva Protocol of 5 August 1988.

I accordingly hereby declare SWAPO's acceptance of the terms of the cease-fire as stipulated in your Excellency's letter dated 14 March 1989. Furthermore, I would like to reiterate SWAPO's commitment scrupulously to work in earnest for a peaceful and successful implementation of Security Council Resolution 435 (1978), leading to the genuine independence of Namibia.

In this context, I wish, once again, to urge your Excellency to continue to exert your best efforts with a view to ensuring that violence and intimidation would be avoided at all cost.

Accept, your Excellency, renewed assurances of my highest consideration.

S NUJOMA

Dok. 9: Toivo ja Toivos Plädoyer im Pretoria-Prozeß (1967/68)[438]

Hohes Gericht!

Wir sind hier in einem fremden Land; wir wurden nach einem Recht verurteilt, das von Menschen gemacht wurde, die für uns immer Ausländer waren. Wir sehen uns hier von einem Richter verurteilt, der kein Landsmann von uns ist und der an unserer Vergangenheit nicht teilgehabt hat.

Als dieses Verfahren eingeleitet wurde, bemühte sich der Verteidiger nachzuweisen, daß dieses Gericht keine Gerichtsbarkeit über uns habe. Darauf erhielten wir verfahrensrechtliche und materiellrechtliche Erörterungen. Mögen die Begründungen für einige von uns auch unverständlich sein, so sind wir doch alle gewiß, daß das Verfahren nicht hier in Pretoria hätte stattfinden dürfen.

Sie, Hohes Gericht, haben entschieden, daß Sie berechtigt seien, über uns zu Gericht zu sitzen, weil Ihr Parlament Ihnen das Recht dazu gegeben habe.

Dieser Bescheid hat unsere Empfindungen nicht erschüttert, konnte es auch nicht. Wir sind Namibier, keine Südafrikaner. Wir machen Ihnen das Recht streitig, jetzt und in Zukunft, uns zu beherrschen, für uns Gesetze zu erlassen, zu denen wir nicht gehört worden sind, mit unserem Land zu verfahren, als seien wir Ihr Eigentum, und uns zu behandeln, als wären Sie unsere Herren. Wir haben Südafrika stets als Eindringling in unser Land empfunden. Und darum haben wir immer so gedacht, wie wir jetzt denken, und vor diesem Hintergrund sehen wir dieses Verfahren.

Ich spreche von „uns", denn ich bemühe mich, nicht von mir allein zu sprechen, sondern auch für andere, für diejenigen unter meinen mitangeklagten Kameraden vor allem, die niemals in den Genuß von Bildungsmöglichkeiten gekommen sind. Und ich glaube auch, daß sich, wenn ich „wir" sage, die überwältigende Mehrheit der nichtweißen Bevölkerung in Südwestafrika dazurechnen möchte.

Wir sind fern unserer Heimat; kein Angehöriger von uns konnte uns besuchen, geschweige denn, der Verhandlung beiwohnen. Das Gefängnis in Pretoria, das Polizeipräsidium in Compol, in dem wir verhört und in dem uns die Aussagen abgenötigt wurden, und dieses Gericht sind alles, was wir von Pretoria kennengelernt haben. Wir waren von unserem Volk und von der Welt abgeschnitten. Wir hätten gern gewußt, ob wohl die von Ihnen eingesetzten Stammesführer einige ihrer Lügen wiederholt haben würden, wenn unser Volk im Gerichtssaal gesessen hätte, um sie mitanzuhören.

Die südafrikanische Regierung hat wieder einmal ihre Stärke unter Beweis gestellt, indem sie uns so lange in Haft hielt, wie es ihr beliebte, indem sie einige von uns 300 bis 400 Tage in Einzelhaft hielt und uns in ihre Hauptstadt brachte, um über uns zu Gericht zu sitzen. Sie hat ihre Stärke demonstriert, indem sie eigens für uns ein Gesetz verabschiedete und ihm rückwirkende Kraft verlieh. Sie hat sogar einen niederträchtigen Namen für uns gefunden. Ihre eigenen Leute werden von ihnen als Patrioten, schlimmstenfalls als Rebellen bezeichnet, ihre Gegner nennen sie Terroristen.

Ein Gericht kann in politischen Fällen nur dann Gerechtigkeit walten lassen, wenn es Verständnis für den Standpunkt derjenigen aufbringt, die vor ihm stehen. Der Staat wünscht nicht nur unsere Verurteilung, er wollte gleichzeitig die Politik der südafrikanischen Regierung rechtfertigen. Wir wollen gar nicht erst versuchen, unsere Gegenposition darzustellen, denn wir wissen, daß ein Gericht, das unsere Leiden nicht erduldet hat, uns nicht verstehen kann. Vielleicht heißt es darum, man müsse von seinesgleichen gerichtet werden. Vom Tage unserer Festnahme an haben wir zu spüren bekommen, daß nicht unseresgleichen, sondern unsere Herren über uns Gericht halten und daß die, die uns vor Gericht gestellt haben, sich nicht einmal die Mühe machen, uns bei unserem Namen zu nennen. Wären unsere Richter unseresgleichen, eine Diskussion über unsere Klagen wäre überflüssig. Sie wären denen vertraut, die als Richter über uns gesetzt worden sind.

Es beliebt der Regierung von Südafrika, zu behaupten, sie übe ihre Herrschaft über Südwestafrika im Einvernehmen mit dem Volk von Südwestafrika aus. Das ist nicht wahr. Unsere Organisation, die SWAPO, ist die größte politische Organisation in Südwestafrika. Wir betrachten uns als politische Partei. Wir wissen, daß die Weißen Schwarze nicht als Politiker - sondern nur als Agitatoren - ansehen. Viele von uns haben ohne ihr Verschulden niemals eine Schulbildung genossen. Das bedeutet aber nicht, daß sie nicht wüßten, was sie wollen. Ein Mann muß keine Schulbildung genossen haben, um zu wissen, daß er mit seiner Familie an einem Ort seiner Wahl und nicht dort leben möchte, wo es einem Beamten beliebt, daß er Freizügigkeit genießen und nicht einem Paßgesetz unterworfen sein möchte, daß er einen angemessenen Lohn verdienen und bei einem Arbeitgeber seiner Wahl so lange arbeiten möchte, wie er es für richtig hält, und schließlich, daß er von Menschen regiert werden möchte, die er als Obrigkeit anerkennt, nicht von denen, die über ihn herrschen, weil sie mehr Waffen besitzen als er.

Unsere Beschwerden werden als „sogenannte" Beschwerden bezeichnet. Wir glauben nicht daran, daß Südafrika in Südwestafrika ist, um Arbeitsmöglichkeiten für Nichtweiße zu schaffen. Es ist aus egoistischen Motiven dort. Während der ersten vierzig Jahre hat es faktisch nichts unternommen, womit es seine „heilige Aufgabe" erfüllt hätte. Es hat sich ausschließlich für das Wohlergehen der Weißen eingesetzt.

Seit 1962 hat Südafrika unter dem Druck der nichtweißen Bevölkerung des Landes und vor allem meiner Organisation und wegen der besonderen Aufmerksamkeit, die die Welt auf unser Land richtete, versucht, etwas mehr zu tun. In aller Eile stellte es den Bericht über die Bantustans zusammen, damit es vor dem Internationalen Gerichtshof wenigstens etwas vorzuweisen habe. Nur ein Nichtweißer, der so wie wir gelitten hat, kann beurteilen, ob wir wirkliche oder „sogenannte" Beschwerden haben.

Wer unter uns eine Schulbildung genossen hat, stand im Kampf um die Freiheit immer in einer Reihe mit den Brüdern, die niemals eine Schule besuchen durften. Südafrika mißbilligt unsere Freiheitsbestrebungen. In diesem Gerichtsverfahren hat es sich bemüht, durch den Mund einiger bezahlter Häuptlinge und eines bezahlten Beamten zu beweisen, daß die SWAPO nicht für das Volk von Südwestafrika spreche. Wäre sich die Regierung von Südafrika so sicher, daß die SWAPO nicht die tiefsten Gefühle des Volkes in Südwestafrika repräsentiert, sie hätte sich den Aufwand erspart, die SWAPO daran zu hindern, ihre friedliebende Politik selbst zu verteidigen. Südafrikanische Beamte möchten Glauben machen, die SWAPO sei eine verantwortungslose Organisation, und sie scheue sich nicht einmal, die Bevölkerung von Impfungen abzuhalten. So gern die weißen Südafrikaner das auch glauben möchten, es trifft die SWAPO nicht. Wir können uns häufig des Eindrucks nicht erwehren, daß die Regierung die SWAPO so haben möchte. Mag sein, daß sich ein Mitglied, oder vielleicht auch mehrere Mitglieder der SWAPO irgendwo einmal weigerten sich impfen zu lassen. Der Grund für diese Weigerung liegt darin, daß einige Bewohner in unserem Teil der Welt das Vertrauen in die Regierenden des Landes verloren haben und nicht einmal mehr bereit sind, auch nur das Gute, das getan wird, zu akzeptieren.

Ihre Regierung, Hohes Gericht, hat eine ganz besondere Verantwortung auf sich genommen, als ihr nach dem Ersten Weltkrieg das Mandat über uns übertragen wurde. Sie übernahm die heilige Aufgabe, uns zur Unabhängigkeit zu führen und uns darauf vorzubereiten, eines Tages den uns zukommenden Platz unter den Staaten der Welt einzunehmen. Südafrika hat dieses anvertraute Pfand durch seinen Glauben an die Überlegenheit der weißen Rasse (daß Gott die Weißen dazu ausersehen habe, die Welt zu beherrschen) und die Apartheid mißbraucht. Wir sind der Überzeugung, daß es Südafrika fünfzig Jahre lang versäumt hat, die Entwicklung unseres Volkes voranzutreiben. Wo sind denn unsere Gebildeten? Der Reichtum unseres Landes wurde dazu verwandt, Ihr Volk für Führungsaufgaben heranzubilden, und die heilige Aufgabe, die Eingeborenen dahin zu führen, daß sie den ihnen zukommenden Platz unter den Staaten der Welt einnehmen können, ist außer acht gelassen worden. Mir ist aus den letzten zwanzig Jahren kein Fall bekannt, in dem Eltern ihr Kind nicht zur Schule geschickt hätten, wenn sie die Möglichkeit dazu gehabt hätten, doch auch dann, wenn, wie es hieß, ein geringer Prozentsatz von Eltern ihre Kinder lieber zum Viehhüten zu Hause behalten wollte, bin ich der festen Überzeugung, daß Südafrika stark genug gewesen wäre, diesen Eltern seinen Willen aufzuzwingen. Ebenso wie alle im Gerichtssaal lachten, als sie hörten, ein alter Mann habe versucht, einen Hubschrauber mit Pfeil und Bogen abzuschießen, lachten wir, als Südafrika erklärte, es würde der ganzen Welt die Stirn bieten. Wir wußten, daß die Welt gespalten ist, aber im Laufe der Jahre einigte sie sich doch zumindest darüber, daß Südafrika kein Recht habe, uns zu beherrschen.

Ich behaupte nicht, daß es den Menschen verschiedener Rassen leicht fiele, in Frieden miteinander auszukommen. Ich selbst habe das in meiner Jugend jedenfalls nicht erfahren, und ich konnte zunächst nicht glauben, daß Menschen verschiedener Rassen friedlich zusammenleben können. Heute weiß ich, daß es möglich ist und daß wir darum kämpfen müssen. Die südafrikanische Regierung sät Feindschaft, wenn sie die Menschen trennt und ihre Unterschiede herausstreicht. Wir sind der Überzeugung, daß uns das Zusammenleben lehren könnte, die Furcht voreinander abzubauen. Wir sind ferner gewiß, daß die Furcht, die ein Teil der Weißen vor den Afrikanern hegt, darauf beruht, daß sie überlegen und privilegiert sein wollen, und wir meinen, wenn sich die Weißen Südwestafrika zugehörig fühlten und unsere Hoffnungen und Sorgen teilten, würde ihr[e] Furcht weichen. Die Rassentrennung wurde als natürlicher Prozeß hingestellt. Warum wird sie dann aber gewaltsam erzwungen, und weshalb sind die Weißen die Überlegenen?

Die eingesetzten Stammesführer haben sich daran gewöhnt, uns zu unterdrücken. Nicht zum ersten Mal versuchen Ausländer, eine indirekte Herrschaft auszuüben. Wir wissen, daß nur, wer bereit ist zu tun, was sein Herr befiehlt, „headman" (Stammesführer) werden kann. Die

Mehrheit derjenigen, die ein Herz für ihr Volk haben und nach Unabhängigkeit streben, wurden eingeschüchtert, so daß sie hinnimmt, was von oben angeordnet wird. Mit Waffen und Schlagstöcken werden Menschen zu gefügigen Helfershelfern gemacht.

Ich bin zu der Überzeugung gelangt, daß sich unser Volk von Zuwendungen anderer, den Vereinten Nationen oder Südafrika, keinen Fortschritt erhoffen kann. Fortschritt ist nur mit Kampf und Arbeit zu erlangen. Und ich glaube, daß wir diesen Fortschritt nur sichern können, indem wir aus unseren Erfahrungen und Fehlern lernen.

Hohes Gericht, Sie unterstrichen in Ihrem Urteil die Tatsache, daß unsere Waffen aus kommunistischen Ländern stammten und daß unsere Schriften Formulierungen enthielten, die im allgemeinen von Kommunisten gebraucht würden. Aber in den vom Staat vorgelegten Schriften, Hohes Gericht, wird noch eine andere Sprache gesprochen. Sie ist viel häufiger als die andere. Viele Schriften schließen mit der Bitte an den Allmächtigen, uns in unserem Befreiungskampf zu leiten. Die südafrikanische Regierung möchte uns vor der westlichen Welt in Mißkredit bringen. Darum bezeichnet sie unseren Kampf als kommunistisches Komplott; die Welt wird Ihnen nicht glauben. Sie weiß, daß es uns nicht um Ideologien geht. Wir sind der Überzeugung, daß die Welt uns gegenüber eine besondere Verantwortung hat. Denn eine Weltorganisation hat das Land unserer Väter in die Hände Südafrikas gelegt. Zwar ist die Welt gespalten; dennoch setzen wir unsere Hoffnung darauf, daß sie sich zumindest über eines einig ist: daß wir ein Recht auf Freiheit und Gerechtigkeit haben.

Andere Mandatsgebiete haben die Freiheit erlangt. Das Urteil des Internationalen Gerichtshofs hat uns bitter enttäuscht. Wir fühlten uns verraten, und wir wußten, daß Südafrika seinen Auftrag niemals erfüllen würde. Manche glaubten, wir könnten unsere Freiheit nur im Kampf gewinnen. Wir kannten die erdrückende Macht Südafrikas, aber wir wußten auch, daß wir einer gerechten Sache dienen und daß unsere Lage unerträglich ist - warum sollten nicht auch wir unsere Freiheit erringen? Wir sind der festen Überzeugung, daß die Welt in ihren Bemühungen fortfahren wird, uns aus unserer Situation herauszuhelfen, wie sehr Südafrika uns auch immer diffamiere.

Darum fordern wir die Unabhängigkeit für Südwestafrika. Wir erwarten nicht, daß die Unabhängigkeit unserer Not ein Ende setzen wird, wir glauben jedoch, daß unser Volk - wie alle Völker - ein Recht auf Selbstregierung hat. Es geht ja nicht um die Frage, ob Südafrika uns gut oder schlecht behandelt; vielmehr geht es darum, daß Südwestafrika unser Land ist, und daß wir unsere eigenen Herren sein wollen.

Mancher wird erklären, er sympathisiere mit unseren Zielen, aber er verurteile die Anwendung von Gewalt. Darauf möchte ich erwidern, daß ich selbst von Natur aus kein Mann der Gewalt bin: ich glaube auch, daß Gewalt Sünde gegen Gott und meine Mitmenschen ist. Die SWAPO selbst war eine gewaltlose Organisation, doch der südafrikanischen Regierung ist es im Grunde gleichgültig, ob die Opposition gewalttätig oder gewaltlos ist. Sie wünscht überhaupt keine Opposition gegen die Apartheid. Seit dem Jahre 1963 sind Zusammenkünfte der SWAPO untersagt. Zwar haben Stammesbehörden dieses Verbot ausgesprochen, doch sie arbeiten mit der südafrikanischen Regierung zusammen, die zugunsten politischer Freiheit nie einen Finger gekrümmt hat. In unserem eigenen Land dürfen wir nicht wählen, die Versammlungsfreiheit und das Recht auf politische Meinungsäußerung wurden uns entzogen.

Ist es da ein Wunder, daß meine Landsleute in dieser Situation zu den Waffen gegriffen haben? Gewalt ist ein wahrhaft schreckliches Mittel, doch wer würde sich und seine Habe nicht gegen einen Räuber verteidigen? Und wir sind der Überzeugung, daß Südafrika uns unseres Landes beraubt hat.

Mein Leben lang habe ich in der SWAPO mitgearbeitet; sie ist eine ganz gewöhnliche politische Partei wie jede andere auch. Plötzlich merkten wir in der SWAPO, daß Kriegszustand herrschte und daß unsere Genossen und Südafrika einander auf dem Schlachtfeld gegenüberstanden. Obgleich ich nicht für die militärische Mobilisierung meines Volkes verantwortlich war und obwohl ich den Kampf gegen die Übermacht Südafrikas angesichts unserer Schwäche für unklug hielt, konnte ich ihnen, als die Zeit gekommen war, meine Hilfe nicht versagen.

Hohes Gericht, Sie hielten es für notwendig, mich als Feigling zu brandmarken. Während des Zweiten Weltkrieges, als sich herausstellte, daß mein Land und Ihr Land von den dunklen Wolken des Nazismus bedroht waren, setzte ich mein Leben für die Verteidigung meines und Ihres Landes in der Uniform mit den orangefarbenen Streifen ein.

Einige Ihrer Landsleute nahmen indessen ihre Zuflucht zur Sabotage gegen das eigene Vaterland, als sie zum Kampf um die Verteidigung der Zivilisation gerufen wurden. Freiwillig habe ich mich dem deutschen Kugelhagel ausgesetzt, und als Wachtposten für militärische Anlagen in Südwestafrika und in der Republik war ich bereit, ein Opfer ihrer Sabotageakte zu werden. Heute sind sie unsere Herren und gelten als Helden, ich aber werde ein Feigling gescholten.

Wenn ich an mein Land denke, bin ich stolz darauf, daß meine Landsleute für Ihr Volk zu den Waffen gegriffen haben, und ich bin der

Überzeugung, daß, wer ein Mann ist, ihnen die Achtung nicht versagen wird.

Im Jahre 1964 wurden ANC („African National Congress" - Afrikanischer Nationalkongress) und PAC („Pan African Congress" - Panafrikanischer Kongress) in Südafrika unterdrückt. Das gibt mir die Überzeugung, daß wir zu schwach sind, uns in offener Schlacht der Macht Südafrikas entgegenzustellen. Als einige der Soldaten meines Landes zurückkehrten, ahnte ich, welche Probleme auf die SWAPO, auf mein Volk und auf mich selbst zukommen würden. Ich tat alles, was in meiner Macht stand, um mein Volk davon abzuhalten, in den Busch zu gehen. Ich machte mich mit meinen Bemühungen bei einigen meiner Landsleute unbeliebt, aber auch das wollte ich tragen. Solche Entscheidungen fallen nicht leicht. Meine Organisation hatte unzureichende Wirkungsmöglichkeiten - sie durfte nicht einmal Versammlungen abhalten. Auf die Frage „Wohin hat uns Eure Gewaltlosigkeit geführt?" wußte ich keine Antwort. Solange noch das Urteil des Internationalen Gerichtshofs ausstand, konnte ich wenigstens darauf hoffen. Als wir nach jahrelangem Warten unterlagen, mußte ich meinem Volk die Antwort schuldig bleiben.

Obwohl ich nicht damit einverstanden war, daß die Leute in den Busch gingen, konnte ich ihnen meine Hilfe nicht versagen, als ich erfuhr, daß sie Hunger litten. Ich leitete auch die Bitte um Dynamit weiter. Die Entscheidung wurde mir nicht leicht. Andere hätten vielleicht gesagt: „Ich möchte damit nichts zu schaffen haben." Ich jedoch war kein Zuschauer in dem Kampf meines Volkes um seine Befreiung, und ich konnte es nicht bleiben.

Ich bin mit ganzem Herzen Namibier, und ich konnte mein Volk nicht meinen Feinden ausliefern. Ich gebe zu, daß ich beschloß, denjenigen beizustehen, die zu den Waffen gegriffen hatten. Ich weiß, es wird ein langwieriger, erbitterter Kampf sein. Aber ich weiß auch, daß mein Volk diesen Kampf wagen wird, koste er, was er wolle. Erst wenn wir unsere Unabhängigkeit erlangt haben, wird dieser Kampf enden. Erst wenn uns unsere menschliche Würde zurückgegeben wird, wenn uns der gleiche Status wie den Weißen zuerkannt ist, wird es Frieden zwischen uns geben.

Unserer Ansicht nach hat Südafrika eine Alternative: entweder in Frieden mit uns zu leben oder uns gewaltsam zu unterjochen. Wenn sie vorziehen, uns zu unterdrücken und uns Ihren Willen aufzuzwingen, dann üben Sie nicht nur Verrat an Ihrem Auftrag, sondern Sie werden auch nur solange in Sicherheit leben, wie Ihre Kraft die unsere übersteigt. Kein Südafrikaner wird in Südwestafrika in Frieden leben, denn er weiß, daß seine Sicherheit auf Gewalt gegründet ist und daß er ohne Gewalt bei der Bevölkerung Südwestafrikas auf Ablehnung stoßen würde.

Meine Mitangeklagten und ich haben Leid erfahren. Wir erwarten unsere Freiheitsstrafe nicht mit Freuden. Wir glauben allerdings auch nicht, daß unsere Mühen und Opfer vergeblich waren. Wir sind überzeugt, daß menschliches Leid auch auf diejenigen ausstrahlt, die es auferlegen. Und wir hoffen, das Geschehene möge die Weißen in Südafrika lehren, daß wir und die Welt vielleicht im Recht sind und Südafrika im Unrecht ist. Nur wenn die Südafrikaner das begreifen und nach dieser Einsicht handeln, wird unser Kampf um Freiheit und Gerechtigkeit im Land unserer Väter ein Ende haben.

Dok. 10: „Sie mußten andere denunzieren, um der Folter zu entgehen"[439]

In einem Interview mit medico international schildert Pfarrer Siegfried Groth, wie die Befreiungsbewegung SWAPO verfuhr

medico: Was verbindet Sie mit der Geschichte der SWAPO in Namibia?

Siegfried Groth: Seit 1961 bin ich mit Namibia befaßt. Damals habe ich mich über 2 1/2 Jahre dort aufgehalten; später war ich erneut für längere Zeit dort. Natürlich habe ich dabei Leute der SWAPO getroffen und auch enge Freundschaften zu Repräsentanten dieser Organisation unterhalten. Damals habe ich viele Artikel geschrieben über den Befreiungskampf Namibias, über die Folter durch die Südafrikaner, und habe vor allem in den Kirchen den wachsenden Widerstand gegen die Apartheid erfahren. Es gab deswegen sogar Schwierigkeiten in der Mission und der Kirche, weil einige sagten, der Groth ist ein SWAPO-Mann. Bis Mitte der 80er Jahre habe ich mich öffentlich gegen Leute eingesetzt, die die SWAPO als Terrororganisation bezeichneten.

1973 erhielt ich dann auch von den beiden lutherischen Kirchen Namibias den Auftrag, mich um die Exil-Namibianer zu kümmern, um sie als Pastor zu betreuen.

Wann und auf welche Weise haben Sie von den Vorwürfen gegen die SWAPO erfahren?

Ende der 70er Jahre. Beim seelsorgerischen Gespräch traf ich viele Menschen, die mir von dem schweren Konflikt berichteten, der zum Austritt von 1000 Menschen aus der Befreiungsbewegung geführt hatte. Ein Großteil dieser Dissidenten befand sich im Concentration Camp Mboroma in Sambia. Sie haben mir im Laufe der Jahre ihre Leidensgeschichte erzählt.

Also gab es schon 1976 in größerem Ausmaß Folter und unmenschliche Haftbedingungen?

Ja. Ich habe mit 200 von ehemals 1000 Inhaftierten Kontakt gehabt und viel darüber erfahren. Auch, warum sie die SWAPO verlassen hatten. Man hatte sie mit miserablen Waffen in den Kampf geschickt. Ihre Angehörigen waren notdürftig untergebracht. Die Kinder hatten nichts zu essen. Sie klagten über den Autoritarismus der Exilführung, der auf die Kritik vieler meist junger und oft intellektueller Flüchtlinge traf, die seit dem großen Exodus 1974 in Angola oder Sambia eintrafen, der die SWAPO auch überforderte. Diese Leute, die zuvor die Folter der Buren erfahren hatten, verlangten eine Mitbestimmung über die Geschicke der Exil-SWAPO.

Wie haben Sie damals auf die Hinweise auf das Lager Mboroma reagiert?

Zurückhaltend. Ich konnte das, was ich hörte, zunächst nicht glauben. Schließlich kannte ich auch sehr verantwortungsbewußte Menschen in der SWAPO. Es brauchte zwei, drei Jahre, bevor ich allmählich realisieren mußte, was geschah.

Was geschah in den 80er Jahren? Bis zu jenem Höhepunkt 1984, als die SWAPO einen angeblichen südafrikanischen Spionagering in den eigenen Reihen ausmachte?

Vor allem im Frühjahr 1985 kamen in Sambia viele Menschen zu mir, deren Angehörige und Freunde als Spione verhaftet worden waren. Es waren vor 400 Leuten Videofilme gezeigt worden, in denen Menschen gezeigt wurden, die Geständnisse ablegten. Später wurden diese Videos in aller Welt vorgeführt. Eine ganze Reihe der so Vorgeführten kannte ich, weil ich sie jahrelang als Pastor betreut hatte, und ich wußte, daß sie loyale Anhänger der SWAPO gewesen waren. Ich hatte den Eindruck einer Panik, eines großen internen Machtkampfes, der nun zu einer einzigen Atmosphäre der Angst wurde, weil jeder mit Verhaftung rechnen konnte.

Ich denke an den bekannten SWAPO-Führer Victor Nkandi, der lange im Gefängnis in Namibia saß, und von dem auch Leute wie der SWAPO-Rechtsanwalt David Soggot sagen: „Das kann niemals ein Spion gewesen sein." Ich nenne Pastor Hellao. Anfang 1985 meldete er sich bei mir und sagte, er würde nach Angola gehen. Ich habe dann über Jahre nichts von ihm gehört, außer gerüchteweise, daß man ihn verhaftet habe. Nach seiner Freilassung sprach ich am 1. August 1989 mehrmals mit ihm. Er war in den Busch gebracht worden und man forderte ihn auf, ein Geständnis abzulegen.. Man stellte ihm ganz bestimmte stereotype Verhörfragen. Er lehnte es ab, diese Fragen zu beantworten und sagte, er sei kein Spion. Er wurde aber immer wieder gefoltert - und gestand dann, um sein Leben zu retten. Er existierte jahrelang in unterirdischen Gefängnissen. Man hatte ihm dort alles weggenommen: seine Bibel, sein Gesangbuch, die Bilder seiner Familie. Mir sagte er: „Manchmal war ich wochenlang fast ganz ohne Wasser. Am schlimmsten war es im Lager

Minya. Man hat dort Kinder gefoltert, alte Menschen und schwangere Frauen geschlagen." Pastor Hellao bestätigte auch, daß SWAPO-Präsident Sam Nujoma über diese Verhältnisse in den Lagern informiert gewesen sei, da er ihm zweimal im Gefängnis begegnet sei.

Wie gingen diese stereotypen Befragungen vonstatten?

Die Beschuldigten hatten keine Chance zur Rechtfertigung. Es wurden Daten vorgegeben, wann man als Spion rekrutiert wurde. Diese Daten, das zeigte sich später, stimmten mit der Biographie der Betroffenen überhaupt nicht überein. Man bekam die Fragen vorgelegt und man mußte sich von vornherein darauf einstellen, ich bin ein Spion, und ich muß jetzt so antworten, wie es die Frager erwarten. Das war ein Ritual, das bei den einzelnen gleichförmig vollzogen wurde. Dazu gehörte aber, daß sie die Namen von anderen nennen mußten, was zu einer Kette von Verhaftungen führte. Sie mußten andere denunzieren, um selber der Folter zu entgehen.

Was haben Ihnen Ihre Zeugen über das Ausmaß der Folter berichtet?

Ich denke an das frühere SWAPO-Mitglied Samuel Thomas, den Schwager von SWAPO-Vizepräsident Pastor Witbooi. Eines Tages wurde er nach Angola gerufen. Das geschah übrigens sehr oft, daß man von Kuba, England oder Skandinavien oder Sambia aus nach Luanda gerufen wurde, und diejenigen, die gingen, hatten oft ein unsicheres Gefühl. Samuel Thomas wurde nahe dem Flughafen von Luanda vom SWAPO-Sicherheitsdienst gekidnapt. Gefesselt brachte man ihn in den Süden Angolas. Dort wurde er viele Jahre in unterirdischen Löchern festgehalten, die das Gefängnis darstellten. Er berichtete mir jetzt, daß er in dieser Zeit kein einziges Mal die Sonne gesehen habe. Mit Schlägen und Folter wurde auch er gezwungen, ein Geständnis vorzutragen. Viele von diesen Menschen sind getötet worden, wie Samuel Thomas es sagt: „Sie starben uns unter den Händen." Viele sind immer noch in diesen Gefängnissen.

Es gibt also immer noch weitere Gefangene in den SWAPO-Lagern?

Es sind noch viele, die auch freigelassen werden müssen. Zunächst hatte man ja die Zahl 201 genannt, aber es sind ja inzwischen schon mehr als 200 zurückgekehrt, weswegen davon auszugehen ist, daß es noch viele gibt. Die Rückkehrer kämpfen nun in Namibia um die Freilassung der anderen. Sie sind sehr enttäuscht von den Kirchen, weil sie die Erfahrung gemacht haben, daß sich die Kirchen ihnen nicht öffnen. Einige der ehemaligen Verhafteten haben am 26. 7. 1989 eine neue Partei für Namibia gegründet, die eine Zusammenarbeit mit anderen Parteien plant. Bekannte frühere SWAPO-Leute sind daran beteiligt: Eric Biwa, Benny Boys und auch Samuel Thomas.

Es gibt Anzeichen dafür, daß Leute nicht nur in Angola verhaftet wurden, sondern auch in Ländern wie Kuba, Jugoslawien und in der CSSR? Waren diese Regierungen beteiligt?

Das ist schwer zu sagen. Richtig ist jedoch, daß viele Namibianer aus solchen Ländern nach Angola gelockt wurden. Benny Boys etwa, ein Mann aus dem Zentralkomitee, der dann in Luanda verschwand. Oder der Fall von Otniel Kaakunga, dem bekannten Sprecher der Häftlinge, der von England aus nach Angola gerufen wurde. Oder die Geschichte der Namibianerin Bience Gawanas, eine der renommiertesten Sprecherinnen der SWAPO in England, die von dort zum Besuch ihres Kindes nach Lusaka fuhr, um dort verhaftet und schwer mißhandelt zu werden.

Das heißt aber, daß mindestens die angolanische Regierung eingeweiht gewesen sein muß?

Gewiß hat man dort gewußt, daß es diese SWAPO-Lager im eigenen Lande gibt. Die SWAPO war dort Staat im Staate und Angola selber war nach außen hermetisch abgeschlossen, so daß diese Schweigelager existieren konnten. Angola hat das geduldet.

Von größter Bedeutung ist der Vorwurf über sexuelle Mißhandlungen und Vergewaltigungen von Frauen. Selbst SWAPO-Funktionäre seien daran beteiligt gewesen?

Es gibt ja jetzt viele Berichte dieser Frauen selber. Eine von ihnen hat ein Kind gezeigt und gesagt, daß es auf diese Weise gezeugt worden ist, durch eine Vergewaltigung. Ich selber habe seit 1980 viele Frauen gesprochen, die mir sagten, daß sie von führenden SWAPO-Männern gewaltsam zur Ausübung des sexuellen Verkehrs gezwungen worden seien. Das ist eine sehr traurige Geschichte, der Umgang namhafter SWAPO-Leute mit namibianischen Frauen und Mädchen.

Sie sagen, es habe sich in vielen Fällen nicht einmal um Spione gehandelt. Oft nur einfach um Intellektuelle. Was waren die wirklichen Gründe dafür?

Daß es in einem Krieg, und gerade in einem Guerillakrieg, Spione gibt, ist mir klar. Aber das Wort „Spion" wurde wohl als gefährliche Waffe für den innerparteilichen Machtkampf benutzt. Damit wollte man kritische Menschen denunzieren, ausschalten und wieder andere mundtot machen. Gewiß haben dabei auch tribalistische Konflikte eine Rolle gespielt. Aber auch der antiintellektualistische Aspekt hatte seine Bedeutung. Die Exil-SWAPO erwartete absoluten Gehorsam - dagegen haben sich besonders die gebildeten Leute gewehrt. Schon anläßlich des großen Konfliktes von 1976, als die tausend aus der Organisation austraten, durfte der allgemeine Kongreß nicht stattfinden, den sie gefordert hatten.

Es ist für mich ein unbegreifliches Phänomen, daß die SWAPO über 10 Jahre lang Menschen kidnappen, einsperren und foltern konnte, ohne daß wirklich ernsthaft kritisch gefragt wurde, was geschieht da? Man hat der SWAPO vertraut, man hat geglaubt, das sind Spione, man sah ja den südafrikanischen Unterdrücker, die Apartheidsmacht. Man hat alles voll akzeptiert, was die SWAPO sagte.

Heute äußert sich die Führung der Organisation immer noch nicht eindeutig. Ein Sprecher, Ben Gurirab, sagt, die Führung habe nichts gewußt, was nicht stimmt. Und er sagt, wenn wirklich Unmenschlichkeiten vorgekommen sind, werden wir die Schuldigen zur Rechenschaft ziehen. Aber wenn man die Presseerklärung des Wahlbüros der SWAPO in Windhoek von Anfang Juli liest, dann wird deutlich, daß man auch weiterhin die aus den Lagern Zurückgekehrten „Lügner" und „Spione" nennt.

Gingen denn diese Verhaftungs- und Verfolgungsaktionen wirklich von der höchsten Spitze der SWAPO aus?

Ich sagte schon, daß Präsident Nujoma selbst die Lager besucht hat. Daß die höchste Spitze informiert war, auch ein führender Mann wie Hidipo Hamutenya, der hier eine ganz entscheidende Rolle spielt. Und gewiß trägt der Sicherheitschef Hauala mit dem internen Namen „Jesus" Verantwortung für das, was geschah. Er wird immer wieder von denen, die aus den Lagern wieder auftauchen, als einer der hauptsächlichen Initiatoren für Folterungen genannt.

In welcher Weise waren die Kirchen über die Geschehnisse informiert und wie haben sie darauf reagiert?

Die Kirchen waren der SWAPO immer eng verbunden. Es gab ja ein gemeinsames Ziel: Namibia sollte frei werden von Unterdrückung und Diktatur. Viel von dem, worüber wir jetzt reden, dürften die Kirchen nicht gewußt haben. Es ist der SWAPO im Exil wohl gelungen, den namibischen Kirchenführern klarzumachen, daß es sich um eine menschliche, um eine christlich verantwortliche Organisation handelt. Im übrigen, sobald kritische Fragen aufkamen, wurde dies als südafrikanische Propaganda denunziert. Immerhin hat schon 1977 Pastor Ailonga ein Namibianer, einen dringenden Appell an Bischof Auala und andere führende Kirchenleute gerichtet, indem er auf Mord, Folter und Menschenrechtsverletzungen hinwies. Darüber haben die Kirchen geschwiegen. Heute, wo die Mißhandelten vor aller Welt auf ihre Wunden hinweisen, steht die Glaubwürdigkeit der Kirchen auf dem Spiel, wenn sie sich weigern, die ehemaligen Gefangenen zu empfangen und zu betreuen. Es gibt einen offenen Brief im Namen früherer SWAPO-Häftlinge vom 16. 7. 89, unterzeichnet von Samuel Thomas, dem Schwager des Vizepräsidenten der SWAPO, Pastor Witbooi, der die christlichen Gemeinden über die zu Tode Gefolterten in einer Liste informiert und Gott dafür dankt, daß sie selbst gerettet wurden. Das ist natürlich eine große Herausforderung für die Kirchen.

Und es stellt sich die Frage der Verantwortung und der Mitschuld, auch für mich, indem man geschwiegen hat.

15 AUSGEWÄHLTE KURZBIOGRAPHIEN

Kurzbiographien

De Wet, Johannes („Jannie") Marthinus, Bure, geb. 10. November 1927 in Rouxville (Oranjefreistaat/Südafrika), Schulbesuch in Outjo und Ficksburg (Südafrika), Studium der Landwirtschaft in Stellenbosch (B.A.), Farmer, verheiratet, vier Kinder, aktiv in der Nationalen Partei von SWA, 1964-1970 Mitglied der Gesetzgebenden Versammlung für SWA, 1970-1977 Eingeborenenkommissar für SWA, 1979-1982 mit Unterbrechungen Mitglied der Nationalversammlung, 1980-1987 Mitglied der Exekutive der Volksgruppenverwaltung der Weißen, 1987-1989 Minister für Landwirtschaft, Wasserwesen und Fischerei in der Übergangsregierung, 1989 Führer der Wahlformation ACN, Austritt aus der NP von SWA, Mitglied der Verfassungsgebenden Versammlung, 1990 der Nationalversammlung. Bild S. 177

Diergaardt, Kaptein Johannes Gerard Adolf („Hans"), Baster, geb. 16. September 1927 in Rehoboth, 1938-1943 Methodistenschule in Rehoboth, 1950 Qualifizierung als Automechaniker, 1967-1979 Ladenbesitzer, verheiratet, zwei Söhne, seit 1947 politisch tätig, 1959-1977 Mitglied des Rehoboth Advisory Council, 1968 Mitbegründer der Rehoboth Volksparty, 1975 Führer der neuformierten Rehoboth Liberation Party (RLP), 1975-1976 Mitglied der „Turnhallenkonferenz", 1979-1980 als Unabhängiger in der Nationalversammlung, 1979 Wahl zum Baster-Kaptein, Präsident der neubegründeten Liberal Democratic Party/Liberation Front (LDP/LF), 1983 Mitbegründer der Vielparteienkonferenz, 1985-1989 Minister für Lokalverwaltung und kommunale Angelegenheiten in der Übergangsregierung, 1989 zunächst Mitglied der Verfassunggebenden Versammlung für das Wahlbündnis FCN, dann Rücktritt, 20. März 1990 einseitige Ausrufung einer souveränen Basterrepublik, 25. September 1990 Räumung des Regierungsgebäudes von Rehoboth nach militärischer Belagerung. Bild S. 74

Garoëb, Chief Justus, Damara, geb. 16. Dezember 1942 in Omaruru, Absolvierung des protestantischen Augustineums in Okahandja, abgebrochenes Medizinstudium an der Universität des Zululandes (Südafrika), verheiratet, fünf Kinder, ab 1971 Mitglied des Damara Advisory Council, Verweigerung der Teilnahme an der „Turnhallenkonferenz" und den internen Wahlen, 1977 Präsident der NNF, 1980 Wiederbelebung des Damara-Rates als politische Partei und Wahl zum Präsidenten, Vorsitzender der Volksgruppenverwaltung der Damara, 1982 Ernennung zum Damara Chief, 1983 Mitbegründer der Vielparteienkonferenz, jedoch 1984 Rückzug, 1984 Teilnahme als Führer des Damara-Rates unter dem Schirm der SWAPO bei den Lusaka-Gesprächen, 1989 Vorsitzender des Wahlbündnisses UDF, Mitglied der Verfassunggebenden Versammlung, 1990 Abgeordneter der Nationalversammlung.

Geingob, Hage Gottfried, Damara, geb. 3. August 1941 in Otjiwarongo, Volksschulbesuch in Otavi, Volksschullehrerdiplom am protestantischen Augustineum in Okahandja, verheiratet, 1 Tochter, seit 1962 SWAPO-Mitglied, Dezember 1962 Gang ins Exil, 1963-1964 bei der SWAPO-Vertretung in Bechuanaland (Botswana), 1964-1971 SWAPO-Repräsentant bei den Vereinten Nationen in New York, 1964-1972 Studium der Internationalen Beziehungen in Philadelphia und New York (B.A., M.A.), 1969 SWAPO-Organisationssekretär und ZK-Mitglied, 1972 Mitglied des UN-Rates für Namibia, 1975 Mitglied des Politbüros der SWAPO, Ernennung zum Direktor des UN-Institutes für Namibia, Juni 1989 Rückkehr nach SWA, Wahlkampfleiter der SWAPO, 1989 Mitglied der Verfassunggebenden Versammlung, 1990 Vorsitzender des Festausschusses für die Unabhängigkeitsfeier, Premierminister, Abgeordneter der Nationalversammlung. Bild S. 236

Gurirab, Theo-Ben, Damara, geb. in Usakos, Grundschulbesuch bei der Rheinischen Mission, Lehrerdiplom am protestantischen Augustineum in Okahandja, Studium der Internationalen Beziehungen in den USA (B.A., M.A.), verheiratet, vier Kinder, SWAPO-Repräsentant für Nordamerika, ab 1972 Chef der SWAPO-Mission bei den Vereinten Nationen, 1986 Sekretär für Auswärtige Angelegenheiten des Politbüros der SWAPO, Juni 1989 Rückkehr nach SWA, 1989 Mitglied der Verfassunggebenden Versammlung, 1990 Minister für Auswärtige Angelegenheiten, Abgeordneter der Nationalversammlung. Bild S. 236

Hamutenya, Hidipo, Owambo, geb. 1939, Besuch der St. Mary's Anglican Mission School in Owamboland, Besuch des protestantischen Augustineums in Okahandja, Studium in Rumänien, USA (B.A.) und Kanada (M.A.), 1973 Assistant Director des UN-Institutes für Namibia in Lusaka, 1982 Sekretär für Information und Öffentlichkeitsarbeit der SWAPO, Juni 1989 Rückkehr nach SWA, 1989 Mitglied der Verfassunggebenden Versammlung, 1990 Minister für Information und Rundfunk, Abgeordneter der Nationalversammlung. Bild S. 236

Katjiuonga, Moses Katjikuru, Herero mit deutschem Vorfahr, geb. 24. April 1942 in Windhuk, Grundschulbesuch in Aminuis, College in Bechuanaland (Botswana) und Schweden, verheiratet, vier Kinder, 1959 Gang ins Exil nach Dar-es-Salaam/Tansania und später Kairo, 1961/1962 Journalismus-Studium in Magdeburg als SWANU-Stipendiat, kurzzeitig als SWANU-Repräsentant in Dar-es-Salaam bzw. Kairo tätig, Reise mit Gerson Veii in die Volksrepublik China, Studium der Politischen Wissenschaft und Verwaltung in Schweden (B.A.), der Internationalen Beziehungen, Wirtschaft, Humangeographie und Theoretischen Philosophie in Schweden (M.A.), der Öffentlichen Verwaltung in Kanada (M.A.), 1982 Rückkehr nach SWA, Wahl zum Präsidenten der SWANU, 1983 Teilnahme mit der SWANU an der Vielparteienkonferenz, jedoch Abspaltung eines oppositionellen Flügels, 1985-1990 Minister für Gesundheit und Wohlfahrt in der Übergangsregierung, 1989 Führer des Parteienbündnisses NPF, Mitglied der Verfassunggebenden Versammlung, 1990 Abgeordneter der Nationalversammlung. Bild S. 177

Kerina, Dr. Mburumba (eigentlich Getzen, Eric William), Herero-Mischling (?), geb. 1928 in Tsumeb, verheiratet, drei Kinder, 1953 Übersiedlung nach New York, Medizinstudium in den USA (nicht abgeschlossen), 1956-1959 Sprecher des Herero-Häuptlings-Rates bei den Vereinten Nationen, Mitinitiator von OPO, OPC, SWANU, SWAPO, 1960-1962 SWAPO-Vorsitzender und SWAPO-Repräsentant bei den Vereinten Nationen, Mitglied der liberianischen Delegation vor dem Haager Gerichtshof, 1963/1964 Abwendung von der SWAPO, Rückkehrversuche nach SWA über Bechuanaland (Botswana), Mitgründer und kurzfristig Vorsitzender der NUDO, 1966 Rückkehr nach New York, Professor für Afro-Amerikanische Studien am Brooklyn College in New York, Gründungsmitglied und Vorsitzender der SWA National United Front (SWANUF), 1976 Rückkehr nach SWA, diverse politische Aktivitäten, vorübergehend erneuter Aufenthalt in New York, Anlageberater, 1989 Mitglied der Verfassunggebenden Versammlung für die FCN als Nachrücker, 1990 Abgeordneter der Nationalversammlung.

Kozonguizi, Fanuel Jariretundu, Herero, geb. am 26. Januar 1932 in Windhuk, Grundschule in SWA, High School in Warmbad/Südafrika, Studium der Geschichte und Psychologie in Südafrika (1956 B.A.), des Eingeborenenrechtes und Verwaltungswesens in Südafrika, verheiratet, 1 Tochter, 1948-1949 kurzzeitig im Native Affairs Department von SWA tätig, 1952 Gründungsmitglied des SWA Student Body in Südafrika, 1954 Eintritt in die ANC Youth League, 1957 Mitbegründer des OPC in Kapstadt, 1958 ANC-Organisator, von Hosea Kutako zum Herero-Sprecher bei den Vereinten Nationen ernannt, Übersiedlung nach New York, 1959 SWANU-Präsident (von den USA aus), 1966 Rücktritt von seinen SWANU-Ämtern, 1967-1970 Vorlesungen bei der Inns of Court School of Law, London, 1970-1976 Rechtsanwalt in London, 1976 Rückkehr nach SWA als Rechtsberater der Herero-Delegation bei der „Turnhallenkonferenz", Eintritt in die NUDO, 1977

Rechtsberater der DTA, 1985-1989 Minister für Information, Justiz, Post und Telekommunikation in der Übergangsregierung, 1989 Mitglied der Verfassunggebenden Versammlung, 1990 Abgeordneter der Nationalversammlung.

Mudge, Dirk, Bure mit deutschen und schottischen Vorfahren, geb. am 16. Januar 1928 in Otjiwarongo, Matrik in Windhuk, Studium in Stellenbosch/Südafrika, Farmer, verheiratet, zwei Söhne, drei Töchter, seit 1961 in der Nationalen Partei von SWA tätig, 1969 Fraktionsvorsitzender in der Gesetzgebenden Versammlung für SWA und stellvertretender Parteivorsitzender, 1975-1977 Vertreter der Weißen in der „Turnhallenkonferenz" und deren Vorsitzender, Oktober 1977 Niederlage mit 135:141 Stimmen gegen A.H. Du Plessis beim Kampf um den NP-Parteivorsitz, Austritt, November 1977 Gründung der Republikanischen Partei (RP) als Mitgliedspartei der DTA, 1977 bis heute Vorsitzender der DTA, führendes Mitglied der Verfassunggebenden Versammlung (1978/79) und Nationalversammlung (1979-1983), Vorsitzender des Ministerrates (1980-1983), 1983 Mitbegründer der Vielparteienkonferenz, 1985-1989 Finanzminister in der Übergangsregierung, Reisen in die USA, zur UNO, nach England und in die Bundesrepublik Deutschland, Teilnahme an der Genfer Namibia-Konferenz (1981) und den Lusaka-Gesprächen (1984), 1989 Mitglied der Verfassunggebenden Versammlung, 1990 Abgeordneter der Nationalversammlung und Oppositionsführer. Bild S. 174

Muyongo, Mishake, Caprivianer, geb. am 28. April 1940, Mitglied des Königlichen Hauses der Masubia, Grundschulbesuch in Linyati, Besuch von High Schools in Fort Victoria (Rhodesien) und Pretoria, 1963 Lehrerdiplom in Mafeking (Südafrika), verheiratet, kurzzeitig Lehrer, 1963 Mitgründer und Vizepräsident der CANU, 1964 Gang ins Exil nach Sambia, Beitritt von CANU zur SWAPO, 1966/67 SWAPO-Repräsentant in Lusaka, 1968 Leiter der SWAPO-Erziehungsabteilung, 1969 SWAPO-Vizepräsident, 1980 Austritt aus SWAPO nach internen Scharmützeln, Wiederbelebung der CANU von Sambia aus, Juni 1985 Rückkehr nach SWA, Gründung der United Democratic Party (UDP) als Mitgliedspartei der DTA, UDP-Präsident, 1987 DTA-Vizepräsident, 1989 Mitglied der Verfassunggebenden Versammlung, 1990 Abgeordneter der Nationalversammlung.

Nujoma, Samuel („Sam") Shafishuna, Owambo, geb. am 12. Mai 1929 in Okahao/Owamboland, verheiratet, drei Söhne, eine Tochter, 1937-1948 mit Unterbrechung (Aufenthalt in Walfischbucht) Besuch einer Schule der Finnischen Mission, 1949-1954 Besuch der St. Barnabas-Missionsschule in Windhuk, 1955-1957 Kellner bei der Eisenbahn,

Entlassung wegen gewerkschaftlicher Betätigung, 1957 Angestellter bei der Stadtverwaltung, 1957-1959 Verkäufer in einem Windhuker Geschäft, 1959 Präsident der OPO und vorübergehend im Exekutivrat der SWANU, Dezember 1960 führender Organisator des Widerstandes gegen die Räumung der „Alten Werft", einwöchige Haft, Februar 1960 Gang ins Exil über Bechuanaland (Botswana) und Brit. Ostafrika (Tansania) nach Ghana, dort Zusammentreffen mit Kwame Nkrumah, Auftritt vor dem UN-Komitee für Südwestafrika in New York, 1960 bis heute SWAPO-Präsident, 1961-1972 in Dar-es-Salaam/Tansania, 1972-1989 in Lusaka/Sambia, dazwischen zahlreiche Auslandsreisen nach Schwarzafrika und Übersee, März 1966 vergeblicher Rückkehrversuch nach SWA, Abschiebung, 1968 Verleihung des Lenin-Friedenspreises, Mitglied des SWAPO-Politbüros, Zentralkomitees, Oberster Befehlshaber von PLAN, Leiter der Verhandlungen mit der UNO, der OAU, der westlichen Kontaktgruppe und Südafrika, 14. September 1990 Rückkehr nach SWA, Mitglied der Verfassunggebenden Versammlung, bereits am 16. Februar 1990 einstimmig zum amtierenden Staatspräsidenten Namibias gewählt. Bild S. 232

Riruako, Paramount Chief Kuaima, Herero, geb. am 24. April 1935 in Aminuis, verwandt mit Hosea Kutako, Besuch der St. Barnabas-Missionsschule in Windhuk, verheiratet, drei Kinder, seit 1964 in der NUDO tätig, 1964 Gang ins Exil nach Bechuanaland (Botswana), dort zeitweilig in Haft, NUDO-Repräsentant in Ghana, 1966 nach dem Sturz Nkrumahs Flucht nach Sambia, Abschiebung nach SWA, Inhaftierung in Pretoria, Abschiebung nach Sambia, dort zeitweise Inhaftierung, dann Leiter eines UN-Flüchtlingslagers, 1969-1977 Aufenthalt in den USA, High-School-Abschluß, Studium der Politischen Wissenschaft und Philosophie (B.A.), 1977 Rückkehr nach SWA, März 1978 nach der Ermordung Clemens Kapuos Wahl zum Herero Paramount Chief, DTA-Präsident, NUDO-Präsident, 1983 Mitglied der Vielparteienkonferenz, 1989 Mitglied der Verfassunggebenden Versammlung, 1990 Abgeordneter der Nationalversammlung. Bild S. 86

Shipanga, Andreas, Owambo, geb. am 26. Oktober 1931 in Ondangwa, verheiratet, zwei Kinder aus erster Ehe, Grundschulbesuch in Ondangwa, 1947-1950 Besuch der Ongwediva Boys'School, 1950-1953 Absolvierung des Oniipa Lehrerkollegs, 1954-1955 Lehrer im Owamboland, 1956 Minenarbeiter in Johannesburg, 1957 Arbeitsaufenthalt in Bulawayo (Rhodesien), Mitbegründer des OPC in Kapstadt, 1959-1963 OPO/SWAPO-Vorsitzender der Kapprovinz, 1961 Mitbegründer des maoistischen „Yo Chi Chan Club", 1963 kurzzeitig SWAPO-Organisator in SWA, dann Gang ins Exil, SWAPO-Repräsentant in Léopoldville/Kongo (1963) und Kairo (1964-1969), 1969-1976 SWAPO-Sekretär für Information in Dar-es-Salaam bzw. Lusaka, 1976-1978 Inhaftierung als „Dissident" auf Geheiß von Staatspräsident Kaunda in Sambia und Tansania, 1978 Freilassung und Gründung der SWAPO-Demokraten in Schweden, Rückkehr nach SWA, Präsident der SWAPO-D, kurzzeitige Zugehörigkeit der SWAPO-D zur NNF, 1983 Mitbegründer der Vielparteienkonferenz, 1985-1989 Minister für Naturschutz, Bergbau, Wirtschaft und Tourismus in der Übergangsregierung, Verfehlen eines Mandats in der Verfassunggebenden Versammlung, 1990 Auflösung der SWAPO-D und Beitritt zur NPF. Bild S. 89

Toivo ja Toivo, Andimba (eigentlich Herman), Owambo, geb. am 22. August 1924 in Umungundu/Owamboland, Besuch einer Grundschule der Finnischen Mission und der St. Mary's Anglican Mission School, Lehrerdiplom, während des Zweiten Weltkrieges Angehöriger der südafrikanischen Streitkräfte, zunächst als Lehrer bei der Finnischen Mission im Owamboland tätig, dann Eisenbahnpolizist in Kapstadt, dort 1957 Mitbegründer des OPC, 1958 Rückkehr nach SWA, OPO/ SWAPO-Funktionär im Owamboland, 1966 verhaftet, 1968 wegen terroristischer Aktivitäten zu zwanzig Jahren Haft verurteilt, Inhaftierung auf Robben Island bei Kapstadt, 1984 vorzeitige Freilassung, kurzzeitiger Aufenthalt in SWA, Übersiedlung zum SWAPO-Hauptquartier nach Lusaka/Sambia, 1986 SWAPO-Generalsekretär, 1989 Rückkehr nach SWA, Mitglied der Verfassunggebenden Versammlung, 1990 Minister für Bergbau und Energie, Abgeordneter der Nationalversammlung. Bild S. 236

Quellen:

Armstrong 1989; Pütz/von Egidy/Caplan 1987
Allgemeine Zeitung, Windhuk, Sonderausgabe vom 21. März 1990

Die deutschen Gouverneure

Mai 1885 - August 1890	Dr. Heinrich Ernst Göring (Kais. Kommissar)
März 1891 - 15.3.1894	Curt v. François (Kais. Kommissar, ab November 1893 Landeshauptmann)
15.3.1894 - 19.8.1905	Theodor Leutwein (bis 18.4.1898 Landeshauptmann)
19.8.1905 - 20.5.1907	Dr. Friedrich v. Lindequist
20.5.1907 - 20.6.1910	Bruno von Schuckmann
28.8.1910 - 9.7.1915	Dr. Theodor Seitz

Die südafrikanischen Generaladministratoren

1.9.1977 - 1.8.1979	Dr. Marthinus T. Steyn
2.8.1977 - 6.10.1980	Dr. Gerrit Viljoen
7.10.1980 - 31.1.1983	Danie Hough
1.2.1983 - 30.6.1985	Dr. Willem A. van Niekerk
1.7.1985 - 20.3.1990	Louis A. Pienaar

Quellen:

Gründer 1985, 249; Allgemeine Zeitung, Windhoek. Sonderausgabe, 21. März 1990, 18

Anmerkungen

Die im Literaturverzeichnis aufgeführten Bücher und Broschüren werden verkürzt zitiert (Autor, Erscheinungsjahr, Seitenzahl). Darin nicht aufgenommene Aufsätze werden ausführlich zitiert.

1. Ein historischer Rückblick

[1]Zur vorkolonialen Geschichte Südwestafrikas: Vedder 1934; zur deutschen Kolonialzeit: Lenssen o.J., Hintrager 1955, Weber 1982, Steltzer 1984, Gründer 1985; zur Entwicklung bis heute: Goldblatt 1971, du Pisani 1986

[2]Von geschätzten 60 000 - 80 000 Herero und 20 000 Nama der Vorkriegszeit lebten gemäß Volkszählung von 1911 noch 15 130 bzw. 9781 in Deutsch-Südwestafrika. Sie waren bei den Kämpfen gefallen, auf der Flucht umgekommen, als Rädelsführer hingerichtet worden oder in Kriegsgefangenenlagern gestorben. (Gründer 1985, 121) Ein Teil der Herero konnte allerdings nach Britisch-Bechuanaland entkommen. Teilweise wird die Höhe der Vorkriegsschätzungen angezweifelt (Steltzer 1984, 205). Siehe hierzu auch Nuhn 1989

[3]Hagemann 1989, 41

2. Die Völker Namibias

[4]siehe hierzu: Die Volksgruppen Südwestafrikas 1978 bzw. 1980; Malan 1980

[5]Zahlen nach Jenny 1966, 212; SWA Namibia heute 1988, 15; Allgemeine Zeitung, Windhoek. Sonderausgabe, 21. März 1990, 22. Letztere Zahlen beruhen auf neuesten Angaben der Stanswa. Frühere Schätzungen, die eine Gesamtbevölkerung von bis zu 1,5 Mio. annahmen, haben sich als zu hoch erwiesen.

[6]Gauerke o.J., 199

3. Südwestafrika/Namibia - ein völkerrechtlicher Dauerkonflikt Südafrikas Griff nach Südwestafrika

[7]Steltzer 1984, 15-24, 33.

[8]zit. nach Germani 1982, 39f.

[9]zit. nach Bauer, H.W.: Kolonien im Dritten Reich. Erster Band, Köln 1936, 25f.

[10]Sowden 1945

[11]zit. nach Herbstein/Evenson 1989, 129

[12]Hagemann 1989, 41

[13]ebd., 42

[14]Allgemeine Zeitung, Windhoek. Sonderausgabe, 21. März 1990, 10

[15]Damböck 1987, 67

[16]Friedl, Gerhard A.: Die deutschen Südwester. In: SWA wird Namibia 1979, 20

[17]Germani 1982, 49

[18]Jenny 1966, 238. Ansonsten spricht die Literatur auch von einem englischen Versprechen der endgültigen Angliederung Südwestafrikas, so Germani 1982, 46f.

[19]Sowden 1945, 211

[20]zit. nach Gauerke o.J., 187

[21]Herbstein/Evenson 1989, 130

[22]Pfeifenberger, Werner: Die Weltorganisation als Ankläger und Richter. Südafrika und die Vereinten Nationen. In: Höpker 1978, 159
Siehe zum Konflikt mit den Vereinten Nationen auch: Dugard 1972, Silagi 1977, Ermacora 1981, Dore 1985

[23]Herbstein/Evenson 1989, 12 bzw. 129ff.; Ermacora 1981, 66

[24]Carter/O'Meara 1979, 150f.; Brenke 1989, 15

[25]Pfeifenberger (wie Anm. 22), 159f.

[26]Brenke 1989, 18

Südafrikas schrittweiser Rückzug

[27]zit. nach Breyer 1978, 64

[28]zit. nach Damböck 1987, 127

[29]zit. nach Seelmann-Eggebrecht 1978, 156

[30]siehe hierzu Anm. 257

[31]Damböck 1987, 131

[32]Carter/O'Meara 1979, 161

[33]Das politische Programm der SWAPO, zit. nach Namibia [2]1982, 86

[34]Carter/O'Meara 1979, 158 bzw. 161

[35]ebd. 342f.

[36]von Tronje o.J., 92

[37]Razumovsky 1990, 307f.

[38]Dahlmann, Kurt: Scherz, S(w)atire, Ironie. In: Becker/Hecker 1985, 20

[39]siehe hierzu Moorcraft 1990, 161-180

[40]Dahlmann, Kurt (wie Anm. 38), 21; Brenke 1989, 153

[41]Brenke 1989, 29. Dies dürfte auch ein wesentlicher Grund für die Verstimmung der DTA und den Rücktritt des Ministerrates im Januar 1983 gewesen sein. Im September 1982 hatte P.W. Botha die Bildung einer Koalitionsregierung unter Einschluß aller großen Parteien gefordert, womit wohl vor allem Kalangulas CDA gemeint war. (ebd.) Auch Andreas Shipanga wurde wiederholt als Pretorias Alternative zu Nujoma wie Mudge gehandelt; anscheinend faßte man aber kein genügendes Vertrauen in seine politische Wirkungskraft, zumal keine weiteren prominenten SWAPO-Renegaten gewonnen werden konnten.

[42]Brenke 1989, 91ff. Siehe Anhang, Dokument Nr. 5

[43]ebd.

[44]Gespräch mit Hidipo Hamutenya, Peter J. Peter, Windhuk, 14. August 1990

[45]Stiff 1989, 31f.

[46]The ANC/SACP Socialist Mirage. The Naked Truth. The Aida Parker Newsletter. An APN Special Issue, Johannesburg (1990) 138, 6f.

[47]Moorcraft 1990, 236

[48]Herbstein/Evenson 1989, 158

[49]Laut Brenke sollen für eine solche Lösung, bei der Andimba Toivo ja Toivo eine wesentliche Rolle zukam, mit SWAPO-Vertretern schon Ministerposten ausgehandelt worden sein. Für ein Scheitern einer solchen Kompromißlösung soll vor allem Hidipo Hamutenya verantwortlich gewesen sein. (Brenke 1989, 103) Danach erfolgten erneute „Säuberungen" der Exil-SWAPO von Dissidenten. Auch SWAPO behauptet, daß Südafrika 1984 bei den Gesprächen auf den Kapverdischen Inseln starken Druck, sich an einer Lösung ohne die UN-Resolution 435 zu beteiligen, ausgeübt habe, was man jedoch strikt abgelehnt habe. (Stiff 1989, 34) Über das damalige Verhalten Präsident Nujomas liegen keine Erkenntnisse vor.

[50]Herbstein/Evenson 1989, 158

[51]ebd., 156

[52]Namibia-Pressedienst, Bonn (1988) 99, 12

[53]Afrika-Jahrbuch 1988, 310. Insbesondere konnte auch der Mehrheitsbeschluß des Kabinetts, ab 1. Januar 1987 alle Schulen für alle Schüler ohne Ansehen von Rasse und Hautfarbe zu öffnen, nicht durchgesetzt werden.

[54]Max 1990, 207

Innenpolitische Hintergründe der Außenpolitik Pretorias

[55]Die oft verwendete Gegenüberstellung von „Verkrampten" und „Verligten" erscheint ungeeignet, da eine derartige Zweiteilung dem komplexen Sachverhalt nicht gerecht wird und die afrikaansen Begriffe zudem im Deutschen falsche Konnotationen erhalten.

[56]Pont, A.D.: High Cost of N.P. Government. In: The South African Observer XXXIII (1990) 10, 6

[57]Herbstein/Evenson 1989, 45

[58]Germani 1978, 26ff.

[59]Meredith 1980, 315f. bzw. 345

[60]Moorcraft 1990, 368f.

[61]wie Anm. 46, 6

[62]Razumovsky 1990, 28f.

[63]Crocker: Never favouring the West. In: The Aida Parker Newsletter (1990) 135, 2f.

[64]Carter/O'Meara 1979, 334

[65]siehe Kap. 7 und Anm. 257

[66]Helbig 1983, 239

[67]The Aida Parker Newsletter (1990) 135, 2

[68]zit. nach Herbstein/Evenson 1989, 152

[69]wie Anm. 46, 6

[70]Germani 1978, 26-28. Van den Bergh hatte bereits 1978 eine Kooperation mit der SWAPO anstatt mit der DTA empfohlen, da nur diese seiner Ansicht nach stark genug war, die umfangreichen wirtschaftlichen Interessen Südafrikas in Südwestafrika zu garantieren. (Brenke 1989, 96)

[71]Du Bois, D.L.: When History Comes to Judge National Party. In: The South African Observer XXXIII (1990) 10, 11

[72]The Aida Parker Newsletter (1990) 135, 5

[73]Foreign Affairs (1980) 333f.

4. Zentralstaat, Volksgruppenstaat oder Landteilung?

[74]Tronje o.J., 30f.

[75]Ol'derogge/Potechin 1961

[76]Herbstein/Evenson 1989, 39

[76a]Serfontein 1976, 74

[77]Germani 1982, 180f. Eine Aufteilung Angolas wurde 1988 sogar vom sowjetischen Außenminister Schewardnase in Lissabon zur Diskussion gestellt. (Frankfurter Allgemeine Zeitung, Frankfurt a.M. 26. April 1988)

[78]Herbstein/Evenson 1989, 133

[79]Carter/O'Meara 1979, 172f. Auch der Verfassungsentwurf der „Turnhallenkonferenz" nennt einmal Walfischbucht, allerdings nur an untergeordneter Stelle (dto., 167). Eine jüngste Studie (Berat 1990) verneint südafrikanische Ansprüche und interpretiert auch Walfischbucht als Dekolonisationsfall. Dies dürfte jedoch weiterhin eine völkerrechtliche Mindermeinung sein.

[80]Namibia Pressedienst, Bonn (1988) 96, 9f.

[81]Pütz/von Egidy/Caplan 1987, 69f., 178-184

[82]Namibia Pressedienst, Bonn (1990) 12, 18

[83]Sydow, Wolfgang: Geschichte. In: Südwestafrika wird Namibia 1979, 7

[84]Ermacora 1981, 150f.

[85]Blumenwitz 1989, 4

[86]Brinkmann, Adolf: Südafrika aktuell... In: Nation Europa 33 (1983) 1, 36f.

[87]Kleist 1964, 59

[88]Damböck 1987, 130

[89]Gespräch mit Kaptein Diergaardt, Rehoboth, 17. August 1989

[90]protest. Informationsdienst. Hrsg.: Arbeitsgemeinschaft Bekennender Christen im Südlichen Afrika, o.O. 6 (1989) 3, 3; Namibia Pressedienst, Bonn (1989) 4, 10f.

[91]Allgemeine Zeitung, Windhoek 6. Juni 1990; Basters dalk na Wêreldhof oor onafhanklikheid. In: Patriot, Johannesburg 18. Mai 1990

[92]Allgemeine Zeitung, Windhoek 28. März 1990

[93]ebd., 26. September 1990

5. Die Entwicklung nationalistischer Bewegungen Südwestafrika - ein afrikanisches Nordirland Schwarzer und „farbiger" Nationalismus

[94]Süddeutsche Zeitung, München 10. Januar 1975. Hierzu: Ansprenger 1984, Harneit-Sievers 1985, Pütz/Egidy/Caplan 1987, Armstrong 1989. Aus der Sicht der SWAPO: Entstehung einer Nation 1981; Katjavivi 1988 sowie Toivo ja Toivos berühmtes Plädoyer (Anhang, Dokument 9)

[95]Herbstein/Evenson 1989, 3

[96]Meissner o.J., 383

[97]Tronje o.J., 34

[98]Auch Ansprenger und Brenke verneinen konkurrierende In- und Auslandsflügel (Ansprenger 1984, 165; Brenke 1989, 43), wie sie z.B. Gauerke postuliert (Gauerke o.J., 175f.)

[99]Pütz/von Egidy/Caplan 1987, 213

[100]Herbstein/Evenson 1989, 14f.

[101]Jenny 1966, 235

[102]Wolf, Bernhard: Wir sind noch unterwegs. Die katholische Kirche in Namibia. In: Becker/Hecker 1984, 69

[103]Helbig 1983, 221

[104]Namibia Pressedienst, Bonn (1988) 99, 11

[105]Breyer 1986, 364f.

[106]„Eine Marionette wird unbequem" überschreiben z.B. die DDR-Autoren Alfred Babing und Hans-Dieter Bräuer das betreffende Kapitel und geben damit kritiklos den SWAPO-Standpunkt wider (Babing/Bräuer ^{2}1981, 296)

[107]so Herbstein/Evenson 1989, 39f.

[108]hierzu Armstrong 1989, 116-118; Meredith 1980, 153-156

[109]Babing/Bräuer ^{2}1981, 296ff.; Carter/O'Meara 1979, 163

[110]Armstrong 1989, 117f.

[111]Stiff 1989, 15. Später dementierte Nujoma diese Aussage und behauptete, die existierende Tonbandaufzeichnung sei gefälscht. (ebd.)

[112]Sitte 1983, 136. Ende der achtziger Jahre verlor Südafrika wahrscheinlich das Interesse an Kalangulas CDA, nachdem man inzwischen direkten Verhandlungen mit SWAPO den Vorzug gab und daneben anscheinend wieder auf die DTA, die sich besser als erwartet behauptet hatte, setzte. Wegen seiner kritischen Haltung war Kalangula zudem inzwischen beim Militär unbeliebt.

[113]Armstrong 1989, 98-108; Tronje o.J., 37

[114]Graw 1989, 4

[115]SWAPO-Häftlinge sagen aus 1989, 7ff. Siehe hierzu auch: Menschenrechte im Konflikt um Südwestafrika/Namibia 1985; Thiro-Beukes, E./Beukes A. und H.S.J. 1986; SWAPO und die Menschenrechte 1986; Gefangen - Verschwunden - Ermordet 1988; Rückkehr in die Unfreiheit?, 1989; A Report to the Namibian People 1989; Graw 1989; Anhang, Dokument 10

[116]Namibia Pressedienst, Bonn (1989) 9, 3

[117]Rückkehr in die Unfreiheit?, 1989, 33ff.

[118]Namibia Pressedienst, Bonn (1989) 7, 9. Angeblich beabsichtigte Lubowski auch, aus der SWAPO auszutreten. (ebd., 3)

[119]Die Welt, Hamburg 14. Oktober 1989 (Sie vermutet rechtsextreme „Wit Wolwe" als Täter); Allgemeine Zeitung, Windhoek 26. März 1990 (Aussage Gen. Malans)

[120]Rückkehr in die Unfreiheit?, 1989, 9

[121]Die SWAPO verletzte Menschenrechte. Die Kirchen helfen der SWAPO. Welt am Sonntag, Hamburg 10. September 1989

[122]Die Welt, Hamburg 26. September 1989

[123]Frankfurter Rundschau, Frankfurt a.M. 26. September 1989

[124]Die Welt, Hamburg 21. September 1989

[125]Pressekonferenz entlassener SWAPO-Gefangener unter Leitung des Parents' Committee of Namibia, Khomasdal, 10. August 1990. Mitschrift des Verfassers.

Weißer Nationalismus

[125a]zur Zwischenkriegszeit: Hagemann 1989; als Überblick: Damböck 1987; Pütz/von Egidy/Caplan 1987; als Dokument für den weißen Südwester Nationalismus: Brinkman, Adolf: Afrika den Afrikanern? In: Nation Europa 33 (1983) 1, 5-13

[125b]Brenke 1989, 21

[126]Portisch 1981, 246f.; Sitte 1983, 80f.

[127]Brinkmann (wie Anm. 86), 35f.

[128]Gauerke o.J., 126

6. Kirchen und Politik
Die Politisierung der Kirchen in Südwestafrika

[129]zit. nach Sundermeier 1983, 32f.

[130]Rechsteiner 1986, 116

[131]Braun, Markus: Exkurs zur Geschichte der Deutschen Evangelisch Lutherischen Kirche in Namibia. In: Bekennende Kirche in Namibia 1985, 60-64

[132]siehe Gründer 1985, 115-125

[133]Herbstein/Evenson 1989, 53

[134]Sundermeier 1973, 15-84 (Nama) bzw. 85-203 (Herero)

[135]Razumovsky 1990, 65; Herbstein/Evenson 1989, 3

[136]Schlosser 1958, 119f.

[137]May 1981, 235f.

[138]siehe hierzu Moore 1973

[139]May 1981, 254f.

[140]Weltmission heute zum Thema Namibia in den achtziger Jahren ^{2}1985, 14, offener Brief abgedruckt auf S. 88f.

[141]Herbstein/Evenson 1989, 20

[142]Entstehung einer Nation 1981, 336

[143]Die katholischen Missionen 97 (1978) 4, 184

[144]Bley, Helmut: Die Namibia-Initiative der westlichen Mitglieder des Sicherheitsrates. Zur neunten UN-Sondergeneralversammlung (24. April - 3. Mai 1978). In: Vereinte Nationen 26 (1978) 2, 59

[145]May 1981, 261

[146]Bley (wie Anm. 144), 59

[147]Breyer 1979, 96f.

[148]May 1981, 247

[149]Klappert, Berthold: Die Kirche vor der Namibia-Frage. Die Barmer Theologische Erklärung als Weisung zur Partnerschaft mit den Kirchen in Namibia. In: Zeitschrift für Mission (1984) 3, 143-145

[150]Weltmission heute zum Thema Namibia in den achtziger Jahren ^{2}1985, 46

[151]Pütz/von Egidy/Caplan 1987, 189f.

[152]protest (wie Anm. 90), 5 (1988) 4, 2

[153]Hunke, Heinz: The power of the powerless. IDOC-International, Rom 1980, 107

[154]Ansprenger 1984, 64

[155]protest (wie Anm. 90), 6 (1989) 2, 6

[156]Neue Zürcher Zeitung, Zürich 29./30. Oktober 1978

[157]ebd.

[158]protest (wie Anm. 90), 5 (1988) 5, 2

[159]Landesprobst Blank, in: epd ZA, Frankfurt a.M. 7. Oktober 1987

[160]Pütz/von Egidy/Caplan 1987, 11f.

[161]Patemann, Helgard: „Etango" - Psychologische Kriegsführung oder Spaltung der kirchlichen Einheit. In: Christen im Widerstand 1985, 70

[162]Breyer 1986, 366

[163]ebd. zit.

[164]May 1981, 276

[165]Namibia Churches Union: An den deutschen Kirchentag. Windhoek, Juni 1987 (Vervielfältigung)

[166]Breyer, Karl: Mächtige Konkurrenz für SACC. In: Arbeitskreis Christen für Partnerschaft statt Gewalt (Hrsg.): Rundbrief Nr. 37, Schaafheim, Sept. 1988, 1

Kirchliche Unterstützung der SWAPO

[167]Die katholischen Missionen (1976), 133

[168]Herbstein/Evenson 1989, 52

[169]dto., 20; siehe auch Auala/Jhamäki 1988

[170]Sundermeier 1973, 287

[171]Armstrong 1989, 53f.

[172]Pütz/von Egidy/Caplan 1987, 130, 136, 139

[173]Ya Otto 1981, 49

[174]Armstrong 1989, 53

[175]Memorandum der ELOK vom 28.1.1978. In: epd, Frankfurt a.M. 1978/6

[176]zit. nach Christen im Widerstand 1985, 96

[177]protest (wie Anm. 90), 5 (1988) 6, 3

[178]Neue Zürcher Zeitung, Zürich 29./30. Oktober 1978

[179]The Council of Churches in Namibia (CCN) and its Collaboration with SWAPO in the „Liberation Struggle" o.O., o.J., 9-15 (vertrieben durch United Christian Action, Südafrika)

[180]protest (wie Anm. 90), 7 (1990) 3, 3

[181]ebd. 6 (1989) 3, 9

[182]Breyer 1986, 366

[183]Pütz/von Egidy/Caplan 1987, 135, 140, 193, 195

[184]Die Zukunft Namibias und die Kirchen 1975, 49f.

[185]May 1981, 272

[186]Sitte 1983, 134

[187]Die katholische Kirche und die politische Situation in Namibia, o.O. 1982 (maschinenschriftl.), 7-11

[188]Hunke, Heinz: Kirchen in Namibia. In: Wendekreis (1985) 8/9, 18f.

[189]Die ganze Wahrheit über SWAPO o.J., 59

[190]Entstehung einer Nation 1981, 333-335

[191]Bericht der Südafrikanischen Bischofskonferenz zur Lage in Namibia 1982, 22,25

[192]Die ganze Wahrheit über SWAPO o.J., 61f.

[193]Sitte 1983, 113

Die Stellung der Kirchen zu Menschenrechtsverletzungen

[194]Entstehung einer Nation 1981, 336

[195]Shamena 1984, 51

[196]Rechsteiner 1986, 71

[197]Sam Nujoma, zit. in epd-Dokumentation, Frankfurt a.M. (1987) 31a, 13

[198]zit. nach Groth, Siegfried: Quo vadis Namibia? Der Auftrag der namibischen Kirchen - die Frage nach unserer Solidarität. In: Zeitschrift für Mission (1984) 3, 136. Es ist derselbe Siegfried Groth, der 1989 SWAPO schwer belastete (siehe Anhang, Dokument 10).

[199]Ansprenger 1984, 161

[200]protest (wie Anm. 90), 5 (1988) 5, 3f.

[201]ebd., 3

[202]zit. nach Razumovsky 1990, 66

[203]idea-spektrum (1989) 37, 17

[204]Ripken, Peter: Die Kirche in Mosambik heute: zwischen Kolonialismus und Revolution (= edition südliches afrika 9), Bonn 1981, 5

[205]Armstrong 1989, 53

[206]Sitte 1983, 113

[207]Weltmission heute zum Thema Namibia in den achtziger Jahren [2]1985, 47

[208]Sinnloser Anschlag gegen Kirche in Namibia. In den Trümmern von Omuulukila. In: Der Weinberg (1988) 1, 12f.

[209]Sitte 1983, 112 bzw. 116f.

[210]May 1981, 268

[211]Rechsteiner 1986, 118

[212]zit. ebd., 127

[213]May 1981, 272

[214]„Politik schließt Christen nicht aus". Gespräch mit Zephanja Kameeta. In: der Überblick, Stuttgart 22 (1986) 2, 74 (Hervorhebungen im Original)

[215]Stiff 1989, 259

[216]protest (wie Anm. 90), 7 (1990) 1,3

[217]Die katholische Kirche und die politische Situation in Namibia, o.O. 1982 (maschinenschriftl.), 11

[218]ebd., 12

[219]Weltmission heute zum Thema Namibia in den achtziger Jahren [2]1985, 45-49, 62f., 75f.

[220]Smuts, David: Notstandsgesetze - Wirkung und Folgen. In: Becker/Hecker 1985, 398-400

[221]Frankfurter Rundschau, Frankfurt a.M. 6. August 1988

[222]Stoltz, Volker: Die politische Entwicklung Namibias seit 1985. In: Iwanowski, Michael: Wüsten, Pads und Elefanten. Reise-Handbuch Südwestafrika Namibia, Dormagen [6]1987/88, 42

[223]protest (wie Anm. 90), 5 (1988) 3, 10

[224]ebd., 11

[225]zit. nach Groth, Siegfried (wie Anm. 198), 138

[226]protest (wie Anm. 90), 5 (1988) 5, 3f.

[227]Tronje o.J., 74

[228]Kaut, Bernd: Kirche in Namibia zwischen den Fronten. In: Die katholischen Missionen 101 (1982), 2, 56

[229]Entstehung einer Nation 1981, 300

[230]Namibia Pressedienst, Bonn (1988) 96, 3

[231]Kaut, Bernd (wie Anm. 228), 56

[232]Ansprenger 1984, 135f., 144

[233]Armstrong 1989, 140

[234]zit. nach Rückkehr in die Unfreiheit?, 1989, 8

[235]siehe Anhang, Dokument 10

[236]Graw 1989, 16

[237]ebd., 14

[238]ebd., 13f.

[239]protest (wie Anm. 90), 7 (1990) 2, 6

[240]ebd., 6 (1989) 5, 4

[241]ebd., 7 (1990) 2, 8

[242]ebd., 7 (1990) 1, 6

[243]ebd. zit., 6 (1989) 5, C (Streiflichter)

[244]Wolf, Bernhard: Wir sind noch unterwegs. Die katholische Kirche in Namibia. In: Becker/Hecker 1985, 72

[245]Die ganze Wahrheit über SWAPO o.J., 64

7. Fünfundzwanzig Jahre Guerillakrieg

[246]hierzu Grünthal 1981 und 1982, Löwis of Menar 1988a; Moorcraft 1990, 101-110, 213-252; aus südafrikanischer Sicht (Heitman und Steenkamp sind südafrikanische Reserveoffiziere): Steenkamp 1983 und 1989; Stiff 1986 und 1989; Heitman 1985 und 1990; aus der Sicht der SWAPO: Nachtwei [2]1976; Katjavivi 1988, Herbstein/Evenson 1989

[247]Armstrong 1989, 93f.

[248]Germani 1982, 98

[249]Allgemeine Zeitung, Windhoek 26. März 1990

[250]Moorcraft 1990, 231

[251]Armstrong 1989, 96f.

[252]Breyer 1978, 81

[253]Armstrong 1989, 98-105

[254]Löwis of Menar 1988a, 11

[255]Armstrong 1989, 102-108

[256]Germani 1978, 28-35

[257]zit. nach Wolfers/Bergerol 1983, 8

[258]Nach Allgemeine Zeitung, Windhoek 10. Oktober 1990. Die Memoiren von Georgi Arbatow lagen im Original für diese Arbeit nicht vor.

[259]Grünthal 1981, 23

[260]Breyer 1986, 384

[261]Grünthal 1981, 24

[262]Löwis of Menar 1988a, 11

[263]Moorcraft 1990, 107

[264]ders., 243

[265]Kube, Siegfried. Es ist Krieg! In: Becker/Hecker 1985, 377

[266]Neues Deutschland, Berlin (Ost) 14./15. Oktober 1978

[267]zit. nach Grünthal 1982, 6

[268]Namibia Pressedienst, Bonn (1989) 8, 13

[269]Fisch 1990, 361

[270]Stiff 1989, 75

[271]Stiff 1989, 19

[272]Grünthal 1981, 14f.

[273]Moorcraft 1990, 217ff.

[274]zit. nach Löwis of Menar 1988a, 14

[275]Breyer 1979, 264

[276]von Tronje o.J., 82f.; Grünthal 1982, 9f.; Moorcraft 1990, 224f.

[277]Grünthal 1982; Moorcraft 1990, 233f.

[278]Moorcraft 1990, 235f. Das erfolgreiche Unternehmen ermöglichte es Pretoria jedoch, aus einer Position der Stärke heraus Verbindungen mit den Frontstaaten und der SWAPO aufzunehmen.

[279]Moorcraft 1990, 195f.

[280]ebd.; Herbstein/Evenson 1989, 156f.

[281]Germani 1982, 153. Außerdem mochte die südafrikanische Zurückhaltung es der angolanischen MPLA-Regierung erleichtern, auf die kubanischen Hilfstruppen zu verzichten.

[282]Herbstein/Evenson 1989, 113-115; Moorcraft 1990, 46f., 232, 376

[283]Tronje o.J., 77f.

[284]Stiff 1989, 18f.

[285]entnommen aus Gauerke o.J., 179

[286]SWA Namibia heute 1988, 56f.

[287]Moorcraft 1990, 231f.; Herbstein/Evenson 1989, 41

[288]hierzu die Reportage des einzigen Journalisten, der bei Koevoet offiziell recherchierte: Hooper 1988

[289]Weltmission heute zum Thema Namibia in den achtziger Jahren [2]1985, 47

[290]Stiff 1989, 18

[291]Moorcraft 1990, 197-202

[292]ebd., 204-210; aus südafrikanischer Sicht Heitman 1990, 6

[293]Moorcraft 1990, 290

[294]ebd., 207; Razumovsky 1990, 315

[295]Hough, M.: Military Reasons for Recent Developments in the Angolan/Namibian Question. Vortrag vor der Hanns-Seidel-Stiftung, Wildbad Kreuth, 28. November 1988 (maschinenschriftl.); Die Geschichte von Cuito Cuanavale. Übersetzung aus Pergamus, Zeitschrift der südwestafrikanischen Territorialstreitkraft, Vol. 4, No. 1, Februar 1989. Hrsg.: Studienkreis Sicherheitspolitik (SKS) e. V., Bonn 1989; Grünthal, Werner: Das südwestliche Afrika - die aktuelle Lage. Vortrag vor der Deutsch-Südafrikanischen Gesellschaft e.V., Kreis Würzburg am 18. April 1989 (maschinenschriftl.); Zur Entwicklung der Lage im südlichen Afrika. Österreichische Milit. Zeitschrift, Wien 27 (1989) 2, 161-166

[296]Heitman 1990

[297]Moorcraft 1990, 208

[298]ebd., 209; Hough (wie Anm. 295), 7

[299]Namibia Pressedienst, Bonn (1988) 96, 9f.

[300]Tronje o.J., 95

[301]Namibia Pressedienst, Bonn (1989) 7, 13

[302]Moorcraft 1990, 230

8. Zwischenspiel unter Aufsicht der Vereinten Nationen (1.4.1989-21.3.1990)

Blutiger Auftakt

[303]Razumovsky diskutiert die verschiedenen Erklärungsversuche (Razumovsky 1990, 324-330). Eine detaillierte Chronik der Ereignisse aus südafrikanischer Sicht: Stiff 1989

[304]Ansprenger, Franz: Die SWAPO als Regierungspartei. In: Aus Politik und Zeitgeschichte. Beilage zur Wochenzeitung Das Parlament, Bonn, B 8/90, 16. Februar 1990, 16f.

[305]Stiff 1989, 62; Grünthal 1989 (wie Anm. 295), 11

[306]Namibia Pressedienst, Bonn (1989) 1, 9

[307]Stiff 1989, 75

[308]ebd.

[309]ebd., 56

[310]Razumovsky 1990, 325

[311]Stiff 1989, 62

[312]Germani, Hans: „Wahlen, als hätte sie die Mafia organisiert." In: Münchner Merkur, München, 4. März 1980

[313]Grünthal 1981, 33 (Hervorhebungen im Original)

[314]Stiff 1989, 220-227

[315]Bonn sagt Namibia Hilfe für die Unabhängigkeit zu. In: Frankfurter Allgemeine Zeitung, Frankfurt a.M. 25. Februar 1989; Bonn will Namibia umfassend helfen. In: Süddeutsche Zeitung, München 25./26. Februar 1989

[316]Gespräch mit Kommissar Siegfried Eimbeck (SWAPOL), Windhuk, 15. August 1989

[317]Weniger Blauhelme als geplant nach Namibia. In: Frankfurter Allgemeine Zeitung, Frankfurt a.M. 27. Januar 1989

[318]zit. nach Knemeyer, Thomas: Die Österreicher erzählen schon viel über Namibia. In: Die Welt, Hamburg 16. September 1989

[319]Namibia Pressedienst, Bonn (1989) 5, 13

[320]Südwestafrika. Fundament Namibias. Wir in Südafrika, hrsg. von Konrad Wozniak, Heft 7, Randburg/Südafrika, Juli 1989, 6f.

[321]Stiff 1989, 271

[322]ebd., 272

[323]ebd., 296

[324]ebd., 286-290

[325]Gespräch mit Eberhard Hofmann, Pressereferent des General-Administrators, Windhuk, 15. August 1989

[326]„Fanatische Parteinahme der Kirchen" [= Interview mit dem CSU-Bundestagsabgeordneten Ortwin Lowack. Anm. d. Verf.] In: Afrika-Post, Bonn (1989) 10/11, 7

[327]wie Anm. 325; Namibia Pressedienst, Bonn (1989) 7, 11

[328]Namibia Pressedienst, Bonn (1989) 7, 9

[329]Stiff 1989, 65

[330]Namibia Pressedienst, Bonn (1990) 10, 8

Wahlkampf und Wahlen

[331]zit. nach Namibia ^{2}1982, 85

[332]SWAPO Election Manifesto. Towards an independent and democratic Namibia. SWAPO's policy positions, o.O., o.J. [1989]

[333]Dem Verfasser liegt eine nicht datierte Kopie dieses aus 150 Artikeln bestehenden Verfassungsentwurfes (maschinenschriftl.) vor. Hierauf bezieht sich auch: Blumenwitz 1989

[334]Blumenwitz 1989, 34

[335]Tronje o.J., 116

[336]Blumenwitz 1989, 61f.

[337]Namibia Pressedienst, Bonn (1989) 3, 10

[338]DTA-Manifest, o.O. [Windhuk] o.J. [1989]; Gespräch mit Dirk Mudge, Windhuk, 15. August 1989

[339]Gespräch mit Jannie de Wet, Windhuk, 18. August 1989

[340]Gespräch mit Kaptein Diergaardt, Rehoboth, 17. August 1989

[341]The 1989 Election Manifesto of the National Patriotic Front of Namibia. A Vision in Action, Windhoek o.J. [1989]; Gespräch mit Moses Katjiuonga, Windhuk, 11. August 1989

[342]Namibia Pressedienst, Bonn (1988) 98, 8

[343]Pütz/von Egidy/Caplan 1987, 89f.; Profil eines Einzelkämpfers. In: Namibia-Nachrichten, Windhoek 20./21. August 1989

[344]Heß, Klaus A. (Hrsg.): Namibia hat gewählt. Eine Übersicht über das Wahlergebnis, die Zusammensetzung der Verfassunggebenden Versammlung und Stimmen zur Wahl im November 1989. Deutsch-Namibische Gesellschaft e.V., Düsseldorf 1989

[345]Allgemeine Zeitung, Windhoek 14. August 1990

[346]Cleary, Sean: SWAPO - eine Perspektive . In: Becker/Hecker 1985, 198

[347]Schumacher/Naudascher 1989, 55f.

[348]Stiff 1989, 277-294

[349]Herbstein/Evenson 1989, 116

[350]Namibia Nachrichten, Windhoek 28./29. Januar 1990. Weitere 32 im Owamboland nachträglich aufgefundene Urnen sollen ungeöffnet in einem Kraftwerk verbrannt worden sein. (protest [wie Anm. 90], 7 (1990) 6, 2)

[351]Briefliche Mitteilung von Frau Elisabeth Haase, Windhoek, 7. Februar 1990

[352]Gespräch mit Brigadier Siegfried Eimbeck (SWAPOL), Windhuk, 15. August 1989. Verschiedene von Südafrika unabhängige Quellen sprachen von rund 6000 schwerbewaffneten PLAN-Angehörigen in Angola südlich des 16. Breitengrades. (Die Welt, Hamburg 6. November 1989)

[353]Stiff 1989, 298

[354]Kessel, Silke: Interview mit dem Vertrauensmann der Hereros. In: Arbeitskreis Christen für Partnerschaft statt Gewalt, Rundbrief Nr. 45, Schaafheim, September 1990, 11

[355]Besuch des Verfassers auf dem Registrierungsbüro in Rundu, 21. August 1989

[356]Germani 1982, 132 bzw. 134

[357]ucaNews. Pressemitteilungen aus Kirche und Revolution in Südafrika. Hrsg.: United Christian Action, Pretoria (1989) 19 vom 25.10.1989

[358]Die Welt, Hamburg 21. Oktober 1989

[359]Eine konziliant gewordene SWAPO. Kleines Wunder in Südwest. Die Weißen Namibias bangen kaum noch um ihre Zukunft. In: Süddeutsche Zeitung, München 30. Dezember 1989

[360]Namibias Verfassung im Spiegel der Meinungen 1990, 23

[361]ebd., 15

[362]ebd., 12f.

[363]Heß, Klaus A.: Eine Woche wie keine andere. Beobachtungen zur Unabhängigkeit im März 1990. In: Namibia-Magazin, Düsseldorf 1 (1990) 1, 5f.

9. Die Zukunft Namibias
Politische Perspektiven

[364]Zur Entwicklung im unabhängigen Simbabwe: Spring 1987

[365]Behrens, Gerd: Ernüchternde Rückkehr in die Realität. Ein Vierteljahr nach der Entlassung Namibias in die Unabhängigkeit ist im Land von Revolution wenig zu spüren. In: Süddeutsche Zeitung, München 5. Juli 1990; Süddeutsche Zeitung, München 2./3. März 1991.

[366] Allgemeine Zeitung, Windhoek 16. August 1990

[367] Allgemeine Zeitung, Windhoek 11. Oktober 1990

[368] Namibia Pressedienst, Bonn (1989) 100, 11

[368a] The Times, Windhoek 24. Oktober 1990

[369] Allgemeine Zeitung, Windhoek 12. Oktober 1990

[370] Neuer Weg. Zeitung des Landesrates der Front der Sozialistischen Demokratie und Einheit, Bukarest, 6. Dezember 1989. Abgedruckt in: idea. Informationsdienst der Evangelischen Allianz (1990) 1

[371] SWAPO-Häftlinge sagen aus 1989, 8f.

[372] Germani, Monika: In Namibia belohnt die SWAPO Owambos mit guten Posten. In: Die Welt, Hamburg 21. Juli 1990

[373] Reith, Wolfgang: Namibia - Quo Vadis? Betrachtungen eines langjährigen Freundes des Landes nach der Unabhängigkeit. In: Allgemeine Zeitung, Windhoek 11. Mai 1990

[374] Der Spiegel, Hamburg (1990) 30

[375] Ansprenger, Franz (wie Anm. 304), 21f.

[376] Deutschland-Magazin, Breitbrunn (1990) 9, 39f.

[377] protest (wie Anm. 90), 7 (1990) 5, 8

[378] The Aida Parker Newsletter (1990) 137, 10-12

[379] Allgemeine Zeitung, Windhoek 27. September 1990

[380] ebd., 19. Oktober 1990

[381] Frankfurter Neue Presse, Frankfurt a.M. 5. Dezember 1989

Wirtschaftliche Perspektiven

[382] hierzu wurden herangezogen: Thomas 1978; Die Wirtschaft Namibias 1987; Wittgenstein 1987; Meiring 1989; Tjingaete 1989; Van Rensburg 1989; Waller, Peter: Namibia. Wirtschaftspolitik und Entwicklungsperspektiven. In: Aus Politik und Zeitgeschichte. Beilage zur Wochenzeitung Das Parlament, Bonn B 8/90, 16. Februar 1990, 3-13; Bestandsaufnahme in Namibia. Engagements in Bergbau, Land- und Forstwirtschaft erwünscht. Pläne für Verkehrsnetz und Tourismusinfrastruktur. Hrsg.: Bundesstelle für Außenhandelsinformationen, Regionalbericht 84.003.90.260, Bonn, August 1990

[383] Leser 1982, 69f.

[384] Van Rensburg 1989, 16

[385] Tjingaete 1989, 9ff.

[386] Meiring 1989, 299

[387] Bestandsaufnahme in Namibia (wie Anm. 382), 2

[388] zit. nach Tronje o.J., 109

[389] Tjingaete 1989, 32-45

[390] zit. ebd., 47

[391]Namibia Pressedienst, Bonn (1989) 102, 19

[392]ebd., (1990) 10, 10

[393]Ein Land gerät auf das Abstellgleis. In: Süddeutsche Zeitung, München 23./24. August 1986

[394]Allgemeine Zeitung, Windhoek 16. August 1990

[395]Ansprenger, Franz (wie Anm. 304), 21

[396]Allgemeine Zeitung, Windhoek 17. Juli 1990

[397]Bestandsaufnahme in Namibia (wie Anm. 382), 1

[398]Allgemeine Zeitung, Windhoek, Sonderausgabe, 21. März 1990, 35

10. Deutschland und Namibia

[399]hierzu Bley/Tetzlaff 1978, Bertelsmann 1979a, 1979b, Löwis of Menar 1981 und 1983, Weigend 1986; Pabst 1989; Brenke 1989

[400]Frankfurter Allgemeine Zeitung, Frankfurt a.M. 12. Juli 1977

[401]Babing/Bräuer ^{2}1981, 345 bzw. 347

[402]CDU/CSU-Pressedienst, Bonn 27. Mai 1981

[403]zit. nach Tronje o.J., 103

[404]Frankfurter Rundschau, Frankfurt a.M. 10. Oktober 1974

[405]Lucius 1987, 407

[406]Allgemeine Zeitung, Windhoek 15. Oktober 1990

[407]Löwis of Menar 1983, 119

[408]Brenke 1989, 110, 119-123

[409]Deutsches Allgemeines Sonntagsblatt, Hamburg 10. Juli 1977

[410]Löwis of Menar 1983, 125f.; Brenke 1989, 109f, 119-123

[411]Brenke 1989, 153. Die Unterstützung wurde über Günther Verheugen und die FDP-nahe Friedrich-Naumann-Stiftung abgewickelt. Sowohl der Einfluß wie die Kooperationsbereitschaft von SWAPO-D und NNF, einer losen Parteienkoalition von der nationalistischen SWANU bis hin zur liberalen Federal Party von Bryan O'Linn, wurde damals stark überschätzt. Die neue Linkspartei mit dem vorgeschlagenen Namen „Namibia African National Union" (NANU) wurde von vielen Beobachtern auf 30-60 % potentieller Wählerschaft taxiert und gar der damals noch auf Robben Island einsitzende SWAPO-Mitbegründer Andimba Toivo ja Toivo als zukünftiger Präsident gehandelt! (Allgemeine Zeitung, Windhoek 11. bzw. 15. Januar 1980) Die für April 1980 vorgesehene Neugründung kam jedoch nicht zustande. Die NNF zerfiel kurz darauf; die SWAPO-D wurde durch Austritte (Dr. Kenneth und Ottilie Abrahams, Solomon Mifima) geschwächt.

[412]Löwis of Menar 1983, 130

[413]Brenke 1989, 130

[414]Jedes Hakenkreuz tut weh. Botschafter Ganns vor AGDS. In: Allgemeine Zeitung, Windhoek 5. November 1990

[415]Brenke 1989, 39-42. Die Mitgliederzahl verringerte sich nach offiziellen Angaben

der IG von 3000 (1983) auf 2000 (1986). (ebd.) Die Kooperation mit der DTA war 1983 aufgekündigt worden.

[416]Breyer 1986, 363

[417]Löwis of Menar 1983, 143f.

[418]ebd., 143-148

[419]Die Welt, Hamburg 2./3. Mai 1987

[420]zit. nach Babing/Bräuer ^{2}1981, 345-347

[421]Croan 1981, 14

[422]Tronje o.J., 88

[423]Breyer 1986, 360

[424]Afrika-Post, Bonn (1989) 7, 3

[425]ebd. (1990) 8, 6

[426]Jedes Hakenkreuz tut weh. Botschafter Ganns vor AGDS. In: Allgemeine Zeitung, Windhoek 5. November 1990

[427]Allgemeine Zeitung, Windhoek 18. Oktober 1990

[428]Waller, Peter (wie Anm. 382), 3

[429]Allgemeine Zeitung, Windhoek 5. Oktober 1990

Anhang

Dokumente

[430]zit. nach Ermacora 1981, 101

[431]ebd. zit., 102f.

[432]ebd. zit., 134f.

[433]zit. nach Namibian Indenpendence and Cuban Troop Withdrawal 1989, 18

[434]ebd. zit., 44f.

[435]ebd. zit., 16f.

[436]ebd. zit., 68

[437]ebd. zit., 71

[438]zit. nach Melber 1981, 174ff.

[439]Frankfurter Rundschau, Frankfurt a.M. 26. August 1989, 12

Literaturverzeichnis

Aufnahme fanden in der Regel Bücher und Broschüren. Auf Zeitschriftenaufsätze, Vorträge etc. wird bei den Anmerkungen verwiesen.

A Report to the Namibian People. Historical Account of the SWAPO spydrama. Hrsg.: Political Consultative Committee (PCC), Windhoek, Juli 1989

Afrika-Jahrbuch 1987. Hrsg.: Institut für Afrika-Kunde, Opladen 1988

Ansprenger, Franz: Die SWAPO. Profil einer afrikanischen Befreiungsbewegung, Mainz/München 1984

Armstrong, Sue: In Search of Freedom. The Andreas Shipanga Story, Gibraltar 1989

Auala, Leonard/Ihamäki, Kirsti: Meßlatte und Bischofsstab, Erlangen 1988

Babing, Alfred/Bräuer, Hans-Dieter: Namibia. Ein Report, Berlin (Ost) ^{2}1981

Becker, Klaus/Hecker, Jürgen (Hrsg.): 1884-1984. Vom Schutzgebiet bis Namibia, Windhoek 1985

Bekennende Kirche in Namibia. Tagung vom 8. bis 10. Februar 1985 in Bad Boll. Hrsg.: Evangelische Akademie Bad Boll (= Protokolldienst 20/85), Bad Boll 1985

Berat, Lynn: Walvis Bay. Decolonisation and International Law, New Haven/ London 1990

Bericht der Südafrikanischen Bischofskonferenz zur Lage in Namibia. 14. Mai 1982. Hrsg.: Sekretariat der Deutschen Bischofskonferenz (= Stimmen der Weltkirche 14), Bonn 1982

Bertelsmann, Werner: Die Minderheitenrechte der deutschsprachigen Bevölkerung in Südwestafrika, Diss. Göttingen 1979a

ders.: Die deutsche Sprachgruppe Südwestafrikas in Politik und Recht seit 1915, Windhoek 1979b

Bissell, Richard E./Crocker, Chester A. (Hrsg.): South Africa into the 1980s, Boulder, Colorado 1979

Bley, Helmut/Tetzlaff, Rainer (Hrsg.): Afrika und Bonn. Versäumnisse und Zwänge deutscher Afrika-Politik, Reinbek 1978

Bley, Helmut: Kolonialherrschaft und Sozialstruktur in Deutsch-Südwestafrika 1894-1914 (= Hamburger Beiträge zur Zeitgeschichte, Bd. V), Hamburg 1968

Blumenwitz, Dieter: Gutachten zum SWAPO-Verfassungsentwurf. Hrsg.: Institut für Afrikanische und Internationale Studien e.V. (= IAIS-Studie V/Okt. 1989), München 1989

Botha, Andries: SWAPO - Dialog oder Konflikt?, Sandton (Südafrika) 1977

Brade, Klaus: Sturmzeichen über dem Kap, Berlin (Ost) 1987

Brenke, Gabriele: Die Bundesrepublik Deutschland und der Namibia-Konflikt (= Schriften des Forschungsinstituts der Deutschen Gesellschaft für Auswärtige Politik e.V. Bonn. Reihe: Internationale Politik und Wirtschaft Band 56), München 1989

Breyer, Karl: Moskaus Faust in Afrika, Stuttgart 1979

ders.: Südafrikas Sonderweg. Von der Burenrepublik zum Staat der Heimatländer, Kiel 1984

ders.: Chaos Afrika. Geht ein Kontinent verloren?, Eßlingen/München 1986

Bridgland, Fred: Jonas Savimbi. A Key to Africa, Johannesburg 1986

Carter, Gwendolen M./O'Meara, Patrick (Hrsg.): Southern Africa. The Continuing Crisis, London/Basingstoke 1979

Christen im Widerstand. Eine ökumenische Herausforderung. Reise zur SWAPO. Das Namibische Volk im Befreiungskampf. Hrsg.: Pro-Ökoumene-Initiative in Württemberg. Südafrikastelle, Hattenhofen 1985

Cleary, Sean: Namibia - Konfrontation mit der Realität (= Deutsche Afrika-Stiftung, Schriftenreihe, Heft 25), Bonn 1984

Cockram, Gail-Maryse: South West African Mandate, Cape Town 1976

Constitutional Conference of South West Africa, Lansdowne/Südafrika o.J. [1977]

Cornevin, Robert: Geschichte der deutschen Kolonisation. Eingeleitet und übersetzt von Hans Jenny, Goslar 1974

Croan, Melvin: DDR-Neokolonialismus in Afrika (= Deutsche Afrika-Stiftung. Schriftenreihe, Heft 8), Bonn 1981

Crocker, Chester: Südafrika: Strategie zum Wandel (= Deutsche Afrika-Stiftung. Schriftenreihe, Heft 9), Bonn 1981

Damböck, Michael: Südwestafrika im Brennpunkt der Zeitgeschichte. Zum besseren Verständnis, Ardagger (Österreich) 1987

Davenport, T.: South Africa. A Modern History, Johannesburg 1987

De Vries, Johannes Lucas: Namibia. Mission und Politik (1880-1918), Neukirchen/Vluyn 1980

Die ganze Wahrheit über SWAPO. Idealistische Christen und Kämpfer für Freiheit und Gerechtigkeit? oder Werkzeuge internationaler kommunistischer Aggression? Hrsg.: Tradition Family Property Bureau for Southern Africa, Johannesburg o.J.

Die Verfassung Namibias (Englische Originalfassung). (= Namibia Information Office, Dokumentation Nr. 56), Bonn 1990

Die Volksgruppen Südwestafrikas. 1. Teil. Hrsg.: Afrikaans-Deutsche Kulturgemeinschaft (= ADK-Schriftenreihe, 2. Heft), Windhoek 1978

Die Volksgruppen Südwestafrikas. 2. Teil. Hrsg.: Afrikaans-Deutsche Kulturgemeinschaft (= ADK-Schriftenreihe, 3. Heft), Windhoek 1980

Die Wirtschaft Namibias (= Namibia Information Office, Dokumentation Nr. 42), Bonn 1987

Die Zukunft Namibias und die Kirchen. Bericht einer Tagung vom 3. bis 5. Oktober 1975. Hrsg.: Evangelische Akademie Bad Boll, Bad Boll 1975

Dönhoff, Marion Gräfin: Der südafrikanische Teufelskreis. Reportagen und Analysen aus drei Jahrzehnten, München 1989

Dore, Isaak I.: The international mandate system and Namibia, Boulder 1985

Drechsler, Horst: Südwestafrika unter deutscher Kolonialherrschaft, Berlin (Ost) 1966

ders.: Aufstände in Südwestafrika. Der Kampf der Herero und Nama 1904 bis 1907 gegen die deutsche Kolonialherrschaft, Berlin (Ost) 1984

Dugard, John (Hrsg.): The South West Africa/Namibia Dispute. Documents and Scholarly Writings on the Controversy Between South Africa and the United Nations, Berkely 1972

Du Pisani, A.: SWA/Namibia: The Politics of Continuity and Change, Johannesburg 1986

Ellis, Justin: Education, Repression & Liberation, London 1984

Engel, Lothar: Die Stellung der Rheinischen Missionsgesellschaft zu den politischen und gesellschaftlichen Verhältnissen Südwestafrikas und ihr Beitrag zur dortigen kirchlichen Entwicklung bis zum Nama-Herero-Aufstand 1904-1907, Diss. Hamburg 1972

ders.: Kolonialismus und Nationalismus im deutschen Protestantismus in Namibia 1907 bis 1945, Frankfurt a.M. 1976

Entstehung einer Nation. Der Befreiungskampf für Namibia. Hrsg.: Referat für Information und Öffentlichkeitsarbeit der SWAPO von Namibia, London 1981 (engl. Original: Birth of a Nation, London 1981)

Ermacora, Felix: Namibia/Südwestafrika. Hrsg.: Bayerische Landeszentrale für politische Bildungsarbeit, München 1981

Fehr, Eugen: Namibia. Befreiungskampf in Südwestafrika, Freiburg i. Ue. (Schweiz) ^{2}1975

First, Ruth: South West Africa, Harmondsworth 1963

Fisch, Jörg: Geschichte Südafrikas, München 1990

Fogal, Daniel: Africa in Struggle. National Liberation and Political Revolution, San Francisco ^{2}1986

Gauerke, Erno: SWA/Namibien: Eine schwierige Geburt, Windhoek o.J.

Gefangen - Verschwunden - Ermordet. Dokumentation zur Lage der Menschenrechte in den SWAPO-Lagern von Angola und Sambia. Hrsg.: Internationale Gesellschaft für Menschenrechte, Frankfurt a.M. 1988

Germani, Hans/Heck, Heinz: Löwe oder Bär? Der Kampf um Afrikas Süden, Seewis/Uhldingen 1978

Germani, Hans: Modell Namibia. In: Afrika. Völker zwischen Reform und Revolution. In: Politische Studien, Sonderheft 1/1981, München 1981

ders.: Rettet Südwest. Am Schicksal der ehemaligen deutschen Kolonie, dem heutigen Namibia, entscheidet sich die Zukunft Afrikas, München/Berlin 1982

Goldblatt, I.: History of South West Africa from the beginning of the nineteenth century, Cape Town/Wynberg/Johannesburg (Südafrika) 1971

Graudenz, Karlheinz/Schindler, Hans Michael: Die deutschen Kolonien in Wort, Bild und Karte, München ^{3}1984

Graw, Ansgar: Das Ende des Schweigens. Nach Jahren der unkritischen Solidarität mit der SWAPO nimmt die EKD endlich Stellung zu Mord und Folter in den Lagern in Angola und Sambia (= Namibia Information Office, Dokumentation Nr. 35), Bonn 1989

Green, Reginald H. et al.: Namibia. The Last Colony, London 1981

Gründer, Horst: Geschichte der deutschen Kolonien, Paderborn/München/Wien/Zürich 1985

Grünthal Werner: Die kommunistische Bedrohung Südwestafrikas und ihre Abwehr (= Schriftenreihe des Arbeitskreises für Landesverteidigung e.V. zu aktuellen sicherheitspolitischen Problemen), Bonn 1981 ders.: Vorwärts-Selbstverteidigung gegen SWAPO-Terror. Operation „Protea" - Brachte Licht in dunkle Pläne Moskaus (= Schriftenreihe des Studienkreises Sicherheitspolitik (SKS), Nr. 1/1982), Bonn 1982

Hagemann, Albrecht: Südafrika und das „Dritte Reich". Rassenpolitische Affinität und machtpolitische Rivalität, Frankfurt a.M./New York 1989

Halbach, A.J.: Grundlagenstudie Namibia. Bd. 14: Strukturen, Probleme und Potentiale der wirtschaftlichen Entwicklung. Hrsg.: Ifo-Institut für Wirtschaftsforschung, München 1989

Hanlon, J.: Apartheid's Second Front, Harmondsworth 1986

Harneit-Sievers, Axel: SWAPO of Namibia. Entwicklung, Programmatik und Politik seit 1959, Hamburg 1985

Haupt, Werner: Deutsche Schutzgebiete in Übersee. 1884 bis 1918. Bilder, Berichte, Dokumente, Fotos und Karten, Friedberg 1984

Heitman, Helmoed-Römer: South African War Machine, Johannesburg 1985

ders.: War in Angola. The Final South African Phase, Gibraltar 1990

Helbig, Helga und Ludwig: Mythos Deutsch-Südwest, Weinheim/Basel 1983

Herbstein, Denis/Evenson, John: The Devils are Among Us. The War for Namibia, London/Atlantic Highlands, N.J. 1989

Hintrager, Oskar: Südwestafrika in der deutschen Zeit, München 1955

Hooper, Jim: Koevoet!, Johannesburg 1988

Höpker, Wolfgang (Hrsg.): Südafrika auf der Waage. Ein Subkontinent zwischen Evolution und Revolution, Köln 1978

Hubrich, Heinrich-Georg/Melber, Henning: Namibia - Geschichte und Gegenwart. Zur Frage der Dekolonisation einer Siedlerkolonie, Bonn 1977

Hunke, Heinz/Ellis, Justin: Torture - a cancer in our society, London 1978

Hürtgen, Olaf: Das Erziehungswesen in Namibia. Probleme und Perspektiven. (= Namibia Information Office, Dokumentation Nr. 41), Bonn 1987

Huyn, Hans Graf: Beihilfe zum Mord? Deutsche Entwicklungshilfe auf Abwegen. Hrsg.: Arbeitskreis „Deutschland- und Außenpolitik der CSU" (= Informationen zur Außenpolitik, Sonderheft Oktober 1977), München 1977

Im Brennpunkt: Namibia und die Bundesrepublik Deutschland. Hrsg.: Informationsstelle Südliches Afrika issa, Bonn 1987

Imishue, R. W.: South West Africa. An International Problem, London 1965

Jaster, Robert S.: Die Sicherheitspolitik Südafrikas. Hrsg.: Internationales Institut für Strategische Studien/London, München 1981

Jenny, Hans: Südwestafrika. Land zwischen den Extremen, Stuttgart/Berlin (West)/Köln/Mainz 1966

ders.: Afrika. Woher? Wohin? Reisen. Begegnungen. Gedanken, Bern 1988

ders.: Der heimliche Reichtum Namibias. Begegnungen mit Südwester Pionieren, Zürich 1990

Johnson, P./Martin, D. (Hrsg.): Destructive Engagement, Harare 1986

Katjavivi, P.: A History of Resistance in Namibia, London 1988

Kauffenstein, Gisela: Haschen nach Wind. Die Fata Morgana Lutherische „Einheit" in Südwestafrika. Eine Dokumentation. Teil I. Hrsg.: Protest, Informationsdienst, Kenmare (Südafrika) 1984 dies.: „Und bis du nicht willig...". Die Fata Morgana Lutherische „Einheit" in Südwestafrika. Eine Dokumentation. Teil II. Hrsg.: Protest, Informationsdienst, Kenmare (Südafrika) 1985

Ki-Zerbo, Joseph: Die Geschichte Schwarz-Afrikas, Wuppertal 1979

Kleine, Hans de/Jaspers, Gerhard: 150 Jahre Mission, Wuppertal 1979

Kleist, Peter: Südafrika. Land für Weiß und Schwarz, Göttingen ²1964

Kozonguizi, Jariretundu: Die Unabhängigkeit Namibias. Was ist das Ziel und wie ist es zu erreichen? (= Deutsches Afrika-Institut, Schriftenreihe, Heft 33), Bonn 1985

Kühne, Winrich: Die Politik der Sowjetunion in Afrika, Baden-Baden 1983

ders.: Südafrika und seine Nachbarn, Baden-Baden 1985

Lamping, Heinrich (Hrsg.): Namibia (= Frankfurter Wirtschafts- und Sozialgeographische Schriften, Heft 53), Frankfurt a.M. 1989

Lazar, Leonid: Namibia, London 1972

Leistner, E./Esterhuysen, P./Malan, T.: Namibia/SWA Prospectus, Pretoria 1980

Lejeune, Anthony: The Case of South West Africa, London 1971

Lenssen, H. E.: Chronik von Deutsch-Südwestafrika. Eine kurz gefaßte Aufzählung geschichtlicher Ereignisse aus der Deutschen Kolonialzeit von 1883-1915, Windhuk o.J. [1966]

Leonard, R.: South Africa at War, Westport 1983

Leser, Hartmut: Südwestafrika - eine geographische Landeskunde, Windhoek 1979

ders.: Namibia, Stuttgart 1982

Levinson, Olga: Story of Namibia, Cape Town 1978

Lichtenfeld, Helmut von: Südwestafrika - Viel geliebt und heiß umstritten, Berg am See 1978

Loth, Heinrich: Die christliche Mission in Südwestafrika. Zur destruktiven Rolle der Rheinischen Missionsgesellschaft beim Prozeß der Staatenbildung in Südwestafrika (1842-1893), Berlin (Ost) 1963

Löwis of Menar, Henning von: Bonn und Namibia (= Deutsche Afrika-Stiftung, Schriftenreihe, Heft 12), Bonn 1981

ders.: Namibia im Ost-West-Konflikt, Köln 1983

ders.: Zimbabwe - kein Modell für Namibia (=Deutsche-Afrika-Stiftung, Schriftenreihe, Heft 23), Bonn 1984

ders.: Kirchensteuern für Guerillakämpfer? Die Namibia-Kontroverse in der Evangelischen Kirche. Eine Dokumentation (= Sonderdruck aus Beiträge zur Konfliktforschung, Heft 3/1985), Köln 1985

ders.: Der militärische Konflikt in Namibia 1966 - 1988. Bilanz und Perspektive (= Namibia Information Office, Dokumentation Nr. 49), Bonn 1988a

ders.: Wege zum Frieden im Süden Afrikas? Zwischenbilanz der Angola/Namibia-Verhandlungen (= Namibia Information Office, Dokumentation Nr. 51), Bonn 1988b

Lucius, Robert von: Namibia - die strategische Vorentscheidung? In: Südafrika. Krise und Entscheidung eines Konfliktes. Optionen und Urteile. Band 2.

Hrsg.: Bayerische Landeszentrale für Politische Bildungsarbeit, München 1987, 397-412

Malan, J. S.: Peoples of South West Africa, Cape Town/Pretoria 1980

Max, Alphonse: Südafrika. Grossmacht an zwei Meeren, Zürich 1989

May, Hans-Christoph: Der Kampf der Befreiungsbewegung „SWAPO" gegen Apartheid und für nationale Unabhängigkeit und die Stellung der Kirchen Namibias. Würzburg 1981 (Theol. Diplomarbeit, unveröff.)

Mbuende, Kaire: Namibia, the Broken Shield: Anatomy of Imperialism and Revolution, Malmö 1986

Meinert, John (Hrsg.): Turnhalle - Ein Wort ging um die Welt, Windhoek 1977

Meiring, H. A. R.: Namibia: Fudamentals and Potential. A Paper Compiled by the First National Development Corporation, Windhoek 1989

Meissner, Hans-Otto: Traumland Südwest, Gütersloh o.J.

Melber, Henning u.a.: In Treue fest, Südwest! Hrsg.: Informationsstelle Südliches Afrika issa, Bonn 1985

Melber, Henning: Schule und Kolonialismus. Das formale Erziehungssystem Namibias, Hamburg 1979

ders.: (Hrsg.): Kolonialismus und Widerstand, Bonn 1981

Menschenrechte im Konflikt um Südwestafrika/Namibia. Hrsg.: Internationale Gesellschaft für Menschenrechte. Frankfurt a.M. 1985

Meredith, Martin: The Past is Another Country. Rhodesia: UDI to Zimbabwe, London 1980

Michel, Robert: Formen der Interdependenz und Zusammenarbeit im südlichen Afrika. Südafrikas Rolle in Afrika, München ^{3}1989

Molnar, Th.: South West Africa: the last pioneer country, New York o.J. 1966

Moorcraft, Paul L.: African Nemesis. War and Revolution in Southern Africa 1945-2010, London 1990

Moore, Basil (Hrsg.): Schwarze Theologie in Afrika. Dokumente einer Bewegung, Göttingen 1973

Muller, C. F. J.: Five Hundred Years. A History of South Africa, Pretoria/Cape Town ^{2}1975

Murray, Roger et al.: The Role of Foreign Firms in Namibia, Uppsala 1974

Nachtwei, Winfried: Namibia. Von der antikolonialen Revolte zum nationalen Befreiungskampf, Mannheim ^{2}1976

Namibia. Hrsg.: Weiße Väter (= Informationen für Informanten Nr. 50), Köln 1981

Namibia. Befreiungskampf in Südwestafrika. Hrsg.: Amt für kulturelle Freizeitgestaltung der Stadt Nürnberg, Nürnberg ^{2}1982

Namibia. Texte und Fragen. Hrsg.: Evangelisches Missionswerk im Bereich der Bundesrepublik Deutschland und Berlin West e.V. (EMW) und der Vereinigten Evangelischen Mission (VEM), Hamburg/Wuppertal 1988

Namibian Independence and Cuban Troop Withdrawal. Hrsg.: Department of Foreign Affairs, Pretoria 1989

Namibias Verfassung im Spiegel der Meinungen (= Namibia Information Office, Dokumentation Nr. 57), Bonn 1990

Nuhn, Walter: Sturm über Südwest - Ein düsteres Kapitel der deutschen kolonialen Vergangenheit Namibias, Koblenz 1989

Ol'derogge Dimitri A./Potechin, Ivan I. (Hrsg.): Die Völker Afrikas. Ihre Vergangenheit und Gegenwart, Bd. 1 und 2, Berlin (Ost) 1961 (russisches Original Narody Afriki von 1954)

O'Linn, Bryan: Die Zukunft Südwestafrikas in realistischer Sicht, Windhoek 1974

Pabst, Martin: Deutsche Verantwortung in Namibia (= Namibia Information Office, Dokumentation Nr. 52), Bonn 1989

Patemann, Helgard: Lernbuch Namibia, Wuppertal 1984

Portisch, Hugo: Kap der letzten Hoffnung. Das Ringen um den Süden Afrikas, Wien/München/Zürich/New York 1981

Post, Ulrich/Sandvoss, Frank: Die Afrikapolitik der DDR, Hamburg 1983

Pütz, Joe/Egidy, Heidi von/Caplan, Percy: Political Who's Who of Namibia, Windhoek 1987

Razumovsky, Dorothea Gräfin: Letzte Hoffnung am Kap. Bericht aus dem südlichen Afrika, Stuttgart 1990

Rechsteiner, Karl Joh.: Namibia - Land ohne Hoffnung? Ein Lesebuch, Luzern/Stuttgart 1986

Rhoodie, Eschel: South West: The Last Frontier in Africa, Johannesburg 1967

Rückkehr in die Unfreiheit? Zur Situation der SWAPO-Verschwundenen und der namibischen Flüchtlinge im Unabhängigkeitsprozeß Namibias. Hrsg.: Internationale Gesellschaft für Menschenrechte, Frankfurt a.M. 1989

Saunders, Christopher (Hrsg.): Perspectives on Namibia. Past and Present, Cape Town 1983

Schlosser, Katesa: Eingeborenenkirchen in Süd- und Südwestafrika. Ihre Geschichte und Sozialstruktur, Kiel 1958

Scholl-Latour, Peter: Mord am großen Fluß. Ein Vierteljahrhundert afrikanische Unabhängigkeit, München 1989

Schumacher, Ulrike/Naudascher, Kyra: Die Wahlen zur Verfassungsgebenden Versammlung in Namibia vom 7.-11.11.89 (= Deutsche Afrika-Stiftung, Schriftenreihe, Heft 55), Bonn 1989

Seelmann-Eggebrecht, Rolf: Das Kap der Stürme. Südafrikas Weg in die Krise, Stuttgart 1978

Seering, Ruth: Abenteuer Südwest. Impressionen aus Namibia, Bergisch Gladbach 1981

Serfontein, J. H. P.: Namibia, London 1976

Shamena, Magdalena und Erastus: Wir Kinder Namibias, Erlangen 1984

Shay, R./Vermaak, C.: The Silent War, Salisbury 1971

Silagi, Michael: Von Deutsch-Südwest zu Namibia. Wesen und Wandlungen des völkerrechtlichen Mandats (= Münchner Universitätsschriften - Jur. Fak. Abhandlungen zur rechtswissenschaftlichen Grundlagenforschung, Bd. 29), Ebelsbach 1977

Sitte, Franz: Inferno Schwarzafrika. Der Westen verliert einen Kontinent, Wien 1977

ders.: Schicksalsfrage Namibia, Graz/Wien/Köln 1983
Soggot, David: Namibia. The Violent Heritage, London 1986
Sonderling, Stefan: Bushwar - Bosoorlog - Buschkrieg, Windhoek 1980
Sonnenhol, G. A.: Südafrika ohne Hoffnung? Wege aus der Gefahr, Düsseldorf/Wien 1978
Sowden, Lewis: The South African Union, London 1945
Spring, William: Simbabwe verbranntes Land. Der Weg in den afrikanischen Marxismus, Uhldingen/Seewis 1987
Steenkamp, Willem: Borderstrike: South Africa into Angola, Durban 1983
ders.: South Africa's Border War 1966-1989, Gibraltar 1989
Steltzer, Hans-Georg: Die Deutschen und ihr Kolonialreich, Frankfurt a.M. 1984
Stiff, Peter: Taming the Landmine, Alberton (Südafrika) 1986
ders.: Nine days of War. Namibia - before, during and after, Alberton (Südafrika) 1989
Sudholt, Gerd: Die deutsche Eingeborenenpolitik in Südwestafrika von den Anfängen bis 1904 (= Historische Texte und Studien, 1), Hildesheim 1975
Südwestafrika wird Namibia. Hrsg.: Deutsche Afrika-Stiftung, Bonn 1979
Sundermeier, Theo: Wir aber suchten Gemeinschaft. Kirchwerdung und Kirchentrennung in Südwestafrika, Witten/Erlangen 1973
ders.: Christus, der schwarze Befreier, Erlangen 1981
ders.: Zephanja Kameeta. Gott in schwarzen Gettos. Psalmen und Texte aus Namibia, Wuppertal/Erlangen 1983
Sutton-Price, Ted: Zimbabwe - A model for Namibia? A comparison of events in Zimbabwe-Rhodesia with the situation in SWA in 1989, Pretoria 1989
SWA 1971-1972. Handbook-Handboek-Handbuch. Hrsg.: South West Agency Co. (Pty.) Ltd., Windhoek o.J. [1972]
SWA/Namibia Today. Hrsg.: SWA/Namibia Information Service, Windhoek 1980
SWA/Namibia heute. Hrsg.: Abteilung Öffentlichkeitsarbeit des Landesamtes für Regierungsangelegenheiten, Windhoek 1988
SWAPO und die Menschenrechte. Augenzeugenberichte und Dokumente aus Sambia, Angola und SWA/Namibia. Hrsg.: Internationale Gesellschaft für Menschenrechte, Frankfurt a.M 1986
SWAPO-Häftlinge sagen aus. Menschenrechtsanhörung der Förderungsgesellschaft Afrika am 17. August 1989 in Bonn. Hrsg.: Förderungsgesellschaft Afrika (FGA), Lippstadt 1989
The Choice! Namibia Peace Plan 435 or Society Under Siege! Hrsg.: Namibia Peace Plan Study and Contact Group - (NPP 435), Windhoek o.J. [1987]
Thema Namibia: Die Aktualität des kolonialen Verhältnisses. Hrsg.: Universität Bremen (= Beiträge aus dem Projekt „Politische Landeskunde Namibias"). Bremen 1982
Thiro-Beukes, E./Beukes, A./Beukes, H. S. J.: Namibia - A struggle betrayed, Rehoboth 1986
Thomas, Wolfgang: Economic Development in Namibia. Towards Acceptable Development Strategies for Independent Namibia, München/Mainz 1978

Tjingaete, Fanuel: Die namibische Wirtschaft im Unabhängigkeitsprozeß: Aussichten und Herausforderungen (= Namibia Information Office, Dokumentation Nr. 54), Bonn 1989

Tötemeyer, Gerhard: South West Africa/Namibia. Facts, Attitudes, Assessments and Prospects, Randburg (Südafrika) 1977

ders.: Namibia Old and New, London 1978

Thema Namibia: Die Aktualität des kolonialen Verhältnisses. Beiträge aus dem Projekt „Politische Landeskunde Namibias". Hrsg.: Universität Bremen, Bremen 1982

Tronje, Rüdiger H.: SWAPO. Die Geißel Südwestafrikas, Berg am See o.J. [1983]

Vaqué, Klaus D.: Verrat an Südafrika, Pretoria 1988

Vedder, Heinrich: Das alte Südwestafrika. Südwestafrikas Geschichte bis zum Tode Mahareros 1890, Berlin 1934

Vesper, Michael: Überleben in Namibia. „Homelands" und kapitalistisches Weltsystem, Bonn 1983

Was man von Südwestafrika wissen sollte. Daten und Fakten. Hrsg.: Afrikaans-Deutsche Kulturgemeinschaft (= ADK-Schriftenreihe, 1. Heft), Windhoek 1978

Weber, Otto von: Geschichte des Schutzgebietes Deutsch-Südwest-Afrika, Windhoek 1982

Weigend, Guido G.: Deutsche Siedlungsstrukturen in Namibia. Mit einem Nachwort von Prof. Dr. Karl-Heinz Hornhues MdB. Hrsg.: Deutsche SWA/Namibia Vereinigung e.V., Düsseldorf 1986

Wellington, John: South West Africa and its human issues, Oxford 1967

Weltmission heute zum Thema Namibia in den achtziger Jahren. Hrsg.: Evangelisches Missionswerk im Bereich der Bundesrepublik Deutschland und Berlin West e.V., Hamburg ^{2}1985

Westphal, Wilfried: Geschichte der deutschen Kolonien, München 1984

Winter, Colin: Namibia: The Story of a Bishop's Exile, London 1977

Wittgenstein, Joachim von: Die Wirtschaft Namibias und ihre Zukunftsaussichten. Hrsg.: Deutsche SWA/Namibia Vereinigung e.V., Düsseldorf 1987

Wöhe, Gerti: Schwarz auf Weiß: SWA/Namibia, Hemsbach 1980

Wolfers/Bergerol: Angola, the Frontline, London 1983

Ya-Otto, John (with Ole Gjerstad and Michael Mercer): Battlefront Namibia. An Autobiography, Chicago 1981

Zimmermann, Ulrich: Quo Vadis Afrika? Reportagen aus dem Süden des schwarzen Kontinents, Passau 1989

Abkürzungen

AAPSO	Afro-Asian People's Solidarity Organisation
ACN	Aksie Christelik Nasionaal
AG	Administrator General
AKTUR	Askiefront vir die Behoud van die Turnhalle Beginsels
A.M.E.C.	African Methodist Episcopal Church
ANC	African National Congress
ANS	Action National Settlement
AWB	Afrikaner Weerstands-Beweging
BIP	Brutto-Inlands-Produkt
BSP	Brutto-Sozial-Produkt
CANU	Caprivi African National Union
CAP	Caprivi Alliance Party
CASA	Kirchliche Vereinigung von Südafrika
CCN	Council of Churches in Namibia
CDA	Christian Democratic Action for Social Justice
CDM	Consolidated Diamond Mines
CDU	Christlich-Demokratische Union
CFR	Council of Foreign Relations
CIA	Central Intelligence Agency
COIN	Counter Insurgency
CONSAS	Constellation of Southern African States
CSU	Christlich-Soziale Union
DELK	Deutsche Evangelisch-Lutherische Kirche in Südwestafrika
DHPS	Deutsche Höhere Privat-Schule
DSAG	Deutsch-Südafrikanische Gesellschaft
DTA	Demokratische Turnhallen-Allianz
EG	Europäische Gemeinschaft
EKD	Evangelische Kirche Deutschlands
ELCIN	Evangelical Lutheran Church in Namibia
ELK	Evangelisch-Lutherische Kirche
ELOK	Evangelisch-Lutherische Owambo-Kavango-Kirche
FAO	Food and Agriculture Organization of the UN
FCN	Federal Convention of Namibia
FDJ	Freie Deutsche Jugend
FDP	Freie Demokratische Partei
FNDC	First National Development Corporation
FNLA	Frente Nacional de Libertação de Angola

FRELIMO	Frente de Libertação de Moçambique
GDP	Gross Domestic Product
HNP	Herstigte Nasionale Party
IG	Interessengemeinschaft der Deutschsprachigen in Namibia (früher: Interessengemeinschaft Deutschsprachiger Südwester)
IGH	Internationaler Gerichtshof im Haag
ILO	International Labour Organization
IRA	Irish Republican Army
KP	Konservative Partei
KSZE	Konferenz für Sicherheit und Zusammenarbeit in Europa
MPLA	Movimento Popular de Libertação de Angola
NAMPA	Namibia Press Agency
NANA	Namibia News Agency
NCDP	Namibia Christian Democratic Party
NCN	National Convention of Namibia
NDP	National Democratic Party
NGfM	Nationale Gesellschaft für Menschenrechte
NG Kerk	Nederduits Gereformeerde Kerk
NLA	National Liberation Army
NNDP	Namibia National Democratic Party
NNF	Namibia National Front
NP	Nationale Partei
NPF	National Patriotic Front
NUDO	National Unity Democratic Organisation
NUNW	National Union of Namibian Workers
NVA	Nationale Volks-Armee
OAU	Organization of African Unity
OPC	Owamboland People's Congress
OPO	Owamboland People's Organisation
PAC	Pan-African Congress
PLAN	People's Liberation Army of Namibia
R	Rand
RENAMO	Resistência Nacional Moçambicana
RP	Republikanische Partei
RTZ	Rio-Tinto-Zinc Corporation
SACC	South African Council of Churches
SACU	South African Customs Union
SADCC	Southern African Development Coordination Conference
SADF	South African Defence Force
SEC	SWAPO Elders Council

SED	Sozialistische Einheitspartei Deutschlands
SPD	Sozialdemokratische Partei Deutschlands
SWA	Südwestafrika
SWAGM	Südwestafrikanische Gebietsmacht
SWANLA	South West Africa Native Labour Association
SWANLIF	South West Africa National Liberation Front
SWANU	South West Africa National Union
SWANU-O	South West Africa National Union - Opposition
SWANU-TG	South West Africa National Union - Transitional Government
SWAPA	South West Africa Progressive Association
SWAPO	South West Africa People's Organisation
SWAPO-D	South West Africa People's Organisation - Democrats
SWAPOL	South West Africa Police
SWASB	South West Africa Student Body
SWC	SWAPO Women Council
SYL	SWAPO Youth League
TCL	Tsumeb Corporation Ltd.
UANC	United African National Congress
UDF	United Democratic Front
UDI	Unilateral Declaration of Independence
UN	United Nations
UNCTAD	United Nations Conference on Trade and Development
UNESCO	United Nations Educational, Scientific and Cultural Organization
UNHCR	United Nations High Commissioner for Refugees
UNIN	United Nations Institute for Namibia
UNITA	União Nacional para a Independência Total de Angola
UNO	United Nations Organization
UNSCR	United Nations Security Council Resolution
UNTAG	United Nations Transition Assistance Group
VELKSWA	Vereinigte Evangelisch-Lutherische Kirche von Südwestafrika
VEM	Vereinigte Evangelische Mission
WHAM	Winning Hearts And Minds
WHO	World Health Organization
WRP	Worker's Revolutionary Party
ZANU (PF)	Zimbabwe African National Union (Patriotic Front)
ZAPU	Zimbabwe African People's Union

Personenverzeichnis

Abrahams, Dr. Kenneth 289
Abrahams, Ottilie 289
Africa, Dr. Ben 86
Ahtisaari, Martti 45, 158, 160, 162, 170, 181
Aigbolo, Philippus 125
Ailonga, Pastor 263
Amadhila, Matti 120
Amadhila, Dr. Solomon 193
Amathila, Ben 193, 199
Amathila, Dr. Libertine 193, 204, 236
Amkongo, Eddie 192
Angula, Helmut 193
Angula, Jason 114, 168
Angula, Nahas 192, 205
Ankama, Vitalis 192
Ansprenger, Franz 202, 222
Arbatow, Georgi 133
Arden-Clark, Sir Charles 65, 75
Attlee, Clement 35
Auala, Leonard 107-109, 113, 127, 263
Axen, Hermann 233
Bahr, Egon 228
Banda, Dr. Hastings 206
Barré, Siad 134
Berker, Hans 197, 227
Bessinger, Nico 193, 236
Beukes, Erica 173
Beukes, Hans 22
Bismarck, Fürst Otto von 9, 29
Biwa, Eric 261
Blumenwitz, Dieter 172f.
Botha, Louis 13, 30
Botha, Pieter Willem 41, 46, 48, 51, 53, 55, 58-60, 62f., 97f., 122, 133, 137, 275
Botha, Dr. Roelof Frederik („Pik") 50, 52f., 56, 63, 98, 184, 194, 248
Boys, Bennie 261
Breschnew, Leonid 134
Breytenbach, Jan 138, 142
Brinkman, Adolf 99
Buchholz, Karl 227
Bunting, Brian 79
Buthelezi, Manas 106
Caprivi, Graf Leo von 26
Carpio, Victorio 71
Castro, Fidel 134
Ceausescu, Nikolai 200f.
Chand, Prem 160, 162
Chona, Mark 85
Christy, Engelhardt 84

Churchill, Winston 31
Cleary, Sean 181
Crocker, Chester 52, 55, 62f.
Dabutha, Maitshwarelo 69
Dahlmann, Kurt 50
Damaseb, Petrus 192
De Alva, Dr. Martinez 71
De Beer, Sam 63
De Beer, Zac 85
De Cuéllar, Perez 56, 191-193
De Gaulle, Charles 49
De Klerk, F. W. 41, 57, 63, 191f., 194
De la Rey, J. H. 31
De Villiers, Dawie 63
De Villiers, Marquard 85
De Vries, Lucas 108, 111, 115
De Wet, C. R. 31
De Wet, Jannie 43, 48, 66, 100, 132, 177, 267
Dernburg, Bernhard 12
Diergaardt, J. G. A. („Hans") 73f., 99, 176, 267
Diergaardt, Richard 74
Diergaardt, Reggie 175, 191, 193
Dierks, Klaus 193, 227
Doehring, Dr. Karl 189
Dregger, Dr. Alfons 173
Dressel, Eberhard 227
Dreyer, Hans 142, 156, 160, 168
Du Plessis, A. H. 270
Du Plessis, Barend 63
Dugard, John 121
Dumeni, Kleopas 109, 111, 113, 122, 124, 128
Durr, Kent 63
Eckard, Fred 149, 162
Ekandjo, Jerry 193
Eliphas, Filemon 125, 136
Emvula, Tulinane Obed 233
Engelhardt, Dr. 100
Engombe, Immanuel 200
Eppler, Erhard 228
Escher, Dr. Alfred 41, 67, 71
Fabri, Friedrich 9, 102
Feddersen, Hans 205
Fischer, Oskar 233
Fouché, Piet 197
Franca, Antonio dos Santos 56
François, Curt von 225, 273
Frederik, Hendrik 111, 114, 120, 127f.
Friedrich, Adolf 227
Ganns, Harald 230, 234
Gaoseb, Godfrey 192
Garoëb, Justus 175, 267f.
Garoëb, Moses 173, 200f., 227, 236
Gauerke, Erno 184
Gawanas, Bience 262

Geingob, Hage Gottfried 74, 187, 190, 192, 199, 201, 220, 236, 268
Genscher, Hans-Dietrich 188, 191, 229-231
Georg VI. 36
George, Lloyd 33
Germani, Hans 67, 185
Getzen, Erik 77, 79-82, 176, 269
Goebel, Dr. Klaus 230
Göring, Dr. Heinrich Ernst 149, 273
Göring, Hermann 40, 149
Goldberg, Denis 79
Goldwater, Barry 133
Gowaseb, Moderator 107
Groth, Siegfried 127, 259, 282
Grünthal, Werner 161
Guibeb, Andreas 192
Gurirab, Theo-Ben 93, 192, 199, 201, 236, 263, 268
Gurirab, Tsudao 193
Hainyeko, Tobias 130
Hamaambo, Dimo 83, 131
Hangala, Dr. Leake 193
Hamutenya, Hidipo 80, 93, 193, 198f., 205, 236, 263, 268, 276
Hamutumbangela, Theophilus 106
Hanekom, Gert 191, 193, 222
Hassel, Kai-Uwe von 203
Haushiku, Bonifacius 109, 118, 125
Hausiku, Dr. Marco 193, 223
Hawala, Solomon „Jesus" 93, 199, 263
Heimbo, Joseph 125
Hellao, Pastor 260f.
Helmuth, Paul 79, 178
Herrigel, Otto 191f., 220, 227
Hertzog, J.B.M. 34f.
Hiemstra, Victor 17
Hipondoka, Vilho 193
Hishongwa, Hadino 193
Hitler, Adolf 35, 94
Hiveluah, Tuli 193
Hiveluah, Ulitala 193
Hoëbeb, Joshua 114
Honecker, Erich 183, 232f.
Hough, Danie 273
Huebschle, Monika 227
Hunke, Heinz 108, 117, 128
Hurley, Denis 118, 128
Ibarra, Abelardo Colomé 56
Imbili, Tara 86, 170
Isaack, Japhet 201
Ithana, Pendukeni 193
Ithete, Nangolo 192, 236
Iyambo, Dr. Nickey 193, 236
Jackie, Father 124
Jameson, Dr. Starr Leander 30
Julius, Joey 86
Kaakunga, Otniel 262

Kalangula, Peter 50, 70, 90, 111, 178, 183, 275, 278
Kaltefleiter, Werner 188
Kamati, Ndali 192
Kambangula, Frans 114
Kameeta, Zephanja 101, 111, 114, 120, 123-125, 186, 236
Kandetu, Vezera 193
Kapelwa, Richard 193
Kapofi, Frans 192
Kapuo, Clemens 66, 77, 82-85, 88, 125, 136, 180, 271
Karuaera, Bartholomeus 106, 115
Kashe, Geelbooi 86
Katjiuonga, Moses Katjikuru 78, 176f., 185, 202, 268f.
Kauffenstein, P.G. 108
Kauluma, Bischof 125
Kaunda, Kenneth 85, 132f., 272
Kautima, Gabriel 73, 168
Kawana, Dr. Albert 193
Kerina, Mburumba 77, 79-82, 176, 269
Kissinger, Henry 52, 61
Klein, Hans 231
Köhler, Dr. Volkmar 234
Kohl, Dr. Helmut 202, 231
Konjore, Willem 120
Koornhof, Piet 63
Kopper, Simon 12
Koppmann, Rudolf 109, 118
Konzonguizi, Fanuel Jariretundu 77f., 80f., 83, 180, 269f.
Kutako, Hosea 77, 82, 106, 269, 271
La Barre de Nanteuil, Luc de 244
Legwaila, J. 162
Leistner, G.M.E. 218
Leser, Hartmut 207
Leutwein, Theodor 273
Limbo, Patrick 86
Lindequist, Dr. Friedrich von 273
Lowack, Ortwin 169
Lubowski, Anton 92f.,130, 170, 227, 279
Lüderitz, Adolf, 9, 102
Luipert, Daniël 84
Maasdorp, Albertus 120
MacBride, Sean 227
Maharero, Samuel 11f., 23, 76
Malan, D.F. 95
Malan, J.S. 183
Malan, Magnus 56, 59, 93, 279
Malima, Phillemon 192
Malmierca Peoli, Isidoro 56, 248
Mandela, Nelson 191
Mandume 25
Marais, Billy 42
Maritz, S.G. 32
Maxuilili, Nathaniel 113, 122
Mbuende, Kaire 236
Mbumba, Nangolo 192

Meroro, David 201, 236
Mifima, Solomon 79, 91, 289
Mondale, Walter 45
Morenga, Jakob 12,76
Moses, Nahas 166
Mudge, Dirk 17, 43, 47f., 50, 86, 88, 97-100, 174, 184, 270, 275
Mueshihange, Peter 90, 160, 190, 192, 198f., 236
Mugabe, Robert 30, 49, 54, 63, 161, 181, 186, 191, 195f.
Mulder, Dr. Connie 58
Mutenga, Stephen 93
Muyongo, Mishake 69, 88, 180, 270
Muzorewa, Abel 48, 76, 83, 85, 98, 123, 185
Nachtigal, Gustav 9
Nanyemba, Peter 90, 199
Naudascher, Kyra 181
Ndaitwah, Netumbo 192
Ndjoba, Cornelius 66, 108
Ndonga, Frans 170
Neef, Werner 86, 90, 230
Nehale 25
Neto, Agostinho 134
Ngavirue, Dr. Zedekia 193
Ngondo, Rudolf 86
Nkandi, Viktor 260
Nkomo, Joshua 52, 60, 132, 186, 195
Nkrumah, Kwame 271
Nujoma, Samuel („Sam") 21, 52, 54, 57, 77, 79-81, 87, 90f., 93, 113, 120, 129, 131, 134-136, 138, 158-161, 180, 186, 190-192, 194, 196, 198-200, 204, 217, 220-223, 226, 229-230, 232, 236, 250, 261, 263, 270f., 275f.
Odendaal, Willem 14, 40, 66-68, 78, 106
O'Linn, Bryan 89, 168, 289
Oppenheimer, Harry 60, 85, 210f., 221
Oppenheimer, Nicholas 221
Pelletier, Gérard 244
Philipp, Hannes 156
Pienaar, Louis 158, 273
Pohamba, Hifikepunye Lucas 80, 190, 192, 198f., 236
Pretorius, Kosie 99
Reagan, Roland 50, 55
Relly, Gavin 60
Rhodes, Cecil 30
Riruako, Kuaima 24, 86, 202, 271
Roberto, Holden 132
Rockefeller, David 52, 62
Röhr, Hans 179
Roosmalen, Pater von 118, 122
Rowlands, Tiny 221
Rukoro, Vekuii Reinhard 178, 191, 193
Rumpf, Hanno 193, 227
Ruppel, Hartmut 193, 227
Sanden, Per 131
Savimbi, Dr. Jonas 68, 129, 132, 135
Schewardnase, Eduard 277
Schlettwein, Karl-Heinz von 191, 193

Schmidt, Talita 91
Schuckmann, Bruno von 273
Schumacher, Dr. Ulrike 181
Schwartz, Stewart 83
Scott, Michael 77, 106
Seitz, Dr. Theodor 13, 273
Shamena, Erastus 119
Sherman, William C 245
Shejavali, Dr. Abisai 114, 125
Shipanga, Andreas 79, 85, 89-91, 93, 113, 121f., 126, 131, 173, 183, 185, 229, 271f., 275
Shipoh, Dr. Peingeondjabi 193
Shivute, Dr. Marcus 193
Shiyagaya, Tuivo 136
Shoombe, Nghidimondjila 193
Shultz, George 56
Simasiku, Siseho 176
Simojoki, Bischof 113
Sithole, Ndabaningi 83, 185
Smith, Ian Douglas 41, 48, 50, 52, 61f., 140
Smuts, Jan 30-35, 58, 95
Soggot, David 260
Staby, Erich 230
Stalsett, Gunnar 128
Steyn, Dr. Marthinus T. 45, 96, 273
Stiff, Peter 183
Stoph, Willy 233
Strauß, Franz Josef 231
Studnitz, Ernst-Joerg von 244
Summers, Jack 85
Terre'Blanche, Eugen 51, 74, 97
Thatcher, Margaret 50, 160
Theophilus, Nathaniel 125
Thomas, Samuel 261, 264
Thornberry, Cedric 162
Tibinyane, Gregor 86
Tjerije, Philip 114
Tjingaete, Dr. Fanuel 209, 218f.
Tjiriange, Dr. Ngarikutuke Ernest 193, 236
Tjirimuhe, Erwin 115
Tjitendero, Dr. Moses 236
Tjongarero, Daniel 80, 114, 123, 127, 193, 201
Toivo ja Toivo, Andimba (Herman) 52, 78f., 91, 106, 113, 129, 131, 193, 199, 223, 227, 236, 251, 272, 276, 289
Tolbert, Dr. William 41
Treurnicht, Dr. Andries 58
Tsafendas, Demetero 38
Tshirumbu, Peter 193
Turok, Ben 79
Van den Bergh, Hendrik 62, 85, 277
Van der Westhuizen, Piet 52
Van Dunem (Mbinda), Alfonso 56, 248
Van Heerden, Neil 63
Van Niekerk, Dr. Willem A. 52, 273

Van Oosthuizen, Leutnant 130
Van Rensburg, Ben 208
Van Wyk, Hermanus 22
Van Zijl, Eben 43, 100, 176
Vedder, Dr. Heinrich 105
Veii, Gerson 78, 81, 269
Veii, Katjimuina 78
Verheugen, Günther 289
Verwoerd, Hendrik Frensch 38, 58
Viljoen, Dr. Gerrit 63, 273
Vlok, Adrian 63
Vorster, Johannes Baltazar 41f., 45f., 48, 58, 60-62, 67, 78, 85, 95, 107, 132
Waldheim, Kurt 51
Walther, Elke 227
Walther, Gerd 227
Wentworth, Buddy 192
Whyte, Hamilton 245
Wietersheim, Anton von 227
Wilson, Woodrow 33
Winter, Colin 197, 111, 115, 117, 126
Witbooi, Hendrik 11f., 21, 76, 82
Witbooi, Hendrik (der jüngere) 82, 115, 120, 193, 200, 236, 261, 264
Witbooi, Samuel 77
Wohler, Siegfried 227
Wood, Bischof 107, 115
Ya-Otto, John 113